上海市人民政府发展研究中心系列报告

建设卓越的全球城市

2017/2018年上海发展报告

上海市人民政府发展研究中心 编

2017/2018

SHANGHAI
DEVELOPMENT REPORT

格致出版社　　上海人民出版社

主　编

王德忠

副主编

周国平　周效门

编撰人员（按姓氏笔画排序）

马琛琛	王　丹	王　沛	王孝钰	王丽君	史晓琛	刘江会
朱达明	朱惠涵	严　婷	李　锋	李宛聪	李显波	李银雪
李敏乐	吴也白	吴苏贵	邱鸣华	何梦晓	应　瑜	宋　奇
宋　琰	张云伟	张亚军	张明海	陆丽萍	陈　畅	邵　伟
茆训诚	周师迅	周海蓉	钟灵啸	姚　治	骆金龙	索格飞
柴　慧	钱　洁	钱　智	徐　琳	高　骞	黄佳金	曹庆宇
盛　维	崔园园	梁绍连	彭　颖	谭　旻	樊　星	潘春来

21 世纪是城市深入发展的世纪。在全球化与信息化两大浪潮的催化和交互作用下,世界城市化进程不断加快,城市创新发展持续深入,城市之间的联系交流更加紧密、更为频繁,形成了纵横交错的世界城市网络体系。全球城市作为城市发展的高端阶段和国际化高端形态,是世界城市网络体系的核心节点,发挥着全球性资源配置、创新引领、服务辐射等重要功能,日益成为全球经济、科技、文化等领域的战略制高点。全球城市的崛起与发展引起世人广泛关注,并被一些国家列入重大发展战略。

2017 年 12 月,国务院正式批复《上海城市总体规划(2017—2035 年)》(以下简称《规划》)。《规划》提出上海未来发展的目标愿景,即到 2035 年基本建成卓越的全球城市和具有世界影响力的社会主义现代化国际大都市,到 2050 年全面建成卓越的全球城市和具有世界影响力的社会主义现代化国际大都市。《规划》围绕建设令人向往的创新之城、人文之城、生态之城,在转变城市发展模式、优化城市空间格局、创新城市治理方式等方面提出了新的目标任务。

近些年来,上海按照当好全国改革开放排头兵、创新发展先行者的要求,加快推进创新驱动发展、经济转型升级,城市综合实力不断增强,城市影响力显著提升,拥有了较高的经济发展水平、较强的综合服务功能、较高的对外开放水平、不断改善的生态环境以及良好的法治环境和安全环境,正在成为当今世界深具影响力的现代化国际大都市之一,已经具备了建设卓越的全球城市的基础和条件。面向未来,对照建设卓越的全球城市要求,上海仍要坚持国际视野,对标国际一流,不断增强城市的吸引力、创造力和竞争力。深入推进国际经济、金融、贸易、航运中心建设,进一步提升城市综合服务功能的能级和辐射力。全面深化自贸试验区改革开放,在更大范围、更广领域、更高层次上扩大开放,加快构建开放型经济新体制。加快建设具有全球影响力的科技创新中心,着力打造更有成长性、更具竞争力的创新型城市。持续改善民生,创新城市治理,全面提升城市文化软实力,着力建设更富魅力、更有温度的人文之城。推进绿色低碳发展,改善环境质量,增加绿色生态空间,努力建设天蓝、地绿、水清的生态宜居之城。

2017 年下半年,上海市人民政府发展研究中心组织开展了"上海建设卓越的全球城市"系列课题,力求深入研究上海在枢纽功能、产业发展、科技创新、文化魅力、城市管理、社会发展、可持续发展和区域协调发展等方面对标国际一流、加快自身发展的思路和举措，并形成系列研究成果。本书是这一系列研究成果的汇编。

　　本书观点仅限于学术研究范围，不足之处，敬请指正。

上海市人民政府发展研究中心主任

王佳忠

2017 年 12 月

图

表

2017／2018 年上海经济社会发展

第 1 章

2017 年,上海把握国际环境改善的有利时机,以供给侧结构性改革为主线,积极践行新发展理念,紧紧围绕建设中国(上海)自由贸易试验区和具有全球影响力的科技创新中心两大国家战略,加快推动上海创新驱动发展、经济转型升级,不断深化改革、扩大开放,持续提升社会发展水平,经济社会发展成效显著。2018 年,上海要全面贯彻落实党的十九大精神,稳中求进、锐意进取,努力当好新时代全国改革开放排头兵、创新发展先行者。

1.1 上海经济发展形势与思路

自 2008 年国际金融危机特别是党的十八大以来,在外部环境回暖、国家政策调控及上海自身创新转型的驱动下,2017 年上海经济的供给侧和需求侧协调发力,经济"稳"的态势进一步巩固、"实"的格局逐步形成、"新"的趋势更加明显、"好"的效益不断显现、"优"的环境加快营造,经济迈入了新的发展阶段。

1.1.1 2017 年上海经济运行特点

1. 从总体看,2017 年上海经济总体平稳、稳中向好、好于预期

2017 年以来,上海经济延续了 2016 年以来的回升势头,阶梯式上行态势明显,经济运行总体平稳、稳中向好、好于预期,呈现出"三升两降"局面:

一是投资、消费、进出口三大需求全面回升,增速均快于 2016 年同期:1—10 月,全市固定资产投资同比增长 6.8%,增速较上年同期提升 0.2 个百分点;社会消费品零售总额增长 8%,增速较上年同期提升 0.2 个百分点;货物进出口总额增长 16.1%,增速较上年同期提升 16.8 个百分点。

二是物价、失业登记人数两项民生指标表现为"两降":物价涨幅下降。1—10 月,居民消费价格上涨 1.7%,涨幅比上年同期下降 1.5 个百分点,其中涨幅最高的医疗保健上涨 7.2%,涨幅较上年同期下降 1.5 个百分点;食品烟酒上涨 1.2%,涨幅较上年同期下降 2.5 个百分点。城镇登记失业人数下降。城镇登记失业人数为 21.81 万人,较上年同期下降 0.91 万人。

2. 从结构看,上海经济运行呈现"六个高于"的特点,增长更稳、结构更优、效益更好,高质量发展势头显著

从主要指标的比较看,2017 年上海经济运行呈现出"六个高于"的特点,说明了在经济新常态下,上海经济虽然增速放缓,从高速增长转变到中高速增长,但发展质量不断提升,逐步形成了增长更稳、结构更优、效益更好的发展局面。

一是工业增速高于服务业增速,工业增加值占 GDP 比重自 2010 年以来首次回升,实体经济基础更加牢固。近年来,上海工业增加值占 GDP 比重持续下降,2016 年工业增加值占 GDP 比重 26.0%,较

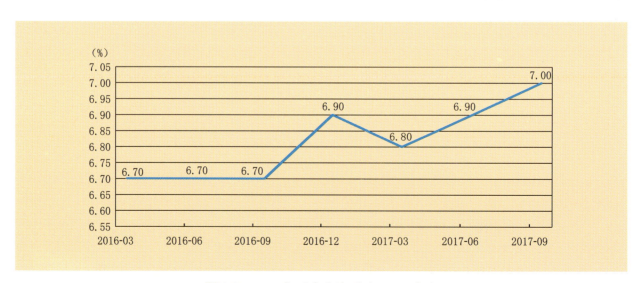

图 1.1 2016 年以来上海季度 GDP 增速

图 1.2　2010—2016 年上海工业、生产性服务业和第三产业的 GDP 占比

2015 年下降 2.6 个百分点。进入 2017 年以来,工业持续发力,1—10 月份,规上工业增加值同比增长 9.5%,显著高于服务业;前三季度,工业增加值占全市 GDP 比重达到 28.0%,较 2016 年底提高 2 个百分点。从全年看,工业占全市 GDP 比重将明显回升,这为实现"'十三五'制造业增加值占全市生产总值比重力争保持在 25% 左右"的目标奠定了良好基础。

二是高端制造业增速高于工业增速,战略性新兴产业比重不断提升,新旧动能加快转换。2017 年以来,高端制造业、战略性新兴产业发展势头良好,增速普遍高于工业和传统行业。1—10 月,六大重点行业中的汽车制造和电子信息产品制造分别增长 20.7% 和 12.2%,分别高于工业总产值增速 12.3 和 3.8 个百分点;战略性新兴产业中的新能源汽车、新一代信息技术和生物医药分别增长 34.1%、9.6% 和 9%,也分别高于工业总产值增速 25.7、1.2 和 0.6 个百分点;战略性新兴产业占规上工业总产值比重从 2013 年的 24.1% 提高至 29.1%,提高了 5 个百分点。

三是生产性服务业增速高于工业和服务业增速,占 GDP 比重持续提升,经济结构不断优化。得益于工业重点行业全面回升,2017 年生产性服务业继续保持快速发展势头,前三季度生产性服务业增加值同比增长 9.9%,分别高于工业、服务业 1 和 3.3 个百分点。节能环保、检验检测、总集成总承包等重点行业营业收入均实现两位数增速,分别达到 14.1%、12.9% 和 10.4%。从比重看,生产性服务业

占 GDP 比重达 42.5%,比 2016 年底提升 1.1 个百分点。以制造为基础的生产性服务业的快速发展,反映了上海实体经济"高端制造＋生产性服务"发展势头良好。

四是民间投资增速高于固定资产投资增速,民营经济达到发展新高度,经济发展活力持续增强。1—10 月,民间投资同比增长 16.7%,比前三季度提高 1.3 个百分点;民间投资占全市固定资产投资比重达到 39.1%,较上年同期提高 3 个百分点。从民营经济运行情况看,前三季度民营经济完成税收 3 575.6 亿元,占全市比重达到 33.9%,比 2016 年底提高 0.1 个百分点,已经超过外资税收比重。民营经济以占上海 GDP 1/4 左右的比重(2016 年比重为 26.6%),为上海贡献了超过 1/3 的税收。

五是企业利润增速高于工业增速,财政收入和居民收入增速高于 GDP 增速,"三个口袋"均呈现出向好的局面。前三季度,在工业生产回升、价格上涨等因素带动下,工业企业利润总额同比增长 12.7%,高于工业总产值增速 3.8 个百分点,为 2011 年以来的同期最高增速。财政收入在上年高基数和房地产贡献大幅回落的状况下仍然增长 8.3%,全市居民人均可支配收入增长 8.5%,其中农村常住居民人均可支配收入增长 9%,均高于 GDP 增速。这反映了无论是在宏观层面,还是在微观层面,经济效益都得到了显著改善。

六是 PPI、PMI 等先行指标显著高于上年同期值,市场环境不断改善,经济向好预期加快形成。10

月,上海工业生产者出厂价格指数(PPI)和工业生产者购进价格指数(MPI)分别比上年同期上涨3.5%和7.8%,大大高于上年同期的0.7%和1%;制造业采购经理指数(PMI)为52.5,高于上年同期的52.4,处于扩张区间;消费者信心指数创新高,达到129.5,环比上升9.1点,较上年同期高出11.1点。这说明供给侧和需求侧的预期仍然乐观向好,未来上海经济平稳运行存在较好基础。

3. 从动因看,自身改革创新、国内政策效应和全球经济复苏三大有利条件支撑了2017年上海经济的良好运行

一是上海自身改革创新加快了经济新旧动能转换和新兴产业发展。近年来,上海加快创新驱动发展、经济转型升级步伐,经济结构持续改善、新旧动能加快转换。一方面,"老产业"的转型升级后释放了新动能,带来了新增长。如汽车行业抓住了消费升级换代趋势,更新产品、升级生产线,增长不依靠传统的低端产品,而是依靠荣威RX5、途昂、凯迪拉克等新产品、高端产品,在全国汽车市场总体低迷情况下实现了较高速的增长。1—10月,汽车拉动全市规模以上工业总产值增长3.8个百分点,贡献率达到47.5%。另一方面,"新经济"的创新发展持续发力,不断释放增长潜力。在大众创业、万众创新的推动下,"互联网+"等新业态、新模式继续快速发展,抵消了传统业态的不断下滑,1—10月网上商店零售增长16.4%,高于社会消费品零售总额增长8.1个百分点。同时,一些战略性新兴产业也开始发力,如节能环保产业1—10月同比增长6.4%,较上年同期提高6.1个百分点。

二是全国供给侧结构性改革的去产能、降成本提升了上海传统行业的发展活力和企业效益。随着全国范围内供给侧结构性改革的推进,特别是工业领域的"去产能",推动了上游主要工业产品价格上涨,10月全国工业生产者出厂价格(PPI)同比上涨6.9%,这也带动了上海钢铁、有色、石化等工业行业产值回升,由上年的负增长转为2017年的正增长。1—10月,精品钢材制造、石油化工及精细化工制造分别增长3.2%和2.2%,较上年同期高9.6和3.5个百分点。同时,产品价格上涨及上海推进供给侧结构性改革中的"降成本"措施,也增大了企业利润空间,企业效益得到显著改善。1—10月,上海

精品钢材制造业利润总额增长36.6%,石油化工及精细化工制造业利润总额增长61.7%。

三是全球经济广泛复苏带动了上海出口加工产业回升和外贸需求回暖。2017年,欧美日主要经济体和新兴经济体呈现了普遍复苏势头,对上海经济产生了明显的带动作用。一方面,国际市场苹果热销、新款手机备货,全球集成电路市场回暖,上海广达、昌硕订单增多,推动电子新兴产品制造业增长较快。另一方面,全球经济复苏带动全球贸易恢复性增长,加上我国"一带一路"倡议推动,上海外贸进出口强劲回暖,较上年同期实现了大幅增长。1—10月,全市规上工业出口交货值比去年同期增长10.3%,其中计算机、通信和其他电子设备制造业对工业出口增长的拉动作用明显,出口交货值占全市工业出口的54.9%,对全市工业出口增长的贡献率达到78.8%,拉动增长8.1个百分点。

1.1.2 2018年国内外发展环境

1. 2018年全球经济将延续复苏势头,但不确定因素仍然存在,尤其是特朗普政府"加息+缩表+减税"三大举措将形成较大挑战

2017年,全球经济实现了国际金融危机以来范围最广的复苏,主要经济体经济增长普遍提速,全球经济增长超出预期,2018年全球经济将延续复苏势头,国际贸易投资环境进一步改善,但在特朗普政府"加息+缩表+减税"政策冲击下,全球经济的复苏进程可能出现新的波动。

(1) 2018年全球经济复苏势头进一步强化,有望迎来走出"后危机时代"的曙光。

据IMF最新预计,2018年世界经济增速为3.7%,比2017年提升0.1个百分点,不仅高于2008—2017年年均的3.3%,也高于1980—2017年年均3.4%的历史增速。从主要经济体看,发达国家将增长2.0%,新兴经济体增长4.9%。其中,美国经济复苏势头强劲,2017年美国制造业持续扩张,失业率创2000年以来的历史新低,消费增速保持稳健,通胀处于较低水平。同时,美国通过了《减税与就业法案》,进一步刺激美国经济复苏,预计2018年美国经济仍将保持强劲复苏势头。欧洲经济增长加快恢复,2017年欧元区经济好于预期,增速逐步恢复至经济危机前水平,失业率降至2009年2月以

图 1.3　2010 年以来世界经济增长率

来的最低水平,经济增长基础不断夯实,加上政治风险降低,市场信心提振,预计 2018 年欧洲经济复苏步伐更显坚定。日本继续缓慢复苏,2017 年日本借力于全球经济复苏和"强宽松＋高赤字"组合刺激政策,实现了经济连续较快增长。但受制于财政压力较大、薪资增长停滞,制约消费支出增长,内需不足对经济内生增长形成拖累,经济增长动力缺乏,预计 2018 年日本复苏势头减弱,经济增速将有所回落。新兴经济体总体较快增长,部分经济体面临调整转型压力。印度将继续保持较快增长,大宗商品价格回稳推动俄罗斯、巴西继续保持正向增长,虽然新兴经济体经济增势仍有分化,但总体上处于筑底回暖阶段,经济运行"渐进升轨"。

总体来看,走过危机十年,全球性的供给侧结构性改革、消费升级全球化、新技术加速突破等将为世界经济增长带来新动能,全球经济逐步从"分化增长"步入"同步增长",有望迎来走出"后危机时代"的曙光。

（2）世界经济环境继续改善,国际贸易和投资将保持回升态势。

国际贸易继续恢复性增长,增速可能有所回落。2017 年,主要经济体经济复苏加快、能源资源等大宗商品价格上涨,有力推动了国际贸易增长。据 WTO 预测,2017 年全球货物贸易量增速将达 3.6％,远高于 2016 年的 1.3％,与 IMF 预计的世界经济增速持平,改变了自 2012 年以来持续低于世界经济增长的局面。2018 年,世界经济持续复苏推动全球贸易保持回升势头,但考虑到 2017 年全球贸易

增长的高基数,以及主要发达经济体货币政策收紧、贸易保护主义、地缘政治风险,贸易增速将可能有所回落。WTO 预计,2018 年全球货物贸易量增长 3.2％,稍低于 2017 年。

国际投资继续回升。2017 年,受各主要经济体增长加快、贸易增速回升以及跨国公司利润率提升影响,全球跨国直接投资呈现温和复苏,扭转了 2016 年国际投资下降势头。联合国贸发会议（UNCTAD）预计,2017 年全球跨国直接投资流量增长 5％,达 1.8 万亿美元,2018 年将进一步增加到 1.85 万亿美元。但同时,由于主要国家货币政策趋紧和地缘政治风险,可能阻碍跨国直接投资的复苏进程,并导致资金流向发达国家。

（3）全球经济复苏尚未完成,特朗普政府"加息＋缩表＋减税"三大举措或阻碍复苏进程并引发全球性金融风险。

随着经济不断复苏,发达经济体逐步进入货币政策正常化进程,并实施减税政策,强力推动经济复苏。鲍威尔执掌美联储后将延续之前的加息节奏,同时美联储 2017 年 10 月正式启动缩表计划,缩减规模上限每季度增加一次直至 500 亿美元,计划至 2021 年把美联储资产缩减至一半;欧央行降低资产购买计划规模,英格兰银行也于 2017 年 11 月宣布加息。2017 年 12 月底,特朗普签署了美国历史最大的减税政策,作为世界最大经济体,美国的财税政策对各国有很强的外溢性,有可能触发全球性"减税竞赛"。

专栏 1.1 美国通过 30 年来最大规模减税法案

美国国会参众两院 20 日通过 30 年来美国最大规模减税法案。分析人士认为,减税对美国经济增长的刺激作用有限,而且部分涉及跨国企业的条款可能违反双边税收协定和国际贸易准则。

企业所得税改革是本次减税法案的核心,也得到美国商界的普遍支持。根据税改法案,美国联邦企业所得税税率将从现在的 35% 降至 21%;对美国企业留存海外的利润一次性征税,其中现金利润的税率为 15.5%;推行"属地制"征税原则,即未来美国企业的海外利润将只需在利润产生的国家交税,而无需向美国政府交税。为鼓励企业长期投资,企业所得税税改内容是永久的。

在个人所得税方面,维持目前联邦个人所得税率 7 档不变,但大部分税率有所下降,其中最高税率从目前的 39.6% 降至 37%。此外,个人所得税标准抵扣额将翻倍,但对地方和州税等税收抵扣设定上限。个人所得税变动的有效期仅到 2025 年底。

美国参众两院税收联合委员会的初步预测显示,2019 年,家庭年收入在 2 万至 10 万美元之间的中产阶级,即半数的美国纳税人,将享受 610 亿美元的减税规模。不过税收优惠到期后,这些家庭缴税规模将增加。华盛顿智库税务政策中心的研究显示,本次减税的大部分收益都将由高收入家庭获得,有可能进一步加剧美国贫富分化。

资料来源:新华网财经观察,2017 年 12 月 21 日,http://www.xinhuanet.com/world/2017-12/21/c_1122146422.htm。

特朗普政府通过"加息+缩表+减税"三大政策叠加,一方面强化了美元地位,在强势美元引导下,短期内或引发国际资本向发达国家的大规模回流,可能对全球宏观经济和资产价格产生重大影响,尤其是对人民币及人民币计价的资产价值产生冲击,将严重阻碍全球经济复苏进程并大幅度提升金融风险发生概率。另一方面,发达国家竞相实施减税策略,将引发实体制造业向其国内整体回流,会进一步引发发展中国家产业资本和高端人才萎缩,并引发全球性经济动荡。

2. 2018 年中国经济将延续稳中有进、稳中向好的发展态势,加快从高速增长转向高质量发展,但经济发展新动能仍在酝酿之中,防风险压力依然严峻

(1)当前我国经济基本面出现四个积极变化,为经济持续回升奠定良好基础。

一是速度基本稳住。2017 年前三季度,国内生产总值增长 6.9%,连续 9 个季度位于 6.7%—6.9% 的区间,预计全年经济增长 6.8% 左右,对全球经济增长的贡献率将维持在 30% 以上。经过近 7 年调整,经济增长持续下行压力减弱,当前经济增速与潜在增速基本一致。2013—2017 年,我国国内生产总值年均增长约 7.2%,实现了中高速平稳增长,避免了转型期经济失速的风险。我国经济的稳定运行,为各项改革推进和工作开展提供了稳定的宏观环境。

二是动力加快转换。经济增长动力从主要依靠投资和出口转向依靠投资、消费和出口协调推动,最终消费支出对 GDP 增长的贡献达到 64.6%。实际投资增速持续低于 GDP 增速,经济增长对投资的依赖度明显下降。全国研发投入大幅上升,企业资金占到投入增量的 80%,创新驱动特征更加明显;每天新增市场主体近 5 万户,大众创业、万众创新持续释放新活力。

三是结构继续优化。2017 年前三季度战略性新兴产业、高技术产业增加值同比分别增长 11.3% 和 13.4%,分别比规模以上工业快 4.6 和 6.7 个百分点,高技术和战略性新兴产业增加值在工业中的占比及其对工业的贡献明显提高。消费结构进一步优化,服务消费占居民消费的比重已接近一半,恩

格尔系数基本降至30%以内,第一次达到国际认可的富足标准。

四是风险有所缓释。与过去几年相比,经济金融风险正在由快速集聚向逐步缓释转变。加大金融监管力度,金融领域风险得到有效控制,M2增速下降至10%以下,宏观和微观杠杆率上涨趋缓,资金脱实入虚得到初步遏制。房地产调控因城施策,商品房库存回归合理水平,价格快速上涨势头得以遏制,去库存、抑泡沫取得初步成效。

(2)2018年我国经济将继续保持稳中有进、稳中向好的态势,加快从高速增长转向高质量发展。

一方面,需求潜力逐渐释放,消费成为主要增长动力,投资、贸易持续发力。消费仍将平稳较快增长,近年来我国各部门积极促进消费稳定增长,消费已成为我国经济增长的第一动力,"经济向好支撑消费升级—消费升级拉动经济继续增长"的良性循环正在形成,加之居民可支配收入的持续提高和对美好生活需要的增长,预计2018年消费增速仍将平稳,对经济增长继续发挥基础性支撑作用。投资将稳中趋缓,在房地产宏观调控政策持续背景下,预计2018年基建投资、房地产投资均可能放缓,而国际环境改善、国内经济向好将促进民间投资进一步回升,并对冲基建投资、房地产投资增速下降的影响。总体看,虽然2018年投资将稳中趋缓,但对优化供给结构的关键性作用将继续释放。外贸回稳势头继续巩固。随着世界主要经济体增长提速,国际市场加快回暖、需求持续复苏,全球市场信心增强,对我国外贸继续回稳形成有力支撑。另外,2018年我国将在上海筹办中国国际进口博览会,在稳定出口市场的同时主动扩大进口,形成内外需求联动的良好格局,有利于我国外贸进出口的稳定持续增长。

另一方面,供给侧结构性改革效应继续释放,供给体系的质量持续改善。随着我国供给侧结构性改革的深化推进,先进产能加快形成,落后产能逐渐退出,关系到下一步发展的优质供给也在较快增长,经济增长质量效益明显改善。新产业、新模式为经济增长注入新动力,智能经济、在线医疗、共享单车、跨境电商等新服务模式层出不穷,并与传统行业和谐共生,带动了传统产业的发展;在振兴实体经济政策推动下,高端装备制造、高新技术产业等新兴产业蓬勃发展,不断增强中国经济增长动能。这些新动能的形成与强化,使得我国经济持续向好的韧性更大,支撑力更强。市场预期将持续向好,企业发展动力活力增强。2018年,虽然部分经济指标有可能回落,但市场预期仍将总体向好、市场信心仍然较强,企业经营效益将进一步改善。同时,随着商事制度改革、公平竞争审查制度实施等一系列改革的推进,制度性交易成本明显降低,新登记企业不断涌现,企业发展活力明显增强。重点区域发展进一步增强经济增长动力。京津冀、长三角、粤港澳等东部重点区域将迈入新一轮发展阶段,经济转型升级、协调发展步伐将显著加快。同时,我国在解决中西部发展相对滞后、发展不平衡过程中,也将不断释放经济增长动力。

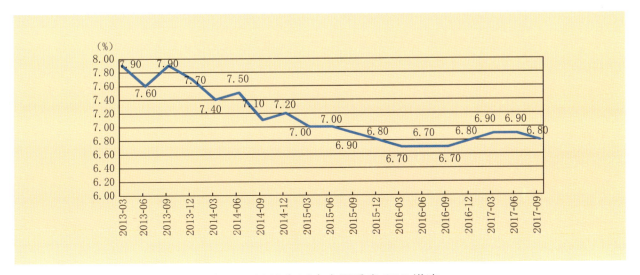

图 1.4 2013 年以来中国季度 GDP 增速

（3）中国经济步入新阶段，但增速换挡、结构调整、动能转化没有结束，防风险的形势依然严峻。

当前，我国经济的发展已经从过去的高速增长阶段，转向高质量发展阶段，但增速换挡、结构调整、动能转化的进程没有结束，仍需加大力度推进。一是增速换挡进程没有结束。我国经济在内外环境改善、政策持续推动下逐步企稳，但经济增长所面临的人口红利逐渐消失，全要素生产率还有待提升，中国经济增速转换依然会持续一段时间。二是结构调整进程没有结束。我国经济发展还存在诸多发展不充分不平衡的问题，产业结构、需求结构、区域结构调整远没有到位，供给体系的质量还需进一步提高。三是新旧动能转换进程没有结束。新动能在新产业、新技术、新业态的推动下取得了明显的进步，但新动能的比重依然偏低，难以在短期内替代传统动能。四是防控系统性金融风险的压力依然严峻。在金融整顿、债务控制以及前期扩张政策退出作用下，各类杠杆率和债务率增速陆续见顶，金融快速扩张期将转向下行期，风险控制重点将从负债端逐步转向资产端，从总量端转向结构端，从快速的增量端转向存量端。这些转向将使金融下行期的风险更具有隐蔽性和突发性。

总体来看，我国经济的 L 型增长已从原来的"竖"逐步过渡到现在的"横"，目前的经济企稳总体上是政策性和恢复性的，市场力量和趋势性力量还没有企稳，中国宏观经济还没有步入到持续反弹的新周期轨道之中，推动经济高质量发展还需付出巨大努力。

1.1.3 2018 年上海经济运行预测分析

2018 年上海经济仍将延续 2017 年总体平稳的发展态势，但受前期基数较高等因素影响，部分指标增速可能会有所回落。总体看，2018 年上海经济运行将呈现"三个不会"：

一是经济增长稳中向好的基本面不会改变，先行指数显示多数市场主体仍保乐观态度。从实体经济看，主要工业行业生产将保持平稳有序，工业总产值将在完成对前几年下滑的补涨后再创新高；得益于制造业的全面回升，2018 年全市生产性服务业将维持快于工业和服务业的增速，占 GDP 比重或接近 50%。从发展效益看，只要保持当前收入增量规模，居民部门就业和收入就可以保持平稳；而在工业品价格回升趋势下，企业部门利润仍能持续向好。2018 年财政收入增速虽会下降，但基于存量的地方政府财力仍然充沛。从先行指数来看，企业和居民均对上海 2018 年发展持乐观态度。2017 年 10 月，上海消费者信心指数为 129.5，环比上涨 9.1，创近年来新高；其中，预期指数为 133.9，高于现状指数。2017 年三季度，上海工业企业景气指数升至 127.0，创下近两年来的新高点。

二是经济转型升级的步伐不会放慢，中国进口商品博览会等项目将成为新的增长点。从产业结构看，随着 2017 年上海工业的止跌回升，二三产业双轮驱动、更趋均衡的增长格局基本形成。从重大项目看，2018 年举办的中国进口商品博览会将进一步提升上海在商贸、会展、旅游业上的全球影响力；百联等传统商业企业布局线上线下融合发展的效益将集中显现。借力新一轮金融开放和自贸港建设机遇，上海可以进一步巩固金融中心地位。从投资需求看，一批重大项目将在 2018 年集中落地，显著改善 2017 年工业投资不足的状况。

三是防风险、促改革的任务压力不会降低，外部性冲击或阻碍上海经济持续稳定发展。当前，世界贸易需求整体回暖的基础仍然薄弱，2018 年仍会持续四季度上海进出口趋缓势头，尤其是 301 调查深入，中美贸易战爆发的几率大幅提升，势必影响 2018 年上海货物进出口状况；美欧发达国家的加息减税政策，或引发外资进一步的撤离。国内稳健货币政策和严监管将限制上海金融业近年来快速扩张的势头；与此同时，前期累积的金融风险还有聚焦趋势。从发展动力看，上海经济转型升级远未完成，工业增长对汽车、电子等行业的依赖还很大。这些行业易极受消费端政策波动影响，而 2017 年以来新投入的大项目要形成新产能则需在 2019 年之后。

1.1.4 2018 年上海经济发展的对策

2018 年贯彻党的十九大精神的开局之年，是改革开放 40 周年，也是上海新一届政府的起步之年。尽管当前上海经济稳中向好，进入了发展新阶段，但也不能有任何喘口气、歇歇脚的念头。要利用好当前国际经济复苏的良好环境，把握好国内供给侧结构性改革效应释放的有利时机,加快推动上海创新驱动发展、经济转型升级。我们建议,2018 年上海经济工作的总体思路是:全面贯彻落实党的十九大精神,坚持稳中求进总基调,按照高质量发展的要求,保持经济平稳健康运行,彰显功能优势、增创先发优势、打造品牌优势和厚植人才优势,打响"上海服务、制造、购物、文化"四大品牌,力争在新时代有新作为。对此,提出七个方面建议:

1. 进一步改善上海营商环境,不断提升经济运行效率

(1) 推动行政审批革命性变革,构建高效便捷政府服务体系。

行政审批是营商环境的核心内容,在世界银行《全球营商环境报告》中,开办企业、办理施工许可证等行政审批事项是其营商环境评价的主要指标。在《2018 年全球营商环境报告》中,中国营商环境便利度列第 78 位,但开办企业便利度位列 93 位(从 2017 年的第 127 位上升 34 位),这既说明开办企业便利度还低于总体营商环境便利度,也说明在我国"先照后证""证照分离"行政审批改革后,开办企业便利度能有较大提升。建议借鉴浙江"最多跑一次"、江苏"不见面审批"等先进行政审批经验,进一步深化行政审批制度改革。一方面,要继续清理和调整行政审批事项,持续推进行政审批流程再造。最大限度地缩小审批、核准、备案范围,以法治化、国际化、便利化为方向,继续简化审批环节、流程和手续,推进行政审批标准化建设。另一方面,要推进建设基于互联网的智能化审批系统。推动事中事后综合监管平台和审批平台对接,创新网上告知、公示、咨询、查询、反馈等网上服务方式,推动实现审批事项"一网告知、一网受理、一网办结、一网监管"。

(2) 推进政务数据共享开放,创新政府服务模式。

2012 年,上海率先在全国启动政务数据共享和开放,打造了基于政务外网的政府数据资源服务平台和基于互联网的上海市政府数据服务网,形成了"一网一平台"的资源载体。但目前,政务数据共享开放面临较大瓶颈,主要是由于数据少、质量不高、数据公开的内容和范围有限、缺乏高质量的应用等,与在大数据时代下实现创新政府服务模式、提高行政效率的目标还有较大差距。建议:一是建立

健全推进政务数据共享体制机制,明确各部门数据共享的范围边界和使用方式,厘清各部门数据管理及共享的义务和权利,推进形成职责明晰、协同推进的工作格局。二是推进政务数据的开发应用,以信息化提高政府工作效能和工作透明度。在企业监管、质量安全、节能、环保、食品安全、信用体系等领域,推动有关政府部门和企事业单位将数据进行汇聚整合和关联分析,并适时设立类似杭州的"大数据资源管理局",推动数据资源开放共享。三是推进数据市场化运用,鼓励政府与企业、社会机构开展合作,通过政府采购、服务外包、社会众包等方式,依托专业企业开展政府大数据应用。

(3) 建立评价指标体系,构建以企业为主体的评估机制。

一是在世界银行评价体系基础上,加快建立适合中国国情、上海特点的营商环境评价体系。在致力于改进区域营商环境过程中,各地主要是借鉴世界银行的评估方法,但实践中也反映出该方法的不适用性。世界银行为了在更多的经济体内收集数据进行横向比较,其指标体系忽视了对于不同经济体内部差异的考量。上海应加快组织智库机构研究适合中国国情、上海特点的营商环境评价体系,在借鉴世界银行实践经验的基础上制定中国的区域营商环境评价体系,有助于总结先进地区的发展经验,也有利于帮助其他地区找准问题,提高政策的针对性和有效性。二是改革考核评价机制,加快构建以企业为主体的评价机制。在对营商环境评价中,要更多以企业的感受度、获得感为标准,更多倾听企业的声音、回应企业的需求。同时,要更多请权威的第三方机构来评估,强化改进研究,不断提升政府工作效率和服务质量。

(4) 强化企业跟踪服务,切实解决企业实际困难。

按照"放、管、服"的总体要求,加强重点企业的走访沟通,了解企业的发展需求,帮助解决企业面临的实际困难,加大服务企业力度。在企业调研中,上汽提出,应对 1.6 升及以下小排量汽车能保持常态化的购置税优惠政策,引导消费者购买经济型汽车产品,也能促进企业在小排量产品方面加大研发生产投入。百联集团反映,希望政府有关部门制定政策支持和鼓励实体零售企业对商品设计、品牌推

广、营销方式、渠道物流、支付结算、售后服务等环节进行革新,以流程优化提高效率。比如,在保障公共安全的前提下,希望食药监局适当放宽对零售业实体店开展"现制现售、餐饮即食"业务的限制、加快办证周期;希望监管部门对电商企业实行与实体零售店相当的监管政策,营造公平的竞争环境。浦发银行希望政府规范非持牌金融机构违规开展的各类变相消费金融创新,支持银行等金融机构参与普惠金融、共享金融;同时出台更多支持科技金融的政策,提升银行对科技企业的服务能级,建立适应科技企业轻资产、重信用融资特点的第三方增信科技金融服务模式。

2. 以"四梁八柱"和创新联盟为抓手,加快推进全球科创中心建设进程

（1）突出承载区集聚效应,构建现代产业创新生态。

建设具有全球影响力的科技创新中心,落脚点在承载区,承载区建设是科创中心的关键所在。一是继续强化资源聚焦战略,突出承载区创新集聚效应。持续开展"再聚焦"工程,推进人才、资金、技术资源向重点区域集中,努力打造一批围绕重大科技专项、重大科研设备的城市创新极核。二是构筑适当宽容的产业创新生态,发挥承载区在新产业上的示范效应。探索承载区内试点容积率提升、混业经营等更适应现代科技产业发展规律的科技管理模式;加快落地各具特色的公共平台,畅通承载区内外产业供需对接;由地方政府搭台,为新技术新产品提供更多发布渠道。三是立足"一区一策",支持承载区发展各具特色的科技产业。要从市级层面统筹谋划,结合区域科技产业特色实行差别化产业科技政策引导,支持科技资源合理流动,有效避免同质化竞争。

（2）深化科技体制机制改革,进一步发挥创新联盟作用。

上海要用更大的勇气突破体制机制对科技创新的约束。一是要全面梳理"六个张江"政策体系,进一步推动创新政策整合。目前上海科创存在"六个张江"（大张江管委会、张江核心区管委会、张江国家综合性科学中心、张江集团、张江高科、张江镇）,政出多门、变化较快,企业感受度较差。建议全面梳理市区创新政策,推动相关政策整合。二是进一步

强化上海的科技政策试验田功能。抓住张江国家科学中心逐步向全社会开放仪器设备的时机,率先探索出一套"建管用"并举的先进设备管理体制机制,为国家实验室的运营管理积累经验;优先在集聚区试行空间载体、科技人才等突破性政策,进一步体现集聚区政策优势。三是政府部门要突出服务意识,提升政策的包容性。目前,上海支持科技创新的政策在区域和部门之间兼容性差,政策实施大打折扣。要学习江浙高效服务企业的经验,提高科技政策的可读性、实用性,对新技术新事物采取更加包容态度。四是以开放心态进一步发挥创新联盟作用。上海要加快完善与周边地区的创新合作机制,以更加开放心态构筑区域一体创新联盟,使上海科创中心不仅有高端的"智囊团",还要汇聚广泛的"朋友圈"和得力的"同盟军"。

（3）全力打造人才高峰,进一步汇集天下英才。

人才是创新发展的核心,是未来经济发展的第一资源,全国各地对人才的争夺日益激烈。上海必须加大人才引进力度,从"人才高地"迈向"人才高峰"。一是全力建设人才高峰。要不拘一格引人才,要着力清理和消除阻碍人才引进显性和隐性门槛,打破僵化固化的"不成文规定",进一步研究广聚人才、用好人才、成就人才的人才高峰政策,营造海纳百川、多元包容的人才环境。二是继续优化购租并举的住房体系和生活配套,让年轻人留得下来。加强创新创业人才、高端引进人才住房需求的保障房供给,支持有条件的企业兴建针对企业员工的租赁房;部分远郊的功能性区域购房,可以研究放松户籍条件。三是要利用好成功申办第46届世界技能大赛的历史性契机,进一步重视上海城市职业技能教育,推动职业技能培训向高端化、精品化发展,为企业培养符合现代化生产需求的高素质技能型人才。

（4）营造国际化创新生态,鼓励外资研发机构融入创新体系。

外资研发机构集聚是上海建设科创中心的重要优势,要撬动外资研发机构参与科创中心建设,使其融入到上海城市创新体系中来。一是以知识产权保护为抓手,营造与国际接轨的创新法治环境。产权保护是跨国公司持续关注的问题。要聚焦知识产权保护和落地的法制配套,培育一批专业的

产权服务机构,进一步营造与国际接轨的创新法治环境。二是积极推进"双自联动",增强研发产品跨境便利化。要强化自贸区与自主创新示范区"双自联动",提升研发样品跨境流动的便利性,通过优先报检、提升信用分类管理等级等方式,简化研发样本样品、试剂的进口手续。三是鼓励外资研发中心参与重大项目研发,促进外资研发在地转化。上海要率先挂牌一批外资设立的国家级技术中心,试点由外资研发中心参与战略性新兴产业领域的重大项目研发;对跨国公司设立开放式创新平台提供同等政策优惠,提高外资研发在沪溢出效应。

3. 以"自由贸易港"为突破口,加快构建上海对内对外开放新格局

(1) 率先探索建设"自由贸易港",汇聚国内外优势资源。

上海自贸区试行四年多来,简政放权、放管结合的制度创新卓有成效。建议在自贸区建设的成果与经验基础上,加快三方面的探索:一是探索实施高度集约管理。针对目前自贸区面临监管主体不同、数据信息未共享、管理系统不对接等问题,建议成立统一管理机构,探索授权管理。同时,打造"自由贸易港"综合信息平台,整合港口信息、物流监控、货物监管等系统。二是不断创新监管模式,打造提升政府治理能力的先行区。针对"区港分离"带来的企业运营成本高企问题,建议深化"一线放开"压力测试,形成"境内关外"区域。同时,深化区内自由,再造通关流程,强化风险防控。三是充分发挥自贸港作为开放经济综合改革风险压力测试区功能。探索多领域在自贸港内形成新突破,包括进一步扩大服务贸易创新试点税收政策实施范围;降低港区内注册企业的所得税税率;在外汇管理、离岸金融、外籍人士领取中国绿卡以及外地员工落户方面取得新突破。

(2) 发挥上海"双买双卖"平台作用,推动外贸再上新台阶。

一是充分利用"中国国际进口博览会"平台,连接国际国内商品市场。一方面要促进"买全球、卖全国",通过"中国国际进口博览会"引入国际商品,推向全国市场,成为全球商品的展示、交易平台;另一方面要推动"买全国、卖全球",努力集聚国内特色商品,推向全球市场,成为中国特色商品的集散中心。

二是积极拓展服务贸易新领域。从未来看,上海货物贸易增长空间有限,而服务贸易是未来上海贸易的重要增长点。要加快推进服务贸易创新发展,拓展数字贸易、金融保险、医疗健康等资本技术密集、发展潜力较大的服务贸易新增长领域,培育一批服务贸易示范基地、示范项目和服务贸易总部型企业。三是加快发展跨境电子商务促进外贸创新发展。加快建设中国(上海)跨境电子商务综合试验区,支持企业通过发展保税展示销售、增设口岸进境免税店,建立全球商品进口网络和资源渠道。

(3) 大力吸引服务业和高技术产业外资,扭转吸引外资下降局面。

近年来,随着商务成本、劳动力成本的攀升,上海外资结构发生了较大变化,外资投资重点从传统制造业转向现代服务业、高新技术产业,外资对投资中国、上海较为谨慎,这也导致上海外资增长低迷甚至负增长。针对这一情况,建议:一是依托自贸试验区,进一步推进制度创新,加大服务业、高技术产业的开放力度,吸引信息技术、医疗、文化等领域服务业外资和生物医药、高端装备等高技术外资。二是对标新加坡、中国香港,加快营造国际化、法治化、便利化的投资和营商环境,打造最具吸引力的投资目的地。

(4) 学习"浙商精神",鼓励和支持上海企业抱团"走出去"。

浙商是浙江创新发展的重要力量,上海要学习浙商团结互助、敢闯敢干的精神,鼓励和支持上海企业抱团"走出去"。一是鼓励上海市国企、民企加速境外投资布局。建议充分发挥"上海走出去企业战略合作联盟"等机构的作用,推动企业间共享资源,抱团出海,大力培育市场化、专业化、国际化的上海本土跨国公司。二是在"走出去"过程中促进国有金融资本和产业资本的深度融合。建议政府在企业"走出去"的过程中加强对市属金融机构与市属国资企业探索深化产融结合的指导,通过建立股权基金、发放并购贷款、提供财务顾问等多种方式,更好地激发国有企业活力,提升资源配置效率。比如,鼓励上海浦东发展银行、上海银行等国有金融企业与上海电气、华谊、锦江国际等国有产业企业合作,共同拓展国内外市场。三是政府要为企业"走出去"保驾护航。在企业调研中,华谊、电气、锦江等企业都强烈呼吁在"走出去"过程中希望得到政府协调、沟通、服务等支持。比如,华谊集团反映在"走出去"过程中遇到外地政府规划调整导致外地项目搁浅的问题,希望上海政府在上海企业"走出去"较为集中的地区做好产业规划对接和定期沟通协调保障,营造有利于企业走出去的政策环境。

4. 防控风险、把握机遇,争当金融改革开放"排头兵"

金融是现代经济的核心,到2020年上海要基本建成与我国经济实力和人民币国际地位相适应的国际金融中心。一方面要积极落实中央关于金融服务实体经济、强化金融监管的要求,牢牢守住不发生系统性金融风险的底线;另一方面,要把握好国家进一步加大金融开放的历史机遇,继续做好全国金融改革开放的"排头兵"。

(1)以风险防控为核心,进一步完善上海金融生态。

金融产业的逐利性决定了其具有高风险的特点,有效管控金融风险并不是弱化金融业对上海经济的支撑作用,关键在于加快构建以风险防控为核心、健康有序的城市金融生态。一是要加快推动金融制度顶层设计,不断完善地方金融监管体系。要落实地方建立金融监管机构的要求,完善金融法治环境,构筑市区一体、覆盖全面、服务全国的多层次风险预警系统,从而有效避免监管寻租;要积极探索综合监管、功能监管,有效维护区域金融安全稳定。二是以打通金融征信平台为抓手,加快推进金融数据整合。征信是现代金融业发展的关键,要对标浙江杭州在金融信息化上的经验,加快归并在沪"一行三会"和政府所持的企业和个人信息,组建由政府授信、统一端口的公共信息管理平台,减少金融市场的信息不对称风险。三是进一步严格持牌经营,规范金融市场秩序。强化金融执法,牵头清理打着金融旗号从事集资之实的互联网金融公司;引导市场理性竞争,对高风险的投融资行为,在做好筛选甄别的基础上要加强"善意提示"。

(2)增强金融要素市场功能,提升金融资源配置能力。

上海的金融基础设施已具备先发优势,要利用好这一优势,不断完善金融市场功能,增强配置金融资源能力和国际影响力,着力提升上海金融要素市场在国际金融治理中的地位。一是强化政策倾斜,继续集聚大型金融机构。对陆家嘴等金融集聚区,要参照中国香港、新加坡等管理模式,发挥人才、税收政策的双引导,不仅要继续引聚国际知名金融机构,也要想方设法留住中国平安等大型金融机构。二是推动黄金、石油等传统要素市场的定价体系构建。加快整合国内黄金、原油等大宗商品期现货金融市场,将规模优势转化为质量优势,率先建立起部分具有国际话语权的金融产品。三是加快绿色金融、普惠金融、养老金融等新兴市场构建。要把握当前金融发展动向,重点加快整合能源和碳交易市场机构,推动普惠金融、养老金金融等专业化市场入沪,提升服务辐射半径。

(3)推动金融科技"三个结合",引导金融更好服务实体经济。

按照全国金融工作会议和十九大精神,上海必须主动引导金融资本流向实体经济,关键要做到"三个结合":一是金融科技要与科技金融相结合。上海金融部门和科技部门要率先探索一套符合本地科技型企业的金融评级规范,有效引导社会资本流向科创中心建设,在小微企业贷款、股权投融资等重点领域加强金融科技产品开发。二是强化金融产品开发要与本地企业需求相结合。重点鼓励本地金融机构为上海企业走出去提供有效金融支持,以支持国资金融企业优先参与本地企业"一带一路"产能结合的并购重组为抓手,促进金融国资与本地企业抱团结对。三是金融技术创新要与风险防控相结合。加强分散金融风险、降低企业杠杆的金融产品研发,为深化推进"去杠杆"提供上海方案。

(4)巩固金融开放领先地位,鼓励外资参与金融改革。

党的十九大之后,中国金融市场开放的时间表和路线图已经公布,上海要进一步突出金融开放在自贸区、自贸港国家战略中的核心地位,加强自贸区与金融中心建设联动发展,打造金融改革开放新高地。一是继续巩固上海在人民币国际化进程中的领先地位。要提请国家赋权,拓展自贸区自由贸易账户功能,构建人民币跨境使用新机制;积极探索在人民币离岸金融市场业务上有新作为,努力成为人民币跨境支付和清算中心。二是要成为外资金融机构参与国内金融改革的试验场。要抓住金融开放机会,短期内率先在自贸区先行放开外资金融机构的持股比例、设立形式、业务范畴等限制,同时要利用好外资进驻的机会,助推国内金融企业提升风险管理和企业治理水平,并推动改善上海金融业整体状况。三是重点推动上海国际金融中心与"一带一路"沿线国家地区金融合作,打造面向"一带一路"、辐射全球的金融网络体系和支撑体系。

5. 摆脱"四个依赖"、形成"五大支柱",夯实实体经济增长动能

近年来,上海始终保持定力,坚定转变发展方式,逐渐摆脱了对投资、房地产、重化工业和劳动密集型产业的"四个依赖",建议在上海经济发展进入新阶段后,加快形成开放经济、科技创新、消费、高端制造和生产性服务业等经济增长的"五大新支柱"。

(1) 增强消费对经济发展的基础性作用,加快国际消费城市建设步伐。

近年来,消费对经济增长贡献率稳步提升,已成为我国、上海经济增长的第一动力。在居民消费处于升级换挡时期,特别对上海而言,在人均可支配收入全国领先的情况下,必须增强消费对经济发展的基础性作用,将消费作为上海经济增长的"稳定器"和"压舱石"。从国际看,纽约、伦敦、东京等全球城市无一不是消费型城市。上海必须加快国际消费城市建设,进一步提高消费对经济增长的贡献度。建议以消费供给不充分不均衡为突破口,推进消费领域的供给侧结构性改革,不断满足消费升级需求。一方面,要促进消费提质扩容。从区别于国内二、三线城市出发,大力发展高端产品和高端服务消费,引进培育高品质产品和文化、医疗等高端服务,形成知名品牌群落,吸引上海市外消费及本市居民国外消费回流。另一方面,要促进消费环境加快创新转型。加快推进传统商圈、商街、商店创新转型,开展消费环境建设创新试点,推进静安区、黄浦区建设国际消费城市示范区;促进"互联网+消费",鼓励服务模式创新;进一步汇聚国内外知名消费品牌,不断挖掘潜在消费需求。

(2) 谋划面向未来的高端制造体系,增强工业增长动能。

一是加大高端制造业投资。当前,上海工业主要依靠少数行业增长推动,其中汽车产业增加值比重占全市工业增加值比重近 20%,烟草行业增加值比重占全市工业增加值比重近 15%,市场环境变化可能给全市工业运行带来较大影响。因此,建议发挥投资对优化供给结构的关键性作用,加大对电子信息、生物医药、高端装备等领域投资力度,努力培育 3—5 个相当于汽车产业的、5 000 亿级产值的工业产业,支撑工业稳增长。二是构建开放性、创新型的工业发展模式。当前,上海重点聚焦六大重点产业和七大战略性新兴产业,虽然有利于资源要素向这些领域聚焦,但在技术创新、产业变革步伐不断加速,新技术、新产业不断出现的背景下,也容易形成"封闭效应",导致错失新兴产业发展的机遇。建议把握科技革命趋势,面向量子通信、人工智能等前沿性领域,构建上海引领式、颠覆性的"未来产业",提升产业的"无中生有"能力,形成开放性、创新型的发展模式。三是加大工业互联网投资。在当前上海"互联网+服务业"总体不占优势情况下,努力在"互联网+工业"时代把握机遇、抢占先机,大力发展工业互联网,加快工业转型升级。

(3) 推动生产性服务业高端化发展,不断提升产业能级。

近年来,上海生产性服务业增加值年均增长保持 10% 左右的高增速,截至 2017 年前三季度,上海市生产性服务业占 GDP 的比重已达 42.5%,对实体经济支撑作用明显。要发挥作为国际化大都市的优势,继续推动生产性服务业高端化发展。一是推动生产性服务业重点领域发展。推动研发设计、信息技术、文化创意、知识产权、总集成总承包、检验检测认证、现代供应链、人力资本服务等生产性服务业专业化拓展,为上海先进制造业在全球价值链中持续升级提供支撑与融合互动发展。二是加强专项资金对生产性服务业创新发展和服务型制造的支持。服务业制造是推动制造业由单一的生产制造向广义产品的生产服务转变的重要内容,建议生产性服务业专项资金在使用上更注重高端化、智能化生产性服务能力的培养,结合制造业企业服务化程度的评价指标,认定一批服务型制造典型企业,支持其服务化转型。三是扩大生产性服务业的服务辐射范围。上海的生产性服务业不仅要服务上海,更要服务长三角和全国。建议继续培育总集成总承包领域的"上海服务"供应商,在"一带一路"沿线国家开展产能合作,带动产业链上下游企业走出

去,构建全球化市场和服务网络。

6. 激发企业发展活力,促进各类所有制企业发展

(1) 深化国资国企改革,在一般竞争性领域引进民营资本和战略投资者。

要以深化国资管理创新带动国企改革为动力,更加注重提质增效增强抵御风险的能力、注重创新转型提高综合竞争实力、注重构建有利于企业家成长的体制机制。一是提升国有资本效率和国资监管效能。推动国有资本在战略性新兴产业、先进制造业、现代服务业、基础设施与民生保障等关键领域和优势产业布局,增强国有经济活力、影响力和抵御风险能力。同时,在一般竞争性行业和领域为各类社会资本进入提供条件,特别是要学习浙江经验,引进以浙商为代表的民营资本和战略投资者,赋能上海实体经济。二是推动内生增长,弘扬企业家精神,注重构建有利于企业家成长的体制机制。建议实施"三名"(名企、名品、名人)工程,培育一批类似浙江宗庆后、李书福、南存辉等有年龄梯度的、具有重要影响力的实体经济企业家,着力培育一批在国内外能发挥引领作用、具有自主知识产权的本土服务业知名品牌。

(2) 鼓励民营企业创新发展,提升上海经济活力。

当前,上海民营企业发展总体还较为薄弱,在2017年全国民营企业500强中,浙江有120家,江苏82家,而上海仅有13家。在推动民营企业发展过程中,特别要注重促进民营企业创新发展。从全球看,具备最优创新活力的还是民营企业。但目前部分民营企业反映,当前参与上海科创中心建设的主要还是科研机构和国企,民营企业普遍存在着"不懂研发、不敢研发、不愿研发"的情况。因此要加大力度鼓励民营企业参与上海科创中心建设。一是要加大政策宣传力度。向民营企业宣传解读上海在科技人才、研发转化、资金支持等方面的优惠政策,促进有条件的民营企业进行创新研发。二是切实推动民营企业、民营科研机构融入上海创新体系。鼓励民营企业建立实验室和研发机构,推动民营研发机构承担、参与上海市重大科研攻关项目,促进其加强与国企、科研机构的合作交流。三是加强对民营高科技企业科研成果的保护。建议借鉴中山市设立知识产权快速维权中心的做法,降低民营高科技企业的维权成本,加大对侵犯知识产权行为的惩治,提高侵权法定赔偿的上限。四是支持科技型、创新型民营企业发展。完善民营企业技术改造投资相关优惠政策,包括加大技改贴息力度,增加技改支出的税前列支,对企业税后利润用于技术改造等再投资的部分给予资金扶持,加大科技型小微企业转向补贴扶持力度,推动民营科技型企业加快技术创新步伐,成为行业细分领域的"隐形冠军"。

(3) 进一步加强"央地合作",深化军民融合发展。

上海集聚央企较多,要通过加强"央地合作",深化军民融合发展。一是提升军民融合层次。建议以央企上海总部建设为抓手,推动北斗地基增强网、中核上海总部、中核建上海科创园等一批重大项目落户上海,进一步促进上海军民融合产业在融合层次上向高层拓展。二是拓展军民融合范围。促进军民融合范围从传统领域向航天、航空、船舶、人工智能等战略性新兴领域全方位延伸,加快优势产业发展,促进军民两大体系相互兼容、共享共用。三是推进军民融合新模式。建议依托闵行军民融合产业基地,发挥上海航天、航空、船舶等领域的军用技术研发优势,探索"民参军"和"军转民"的开放创新机制,有效破除军转民的原有"封闭"格局,推动军民融合技术转移转化,积极探索合作研发、成果共享的军民科技产业发展新模式。

7. 破解租赁住房供应瓶颈,加快构建房地产发展长效机制

(1) 破解租赁住房供应瓶颈,加快建立租赁住房市场。

一是优化租赁住房用地供应机制。对于规划租赁住房的用地,可以参照工业用地出让的做法,实行20—70年的弹性年期出让制,降低租赁住房的初期投资成本,吸引社会资本投资建设租赁住房。二是研究明确非居住房屋改建租赁住房的政策。结合商业办公项目清理整顿工作,加快研究明确相关政策。建议按照"以区为主、总量控制、守住底线"的原则,在保证使用安全、消防安全、人员可控的前提下,建立相应的规范和标准,将其规范化。三是探索采取购买服务模式。将部分公租房、单位租赁房、人才公寓等政府或国有企业的房源,委托给住房租赁企业运营管理,既提高市场化和专业化程度,也提高存量房源盘活利用的效率。

(2)优化市场供给体系,正确引导市场预期。

近年来,上海通过实施限购、限贷等政策,加强需求调控,抑制投机炒作,促进了当前房地产市场的稳定。但从长期来看,完善供给体系是关键。建议:一是大力发展存量房市场,减少对新房的依赖,保障住房供给总流量。以完善税收制度、建立房屋银行、加大旧房改造为重点,完善住房二级市场(存量市场),推进存量房供给。尤其是要通过税收、房屋银行等手段,盘活大型居住社区等近郊的空置房,促进住房的循环利用。二是探索建立都市圈房地产市场,形成对上海房地产供给的有效补充。目前深圳已明确提出将加强都市圈范围内的城际住房合作,在深圳与东莞、惠州、汕尾之间的城市交界处开展"新市镇建设行动",构建"产业+保障性住房"城际合作新模式,建设一批面向深莞合作区、深惠合作区的产业园区职工和深圳人才供应的人才住房。建议结合住房消费外溢现象,研究上海和近沪地区(90 分钟通勤范围)加强城际住房合作的可行性,推进统一市场建设,形成对上海房地产供给的有效补充。

1.2 上海开放发展形势与思路

开放是上海的最大特色,也是上海城市活力和竞争力的重要支撑。2017 年,面对深刻变化的外部环境,上海紧紧围绕国家战略,把自身开放放在国家开放全局中来谋划,特别是以中国(上海)自由贸易试验区建设为引领,大力推进"一带一路"桥头堡建设,构建高层次的开放型经济新体制,在全方位、多领域开放上取得积极进展。展望 2018 年,世界经济逐步回暖,但不确定、不稳定因素仍然存在,上海要主动服务国家战略,在更高层次、更广领域扩大开放,努力当好我国新时代改革开放排头兵、创新发展先行者。

1.2.1 2017 年上海对外开放回顾

2017 年,面对深刻变化的外部环境,上海始终紧密对接国家战略,以自贸试验区制度创新为引领,率先构建高层次的开放型经济新体制,充分发挥了先行先试作用。总体上有三个特点:一是自贸试验区先行先试效应充分发挥。上海以自贸试验区为抓手,紧紧围绕制度创新这个核心,加快推进"三区一堡"建设,在构建国际化法治化便利化营商环境上走在全国前列,发挥了改革开放新标杆作用。二是服务国家"一带一路"建设力度进一步加大。2017 年,上海充分发挥自身开放优势和集聚辐射优势,加强与"一带一路"沿线地区合作,在金融、经贸合作、基础设施等领域取得新的成效,桥头堡作用不断发挥。三是重点领域对外开放取得有力进展。适应外部环境新变化,上海坚持以开放促改革促创新,把对外开放与"四个中心"和科技创新中心建设紧密结合,加大外贸、外资和金融开放力度,效应进一步显现。具体体现在以下方面:

1. 自贸试验区和服务国家"一带一路"建设实现新突破

(1)自贸试验区改革开放全面深化。

2017 年 3 月,国务院批准的《全面深化中国(上海)自由贸易试验区改革开放方案》印发实施,标志着上海自贸试验区建设进入了全面深化的新阶段。2017 年,上海自贸试验区紧紧抓住制度创新这一核心,全力推进"三区一堡"建设,取得了重要阶段性成果。截至 2017 年 9 月底,区内累计新注册企业 4.9 万户,接近挂牌前 20 多年的 1.4 倍,其中新设外资企业 8 900 多户,全市近一半外资企业落户在自贸试验区,新设外资企业占比保持在 20% 左右。

一是开放和创新融为一体的综合改革试验区建设系统推进。内外资一致的市场准入制度不断完善。2017 版外商投资负面清单已于 7 月 10 日正式实施,从 2015 版的 122 条减少到 95 条,开放度和透明度进一步提高。商事登记制度改革效果显著,率先实施企业名称登记改革,推出企业名称网上自主申报、可选用名称库等 6 项创新举措。贸易便利化水平进一步提升。2017 年 1—9 月自贸试验区实现进出口 9 975 亿元,同比增长 16.2%,占全市 41.8%。国际贸易"单一窗口"3.0 版上线运行。货物状态分类监管试点进一步扩大,参与试点企业扩大至 39 家。知识产权保护不断加强,中国(浦东)知识产权保护中心正式揭牌成立,推进快速获权、快速确权,快速维权。人才服务体系持续优化,建立形成"1+X"海外人才政策体系,已推出提高海外人才通行和工作便利度的九条措施,并挂牌成立了全国首个海外人才局。

二是开放型经济体系风险压力测试区加快建设。服务业扩大开放取得新成效。2017年1—9月,54项开放措施新落地服务业项目数267个,累计达到2 259个;新设科技服务业项目387个,约占新设外资项目数的三分之一。开设FT账户的主体资格从区内拓展至全市科技创新企业,截至2017年9月底共开立FT账户6.9万个。同时,金融开放创新和金融风险防范同步推进,启动自贸试验区金融综合监管服务平台(一期)建设,加强风险预警和风险研判。

三是提升政府治理能力的先行区建设全面推进。"证照分离"改革试点深入推进。第一批116项审批改革成果于2017年9月经国务院同意复制推广到其他自贸试验区,第二批改革于2017年11月1日启动,把国家、市、区所有涉及企业市场准入的548项审批全部纳入改革范围。事中事后监管体系持续完善。着力构建完整监管体系,包括以市场主体自律为目标的诚信监管,以部门协同为支撑的动态监管,以风险管理为基础的分类监管,以监管平台为依托的精准监管。服务型政府建设加快推进。企业市场准入"全网通办"现已在浦东新区层面全面启动,104项企业准入区权事项全部实现"全网通办、一次办成",74项实现"网上全程办理"。

同时,上海自贸试验区在推进中也还面临着一些问题。主要是外商投资负面清单须进一步完善,高标准经贸规则的压力测试尚不充分,金融开放创新仍需不断深化,服务业开放限制仍然偏多,自贸试验区法治建设任务仍然繁重。这些问题有待在下一步深化改革开放中予以解决。

(2)服务"一带一路"建设的桥头堡作用进一步凸显。

2017年10月,上海发布了《服务国家"一带一路"建设发挥桥头堡作用行动方案》,为服务"一带一路"建设指明了方向。

一是上海服务国家"一带一路"建设的功能定位和实施路径进一步明确。上海明确提出了桥头堡的目标定位,并提出了具体的实施路径,即以自贸试验区为制度创新载体,以经贸合作为突破口,以金融服务为支撑,以基础设施建设为重点,以人文交流和人才培训为纽带,以同全球友城和跨国公司合作为切入点。方案还聚焦六大专项行动,提出了60项行动举措。

二是贸易便利化、金融合作、互联互通、科技创新、人文交流等专项行动加快实施。在过去一年中,上海聚焦经贸投资、金融合作、人文交流、基础设施等领域,精准发力,取得了重要成果。经贸规模持续增长。2017年1—8月,上海与沿线国家(地区)贸易额达到4 295亿元人民币,同比增长21%;新签对外承包工程合同额19.3亿美元,占全市的比重已达到67.3%。金融合作进一步加强。在国家部委支持下,上海加快金融市场与"一带一路"沿线国家(地区)的双向开放和互联互通,确立了以自由贸易账户体系为基础的跨境金融服务制度,对"一带一路"建设支撑的金融服务体系更加完善。截至2017年8月底,上海共有来自15个"一带一路"国家(地区)的5家法人银行、13家外资银行分行和11个代表处,在沪"一带一路"国家(地区)银行的总资产规模约2 122亿元人民币,占上海辖内外资银行的14%,同比增长近49%。基础设施建设成效显著。上海已与"一带一路"沿线24个国家(地区)实现了直航,通过上海机场进出我国的"一带一路"旅客占全国机场总量的1/3,航空货邮占全国机场总量比重超过50%。上海港已同"一带一路"沿线国家(地区)100多个主要港口建立了密切联系。人文交流不断深化。上海国际电影节已将"一带一路"作为国际展映板块的常设单元,2017年共收到"一带一路"国家申报电影1 016部,占总数的近40%。

三是体制机制和政策保障不断完善。2017年,上海强化体制保障,调动各方力量参与"一带一路"建设,形成强大合力。上海推进"一带一路"建设工作领导小组工作机制进一步完善,与国家推进"一带一路"建设工作领导小组办公室的协调沟通进一步加强,对推进"一带一路"建设工作的资金支持力度进一步加大,上海与"一带一路"友城合作网络进一步拓展。

同时也要看到,上海服务"一带一路"建设仍面临诸多瓶颈和挑战。一是安全保障问题。"一带一路"沿途国家众多,发展差异、文化差异巨大,部分国家间矛盾重重,存在众多不确定因素。二是内外协调问题。沿线国家和区域合作协调困难,基础设施建设滞后以及各国贸易通关协作难度较大。三是金融问题。主要是跨境金融市场不完善,投资渠道较单一,人民币结算体系不健全等。

2. 金融开放和投资贸易合作取得新成效

(1)金融开放创新取得新突破。

2017 年,面对复杂多变的国内外金融环境,上海以自贸试验区金融开放创新为突破口,不断提高金融市场与金融服务业开放力度,取得了新的进展。

一是自贸试验区金融开放创新取得积极进展。发布全国首张自贸试验区金融服务业负面清单指引,列明了外资进入金融业的条件和要求,进一步提升了外资进入金融业的开放度和透明度。跨境金融服务创新持续推出,自贸试验区首个全功能型跨境双向人民币资金池成功搭建并投入运营,为企业提供自由资金归集、集中收付等全方位跨境金融服务。创新开展跨境飞机租赁融资统筹管理、发行美元非保本理财产品、双币种和币种转换选择权融资等金融服务。

二是金融市场对外开放不断扩大。债券通"北向通"成功上线运行,截至 2017 年 11 月债券通境外机构已超过 200 家,成交金额 1 700 亿元。熊猫债发行主体和发行量不断拓展,发债主体已扩展至国际性金融组织、外国中央政府、外国地方政府、境外非金融企业,2017 年共有 32 家发行 650 亿元熊猫债,累计共有 49 家境外机构参与发行,金额超过 2 000 亿元。交易所"走出去"稳步推进,迪拜黄金与商品交易所正式上线"上海金"期货合约产品,在国际金融市场首次应用"上海金"。目前黄金交易所国际会员达 69 家,黄金国际板交易量达 1.07 万亿元,同比增长 22%。上海证券交易所、中国金融期货交易所等与巴方伙伴合作收购了巴基斯坦证券交易所 30% 的股权。

三是金融服务业开放稳步推进。外资金融机构加速聚集,截至 2017 年 10 月,在沪各类外资金融机构总数达 431 家,占上海金融机构总数的近 30%。总部设在上海的外资法人银行占内地总数的一半以上,合资基金管理公司、外资法人财产险公司均占内地总数的一半左右。首批"CEPA 补充协议十"框架下获批设立的合资全牌照证券公司申港证券、华菁证券在沪相继开业。富达利泰、瑞银资产和英仕曼投资等外资私募机构获批私募证券投资基金管理人资格。国际航运保险业务加快发展,全国第一家专业航运类自保公司——中远海运财产保险自保公司在沪成立。

四是金融监管和风险防范力度加大。人民银行成立上海市银行外汇及跨境人民币业务自律机制,加强本外币跨境流出联动监管,实施本外币外债一体化管理和统计监测。加强新型金融领域风险防范化解,开展互联网金融专项整治,对上海地区跨界资管和无证经营支付等领域开展风险专项整治。

同时也要看到,上海在金融开放创新方面仍面临诸多瓶颈和挑战,尤其是人民币国际化程度不高,金融市场对外开放不足,金融机构全球服务能力不足,外汇管理创新力度有待加强。未来金融开放创新尚需不断深化。

(2)对外贸易回稳向好。

2017 年,上海围绕转动力调结构、培育竞争新优势,加快推动外贸从量的扩张向质的提升转变,多措并举促进外贸回稳向好。

一是货物进出口实现五年来最快增速。2017 年 1—10 月,上海口岸货物进出口 9 492 亿美元,占全国的比重接近 30%,从上海口岸进口的服装、化妆品、汽车、医疗器械分别占全国 70%、53%、48% 和 46%。上海货物进出口 2.7 万亿元,增长 16.4%,预计全年上海货物贸易进出口增长 12% 以上,规模突破 3 万亿元,达到 3.2 万亿左右。同时,出口结构不断优化,占出口总额 47% 的百强出口企业增长 11.4%,比全市快 1 个百分点;占进口总额 46.2% 的百强进口企业增长 19.6%,比全市低 1.2 个百分点;百家自主品牌企业出口增长 11.3%,比全市快 0.9 个百分点;百家新贸易企业进出口增长 16.7%,比全市快 0.3 个百分点。

二是外贸新业态发展持续发力。跨境电子商务综合试验区建设提速,开展通关服务、外汇支付、零售出口等业务试点,2017 年跨境电商试点模式业务量增长 6 倍,开辟了国际贸易新渠道。外贸综合服务企业、平行进口汽车、国际中转集拼、保税维修、保税展示交易、保税融资租赁等外贸新业态、新模式加快发展。

三是服务贸易发展力度加大。深入推进国家服务贸易创新发展试点,实施加快促进服务贸易发展三年行动计划,培育形成文化、中医药服务贸易等新增长点。简化技术进出口合同登记申报流程,推动技术贸易发展。运用大数据、云计算和物联网等新技术促进服务外包发展。亚太示范电子口岸网络已有9个APEC成员经济体的14个口岸加入,推动"电子原产地证互认""海运物流可视化"等试点项目。

当前上海对外贸易仍然存在一些问题需要关注。一是服务贸易进出口出现负增长。2017年1—9月,服务进出口1 465亿美元,下降1.6%,降幅比上半年扩大2.4个百分点。预计全年服务进出口2 000亿美元左右,与去年基本持平。二是商务成本居高不下,不利于外贸企业特别是创新创业型中小企业培育壮大。

（3）利用外资和对外投资质量效益有新提升。

2017年,上海利用外资结构更趋优化,对外投资理性趋缓,"引进来"与"走出去"质量效益实现新的提升。

一是利用外资缓中趋稳。2017年前10个月,上海合同利用外资298亿美元,下降33.6%;实到外资142亿美元,下降6.2%,高于全国实到外资降幅。在沪外资企业运营情况良好。前三季度在沪外资企业营业收入增长15%,纳税总额增长23%,利润总额增长26%;其中外资制造业企业营业收入增长13%,纳税增长24%,利润增长17%。引资结构继续优化。以总部经济为主的商务服务业占比近30%,取代房地产业成为利用外资的第一大行业,房地产业、商贸业、信息服务业各占15%左右。总部机构加快集聚。上海累计设立跨国公司地区总部616家（亚太区总部67家）、投资性公司342家、研发中心419家（全球研发中心40家）。政策环境不断完善。制定出台开放型经济33条和外资研发中心16条意见,促进外资更好服务全市经济社会发展。

二是对外投资理性趋缓。受国家宏观政策调控影响,2017年1—10月,上海实际对外直接投资87亿美元,下降62%,新签对外承包工程合同额55亿美元,下降40.5%,降幅分别比上半年收窄7.4和

22.8个百分点。对外投资呈现"678"格局,即并购类投资约占60%,服务业领域投资占70%,民营企业投资近80%。对外投资更趋理性。加强分类管理、分类指导,引导合理有序对外投资,有效抑制了非理性投资风险。

目前上海在外资领域仍然存在一些问题。一是上海利用外资在市场准入壁垒、税负、跨境资金调拨等方面仍存在短板;二是关键或基础性制造业企业的流失,会导致上海整体产业链条在某些重要环节发生断裂,引发供应链上下游企业难以落地或增加投资;三是知识产权保护等鼓励创新研发软环境有待进一步完善。

3. 科技和社会文化领域对外开放凸显新亮点

2017年,上海充分发挥开放对经济社会发展的促进作用,科技创新、医疗、文化等领域对外开放亮点迭出。

一是张江跨境科创监管服务中心启动试运行。这是提升跨境研发便利化水平的重要举措。该中心作为上海首家也是唯一机场区域外的空运货物海关监管场所,直接将机场货栈功能延伸至张江科创中心,实现空运进口货物直达张江。企业可在中心内"一站式"完成通关手续,整体通关时间从原来2—3天缩短为6—10小时。试点至今已有3家企业参与,完成试运行5票。

二是医疗器械注册人制度在上海自贸试验区率先试点。2017年12月,上海正式实施医疗器械注册人制度。作为一项对接国际通行规则的改革举措,这一试点有利于激发医药创新人才的积极性,抑制医疗器械行业的低水平重复建设,也将加快创新产品的上市步伐,造福更多国内患者。

三是"一带一路"文化交流成效良好。2017年10月,"丝绸之路国际艺术节联盟"正式成立,共有来自32个"一带一路"沿线国家的124个艺术节和艺术机构加入。第20届上海国际电影节把推进"一带一路"人文交流确定为办节主题,进一步加大对外开放和合作力度,邀请14个国家的电影节和电影机构代表签订"一带一路"电影文化合作备忘录。

4. 对内开放和区域合作迈上新台阶

2017年,上海主动服务国家战略,聚焦重点领

域和关键环节,积极推进区域合作取得新进展。

一是积极参与长江经济带合作。落实《长江经济带发展规划纲要》,成立上海市推进长江经济带发展领导小组,出台了贯彻实施意见,重点聚焦发展水上运输、完善综合交通体系、促进产业转型升级等七方面措施。积极推动与沿江省市的合作,共建园区联盟、共推江海联运、共促产业转移。

二是推动长三角一体化不断加快。沪通、杭黄铁路等一批重大项目顺利推进,长三角区域空气质量预测预报中心、智慧城市数据平台、异地就医结算平台、区域技术转移数据平台建设全面启动,大型科学仪器协作、农产品流通战略合作继续深化。城市间专业委员会、合作联盟发展势头迅猛,品牌、非遗、创意经济等领域合作初见成效。

三是对口支援不断深化。组织建立与喀什、果洛、遵义的“一市三地职教联盟”。引导市内外企业到喀什投资,达成合作项目 300 多个,到位资金 100 多亿元。引导上海企业赴滇投资逾千亿元。共建遵义(上海)产业园、漕河泾遵义科创绿洲园等产业园区。组织上海企业参加大连国际工业博览会。

1.2.2 2018 年上海对外开放形势展望

1. 2018 年上海对外开放面临“四大机遇”和“四大挑战”

(1)四大机遇。

一是 2018 年世界经济有望延续回升向好态势,为上海对外开放提供良好的外部环境。IMF 预测 2018 年世界经济将增长 3.7%,高于 1980—2017 年年均 3.4% 的历史增速。其中,新兴经济体增长继续提速,预计将增长 4.9%,印度经济增速将反弹至 7.4%;巴西、南非等增速将超过 1%。发达国家预计将增长 2.0%,其中美国经济增长 2.3%,而欧元区经济增速略微下降至 1.9%,日本经济增长 0.7%。总体上看,由于世界经济逐步回暖,有利于为上海扩大开放营造积极的外部环境,带来新的增长点。

二是新一轮科技和产业革命加快孕育,为上海以开放促创新提供重要契机。当前,世界各国普遍把数字经济作为新一轮产业竞争的制高点,全球人工智能、量子科学等新技术不断取得突破,美国、英国、德国、日本等国都发布了相关的战略计划,围绕核心技术、顶尖人才等强化部署。我国数字经济已进入快车道,数字经济总量占 GDP 的比重超过 30%,正在大力抢占前沿技术制高点。上海应紧紧抓住新一轮科技革命契机,加强前沿领域科技创新国际合作,吸引全球高端创新要素集聚,推动产业转型升级。

三是“一带一路”引领全球合作发展,上海应充分发挥对外开放桥头堡作用。未来一年,我国将进一步加大“一带一路”建设力度,交通运输、基础设施、能源等一批重点项目将陆续落地,提供专项贷款用于支持“一带一路”建设和产能合作,从 2018 年起将举办中国国际进口博览会,为各国开展国际贸易搭建合作平台。上海作为开放程度最高的城市,金融、贸易、航运服务优势突出,打造服务“一带一路”建设桥头堡具备良好条件。

四是我国自贸试验区战略进入新阶段,上海在全国对外开放中的引领效应进一步显现。党的十九大报告提出,要赋予自由贸易试验区更大自主改革权,探索建设自由贸易港。未来一段时间,我国自贸试验区将形成以自由贸易港为龙头、各个自贸试验区展开各具特色改革试验的新格局。上海在新一轮自贸试验区建设中担负着引领作用,应以自由贸易港为突破口加大率先改革力度,为全国自贸试验区建设探索路径和经验。

(2)四大挑战。

一是世界经济中深层次矛盾尚未解决,持续复苏韧性不足,为上海开放型经济发展带来一定风险。当前主要经济体通胀水平大多低于政策目标,全球劳动力过剩问题依然突出。受人口老龄化、技术创新尚未形成强大增长动力等因素影响,全球经济潜在增长率下降。同时地缘政治风险居高不下,朝核、中东、伊核问题等可能带来负面影响。上海作为一个开放度较高的城市,外部经济环境的不确定性可能为开放型经济发展带来一定风险。

二是贸易和投资保护主义继续抬头,对上海扩大对外贸易和吸引外资带来冲击。中国是一些国家实施贸易保护的首要对象。2017 年上半年,我国产品共遭遇来自 15 个国家和地区发起的 37 起贸易救济调查案件,涉案金额总计 53 亿美元,仍处在金融危机以来的较高水平。2017 年 11 月美国明确表态不承认中国市场经济地位。上海以发达国家为主要贸易伙伴，这些将对上海对外贸易和吸引外资带来冲击。

三是新一轮国际产业竞争加剧，上海对外开放面临"两头挤压"。国际金融危机以来，发达国家大力促进制造业回归。根据特朗普政府最新的税改法案，企业税税率将从35%大幅降低到21%，可能刺激在华美国资本回流。新兴经济体纷纷大幅放宽外资准入，一些跨国公司将布局在中国的产能向新兴经济体转移。这些因素使得上海面临发达国家和发展中国家的"两头挤压"。

四是主要经济体宏观经济政策可能调整，将影响全球资本流动和金融市场稳定。随着经济逐步复苏，主要经济体开始逐步实施"加息＋缩表＋减税"等叠加政策。自2015年以来美联储已五次提高利率，预计2018年将再加息三次；美国货币政策正常化若快于预期，可能导致美元升值和新兴市场资本外流；美国等发达国家竞相实施减税策略，进一步引发发展中国家产业资本流向发展国家。这将加大上海面临的金融风险尤其是资本流动风险，给金融开放造成一定压力。

2. 2018年上海自身对外开放态势预判

（1）随着我国加快构建全面开放新格局，上海将在国家开放战略中承担更加重要的使命。

党的十九大报告提出推动形成全面开放新格局，发展更高层次的开放型经济。一方面，上海在国家"一带一路"建设中的桥头堡作用将进一步发挥。"一带一路"建设是我国扩大对外开放的重大举措。上海将把服务国家"一带一路"建设作为当好新时代改革开放排头兵、创新发展先行者的新载体，坚持引进来和走出去并重，形成内外联动、双向互济的开放格局。另一方面，自由贸易港将成为我国新一轮自贸试验区建设的领头羊。自由贸易港是国际上公认的开放程度最高、监管效率最高的特殊区域。上海建设自由贸易港是服务国家开放战略的重要载体，将为投资贸易注入新的强劲动力，推动上海开放型经济向更高层次迈进。

（2）上海"四个中心"建设深入推进，金融和服务业开放将进一步扩大。

上海"四个中心"建设的深入推进，要求上海进一步扩大对外开放的广度和深度，提升在世界经济网络中的集聚辐射能级。2018年，上海金融和服务业开放面临良好机遇。第五次全国金融工作会议要求不断扩大金融对外开放，通过竞争带来优化和繁荣。上海要抓住机遇，进一步加强上海国际金融中心建设与自贸试验区建设、科创中心建设和"一带一路"建设的联动，进一步扩大金融对外开放。另外，十九大报告提出大幅度放宽市场准入，扩大服务业对外开放。上海要积极争取在电信、互联网、文化、航运服务等服务业领域进一步扩大开放，支持在沪总部机构集聚业务、提升能级。

（3）利用外资面临一定压力，对外投资将稳步增长。

2017年国家和上海连续出台多项鼓励外商投资的政策，预计2018年政策力度将进一步加大，上海利用外资既面临不少有利因素，也存在不少困难和挑战。从全球投资形势看，跨国投资复苏乏力，发达国家再工业化和南亚、东南亚低成本国家的竞争对上海吸引外资造成了一定的分流。从主要引资行业看，总部项目为主的商务服务业将继续成为上海引进外资最主要的领域；科技研发及技术服务类项目有望保持较快增长，但对整体外资规模增长贡献有限；过去一年降幅较大的房地产业、金融服务业预计跌幅收窄，但难以出现较大反弹；制造业引进外资能否触底回升仍依赖大项目落地情况。综合分析，预计2018年上海利用外资由负转正压力依然较大。

在对外投资方面，随着国内企业的发展壮大和上海自贸试验区推动市场主体"走出去"桥头堡作用的不断发挥，企业通过对外投资在全球范围内配置要素资源的意愿更加强烈，国外投资并购机会也较多。特别是2017年8月国务院出台进一步引导和规范境外投资方向的政策措施，明确了鼓励、限制、禁止开展对外投资的行业领域，增强了对外投资政策的透明度，有利于稳定对外投资主体的预期。预计2018年上海对外投资有望止跌回稳，逐步进入稳健发展轨道。

（4）对外贸易有望保持稳中向好，转型升级动力不断增强。

在货物贸易方面，受全球贸易复苏、国际市场需求回升及上海举办首届中国国际进口博览会等利好因素影响，预计2018年上海外贸回稳向好势头稳固。从贸易环境看,国际需求明显回暖,全球贸易正从部分国家贸易复苏,2017 年三季度世界贸易景气指数达到 102.6,为 2011 年 4 月以来最高值;从出口看,电子信息产品、服装及纺织品、集成电路等主要行业接单形势较为乐观,多数企业反映现在市场订单比较充足;从进口看,国内经济稳中向好态势持续发展,特别是 2018 年首届中国国际进口博览会在上海举办,将进一步巩固上海作为我国进口最大口岸和最大的消费品进口集散中心的地位和优势。

在服务贸易方面,在全球服务贸易回暖带动下,2018 年上海服务贸易增速有望逐步回升。依据有二:从全球服务贸易走势看,2017 年主要经济体的服务进出口额均有所增长,比 2016 年有较大幅度改善,预计 2018 年将继续保持小幅增长态势;从服务贸易结构看,2017 年前三季度服务出口增长 4.4%,增速较上半年加快 1.8 个百分点,与全球保持同步,企稳回升态势基本确立,2018 年也有望延续增长态势。服务进口虽然下降 3.5%,但主要集中在旅游进口和与金融相关的服务进口,预计 2018 年外汇管制将逐步趋于正常化,相关服务进口有望止跌回升,进入增长轨道。

1.2.3　2018 年上海对外开放思路和建议

2018 年,上海要紧紧围绕党的十九大提出的推动形成全面开放新格局要求,积极服务国家"一带一路"建设,全力推进自贸试验区和科技创新中心两大国家战略,当好新时代全面对外开放的先行者。一是深度对接国家开放战略,引领全面开放新格局。要深度对接"一带一路"国家建设,以经贸合作为突破口,以金融开放为核心,以基础设施建设为重点,以人文交流和人才培训为纽带,以同全球友城和跨国公司合作为切入点,努力打造服务"一带一路"的桥头堡。二是充分发挥制度创新先行先试效应,营造高水平营商环境。上海自贸试验区作为全国首个自贸试验区,要继续坚持对照国际最高标准,大胆闯、大胆试、自主改,率先推进自由贸易港建设,打造"三区一堡",营造更加法治化、国际化、便利化的营商环境。三是全力推动重点领域开放,打造开放新高地。以营商环境优势加大招商引资力度,以国际进口博览会为抓手推动外贸转型升级,

以风险可控为前提扩大金融开放,加快服务业开放步伐。四是以开放促进"四个中心"与科创中心建设,形成开放新动力。加强各项改革开放措施集成,进一步推进上海国际金融中心建设,提升国际贸易中心集聚辐射能力,推进科创中心与自贸试验区、金融中心联动,以开放促进上海城市功能提升。具体提出以下举措建议。

1. 以自由贸易港为突破口引领新一轮改革开放

一是积极推进自由贸易港建设。建立自由进出、便利安全的货物进出境管理制度,实现区内与境外之间商品、服务等要素进出充分自由。实施以经营自由、守法便利为主导的区域运行管理,海关和检验检疫的区内监管方式从常规监管转为精准监管,从管货物为主转为管企业为主。实施精准严密、协同有序的二线监管制度,创新查验机制,推进综合执法,强化二线安全高效管住。拓展上海国际贸易"单一窗口"功能。

二是实行高水平的贸易投资自由化便利化措施。完善内外资一致市场准入制度,实现负面清单管理模式的内外资一致。在浦东新区开展证照分离改革试点的基础上,不涉及法律法规的应同步到全市推广实施。以国际贸易"单一窗口"建设推动贸易便利化,试点实施高标准自由贸易协定有关贸易便利化的新规则。试点金融、电信、互联网、文化、航运服务等领域深度开放。

三是大力提升政府治理能力。以市场准入、职业资格等领域为重点,进一步简化和取消审批事项。深化事中事后监管,深化准入与执法适度分离的分类综合执法改革,健全"双告知、双反馈、双跟踪"许可办理机制和"双随机、双评估、双公示"监管协同机制。优化信息互联共享的政府服务体系,实施企业市场准入"全网通办"、政府政务事项"全域共享"。

四是加强"三个联动"。加强区内改革与全市改革的联动,对自贸试验区各项改革试点,具备条件的在浦东及全市直接推广。加强自贸试验区与金融中心的联动,拓宽自由贸易账户功能,提高操作便利化程度。加强自贸试验区与科创中心的联动,深化跨境研发便利化,建设面向国际的知识产权交易平台。

2.充分发挥上海服务"一带一路"建设的桥头堡作用

一是加快推进贸易投资便利化。进一步扩大贸易投资规模,扩大市场间互相开放,促进贸易畅通。研究推进建立"一带一路"综合性经贸投资促进服务平台。加快建设"一带一路"进口商品保税展示中心。加强"一带一路"技术贸易措施企业服务中心建设。探索在沿线国家开展优势产业和产品标准国际化试点。

二是进一步拓展金融开放合作。加快人民币跨境支付系统(CIPS)二期建设,尽快上线运行。进一步推进金融市场双向开放,保持股票"沪港通"、债券通"北向通"、黄金国际板等平稳运行,加快推进原油期货,研究推进"沪伦通"等金融创新。吸引中债担保品管理中心落户上海。

三是增强基础设施互联互通功能。充分发挥上海国际海空枢纽优势,拓展完善航线航班网络布局,优先发展面向"一带一路"沿线的国际航线。提升航空枢纽航线网络覆盖面和通达性,争取在空域管理、航权分配、时刻资源市场化配置方面试点。建立21世纪海上丝绸之路港航合作机制。

四是加强科技创新合作和人文交流。完善"一带一路"技术转移平台,拓展技术转移协作网络。推进联合实验室或联合研究中心建设,推进大科学设施向沿线国家开放。提升人文合作交流水平,巩固发展丝绸之路国际艺术节联盟,深化"一带一路"电影节合作机制,推动"一带一路"音乐创演、美术馆、博物馆合作机制取得新突破。

3.积极审慎推进金融开放创新

一是深化金融开放合作。进一步推进金融市场双向开放和互联互通,力争在原油期货上市、"熊猫债"发行和"沪伦通"研究等方面取得新突破。大力推进人民币国际化,逐步实现金融市场基础设施连接和海外直接参与者的加入。扩大金融服务业开放,促进外国投资者投资金融服务业股权比例放宽等举措率先落地。

二是健全金融机构体系。推动一批总部型、功能性金融机构落户,促进各类新型金融机构发展,形成门类齐全、功能完善的金融机构体系。推动上海票据交易所、中国信托登记公司业务开展,提升上海期货交易所大宗商品平台功能,推动上海证券交易所绿色债券发行。

三是强化金融监管和风险防控。建议成立金融综合监管联席会议,完善跨部门协作机制,加强

专栏1.2　汪洋:推动形成全面开放新格局

优化区域开放布局。党的十九大报告提出了三项重要举措:一是加大西部开放力度。就是坚持以开放促开发的思路,完善口岸、跨境运输等开放基础设施,实施更加灵活的政策,建设好自贸试验区、国家级开发区、边境经济合作区、跨境经济合作区等开放平台,打造一批贸易投资区域枢纽城市,扶持特色产业开放发展,在西部地区形成若干开放型经济新增长极。二是赋予自贸试验区更大改革自主权。2013年以来,我国自贸试验区建设取得多方面重大进展,形成了一批改革创新重要成果。下一步要着眼于提高自贸试验区建设质量,对标国际先进规则,强化改革举措系统集成,鼓励地方大胆试、大胆闯、自主改,形成更多制度创新成果,进一步彰显全面深化改革和扩大开放的试验田作用。三是探索建设自由贸易港。自由港是设在一国(地区)境内关外、货物资金人员进出自由、绝大多数商品免征关税的特定区域,是目前全球开放水平最高的特殊经济功能区。香港、新加坡、鹿特丹、迪拜都是比较典型的自由港。我国海岸线长,离岛资源丰富。探索建设中国特色的自由贸易港,打造开放层次更高、营商环境更优、辐射作用更强的开放新高地,对于促进开放型经济创新发展具有重要意义。

资料来源:摘选自《人民日报》2017年11月10日04版。

对跨境金融活动和跨行业、跨市场金融活动的管理。完善全覆盖的风险监测与管理系统,加强防范跨境资金异常流动和热钱套利的有效性,提高风险监测水平。建设新型金融业态监测分析平台。

4. 进一步提升国际贸易中心辐射能级

一是全力办好中国国际进口博览会。协助做好招展招商、论坛活动等各项筹备工作。增强进口集散功能,打造线上线下结合的"6 天+365 天"进口交易服务平台。以举办中国国际进口博览会为契机,推进更多的贸易开放和便利化措施在上海落地,打造各国展示国家形象、开展国际贸易的开放型合作平台。

二是促进对外贸易优进优出。促进战略性新兴产业和高技术产品出口,支持重点企业建设境外售后维修服务中心和备件生产基地。实施文化贸易海外营销、数字贸易潜力培育、专业服务跟随出海等战略,提升资本、技术、知识密集型服务进出口比重。引进、培育一批大型跨境电子商务平台型企业,鼓励跨国公司培育一批具备贸易、物流、结算多功能的全球性营运总部。

三是加快国际消费城市建设。吸引更多引领世界潮流的国际知名品牌,发展兼具娱乐性、时尚性和潮流性的多元特色品牌。集聚全球顶尖时尚设计资源,打造国际时尚之都。深化上海时装周与伦敦、米兰、巴黎时装周合作,提升上海时装周影响力。发展高科技、定制化、体验式的新业态新模式,支持引进各类集成店、买手店、概念店等,为消费者提供更多个性化服务。

5. 着力推进利用外资和对外投资提质增效

一是下大力气吸引外商投资。以智能制造作为主攻方向,大力引进科技含量高、集聚效应强的制造业项目和市场带动能力强的服务业项目,积极发展技术含量高的新兴产业和战略产业。鼓励外资通过横向并购拓宽产品线,通过纵向并购向上下游拓展,通过并购新兴行业实现跨界转型。完善利用外资的法治和政策环境,保证外商投资政策的透明度、稳定性、可预期性。加大高端制造业和服务业开放力度。强化对外商投资企业知识产权的保护,建立知识产权侵权查处快速反应机制。

二是推动对外投资有序发展。创新对外投资方式,鼓励产业和金融资本联合走出去,完善走出去服务体系,支持境内资产评估、法律服务等中介机构发展,为企业提供国际化咨询服务。大力推进国际产能合作,支持上海优势产业有序向新兴市场国家投资,带动产品、设备、技术、标准和服务一体化走出去。鼓励并购境外先进技术和创新资源,构筑辐射全球的供应链体系。

6. 进一步加大对内开放力度

一是大力推进长三角一体化和长江经济带建设。提升上海全球城市功能,推进与苏州、无锡、南通、宁波、嘉兴、舟山等周边城市协同发展,打造大上海都市经济圈。深化长三角港口协作联动。推动长三角各类园区优势互补,共建跨区合作园区和合作联盟。推进长江经济带大市场建设,加强张江、苏南、杭州等自主创新示范区合作,加强长江流域水环境和大气污染联合防治。

二是推进对口支援与区域合作。探索跨区域产业园区共建、兼并重组、股份合作等方式,打造一批特色鲜明、关联性强的产业基地。依托上海科技创新优势,整合高端创新资源,探索建立区域性产学研用一体化机制。总结上海组团式教育卫生援疆援藏经验,稳步向其他对口地区推广。

1.3 上海改革创新形势与思路

2017 年是全面深化改革不断纵深推进的一年,上海始终牢记全国改革开放排头兵的责任担当,高度重视党政"一把手"抓改革,改革整体效能不断提高,改革示范效应进一步增强。2018 年是改革开放40 周年,上海要站在更高起点上谋划和推进改革,坚决贯彻落实党的十九大精神,坚持"三个不变",加快推进各项改革任务落实落细,不断取得新进展、新成果。

1.3.1 2017 年上海改革创新的总体进展

2017 年,上海紧紧围绕两大国家战略,紧紧围绕供给侧结构性改革的根本要求,不断加快推动有利于增强经济发展动力、促进社会公平正义、提高人民群众获得感和调动广大干部群众积极性的改革,形成了一批改革制度成果、实践成果。

1. 服务国家战略的"2＋X"改革任务纵深推进

一是上海自贸试验区改革创新持续深化。出台《全面深化中国(上海)自由贸易试验区改革开放方案》,研究推动上海自由贸易港建设,形成新一轮全面深化自贸试验区改革开放的重要引领。形成重点领域制度创新新成果,负面清单限制领域进一步减少,服务业和制造业领域扩大开放措施加速落地,出台《浦东新区"证照分离"改革试点深化实施方案》,进一笔扩大改革范围、加大改革力度;出台《上海国际贸易单一窗口(2017—2020年)深化建设方案》,3.0版国际贸易"单一窗口"加速升级,货物状态分类监管模式已在区内全面推广;发布《中国(上海)自贸试验区金融服务业对外开放负面清单指引》,金融风险防范持续加强。以规范市场行为为重点的事中事后监管制度进一步完善,在公共安全的重点行业和领域制定诚信管理、分类监管、风险监管办法。形成改革联动新局面,"证照分离"改革试点中部分事项的改革举措已复制推广至全市实施,启动实施浦东综合配套改革第五轮三年行动计划,加快推动各项改革试点任务具备条件的在浦东新区范围内全面实施。

二是科技创新中心重大改革有序推进。张江综合性国家科学中心建设体制机制不断健全,成立张江综合性国家科学中心、上海推进科技创新中心建设办公室,建立健全各项工作机制,建立实验室院市合作共建机制。编制完成《张江科学城规划》,市区联动建设机制不断完善,李政道研究所、上海交通大学张江校区等创新单元集聚和优化调整进程加快。研发与转化功能型平台管理运行体制机制

专栏 1.3　上海科创中心指数创历年最大增幅

在2017浦江创新论坛开幕式上,上海市科学学研究所对外发布《2017上海科技创新中心指数报告》(简称《报告》),《报告》着眼于创新资源集聚力、科技成果影响力、创新环境吸引力、新兴产业引领力和创新辐射带动力"五个力",选取了最能反映上海创新发展能力、地位与影响的核心指标,构建指标体系。以2010年为基期100分起计,2016年上海科创中心指数达到224.9分,同比增长22.7个百分点,创历年最高增幅。上海科创中心指数分值近年呈现稳步增长趋势。2014年5月,上海吹响建设具有全球影响力的科技创新中心集结号,上海科创中心指数开始加速提升。《报告》显示,全国三分之一顶尖科研成果由上海创造,全国三分之一一类新药由上海研发创制,逾三分之一国家高水平科技奖项花落上海。上海科创中心建设成效显著,势头良好。

图 1.5　上海科创中心指数分值近年稳步增长

资料来源:根据2017年9月24日《文汇报》有关报道改写。数据来源:上海市科学研究所。

加快完善,制定形成《关于本市推进研发与转化功能型平台建设的实施意见》,部分平台形成具体建设方案。创新人才发展制度进一步落实,人才"30"条配套政策不断出台,建立市人才办工作例会制度和专题会议制度,完善年度人才责任制考核机制,深入推动人才工作落实落地落细,人才集聚成效显著。科技管理体制机制创新持续推进,制定《上海市关于进一步支持外资研发中心参与具有全球影响力的科技创新中心建设的若干意见》,进一步推动外资广泛深入参与上海科创中心建设;出台《上海市促进科技成果转移转化行动方案(2017—2020)》,推动营造有利于科技成果转移转化的生态;制定出台《上海市市级科技重大专项管理办法》,进一步强化财政科技投入联动与统筹管理机制。

三是国家部署的改革任务有效落实。教育综合改革和高考综合改革有序推进,出台《上海市深化高校改革建设高水平地方高校试点方案》,进一步落实和扩大高校办学自主权,对接中央关于统筹推进世界一流大学和一流学科建设的总体任务部署,开展部市共建在沪部属高校新一轮共建合作,把"双一流"建设纳入上海教育综合改革试点范围。医药卫生体制改革进一步落实落细,现代医院管理制度持续完善,管办分开、绩效考核、收入分配等关键领域改革持续深化,医疗服务信息化进一步加大,就医流程极大优化,就医体验持续改善。司法改革措施精准落地,制定《关于上海市开展司法体制综合配套改革试点的框架意见》,从规范权力运行、深化科技应用、完善分类管理、维护司法权威等方面明确改革细则,加大科技与司法的深度融合。进一步推动全面深化公安改革任务落地,继续深化出入境管理制度改革,深化人民警察分类管理改革,加快规范警务辅助人员管理改革进程,深化社区警务改革、创新社区警务评估体系,推动网上办案系统升级改造。群团改革试点继续推进,进一步加强对群团改革的组织领导和统筹协调,持续加大对群团干部队伍的建设力度,继续完善群团组织运行机制。

2. 供给侧结构性改革推动释放发展新动力

一是政府管理体制机制进一步创新。行政审批制度改革持续深化,出台《2017年上海市深化简政放权放管结合优化服务改革工作方案》,制定《上海市当场办结、提前服务、当年落地"三个一批"改革

实施方案》,全面优化完善产业项目审批流程,发布《上海市企业投资技术改造项目行政审批管理改革方案》,在全国先行先试探索新兴行业企业经营范围登记方式创新。持续强化事中事后监管,推进市场监管行政执法统一平台建设和上线运行,加快构建"1+X"的区级综合监管模式,出台全国首部地方综合性信用法规《上海市社会信用条例》,加快完善全过程信用管理数据、行为、应用清单等地方标准。出台《上海市落实〈国务院关于加快推进"互联网+政务服务"工作的指导意见〉工作方案》,完成市级政务云中心搭建工作,有序推进信息系统迁云工作。制定《上海市政府效能建设管理试行办法》,印发《关于本市进一步推进政府效能建设的意见》等配套性文件,探索在政府管理中引入行政协助制度。

二是国资国企改革活力进一步提升。开放重组及混改力度持续加大,通过合资合作、战略联盟、引入资本等方式开展重组整合,加快推动集团整体上市或核心业务资产上市,发挥市场在资源配置中的决定性作用。出台《关于本市地方国有控股混合所有制企业员工持股首批试点工作实施方案》,稳步推进试点工作。国盛集团、国际集团两大国资运营平台股权价值不断提升,盘活存量资金不断推进,国际集团牵头发起设立了上海科创中心股权投资基金、国方母基金,通过产业基金群生态圈的拓展,实现国有资本管理能级的跨越式提升。从基础管理、监管水平、预算管理等多方面进一步完善国资监管方式手段,进一步完善国企党建工作,围绕重要领域和关键环节,推进企业补短板、强管理、抓整改,不断提升国有企业财务管控水平。

三是"租售并举"的住房体系加快建设。住房管理体制进一步健全,设立上海市房屋管理局,承担住房保障、房屋管理、房地产市场监管等有关政策研究、政策执行和行业管理职责,进一步完善上海住房保障、房地产管理和房屋管理体制,推动健全管理机制。推动构建租售并举的住房制度,制定《关于加快培育和发展本市住房租赁市场的实施意见》,促进住房租赁市场健康发展。深化完善住房保障体系,发布《上海市住房发展"十三五"规划》,多渠道保障和改善市民基本居住条件,进一步优化保障性住房供应结构,健全住房保障申请审核、分配供应全过程管理机制,住房保障覆盖面进一步扩大。

四是降成本、优环境等改革红利进一步释放。持续推进减税降费，职工医疗保险、失业保险的单位缴费费率进一步降低0.5%。持续深化营改增试点，扩大小微企业享受减半征收所得税优惠范围，提高年应纳税所得额，进一步落实简并增值税税率政策，大幅减轻企业税赋。取消城市公用事业附加、新型墙体材料转向基金等政府性基金，取消或停征河道工程修建维护管理费等国家设立行政事业型收费，进一步清理取消内河货物港务费等地方设立涉企收费项目。着力解决中小企业融资难题，由上海税务局与多家银行签署银税互动协议，通过将企业的纳税信用信息与银行账户信用信息在税务局和银行间双向共享，为诚信经营的小微企业提供纳税信用贷款。减低企业能源成本，进一步下调工业用户天然气价格，积极推进输配电价改革，构建电网企业监管长效机制，促进电网企业降本增效，降低工商企业用电成本。着力优化产业转型升级政策环境，出台《上海市战略性新兴产业发展专项资金管理办法》等一系列政策措施，强化对战略性新兴产业重大项目和创新性项目的支持。深化服务业综合改革试点，推动静安区成为国家"十三五"服务业综合改革试点区域。

3. 社会民生领域改革不断增强"获得感"

一是基层社会治理创新持续推进。基层治理法治保障体系进一步强化，通过并实施了《上海市实施〈村委会组织法〉办法》《上海市居民委员会工作条例》，实现立法工作和上海基层社会治理改革决策相衔接，对社会治理创新成果进行总结固化，使重大改革依法有据。基层自治能力进一步提升，深化基层群众自治和社区多元共治，有效推进社区减负增能，印章使用项得到进一步的精简，居村委会服务群众的能力得到增强。基层工作人员队伍建设进一步加强，在基层公务员、事业编制以外，持续探索建立包括选任招聘、岗位设置、培训考核、职业发展等要素在内、统一规范的社区工作者队伍职业形态，提高薪酬待遇，社区工作队伍持续扩大，成为社区治理的骨干力量。

二是促进文化发展体制机制日趋完善。继续推进文化体制改革，深化上海人民出版社、上海文艺出版社、少年儿童出版社和教育出版板块"3+1"综合改革，建立健全市级国有文艺院团和文艺工作信息交流工作例会机制，巩固扩大国有文艺院团改革成果。扩大文化领域开放，继续推动传统媒体和新媒体融合发展，激发文化活力、提升文化创造力。不断提高公共文化服务水平，实施基层公共文化设施和服务提升工程，创建公共文化服务示范区。截至目前，基层文化服务载体功能逐步完善，目前全市社区文化活动中心达到216个。完善文化发展扶持机制，出台《关于加快本市文化创意产业创新发展的若干意见》，加快完善文化创意产业创新发展扶持机制。加强文化市场监管，完善传统文化保护机制。

三是生态文明领域改革进展显著。完善环境保护责任机制，推进完成本市环保机构监测监察执法垂直管理制度改革方案，制定《上海市生态环境保护责任规定》，细化责任，完善落实机制。全面推行河长制并实现全覆盖，制定《关于本市全面推行河长制的实施方案》，建立市、区、街道（乡镇）三级河长体系，实现河长制的全覆。加快环境监管制度改革，落实建设项目环保审批改革，环评登记表项目全面试行网上备案管理，实施《上海市排污许可证管理实施细则》，推进环境监测服务社会化试点。

四是城乡发展一体化体制机制持续完善。依法稳妥推进产权制度改革，完善农村集体资产股份的占有、收益、有偿退出、抵押、担保、继承等六项权能的试验，全面推行村经分离，完成土地承包经营权的确权登记办证，改革后的农民成为拥有薪金、保障金、租金、股金的"四金农民"。城乡基本公共服务均等化水平提高，制定《上海市基本公共服务项目清单》并实施动态调整，持续推进基本公共服务制度化、标准化、均等化，进一步推进城乡基础教育均衡发展，优化城乡医疗资源布局。新型城镇化和特色小镇培育建设有序推进，金山区、松江区和临港地区等落实推进国家新型城镇化综合试点，浦东新区新场镇、闵行区吴泾镇等6个地区入选第二批"全国特色小镇"，进一步完善"一镇一策"机制，探索国际大都市郊区特色小镇建设路径。

1.3.2 2018年上海改革创新面临的形势

1. 世界处于大发展大变革大调整时期，深化改革面临的全球变量更趋复杂

未来一年，世界多极化、经济全球化、社会信息化、文化多样化的影响将更趋深入，全球治理体系

和国际秩序变革将加速推进,国际力量对比将更趋平衡,各国之间相互依赖、相互联系将更加紧密,全面深化改革面临的全球变量更为复杂多变。特别是随着美国推行更具保护主义倾向的贸易政策、采取更大幅度的减税政策,未来将给中国未来发展和改革创新带来更大挑战。英国脱欧进程一波三折,德国政府各党派联合组阁悬而未决,也进一步增大了世界经济运行的不确定性。面对全球领域新形势新变化,中国将继续秉持共商共建共享的全球治理观,继续发挥负责任大国作用,积极参与全球治理体系改革和建设,不断贡献中国智慧,紧紧抓住新一轮技术变革和产业革命重大契机,推动实现世界经济更快复苏。上海作为新时代全国改革开放排头兵、创新发展先行者,挑战更大、责任更重,需要紧紧围绕国家战略,坚持对标最高水平的国际通行规则,不断加快制度改革创新力度,在改革开放和科技创新等领域树立新的标杆。

2. 我国步入中国特色社会主义建设新时代,在更高起点上深化改革任务更加艰巨

党的十八大以来,全面深化改革稳步推进,重要领域和关键环节的改革取得突破性进展,形成了一大批改革理论成果、制度成果、实践成果,主要领域改革主体框架基本确立,已形成继续深化改革的坚实基础和有利条件。党的十九大围绕党和国家事业发展新要求,对全面深化改革提出了新任务,部署了一大批力度更大、要求更高、举措更实的改革任务。2018 年是我国改革开放 40 周年,也是党的十九大之后的开局之年,要站在更高起点上谋划和推进改革,必须深入贯彻十九大精神和习近平新时代中国特色社会主义思想,坚定改革方向,着力增强改革的系统性、整体性、协同性,保持工作力度和连续性,继续统筹推进各领域各方面改革。上海需要对照十九大提出的改革任务和举措,更加注重处理好改革、发展和稳定之间的关系,把握好改革的节奏,更加有针对性解决各领域各层面各环节的矛盾和问题,强化基础支撑、注重系统集成、完善工作机制、严格监督落实,不断提高改革精准化和精细化水平。

3. 上海进入前期改革成果固化定型和重大改革任务决定性突破的交汇期,强化改革担当的要求更为紧迫

近年来,上海持续推进各项改革,为全国改革

探索形成了一大批可复制可推广的制度创新成果,充分体现了全国改革开放排头兵的责任担当。随着改革的纵深推进,上海作为新时代改革开放排头兵的任务更重,巩固前期改革阶段性成果、切实释放改革效益和红利的要求更高,要把自身改革发展放在全国发展大局中谋划,要进一步贯彻落实国家交办的重大改革任务、率先建立健全更加成熟更加定型的国际化、市场化、法治化的制度体系;要不断提高引领和推动改革创新的能力、加快提高全要素生产率,形成经济增长新动能,切实提升改革对经济社会发展的效益;要使企业、使百姓在改革中有更多的获得感,打造改革创新开放发展的新时代标杆,更好发挥引领示范作用。

1.3.3　2018 年上海深化改革创新的思路建议

进入贯彻落实党的十九大精神开局之年,上海要坚持服务全国改革大局,站在更高起点谋划和推进各项改革,要坚持"三个不能变"的原则,进一步强化历史担当,突出需求导向、问题导向、效果导向,在推进国家赋予的重大改革任务上有新作为,适应现代经济体系建设要求全面深化供给侧结构性改革,不断推动改革落实落细,以实际行动迎接改革开放 40 周年。

1. 推进落实上海自贸试验区全面深化改革

对照新一轮自贸区深化改革方案要求,深入推动已明确的改革任务落实落地,着重抓好自由贸易港建设相关改革工作,尽快形成自贸试验区改革开放新亮点、新旗帜。一是加快推动高水平开放相关制度创新。探索建立开放度最高的自由贸易港制度体系。深化贸易监管制度改革。对接国际高标准经贸规则,深化金融开放创新。二是加快推动综合改革试验任务。推进全面实施市场准入负面清单制度,加快建立配套的体制机制,完善相应的监管制度。全面深化"证照分离"改革,推进改革全覆盖,不断优化改革方式。继续推进商事主体登记便利化,深入推进企业名称登记制度改革。继续推进监管制度创新,推广信用联合惩戒机制。三是加快推动改革协同联动。加强与科创中心建设协同联动,深入推动跨境研发便利化。加强与金融中心建设协同联动,全面拓展自由贸易账户功能,推动更多金融产品创新和金融服务创新。加强自贸试验区

制度创新成果复制推广,探索与其他自贸试验区制度创新的复制借鉴及联动。

2. 系统推进科技创新中心重大改革任务

瞄准具有全球影响力科技创新中心建设的阶段目标,继续落实全面创新改革试验任务,加快张江综合性国家科学中心建设相关制度创新,深化人才发展机制体制改革,促进创新聚源发力。一是进一步建立健全张江综合性国家科学中心运行管理体制机制。建立国际通行的国家实验室管理体制,推动国家实验室筹建工作取得实质性进展,制定促进资源开放共享的相关标准和考核制度。探索重大科技基础设施管理运行的新机制,探索专业化的第三方管理模式。推进创新的高度开放共享,强化公共服务平台建设,推动重点领域科学大数据的规模汇聚和分享。二是落实全面创新改革试验任务和重点领域改革任务。全面落实全创改系列举措,加快推动新型产业技术研发组织等改革举措落地。探索研发与转化功能型平台运行管理机制创新,建立符合创新规律、以质量绩效为导向的财政科研经费投入机制和管理模式。建立高校和科研院所协同科创中心建设的体制机制,推进高校、科研院所和企业之间研发协同机制,强化产学研协同创新机制。推动科技军民融合发展的体制机制创新,建立军民科技成果双向转化运用机制。三是推进实施人才高峰工程行动。实施更加开放的人才引进政策,研究制定面向领军人才及其团队的针对性政策,完善全球人才评估认定相关政策规定。加大支持全球人才创新创业各项政策力度,进一步完善全球人才服务制度。

3. 持续深化供给侧结构性改革

围绕巩固提升实体经济能级、支持产业转型升级、支持成长型企业发展等要求,继续深化政府自身改革、国资国企改革,加快构建法治化、国际化、便利化营商环境,释放经济增长新动能。一是推进新一轮机构和行政体制改革。继续深化行政审批制度改革,加快落实"三个一批"改革,制定实施"三个一批"改革的目录,建立相应的常态化管理制度。进一步做实事中事后监管体系,进一步完善监管闭环模式,不断创新监管方式方法。推行高度集成和便捷的政府服务,加快推进政务服务窗口"受审分离、

单窗通办"模式,推行"指尖上的政务服务",打造只需一部手机的掌上服务大厅。二是加快完善支持产业转型升级的体制机制。建立健全现代农业体制机制,培育新型农业经营主体。加大支持先进制造业和"四新"经济发展的力度,健全支持产业创新发展的管理机制,加快完善有利于提升集成电路全产业链全球竞争力的监管模式,探索建立适应技术和产业变革要求的管理标准动态调整和快速响应机制,积极研究完善新经济领域的统计制度。继续推进国家"十三五"服务业综合改革试点区建设,加快推进打造服务业创新发展示范区。三是持续深化国资国企改革。深化国资监管体制机制创新,完善国资监管制度,完善审计发现问题整改机制,建立重要领域关键环节风险清单管理制度。启动新一批企业集团整体上市或核心业务资产上市,有序推动员工持股试点企业开展试点。进一步健全国资运营平台运作机制和配套制度,明确平台公司财务管理和成本管理制度,创新资本运作方式。有序推进职业经理人薪酬制度改革,加大支持上市企业实施股权激励的力度。四是进一步推进企业降本减负工作。继续推进增值税简并税率,落实小微企业税收优惠政策。进一步规范涉企经营服务性收费管理,全面清理规范涉企保证金。探索建立规范透明的市场价格监管制度,完善重大价格政策后评估机制,继续深化能源价格改革。

4. 提高社会民生领域改革的群众获得感

在教育事业、医药卫生服务、文化事业、生态建设等人民最关心的领域做出更有效的体制机制安排,使改革成果更多更公平地惠及全体人民,不断促进社会公平正义,提升人民群众的改革获得感。一是继续深化社会事业领域改革。进一步落实教育改革国家试点任务,贯彻落实《关于深化教育体制机制改革的意见》,深化高考综合改革试点。深化公立医院改革,加快推进落实公立医院薪酬试点改革,进一步完善公立医院绩效考核机制。推动文化发展改革创新,继续深化报业、文广、出版集团改革,深入推进文化市场综合执法改革,完善和提升文化市场信息化管理机制,完善公共文化产品和服务供给机制。二是深化生态文明体制改革。全面实施环保垂直改革,落实各区、街镇党委和政府的环保责任,推动执法重心下沉,完成监测事权上收。完善落

实环境保护党政同责、一岗双责、失职追责相关改革措施,启动环保督查体系试点。深化"河长制"河湖管理模式,完善重点区域环境综合整治常态长效机制,深化长三角联防联控机制建设。三是健全城乡一体化机制体制。探索乡村治理体系现代化,加强农村基层党组织建设,完善农村可持续发展机制,推进农村内涵式发展。加快推进城乡基本公共服务均等化,加强市级统筹力度和区责任,完善城乡基层公共文化设施网络建设。进一步推动新型城镇化试点和特色小镇建设工作,探索特色小镇投融资体制机制创新,推动特色小镇健康持续发展。

1.4 上海社会治理形势与思路

2017 年是"十三五"规划实施承上启下的一年,也是本届政府任期的最后一年。上海在十九大精神的指引下,稳步推进社会建设各项工作,持续完善公共服务与民生保障,深入推进基层社会治理创新,着力推动城市精细化管理,不断落实社会领域重大改革,社会发展的各项成效明显。展望 2018 年,十九届三中全会将掀起新一轮全面深化改革的高潮,同时经济增长仍将维持中速水平,社会改革和发展中的深层次问题与困难仍然较多,人民日益增长的美好生活需要和不平衡不充分的发展之间的矛盾依然突出。为此,迫切要求上海在更高的发展基础上,牢牢把握人民群众对美好生活的向往,牢牢把握上海全球城市崛起的历史使命,进一步推动

社会领域改革,进一步增加社会民生投入,为 2020 年上海建成更高质量的小康社会,建成"四个中心"和社会主义文化都市奠定坚实基础。

1.4.1 2017 年上海社会建设的主要成绩和特点

2017 年以来,上海着力推进普惠性、基础性、兜底性民生建设,持续用力加强补短板工作,市民满意度和获得感进一步增强。上海市人民政府发展研究中心一年一度的民生问卷调查显示,2017 年,上海居民对于政府提供的民生服务总体满意度评价得分为 76.4 分,达到历年最高水平。

1. 公共服务水平进一步提升

(1) 教育事业进一步发展。

上海深入推进教育体制机制改革,落实立德树人的根本任务,加快推进教育改革和发展,取得了新成效。进一步推进教育均等化发展。加快郊区教育资源布局,推行全市统一义务教育生均基本标准,推进学区化集团化办学和新优质学校集群式发展,努力办好每一所家门口的学校,初步形成基础教育优质均衡发展的政策体系。启动高校"高峰高原学科建设计划",对接国家"双一流"学科建设,全面落实"双一流"建设任务,扩大高水平地方高校建设试点,实施新一轮"高峰""高原"学科建设计划。"高峰""高原"学科建设计划助力一流学科建设成效显著。加快实施教育综合改革。建构分类考试、综合评价、多元录取机制。构建完善职业教育体系,提高职业教育质量,探索一体化的中高职贯通培养机

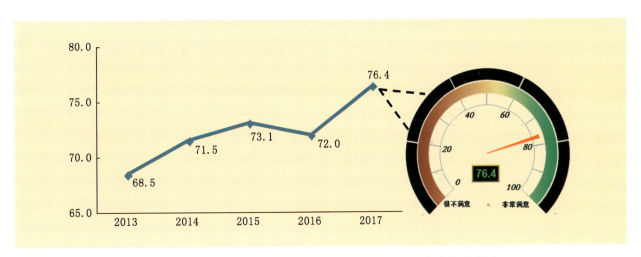

图 1.6 上海居民对政府民生服务总体情况的满意度评价得分

制。构建纵向衔接、产教融通的职业教育体系，贯通学制和校企资源。

（2）医药卫生改革释放红利。

2017年，上海在医药卫生领域不断发力，取得显著成绩。健康城市工作取得新进展，发布了《"健康上海2030"规划纲要》，探索了"上海特色"健康指标，提出了"共建共享"基本原则，倡导政府主导、多部门合作、全社会参与的工作机制，形成大健康的治理格局，促进健康与经济社会协调发展。完善基于大数据的公立医院医疗服务评价办法，根据不同评价结果实行差别化定位、差别化管理，进一步促进各级医疗机构控制单体规模，合理控制医疗费用，追求内涵发展。破除以药补医机制，以取消药品加成为突破口，建立综合补偿机制，2017年2月1日已全面实现公立医院药品零加成。推进医疗服务价格改革，实施医药分开改革财政阶段性补助办法，市财政对市属医院2017年核拨了1.2亿元补助；对国家委属委管医院参照市级医院政策进行补助，2017年已核拨补助资金7938万元。进一步完善药品采购供应机制，对未实施医保带量采购的品种，探索了药品集团采购（GPO）。举办2017年度"沪苏浙皖闽"四省一市综合医改联席会议，持续推进四省一市医疗联动改革工作。

（3）养老服务体系进一步完善。

2017年上海60岁以上户籍老年人超过457万，占总人口比31%。在进入深度老龄化社会之际，上海养老服务体系建设不断取得新进展。养老服务供给持续加强。上海持续将养老床位、老年人日间服务中心、助餐服务点等列入市政府实事项目重点推进。截至目前，上海养老机构床位增加到13.2万张，老年人日间服务中心总量增加到517家，老年人助餐服务点增加到633家。目前，中心城区已建成73家"长者照护之家"，郊区积极推广互助式睦邻点。不断深化养老服务保障。着力推进医养结合。实现全市养老机构与医疗机构签约率100%。全市702家养老机构中，设有医疗机构的超过三分之一，其中超过100家纳入医保联网结算。完善养老护理职业教育和培训机制，将实施职业技能培训补贴政策的年龄放宽到60岁以下。对全市非营利性养老机构实施"以奖代补"扶持政策，累计发放奖补近4000万元。老年人养老照护支付能力不断提升，目前全市有13万名老年人享受养老补贴。启动高龄老人医疗护理计划试点，探索建立长期护理保险制度，2017年，在徐汇、普陀、金山三个区先行开展，寻找出一条适合上海城市特点的长护险之路。累计办理敬老卡318.6万张，发放资金73.6亿元。

（4）住房保障工作有序推进。

2017年上海住房保障管理机制不断健全，住房保障申请审核、分配供应全过程管理机制越发成熟，住房保障覆盖面进一步扩大，市民住房困难得到有效缓解。不断扩大廉租住房政策受益面。调整廉租住房准入标准，进一步优化完善租金配租政策，调整实物配租机制，对符合条件的申请家庭在租金配租上实现"应保尽保"。截至2017年6月底，全市共新增廉租租金配租家庭约2.5万户，历年累计受益家庭达11.7万户。稳步推进共有产权保障住房申请供应。截至2017年，在全市范围内共开展三批次共有产权保障住房申请供应工作。按照"先紧后松、逐步放宽"的原则，不断放宽共有产权保障住房准入标准，截至2017年6月底，共有产权保障住房已累计完成签约购房9.2万户。不断完善公共租赁住房制度。加大财政资金投入力度，做好公共租赁住房建设筹措和供应。截至2017年6月底，全市累计建设筹措各类公租房15万套；累计新增供应各类公共租赁住房房源约11万套，完成配租约9.5万套，入住20.6万户（人）。加强征收安置房建设管理。防止政策异化、资源错配，在旧区改造等征收项目中逐步控制安置房源使用比例，提高安置房源供应价格，并加强房源供应到区后的使用情况监管，提高房源使用效率。至今征收安置住房搭桥供应数量为3558.82万平方米，42.51万套。同时，加强大居保障性住房建设管理，加快推进内外配套建设及投入使用。

（5）社会保障建设取得新进展。

上海坚持以人为本，不断完善社会保障制度建设。贯彻落实中央"三去降一补"要求，从2017年1月起，上海制度性降低职工医保费率0.5个百分点，阶段性降低失业保险费率0.5个百分点，"职保"总费率降至42%，全年共减轻企业负担80亿元。社保制度不断创新。自2017年4月1日起，停止执行小城镇社会保险制度，将被征地人员纳入国家基本社会保险制度体系，与国家制度全面接轨。完善职保的养老金计发办法,鼓励参保人员多缴多得、长缴多得。推进医疗保险异地就医结算,完成与国家结算平台对接,实现跨省异地就医住院费用直接结算。试点职工医保个人账户资金购买商业医疗保险,推进建筑业按项目参加工伤保险工作,启动"工伤预防培训项目"。救助保障标准稳步提高。建立完善了城乡低保与居民基本生活费用价格指数相协调的动态调整机制,稳步调整低保等救助标准。2017 年 4 月 1 日,上海第 21 次调整了低保标准,城乡低保标准水平提高至 970 元。目前,全市基本生活救助对象约 20.45 万人,实现了应保尽保。

(6)就业形势稳中向好。

上海着力稳定就业基本盘,拓展就业新空间,不断释放政策红利,取得了丰硕成果。创业工作不断推进。2017 年,上海深入推进第三轮鼓励创业带动就业三年行动计划,加大创业培训力度,截至 9 月底,帮扶引领成功创业 10 696 人。实施青年大学生就业创业新政,制定出台《关于新形势下进一步促进本市青年就业创业的若干意见》及配套政策。深入实施离土农民就业促进专项计划,推进农民工职业技能培训工作,完成全年培训 20 万人次的计划。"直通车式双证融通"项目全部纳入网络化管理,截至 9 月底,新增就业岗位 52.68 万个;登记失业人数 21.71 万人,主要就业创业指标好于去年同期,保持了本市就业局势的总体稳定。各类人才活力加快释放。上海细化落实科创中心建设各项人才政策,统筹推进"人才 30 条"重点工作。截至 9 月底,上海共引进国内高层次、紧缺急需人才 4 334 人,办理居住证转户籍 7 552 人,新办居住证积分 34 364 人,有 1 人荣获 2017 年度中国政府"友谊奖",3 人获"白玉兰奖"。

2. 基层社会治理持续深化

上海深入贯彻习近平总书记"加强和创新社会治理,核心是人,重心在城乡社区,关键在体制创新"的要求,以落实市委市政府创新社会治理"1+6"文件为主线,积极探索符合上海特大城市特点和规律的基层社会治理新路。

(1)党建引领下的区域化治理格局不断完善。

初步建立了以党组织为领导核心,驻区单位、社区社会组织和社区居民等多元主体参与的社区治理工作机制,形成了推进社会治理工作合力。区域化党建三级平台和组织体系进一步优化,街道党工委的领导核心作用不断强化。

(2)社会治理基层队伍实力进一步加强。

强化基层带头人队伍建设,拓展基层领导选拔渠道,选优配强居村书记队伍,严格落实居民区书记"事业岗位、事业待遇"政策。社区工作者队伍进一步壮大,现已扩围至 4.5 万人,平均年龄 38 周岁,大专及以上学历占 82.5%,新招录人员队伍结构进一步优化,职业体系也已初步建立。

(3)基层治理改革创新有序推进。

深化落实《关于进一步创新社会治理加强基层建设的意见》及 6 个配套文件,强化街道的公共服务、公共管理和公共安全等职能。健全居村自治机制,完善居(村)委会依法协助行政事项的清单和准入机制。加强社区基层队伍建设,推动社区工作者专业化培训和职业化发展。

(4)社会组织参与社会治理渠道进一步拓展。

社会组织发展平台建设进一步完善,政府扶持力度进一步加强。上海市和浦东、静安等 13 个区已先后制定出台了政府购买社会组织服务的相关政策。对优秀社会组织实施了诸多扶持举措。在第七届"公益伙伴日"开幕式上,集中发布了一批"承接政府购买服务的社会组织"推荐目录,此次被列入"推荐目录"的社会组织共 189 家,均系发展良性、成长健康的优秀组织,且都有承接政府购买服务的成功记录。这成为上海大力扶持优秀社会组织发展的又一次实质性举措。

(5)城市网格化综合管理进一步深化。

全市所有街镇已全部建成网格化管理平台,网格化管理从城镇向村居延伸,全面完成区级网格化系统平台升级改造和 214 个街镇级平台建设,覆盖居村工作站 5 106 个,覆盖率达到 90%。网格化管理内容进一步拓展,基本管理单元建设逐步做实,推进首批 67 个基本管理单元建设,不断提升公共服务可及性和居民参与便捷性。

3. 城市精细化管理水平不断提升

上海坚持民意导向、问题导向,坚持标本兼治、重在治本,坚持专群结合、依靠群众,坚持法治手段、科技手段,着力推进城市精细化管理水平不断提升。

(1)聚焦"五违四必"。

推进第三轮占地共约 105 平方公里的 22 个市

级重点区块生态环境综合治理,至6月底全市共拆除违法建筑6661.9万平方米,提前完成全年5000万平方米的计划目标。

(2)全面开展中小河道综合整治。

至6月底,全市三批共1864条段、1756公里中小河道整治任务已开工建设1545公里,开工率为87%,其中完成929公里,完成率为52%。上半年主要河流断面水环境功能区打标率为53.9%,同比提高19个百分点。截至年底,全市中小河道基本消除黑臭。

(3)持续深化交通大整治。

上海坚持"思想不松、目标不变、标准不降、力度不减、声势不弱",将"最严标准、最严执法、最严管理"的交通大整治持续不懈、持之以恒地深入推进。通过依法治理、技术治理、综合治理、多元治理等手段巩固交通大整治成果。此外,2017年,非机动车、行人的交通违法行为也被列入重点整治对象,对改善交通秩序起到了积极作用。

1.4.2 2018年上海社会建设面临的主要形势判断

2018年是十九大后的第一年,也是"十三五"承上启下的重要节点。可以预见,2018年将是中国面向2020年重大发展任务的关键发力期,是面向两个一百年目标推动改革的重要起步期。而上海,面对2020年全面建成小康社会、基本建成"四个中心"和建成社会主义文化大都市的目标,面对加快推进自贸区建设和全球有影响力的科技创新中心建设的任务,2018年上海社会改革与发展面临的要求更高、压力更大、任务更重。

1. 十九大的召开为上海社会民生发展指明了未来发展方向

党的十九大报告再次强调了"必须始终把人民利益摆在至高无上的地位,让改革发展成果更多更公平惠及全体人民,朝着实现全体人民共同富裕不断迈进",并在此基础上进一步指出了未来社会民生的发展方向,即"在幼有所育、学有所教、劳有所得、病有所医、老有所养、住有所居、弱有所扶上不断取得新进展"。改革开放近40年来,上海始终贯彻民生优先的导向,坚持在发展中保障和改善民生,社会民生领域的发展更是成为全国的排头兵和先

行者。但是,从党中央的要求看,从人民群众的需求看,上海社会民生还依然存在一些突出短板,如0—3岁婴幼儿的托育服务、低收入群体的住房保障服务、外来人口的公共服务等。在当前全面建成小康社会进入决胜阶段的关键期,上海未来必须进一步夯实民生保障基础,深入把握人民日益增长的美好生活需要和不平衡不充分的发展之间的矛盾,进一步织密扎牢民生保障网,按照更高水平的小康社会要求,加快补短板、增数量、提质量,使人民获得感、幸福感、安全感更加充实、更有保障、更可持续。

2. 2018年上海经济增长压力仍然较大,将会对社会发展与社会治理形成较大影响

2018年世界经济形势愈加复杂多变,在美联储持续加息和缩表的大趋势下,各国央行都在实施紧缩政策,这势必进一步影响到全球经济的有效复苏。而2018年我国汇率进一步下降的空间也有限,2017年因汇率下降导致的降价效应无法再现。与此同时,国内经济发展也面临着贷款利率持续上升,上游PPI持续上涨逐渐向下游消费端的CPI传导、出现明显通胀的不利局面。作为中国经济龙头城市的上海,受世界与中国经济走势影响较大,在外贸增速有限、传统制造业快速转移萎缩、房地产支撑作用持续减弱和通胀压力的多重影响下,如果金融、新增投资或新兴产业的增长不能有效弥补、消解不利因素,那2018年上海保持经济平稳增长的压力将会更大,甚至很有可能还将面临地方财政收入增幅进一步放缓,而用于保障和改善民生的刚性支出压力将可能进一步加大的困难,需要全市给予高度重视。

3. "十三五"发展任务和2020年建设目标的倒逼下,2018年社会领域的建设任务将会更重

2018年是"十三五"承上启下的重要节点年和未来五年重大改革举措的谋划年。过去五年,中央对全面深化改革进行了总部署、总动员,诸多重大改革先后出台,改革的基本框架已经形成。2018年即将召开的十九届三中全会,更是将对未来五年内重点突破的重大改革做出部署,其中中央将会以更大力度推进、落实社会领域的重大、核心改革,如房地产税、养老保险的跨省转移等瞩目的改革很有可能推出。这要求上海积极对接国家改革思路举措,

提前做好相应研判和准备工作,全面发力、纵深推进、击楫勇进,确保中央重大改革任务有效落地。同时,上海到 2020 年将要建成"四个中心"和社会主义文化大都市,城市功能的崛起也对上海社会民生的配套提出了更高要求。因此,为实现 2020 年的城市发展目标,2018 年上海必须进一步加强社会领域供给侧改革,推动教育综合改革、养老服务体系改革、健康城市建设、城市精细化管理等社会领域体制机制配套改革加快落地,努力形成与国际惯例和规则接轨的社会运行模式,以优越的社会事业和社会治理助推城市功能的实现。

4. "互联网+"等新技术在社会领域的运用不断深化,要求上海加快创新治理体制机制积极应对

当前,以微信、APP、移动智能终端、大数据、云计算等为核心的"互联网+"潮流正在深刻的改变着人们的生产和生活。一是部分资本借助互联网浪潮开始介入公共领域。如网约车、共享单车就承担了一部分"最后一公里"的公共服务,互联网教育、社区服务等涉及大量民生服务领域。其中共享单车还直接占用了大量公共空间,很多违章、报废、损毁的单车甚至已经堆积如垃。二是新技术正在改变现有公共服务提供方式。如区块链技术发展将会使身份认证更加便捷,越来越多的公共事务办理甚至如身份证、护照办理都可以实现在线直接办理;医疗机器人的运用将会使传统的诊疗体制发生颠覆性变化。三是新技术正在改变社会治理的传统模式。如高清摄像、人脸识别、城市大数据等新技术正在极大的改变依靠人力投入管理的传统模式,智能化、精准化日益成为社会治理的新趋势。在新技术不断涌现的新时代,2018 年上海必须持续深入的运用新思维、新技术破解社会治理和公共服务的突出问题,让新技术成为提升群众满意度、获得感的新途径和新方法。

5. 基层社会治理的新形势更加迫切的要求社会广泛参与

推动社会组织、企业以及公民个人的多元参与是上海社会治理的重要内容。在社会尚未完全发育的情况下,很多时候需要政府跨前一步,以行政力量更有效地解决一些突出问题。如"五违四必"整治、交通大整治、河道整治中,更多发挥的是政府力

量。但是,在当前社会基层治理实践中,日益增长的社会公共事务需求与相对有限的政府资源、财力和能力之间的矛盾愈发明显。尤其在基层政府不再负责经济事务之后,对企业的动员能力出现衰减,这种矛盾更加突出。如社区基金或自治基金只有政府投入,很多基金不得不面临不用则无法发挥作用、一旦用完却难以再补充的尴尬;社区工作人员的能力也与广大中产阶层、青年人社会参与需求之间存在不匹配,甚至很多活动只能动员老人和弱势群体参与。在这种情况下,未来上海基层社会治理建设,完全依靠政府的传统模式已经越来越难以有效维系,必须要动员更多社会力量广泛参与。2018 年,上海基层社会治理必须把有效提升社会动员能力、拓宽社会参与渠道作为重点,真正激发基层社区活力,形成多元共治的良好格局。

1.4.3　2018 年上海社会建设的总体思路和对策举措

面对十九大后上海社会发展的总体形势要求,上海一方面要立足于 2020 年建成"四个中心"、社会主义文化大都市和更高水平的小康社会,聚焦当前社会民生领域发展不平衡、不充分的问题,进一步完善公共服务配套与保障,深入推进基层治理创新,持续提升城市治理水平;另一方面,要立足新一届政府开局、十九届三中全会的召开、上海建设卓越全球城市和具有全球影响力的科创中心需要,加快社会领域的改革与创新,充分关注长期制度建设和功能培育,创造和谐、有序、包容的社会环境,在更高水平上推动社会主义和谐社会建设。为此,建议 2018 年上海社会民生领域建设和发展的总体思路为:全覆盖、均等化、高水平,推动公共服务水平持续提升;规范化、系统化、多元化,着力增强社会发展活力;新技术、新模式、新思维,全面提升城市治理的精细化水平。具体如下:

全覆盖、均等化、高水平,持续完善公共服务体系。人民对美好生活的向往,是公共服务持续发展的目标和动力。上海要立足于更高水平的小康社会建设,全面提升教育、医疗、就业、收入、体育、文化等各个领域的公共服务发展水平,努力补齐婴幼儿托育等服务短板,使上海城市发展跨上一个新台阶。

规范化、系统化、多元化,着力增强社会发展活

力。围绕"核心是人、重心在城乡社区、关键是体制创新",着力于夯筑规范化、系统化的制度体系,着力于创新多元化的参与方式,持续用力、不断深化,提升社会治理能力,增强社会发展活力,切实走出一条符合超大城市特点和规律的社会治理新路子。

新思维、新模式、新技术,全面提升城市治理的精细化水平。上海要立足超大城市实际,把深入推进城市精细化管理作为卓越全球城市建设的重要抓手,积极用新思维、新模式、新技术解决社会治理和城市管理的突出难题,在守牢安全底线的基础上,着力推动智能化管理,持续推进补短板行动,加快提升城市精细化管理能力,让城市更有序、更安全、更干净。

1. 以更高水平的小康社会为着力点,持续改善社会民生

(1) 抓重点人群,抓万众创新,推动实现更高质量的就业。

就业是社会民生之本,要坚持把促进就业放在优先位置,推动实现更加充分、更高质量的就业。不断提升就业岗位创造能力,提升重点群体就业帮扶的精准性,进一步推动"万众创业",完善就业服务体系和援助促进机制。

(2) 以均等化和高水平为着力点,加强和完善社会保障。

统筹推进社会保障体系建设,让群众普遍享有公平的基本保障。进一步推动社会保障的均等化,稳步提升社会保险政策含金量,增强社会救助政策的精准性。

(3) 以五位一体养老服务体系建设为重点,进一步完善养老服务。

按照"五位一体"的总体部署,加快健全以居家为基础、社区为依托、机构为支撑、医养相结合的养老服务格局,保障养老基本公共服务需求。充分发挥市场和社会作用,扩大多层次养老服务供给。全面推进老年照护统一需求评估制度,扩充和丰富养老服务设施载体,完善养老服务支撑和保障。

(4) 以保障性出租房建设为重点,奠定住房发展新格局。

未来上海要进一步加大廉租房和公租房建设力度,为强化"房子是用来住的,不是用来炒的"这一定位,加快构建"市场体系租售并举、保障体系物币并重"的住房发展新格局奠定基础。长期发挥廉租房的保障托底作用,逐步形成促公平、引人才、可持续的公租房供应体系,进一步完善共有产权房运行模式。

(5) 以深化教育综合改革为基础,着力提升教育发展水平。

努力深化教育综合改革,率先实现教育现代化,不断增强上海教育的辐射力和影响力,努力办好人民满意的教育。推动基础教育均衡提升发展,促进高等教育办学质量提升,加强职业教育与终身教育体系建设,稳妥推进教育改革重点事项。

(6) 以建设健康上海为统领,进一步提升卫生发展水平。

建设健康上海,全面提高人民健康水平。把健康放在优先发展地位,全方位、全周期维护和保障人民健康。加快健康城市基础性建设,持续推进医药卫生综合改革,补齐医疗卫生服务短板。

2. 聚焦培育活力,着力提升能力,持续推进基层社会治理创新

(1) 进一步深化社区党建,以党建引领自治共治。

在城市大党建格局下,推进多种形式的区域化党建平台建设。发挥党组织的政治引领、指导协调、资源整合作用,推动党的工作体系向社会领域拓展。推动驻区单位、"两新"组织、社区群众等各类力量共同参与。

(2) 持续推进基层治理规范化,理顺社区自治机制。

根据城乡社区治理、居村委会工作的特殊性进一步规范作息制度,建立错时工作和值守制度,健全首问负责制,推行"全岗通"制度。进一步理顺街镇与市区两级职能部门的关系,加强街道"6+2"工作机构与街道各中心、居民区之间的联动关系。完善以居村党组织为领导核心、居(村)委会为主导、居(村)民为主体,集体经济组织、居(村)务监督机构、业委会、物业公司、驻区单位、社会组织等共同参与的治理架构。

(3) 持续推进基层治理系统化集成,确保抓落实见成效。

鼓励全市各街镇制定实施"社区发展三年行动计划",系统推进社区治理工作落实落地。充分发挥街道、乡镇实施主体作用,发动社区群众和社区各类组织,围绕"10＋1＋X"任务,推进三年行动计划实施。完成全市所有居村委会换届选举工作。

(4)持续推进基层治理社会化参与,充分培育社会活力。

发挥群众主体作用,切实把群众关心的事项和问题,通过自下而上酝酿讨论、意见表达、综合统筹,形成公共议题和具体项目,进一步调动群众参与的积极性和主动性。加大四类社区社会组织扶持培育力度,不断健全政府购买公共服务机制,全面推广部分公共服务项目先行纳入市、区一体化的政府购买服务公共管理平台运行。积极鼓励企业参与社会治理。

3. 按照"一核心三全四化"的总体要求,进一步强化城市精细化管理

(1)除隐患、重防范、强管理,守牢城市运行安全底线。

加强重点行业领域安全监管和整治,提高城市日常管理和维护标准,完善城市综合防灾减灾体系。加大对危害国家安全的各类违法犯罪的打击力度,加强社会治安重点地区排查整治。构建多元主体参与的城市公共安全治理体系。

(2)积极谋划上海的"城市大脑"计划,有序推动智能化管理发展。

建议由市相关部门牵头,进一步完善本市既有的实有人口、法人、房屋、土地、基础设施等数据库,并进行数据库融合共建,确保在一张底图上融合所有信息并进行准确标识。在此基础上,着力打造基于全社会的大数据平台、着力打造"智慧政务"、着力推广城市"智能管理"。

(3)持续推动补短板行动,着力完善精细化管理。

当前,上海需要用精细化管理的思路解决一些群众反响大、具有积极示范效应以及关键制约瓶颈等突出问题,通过精细化管理有效提升上海城市发展水平和竞争力,有效提升广大市民的获得感和满意度。如河道水环境综合治理、老旧小区综合治理、城市垃圾综合治理、交通综合治理、城乡接合部环境综合整治、城市公共安全综合治理等。

全球城市的发展愿景 第2章

党的十九大报告提出,从 2020 年到本世纪中叶,我国的社会主义现代化国家新征程分两个阶段来安排:从 2020 年到 2035 年,基本实现社会主义现代化;从 2035 年到本世纪中叶,把我国建成富强民主文明和谐美丽的社会主义现代化强国。对照我国未来发展的两个阶段,上海在 2020 年基本建成国际经济、金融、贸易、航运中心基础上,也要乘势而上,到 2035 年基本建成卓越的全球城市,打造令人向往的创新之城、人文之城、生态之城。这是上海未来城市发展愿景,也是未来全市人民共同奋斗的目标。

2.1 全球城市与国际大都市的区别

21 世纪是城市的世纪。一些发达国家凭借其全球化主导地位和全球经济核心地位,早在 20 世纪 70 年代就形成了一批较为成熟的全球城市。随着全球化进程的进一步深化以及世界经济重心的转移,新兴经济体在融入全球化的过程中不断发展壮大,也开始兴起一批"崛起中的全球城市"。但是,在一些关于城市问题的研究中,传统的"国际大都市"的概念占据了较为核心的位置,因此,需要充分厘清"全球城市"与"国际大都市"的区别,从而更能够深化对全球城市内涵的认识与理解。

2.1.1 形成的时代背景不同

1. 国际大都市形成于全球化时代开启之前

国际大都市的概念是在经济全球化之前就已经提出,用以描述早期在世界经济中占主导地位的大城市。从国际大都市最初的定义来看,是指"那些在世界商业活动中占有主导地位的城市,通常指国家首都的统领作用和交通网络系统中的商业、工业中心",17 世纪的伦敦、18 世纪的巴黎和 19 世纪的纽约也都曾经是当时的"国际大都市"。这一"国际大都市"概念通常将城市简单视为一个经济"中心地",即一种贸易场所、港口、金融中心或工业中心的角色。这一经济"中心地"只是一个具有地理边界的"地点空间"(space of place),连接物理性的地域上有明显连续性的广大腹地,因而,强调商品与服务的单一化、垂直通达性、单向流动、交通成本等。

2. 全球城市形成于全球化与信息化交互作用的特定背景

全球城市则是在经济全球化和信息化兴起的历史背景下提出的。在经济全球化与信息化交互作用的前提下,资源要素开始打破国家界限,在全球范围内流动的速度大为提升,城市之间的经济网络开始由此主宰全球经济命脉,越来越多的城市通过相互连接而进入全球网络,成为节点城市。在这些节点城市中,除了一般的节点城市,还涌现出一些在空间权力上超越国家范围的主要节点城市,它

表 2.1 全球城市与国际大都市的概念内涵区别

	国际大都市	全球城市
产生背景	全球化时代开启之前	全球化与信息化交互作用的特定背景下应运而生的,是全球化的世界经济体系的空间表达
形成基础	传统城市学的中心空间分布理论,是具有地理边界的"地点空间"	以全球城市网络为基础的,具有"地点空间"和"流动空间"的双重空间结构
发展路径	处于城市垂直等级结构中的顶端,与周边或其他城市只是"中心—外围"的主从关系	处于城市网络水平层级结构的顶端,与其网络中其他城市是"合作—协同"的平等关系
特征表现	基于物质性实力、规模等的控制力和影响力,主要是依靠它所拥有的东西(如独特的区位、各种设施、经济实力等)来获得和积累财富、控制和权力	通过流经它的资源和要素来获得和积累财富、控制和权力

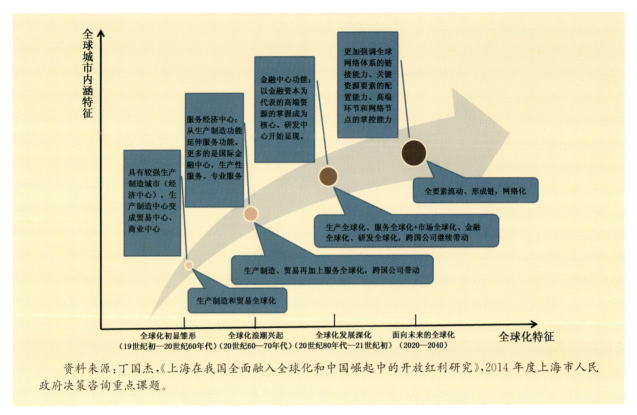

全球城市内涵特征

更加强调全球网络体系的链接能力、关键资源要素的配置能力、高端环节和网络节点的掌控能力

金融中心功能：以金融资本为代表的高端资源的掌握成为核心。研发中心开始显现。

服务经济中心：从生产制造功能延伸服务功能。更多的是国际金融中心，生产性服务、专业服务

具有较强生产制造城市（经济中心），生产制造中心变成贸易中心、商业中心

全要素流动、形成链，网络化

生产全球化、服务全球化+市场全球化、金融全球化、研发全球化，跨国公司继续带动

生产制造、贸易再加上服务全球化，跨国公司带动

生产制造和贸易全球化

全球化初显雏形　　　全球化浪潮兴起　　　全球化发展深化　　面向未来的全球化　　全球化特征
（19世纪初—20世纪60年代）（20世纪60—70年代）（20世纪80年代—21世纪初）（2020—2040）

资料来源：丁国杰，《上海在我国全面融入全球化和中国崛起中的开放红利研究》，2014 年度上海市人民政府决策咨询重点课题。

图 2.1　全球化与全球城市关系演进

们不仅具有广泛的经济、政治、科技和文化交流联系，而且在全球经济协调与组织中扮演超越国家界限的关键角色，日益成为全球经济、政治、科技、文化、社会领域的战略制高点，这些城市就是全球城市。因此，全球城市也不同于"全球化城市"。全球城市是全球城市网络中的主要节点，或者说是主导全球化的城市，而全球化城市则是一般或次要节点，或者说是受全球化影响或被卷入全球化进程的城市。

2.1.2　立足的经济版图不同

1. 国际大都市形成于以"国家"为中心的"地点空间"经济版图

在全球化之前，主要的空间形式是"地点空间"，具体表现为以国家之间国际联系为前提的世界政治地图。国际大都市就是基于这种"国际"的框架而形成。传统的竞争优势理论认为，国家是控制世界经济空间的主要参与者，因此，国际大都市就是这种国家绝对、比较竞争优势的空间表达，强调的是国家中心的空间性。

2. 全球城市形成于以"跨国公司"为中心的"流动空间"经济版图

全球化和信息化的兴起，进一步加强了全球连通性和世界一体化结构，技术、人口、资本、商品和思想的跨国界流动更为明显，全球化开始置身于"流动空间"之中。其中一个最明显的变化就是，企业开始有了真正意义上的"全球策略"，特别是随着全球化程度的日益加深，生产和贸易的模式开始更为依赖企业特别是跨国公司的策略行为而进行，跨国公司内部和之间的商品、资本和信息流动开始日益替代传统的国际贸易。因此，在这一全新的"流动空间"之中，由于非政治的跨国流动主要是以"城市"作为主要的连接体，特别是"全球城市"就开始成为全球化的主要载体。

经济全球化促使全球城市产生超越民族国家的影响，在全球层面上发挥控制与协调功能。从某种意义上而言，全球化的迅猛发展削弱了民族国家作为经济管理者的基础性作用，而更为凸显了全球城市对经济发展的重要性，国家的要素禀赋在解释商品流动中的作用性开始下降。这种"全球框架"反

映了新国际分工条件下,跨国公司所主导的复杂经济贸易关系,特别是跨国公司等功能性机构开始成为构建全球城市概念中的内生变量。因此,尽管国家的重大作用依然存在,但在全球城市概念的建构中已经成为外生变量。"全球城市"的概念就开始逐步替代"国际大都市",以真实反映世界经济中占主导地位的大城市特质及其功能的历史变迁,更准确地体现现代全球化的空间表达。

2.1.3 释放的空间效应不同

1. 国际大都市与周边城市是"中心—外围"的主从关系

国际大都市通常处于城市垂直等级结构中的顶端,与周边或其他城市只是"中心—外围"的主从关系,从而是一种对空间的零和博弈的完全竞争关系,通常造成"灯下黑"的现象。因此,国际大都市通常把更多的注意力集中在城市资本存量增大、物质财富积累、城市环境改善等方面,从而使城市的本身发展显现出比对手城市具有更大的全球投资吸引力,也即通过运作"当地财产"来最大限度地增强城市对资本流动的吸引力。

2. 全球城市与全球网络体系中的城市是"合作—协同"的平等关系

全球城市处于全球城市网络水平层级结构的顶端,与其网络中其他城市是"合作—协同"的平等关系。因此,全球城市区域既不同于普通意义上的城市范畴,也不同于仅有地域联系形成的城市连绵区,而是在全球化高度发展的前提下,以经济联系为基础,由全球城市与全球城市网络体系中的其他城市之间形成的一种独特空间现象。而且,与传统资源的边际报酬递减不同,知识、理念、创新具有共享性和边际报酬递增的性质。这在一定程度上决定了全球城市在发展过程中必须重视和加强与其他全球城市基于知识、信息等资源要素的沟通与共享,因此,全球城市网络体系中的合作关系对全球城市发展的重要性日益突显。全球城市的发展模式也就越来越建立在合作与网络的基础之上,对于全球城市网络的管理能力也日益成为决定全球城市竞争力的一个关键要素。同时,全球城市之间还会形成强强联手的合作效应,越是竞争力强的全球

城市之间,其相互联系往往也最多,例如作为最顶级的全球城市,纽约和伦敦之间就具有十分强劲的连通关系。

2.1.4 彰显的功能特征不同

1. 国际大都市更为强调城市的规模、形态和资本存量

国际大都市在本质属性上更多的是强调城市的规模和形态,城市拥有的资源量和存量资本。其主要特征表现为基于物质性实力、规模等的控制力和影响力,主要是依靠它所拥有的东西,例如独特的区位、各种设施、经济实力等来获得和积累财富、控制和权力,通常运用基于经济实力、市场规模、竞争力等标准的重要指标来静态衡量。因此,国际大都市通常都是凭借其独特的区位优势吸引各种资源要素向其集聚,但并不一定能够对这些资源要素进行集约化的配置,最终的表现形式可能只是形成城市规模的扩大或城市存量资本的大量堆积,而难以形成对外强有力的辐射能力。尽管国际大都市也都有着较为广泛的外部连接,但这绝对是不能与当前全球"流动空间"中的网络化相比拟的。

2. 全球城市更为强调资源要素管控功能和科技创新策源功能

与国际化大都市不同,全球城市的本质属性不是自身拥有的超级规模与强大经济实力,而是能够通过全球城市把不同地理尺度的经济活动联结到世界经济中去,实现全球资源流动和合理配置。从某种意义而言,"没有连接,全球城市的概念也就没有意义"。全球城市正是通过基于网络的全球资源流动与配置获得在全球经济中的重要地位。因此,全球城市不是依靠它所拥有的东西而是流经它的东西来获得和积累财富、控制和权力。在所有融入全球城市网络的城市中,全球城市表现出与其他城市相比较更为广泛、更为密集的相互作用,成为全球城市网络中具有举足轻重地位的战略节点。实现这一战略功能的重要途径之一就是要集聚大量的全球功能性机构,这些全球功能性机构不仅是操控全球商品链的跨国公司总部,也包括大量的"生产者服务综合体"。这些功能性机构所具有的控制、协调、引领功能,及其相互依赖和交互作用,赋予了

全球城市的全球资源配置独特功能。

与此同时,以伦敦、纽约为代表的全球城市正加速由"财富驱动"向"创新驱动"转型,正在日益成为全球科技创新的重要策源地,例如纽约在努力打造"第二硅谷",极力"维持创新之都地位";伦敦力求成为全球"知识型经济中心"和"世界顶级学术及创新领军者";东京提出要建成"世界领先技术、产品、服务的创新城市"。而且,与国际大都市的创新不同,这些全球城市是全球城市创新网络中的核心中枢和全球创新资源配置中心,具有强大的科技资源与科技成果的获取力、转化力和传播力,从而在全球科技创新中产生重大和深远的全球影响力。主要体现在:一是拥有强大的功能性平台从而具备全球创新资源配置能力。例如,纽约通过集聚全美乃至全世界最优秀的科技人才,凭借其独特的金融和产业优势为初创企业找到投资者和适合自身发展的业务模式提供便利,出现大量的新公司和创业孵化器,从而成为有全球影响力的科技创新中心。二是具备世界一流水平的基础科学研究功能。全球

城市不仅仅是依靠自身高校、科研院所的力量,更是积极搭建世界一流的基础科学研究平台,从而形成广泛的国际交流和合作。三是强大的科技创新应用功能。具备关键的共性技术及共性技术平台,拥有一批多学科、跨领域、应用性强的集成服务提供商,能够为创新活动提供个性化、高效率的创新资源配置方案,强化科技创新应用功能,打造更多新业态和新模式。四是多样广泛的创新网络连接功能。全球城市通过多样化、广泛化的网络连接,形成以某类前沿技术应用为核心,跨产业、跨企业、跨地域边界的各类科技创新联盟和合作关系,以更为开放灵活的方式及路径实现动态化、空间跳跃式、模块化、并行式、交叉式的科技创新。五是高效的创新资源流量组织与控制功能。拥有能够促进创新资源及其成果流动的良好制度环境、完善市场体系以及交易平台,从而对创新网络中日益增大的创新资源流量形成关键的引导和控制能力,成为科技创新竞赛规则的重要制定者、新的竞赛平台的重要主导者。

专栏2.1　全球城市核心功能的主要特点

全球城市的核心功能主要体现在其对全球高端资源和战略要素的配置功能。尽管全球城市资源配置的内容、形式和载体在不断发生变化,同时,在全要素流动的基础之上,形成了产业链、价值链和创新链的高端环节,是否能够对这些环节形成掌控能力,也成为能否推动城市成为全球城市、进而维持和巩固全球城市地位的关键所在。总体而言,全球城市的核心功能主要具有四个性质:

一是"高效联通性"。全球的人流、资金流、技术流和信息流等高端要素和战略资源能在全球城市实现充分联通;表现为多种中心功能的综合化和复合化,集全球金融中心、全球贸易中心、全球科技创新中心等于一体。

二是"核心枢纽性"。全球城市是全球资源的配置中心和全球资源的交互中心,贯穿全球生产链、创新链与价值链的核心环节,各类资源能够在这里实现高效流动和循环增值,通过更高效率的组合扩散到全球,产生集聚辐射效应。

三是"节点管控性"。城市已经不再单纯被视为一种场所、地点的空间,而是为"流动的空间"。全球城市占据全球城市网络体系顶端,对全球战略性资源、产业和通道实现占有、使用和指挥功能,通常节点层级越高,功能级别也越高。

四是"强力吸引性"。人才正日益成为推动城市在经济、社会、文化等各方面不断实现可持续发展的催化剂和推动力。相关调查表明,全球人才短缺的常态化和长期化趋势日趋明显,人才在全球进行流动的意愿不断增强。全球城市通常拥有丰沛活跃的文化氛围、舒适宜人的生态环境,因此能够更好地汇聚高端人才、释放人才潜力、发挥人才潜能。

2.2 "卓越的全球城市"的目标内涵

当前,上海经济社会发展已跨入一个崭新的发展阶段,"到2020年建成'四个中心'"的目标业已临近。随着中国将成为全球规模最大的经济体,在全球经济和全球治理中的地位更加凸显,上海作为中国发展水平、对外开放程度和综合实力最高的城市,有条件也有义务在新的历史方位中,立足城市发展积淀和特殊基因,顺应城市发展潮流和理念,将全球城市作为未来发展的重大战略和发展目标。因此,根据《长江三角洲城市群发展规划》和《上海市城市总体规划(2017—2035)》,上海未来的城市性质和发展目标是要成为"卓越的全球城市"。这就明确了上海所要建设的全球城市,不是一般性的全球城市,也不是专业性的全球城市,而是要成为卓越的全球城市。这一目标的内涵主要体现在如下方面。

2.2.1 本质属性特点:最为广泛的全球覆盖性和最多样化的城市高端功能

全球主义取向的全球城市是连接层级最高和连接种类最多的全球城市。当一个国家成为世界经济强国并在现代世界体系中开启属于自己的主导周期时,总是伴随着一个全球主义取向的综合性全球城市的出现。例如,英国主导周期中的伦敦、美国主导周期中的纽约等。这种全球主义取向的综合性城市,在世界城市网络中为数不多但处于网络顶端,具有最广泛的全球性覆盖和最多样化的城市高端功能,从而在全球城市网络中具有强大的全球影响力和控制力。未来,中国将崛起成为世界最大经济体,开启中国主导周期,引领新的全球化进程,

同样会要求出现一个全球主义取向的综合性全球城市。从国内来看,能够同时具备全球性覆盖和功能综合性两方面潜质的城市并不多,相对而言,上海的总体表现是较为突出的,这也是上海卓越全球城市建设的核心优势所在。

2.2.2 网络节点地位:在全球城市网络中占据最顶级和最核心的位置

不同类型的全球城市在全球城市网络体系中所占据的位置是不同的,网络节点地位存在高低之分。卓越的全球城市应当具备强大的网络关系管控能力,在全球城市网络中对外连通的范围、频率、强度以及种类是最为强大的,在全球城市网络关联结构的中心性和权力性也是最为强劲的。例如,纽约与伦敦作为全球顶级城市,就是长期处于全球流量经济的核心位置,集聚大量全球性跨国公司,通过全球性分工,影响和控制其他城市经济发展。

对于上海而言,这种全球取向的网络连接范围,不仅是投资、贸易、金融等方面的全球网络连接,而且也是科技、教育、体育、文化等方面的全球网络连接,需要具有相当密度和相当流动频率的网络连接,从而形成强大的流量规模支撑。

2.2.3 区域发展引领:实现更为开放、更为互动的发展模式

卓越的全球城市具有更为紧密的"全球—地方"的垂直联系,非本地关系更为强大,城际水平联系更为广泛、更为持续,并将通过城市网络全面融入区域、国家和全球经济的各个层面中。与一般的全球城市相比较,这种互动式发展是高水平和全方位的,不仅是大量近距离的交流或流动,更能够促进远距离的交流货流动,意味着能够在更大范围和

表2.2 上海打造卓越全球城市的战略维度导向

城市类型维度	上海要成为世界级、综合性的全球城市,而不是区域级或专业性的全球城市
城市属性维度	上海要成为全球城市体系顶端的核心节点和首位全球城市
城市功能维度	上海要在全球资源配置中处于战略地位的控制与协调功能
城市空间维度	上海要形成基于全球城市区域网络型的大都会

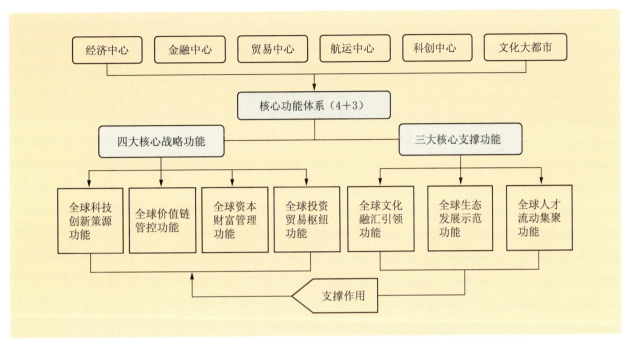

图 2.2　上海打造卓越全球城市的战略功能导向

更大规模内引领区域、国家乃至全球的发展。

　　对于上海而言,在区域层面,要能够通过将其各区域连接成为一个有机整体,进行高度的地区交流与合作,包括高度发达的资本、信息及人力资源流动,与其相毗邻的周边城市形成强大的内在联系,并全部整合在全球经济体系之中,特别是要形成基于紧密网络联结的长三角巨型城市区域;在国家层面,要通过将国内市场与国际市场连接起来,将国内更多的地区与城市融入经济全球化进程,充当中国企业"走出去"的战略基地;在全球层面,上海的功能拓展不仅要向发达国家和地区延伸,更要向广大发展中国家和地区延伸,特别是要向"一带一路"的沿途国家和地区延伸,成为"一带一路"沿线国家的企业进入全球市场的主要通道。

2.2.4　资源要素管控:对最具战略性、高端性的资源和要素形成管控能力

　　与一般的全球城市相比,卓越的全球城市能够在全球资源要素流动中发挥最大限度的控制与协调功能,是各种超级资源、顶尖要素的集聚地和汇入地,能够影响和主导全球战略性资源和高端要素的流向及配置方式,资金、商品、信息、服务、人才等高端资源要素能够通过卓越的全球城市在世界范围内进行大规模、高频率的流动,并实现最大程度

的增值。

　　对于上海而言,应当高度集聚全球公司、跨国公司以及各种顶级的功能性机构,在全方位、多层次的功能性平台上实现全球密集交易,成为全球金融、贸易、科技、知识、人才等高端要素集聚的高地。并且针对价值链、创新链中更为复杂、更为高端的活动实现更为高级的控制与协调,这种协调功能本身也是不断呈现更为多样化和复杂化的特征,并在空间上不断延伸,形成高端服务业和生产性服务业高度发达、高度国际化、辐射半径拓展至全球的综合服务功能。

2.2.5　科技创新策源:成为全球创新网络的核心枢纽和全球重大创新的主要策源地

　　传统的全球城市创新功能通常是基于地点空间、科技产品导向的创新资源配置方式,主要表现为一种大量创新资源投入,进而形成科研成果及其成果转化和产业化的线性流程。随着全球创新网络的加速崛起,科技创新所倚重的各种要素也正在打破国界延伸至全球,因此,卓越的全球城市正在加速成为以多元要素融合为导向的创新策源中心,成为全球创新网络中的核心中枢,更多体现为以科技创新的聚合裂变为主要流程,形成基于流动—地点空间的科技创新集聚、扩散与引领功能。

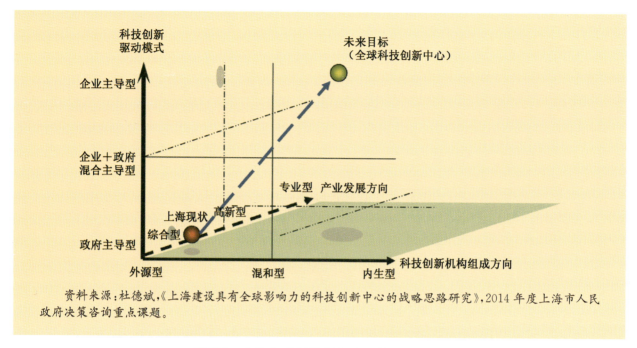

资料来源：杜德斌，《上海建设具有全球影响力的科技创新中心的战略思路研究》，2014 年度上海市人民政府决策咨询重点课题。

图 2.3 上海全球科技创新中心的发展模式

对于上海而言，更应当抓住世界创新格局深刻调整的契机，积极成为创新资源密集，创新实力雄厚的全球科技创新中心，具有强大的创新资源吸收和集成能力、科技创新成果转化能力和科技扩散辐射能力，发挥全球创新资源配置中枢的作用，促进全球科技要素流动及有效配置，是全球前沿知识、前沿技术和前沿产品的创新策源地和生产中心，成为全球科技创新时尚的风向标和展示舞台，并实现科技、经济、文化高度融合，创新、创意、创业有机一体的广义科技创新，跻身全球重要的创新城市行列。

2.2.6 生态宜居发展：在绿色发展、可持续发展方面走在全球城市发展最前列

卓越的全球城市通常在绿色技术创新、可持续发展方式和生活方式、生态环境保护等方面走在全球城市发展的前列，积极发展循环经济，资源利用效率达到世界领先水平，智能控制下的绿色发展走向世界前列，是资源高效利用、低碳循环绿色、人与自然和谐共处的典范之城。例如，纽约提出要"成为世界上最大的可持续发展城市和应对气候变化的全球领导者"；伦敦提出要"达到全球最高环境标准"；东京提出要"成为世界上环境负荷最小的城市"。

对于上海而言，应当形成水绿交融的自然生态

格局，拥有更为强大的抵御气候变化、自然灾害等突发冲击的能力，有机生态系统更有弹性、更具韧性，展示强大的自我防范、自我应急和自我恢复能力，在不增加土地、能源消耗和污染排放的基础上实现强劲和多样化的经济增长。同时，构建更为快捷便利、更加绿色安全的交通网络体系，拥有更为可靠的城市安全系统和更为高效的城市管理体系，成为高密度超大城市可持续发展的典范城市。

2.2.7 人文包容发展：成为富有文化魅力、和谐多元、彰显市民幸福感的标杆性全球城市

国际经验表明，但凡卓越的全球城市，必然拥有与之功能地位相匹配、国际一流水准的公共服务和社会事业，有序、高效并符合国际惯例的社会治理体制，充满活力、特色鲜明、引领全球的文化生态，从而能够成为全球人才、企业、机构等的向往集聚之地，进而成为全球城市网络中更高能级的核心节点。例如纽约在 2050 发展规划中提出，要建立一个包容的、公平的经济，提供高收入的工作并为所有人提供拥有尊严和有保障生活的机会。伦敦则在发展规划中提出未来"要为所有的伦敦人，无论种族、年龄、身份、本地居民还是外来移民，提供表达渠道、实现潜能的机遇，为他们生活工作提供优质的环境"。

专栏 2.2 全球城市正成为技术创新发展的重要舞台

全球化是当代世界的主流,而创新正成为当今社会的主轴。技术和知识的创新、扩展与传播是全球化的内在动力,而全球化主流下的全球城市则为各种技术和知识提供了风云际会的舞台。

1. 全球城市发展为技术创新提供了新的外部环境和动力机制。

经济全球化使各国经济在世界范围内高度融合,各国经济通过不断增长的各类商品和服务的广泛输送、国际资本的流动及技术传播等途径形成相互依赖关系。在这种全球化背景下,全球城市的技术创新和发展所依赖的资源和空间扩展到世界范围,城市不仅仅是区域内或国家的技术或创新中心,而成为世界技术创新资源的集散地,城市可以在世界范围内获取资源和开拓市场。全球化程度不断提高的跨国公司,其资源配置方式则更多地依托于城市体系向各地扩散,呈现经济资源流动的全球化、市场控制的全球化和经营管理的网络化等主要特征。从而以全球城市为节点形成全球生产与服务网络体系。可见,全球城市中的企业和产业价值链的各环节更便于进行布局,在全球资源范围内寻求各自的最佳配置,形成全球化的技术创新网络。

2. 全球城市的全球经济管理控制中心地位为技术革新提供了坚实基础。

经济全球化和全球市场一体化需要少数强有力的中心来控制全球化带来的影响。同时,信息产业的生产和传输需要发达的物质基础设施,经济发展水平较高的大城市具备这些条件,因而成为全球信息网络中极度集聚的节点。这一趋势导致城市体系的极化作用加剧,即处于全球城市网络的中枢,具有协调和控制整个网络的功能,对全球经济的影响最大的城市成为全球城市体系中最高端的全球城市。全球城市作为全球化经济的空间节点,承担着世界性调控和集散功能,是全球城市体系中最高能级的城市。全球城市作为企业总部的集聚地从而成为全球经济的指挥和控制中心。在这种经济指挥和控制、金融服务、信息服务高度集中的全球城市下,技术创新必然趋于活跃,新的技术革命也更易于源起。

3. 全球城市的发展规划一定程度上代表了世界技术创新发展的方向。

目前,纽约、伦敦等13个不同层级全球城市纷纷出台了2030年长期发展战略规划,对城市长期发展进行了战略规划和部署。全球城市处于城市发展的高级阶段,纽约、伦敦等全球城市2030年远期发展战略规划是不同城市应对未来世界政治、经济、科技、文化发展趋势的总体规划和战略框架。这些城市在培育战略性新兴产业、新能源产业、环保节能产业、民生产业都进行了相应的战略布局,将引领全球的技术创新方向。

资料来源:孟海华,《世界新技术革命与中国创新趋势及对上海发展的影响研究》,2014 年度上海市人民政府决策咨询重点课题。

对于上海而言,应当打造更为多样宽松、兼收并蓄的文化环境,实现世界与本土、传统与现代、高雅与通俗的各种文化流派的交融汇聚,拥有一批国际知名的文化地标和具有世界水准的博物馆、图书馆、展览馆、音乐厅等文化设施,经常性举办高等级、具有全球影响力的文化节庆、体育赛事、传媒活动、艺术展览等活动,成为文化要素集聚、文化生态良好、文化交流频繁、文化生活多彩的国际文化大都市。同时,确保郊区和中心城区都拥有充足的教育、

医疗、体育等公共服务设施,实行公共服务的均等化和普惠性,拥有完善的养老服务设施和养老服务保障体系,城市低收入人群等弱势群体的生活和工作条件不断得到改善。

2.3 上海与"卓越全球城市"的差距

当前,上海在全球城市体系中的排名基本位于

第二梯队,而且从 GPCI 和 Global City 的排名中可以看出,2012—2016 年,上海在全球城市竞争力的综合排名中呈现不断上升的态势。因此,上海已经成为正在崛起中的全球城市,并且拥有向"卓越的全球城市"迈进的坚实基础,已经具备跻身全球城市第一方阵的实力。

经济发展方面,上海毫无疑问是中国最大的经济中心城市,从整个宏观经济总量来看,近几年来上海 GDP 一直稳定增长,不仅远远高于国内其他城市,也领先于北京、广州、深圳等其他一线城市。同时,对全球资本也形成了较为强劲的吸引力,在普华永道发布的《机遇之都 7》中,上海在"吸引 FDI"这一单项指标的排名中,跃居第二,高于伦敦、纽约等全球城市。

金融中心建设方面,上海已经初步具备了建设国际金融中心的核心竞争力,形成了包括股票、债券、货币、外汇、商品期货、金融期货、场外衍生品、黄金、保险等市场在内的金融市场体系。"新华—道琼斯国际金融中心指数报告"给出的国际金融中心的排名,上海由 2010 年的第 8 名上升至 2015 年的第 6 名,总体排名一直保持良好态势。

科技创新方面,张江国家自主创新试验区在上海光源、蛋白质科学设施等重大科学设施的基础上,正在着力打造建设世界级大科学设施集群,以形成具有世界领先水平的综合性科学研究试验基地,并努力引进全球顶尖科研机构和领军人物、科研团队,开展前沿性重大科学研究。同时,外资研发中心已成为科创中心建设的重要力量,截至 2017 年 8 月底,落户上海的外资研发中心累计达 416 家,占内地总数的 1/4,居全国之首,在新产品产值和销售收入方面,外资研发中心的份额占全市总额超过 50%,呈现出"上海创造、全球制造"的趋势。

航运中心建设方面,上海连续三年为世界第一大集装箱贸易港口,充分显示了上海在全球航运贸易中的枢纽地位。麦肯锡全球研究院在《数字时代的全球流量》的研究中,处于第三集团的上海的港口货运排名第一名。据 2017 最新发布的"新华波罗的海国际航运中心发展指数",2017 年全年综合

实力前 10 位国际航运中心分别为新加坡、伦敦、香港、汉堡、上海、迪拜、纽约、鹿特丹、东京、雅典,上海已跃居世界第五。

贸易中心建设方面,上海以自贸试验区为试点,不断加大制度创新,在建立与国际通行规则相衔接的投资贸易制度体系、深化金融开放创新、加快政府职能转变和构建开放型经济新体制方面,取得了重要成果。同时,积极推动互联网、物联网、云计算、大数据等新技术在贸易领域的广泛应用,电子商务持续快速发展、新型贸易业态不断涌现。

文化软实力方面,上海的重大文化设施无论是数量还是系统性、专业性等均已处于国内领先水平,同时文化发展"走出去"的步伐也在不断加快,2015 年上海文化产品和服务进出口总额为 90.63 亿美元,同比增长 8.63%,总规模持续扩大,并与美国、英国等多个国家的文化产品贸易实现顺差,逐步增加上海的国际文化吸引力、辐射力。

区域发展方面,伦敦、纽约、东京等顶尖的全球城市无不以强大的城市群为自身发展的有力支撑,以上海为中心的长三角城市群是中国经济最发达的区域,是世界第六大城市群。长三角经济圈产业门类齐全,产业集聚程度高。2016 年长三角 GDP 全国占比接近 20%。长三角城市群总面积全国占比为 2.2%。其中,长三角 16 个核心城市占地面积仅为全国 1.1%,但是却创造了 16.7% 的经济总量,能够为上海全球城市的建设提供强大的腹地支撑。

总体而言,上海在整体经济表现、商业商务功能,经济吸引力等方面已经开始形成一定优势。经济学人智库的 2025 年城市竞争力指数(CCI)以两个时间节点——21 世纪头十年和 2025 年为基准,分 32 项指标 8 个主题对全球 120 个城市的竞争力进行比较。根据这一报告,到 2025 年,北美和欧洲的城市仍然是世界上最具竞争力的城市。在亚洲,新加坡、香港和东京仍然保持着全球竞争力中心的地位。北京和上海在 2025 年会排入物质资本前 20 名并成为富裕、完善的全球城市群体之一。上海将是中国表现最好的城市,排名全球第 38。[1] 但是上海在强调"文化、生活、生态"等因素的城市综合排

---

[1]　世界银行:《"面向未来 30 年的上海"发展战略研究》,2016。

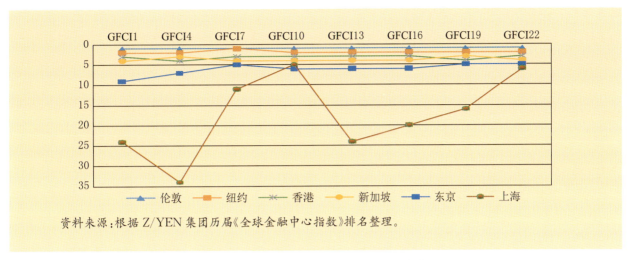

资料来源:根据 Z/YEN 集团历届《全球金融中心指数》排名整理。

图 2.4 《全球金融中心指数》历届排名

名中的表现却不尽如人意,"高水平的人力资本、充满活力的文化生活、生态可持续发展、优良的生活质量"等都是上海未来需要进一步深化的发展领域。具体而言,当前上海与"卓越的全球城市"的差距主要体现在以下几方面。

2.3.1　产业发展的差距

全球城市作为全球城市网络体系中的重要节点,在全球经济活动中发挥着服务、管控、配置和引领的作用。未来,上海要对标纽约、伦敦等综合性全球城市,提高产业自主创新能力、构建开放型产业体系、形成跨产业边界、跨产业链环节的产业形态,完善产业价值链创新体系、产业组织创新体系、产业要素创新体系和产业科技创新体系,以最优的产业发展路径不断推进"卓越全球城市"建设。但是目前上海的产业发展水平距离"卓越全球城市"还存在很大的差距,主要表现在高端产业资源控制力不足、网络联通辐射力偏弱、高标准制定的引领力不强等方面。

1. 高端产业市场规模偏小,网络联通控制力不足

一是上海的高端产业市场规模较小。以高端服务业中的金融业为例,虽然近年来上海金融业发展较快,但与纽约、伦敦等老牌金融中心相比,上海的金融发展水平仍有很大的提升空间。根据英国智库 Z/Yen 集团发布的《全球金融中心指数》,上海历年的排名波动较大,且一直落后于伦敦、纽约、伦敦、香港等金融中心的排名。根据最新的第 22 期排名,上海金融中心在营商环境、人力资源、基础设施、金融发展水平和声誉等五个领域中均无明显的比较优势。

表 2.3　第 22 期《全球金融中心指数》(GFCI)的分领域排名

	营商环境	人力资源	基础设施	金融发展水平	声誉
伦　敦	1	1	1	1	1
纽　约	2	2	2	2	2
香　港	3	3	3	3	3
新加坡	4	4	4	4	4
东　京	6	9	7	6	5
上　海	5	5	5	5	7

资料来源:Z/YEN 第 22 期全球金融中心指数报告,2017 年 9 月。

表2.4 2015年新华国际金融中心发展指数分类指数排名

城 市	金融市场	成长发展	产业支撑	服务水平	国家环境
伦 敦	2	3	2	2	1
纽 约	1	2	1	1	2
香 港	4	7	5	5	11
新加坡	3	4	4	3	3
东 京	5	5	3	4	4
上 海	6	1	6	6	5

资料来源:中国经济信息社、中国金融信息中心,《新华国际金融中心发展指数报告》(2015),2015年12月。

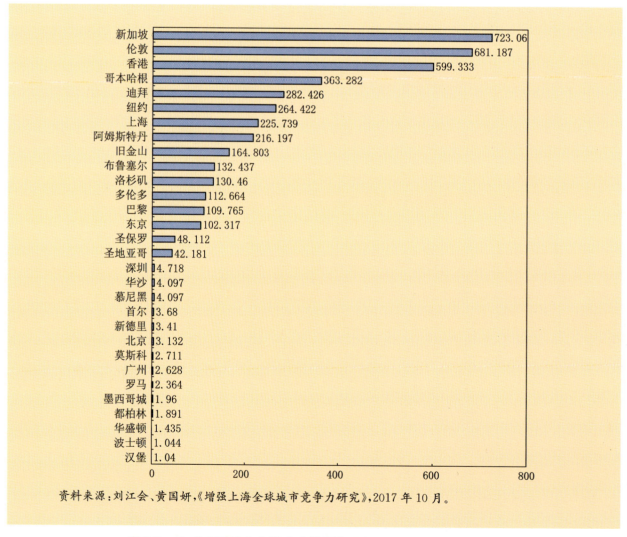

资料来源:刘江会、黄国妍,《增强上海全球城市竞争力研究》,2017年10月。

图2.5 全球主要城市先进生产性服务业"中间中心度"指数排名

根据《2015 年新华国际金融中心发展指数报告》，上海国际金融中心建设在金融市场、产业支撑、服务水平和国家环境等分领域指标上还存在很大的提升空间。以上市公司规模为例，根据世界交易所联合会统计数据显示，截至 2016 年末，上海证券交易所共有上市公司 1 182 家，全球占比仅为 2.56%，而日本交易所集团（总部位于东京）和纽约证券交易所的上市公司数量分别是上海的 3.0 倍和 1.95 倍。从金融市场结构体系来看，上海金融市场存在银行业独大，证券、期货以及保险机构规模偏小，外资金融资源配置力偏低等问题。

二是上海的高端产业在全球城市网络体系中的控制力和辐射力较弱。以先进生产性服务业为例，上海的高端产业在全球城市网络体系中的服务能级较弱，对全球产业资源的控制能力也不足。根据拉夫堡大学全球化和世界城市（GaWC）课题组的研究，虽然上海的生产性服务业（APS）网络联系度的排名从 2000 年的第 31 位提升到了 2012 年的第 6 位、2016 年的第 9 位，但是其联通能级一直处于全球城市体系中的第二梯队。相对于伦敦、纽约等顶级全球城市而言，上海没有产生像毕马威（KMPG）、波士顿咨询（BCG）、世达（Skadden, Arps）、高盛（Goldman Sachs）这样业务遍布全球的顶级跨国公司，导致其为全球提供服务的能力受到制约，削弱了上海在全球城市网络中的辐射力。刘江会等

（2017）的研究也指出，上海的先进生产性服务业（APS）的"中间中心度"[1]排名第 7 位，仅相当于新加坡的 31.2%、伦敦的 33.1%、香港的 37.7%，差距悬殊。反映了上海先进生产性服务业在全球城市网络体系中的控制力和辐射力相对不足。

刘江会等（2017）基于 APS 和制造业对全球主要节点城市的"点出度"的测算结果也表明，上海在全球城市网络体系中的对外辐射能力不足。上海的"点出度"仅相当于伦敦的 44.9%、纽约的 61.8%，全球排名第 7。究其原因，上海跨国公司一级总部的数量较少导致产业资源配置能力不足。2014 年财富 500 强企业中，一级总部在北京有 52 家、东京有 40 家、纽约、伦敦和巴黎均为 18 家，在上海仅为 8 家。

2. 产业高端环节存在短板，全球联系度能级偏低

一是产业的高端环节发展水平明显偏低。以航运业中高端服务环节为例，航运经纪、航运法律服务等决定着国际航运中心的服务水平，纽约在这些环节一直保持着绝对的领先优势，而对于上海来说则是绝对的短板。

二是产业的高端环节全球参与度不足。以制造业为例，由于上海制造业的高端环节在全球产业体系中的联系度偏低，导致上海制造业在全球城市网络中处于相对劣势地位。根据刘江会等（2017）的

表 2.5　全球城市网络体系中主要城市的"点出度"排名

排名	城　市	在 GaWC 中的层级	点出度
1	伦　敦	Alpha++	7 810
2	纽　约	Alpha++	5 681
3	新加坡	Alpha+	5 155
4	东　京	Alpha+	5 061
5	香　港	Alpha+	4 747
6	巴　黎	Alpha+	4 103
7	上　海	Alpha+	3 512

资料来源：刘江会、黄国妍，《增强上海全球城市竞争力研究》，2017 年 10 月。

[1]　指一个城市在全球城市网络中作为中介控制资源在全球流动的能力。

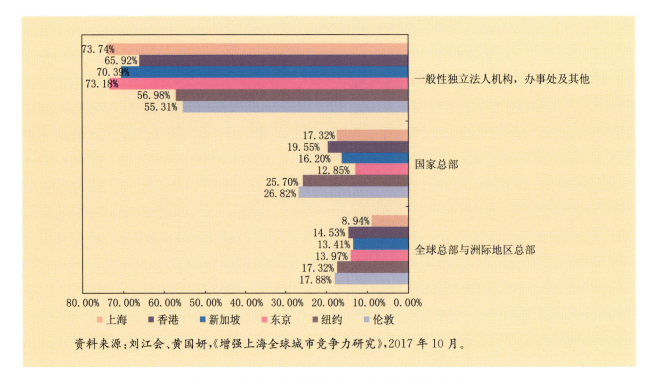

资料来源：刘江会、黄国妍，《增强上海全球城市竞争力研究》，2017年10月。

图2.6　上海与全球顶级城市跨国公司层级结构

研究，上海的制造业"中间中心度"在全球主要城市中排名第6，得分仅为伦敦的35.5%、新加坡的41.6%，表明上海制造业在全球城市网络体系中的联系密切程度较低。根据Krätke(2014)的研究，即使是上海发展较具优势的技术硬件与装备产业和汽车产业，其全球联系度排名也远落后于纽约、伦敦等全球城市，分别为第26位和第33位。主要原因在于上海制造业研发能力不强，以中低端制造为主，处于价值链微笑曲线的低附加值区域，并未掌握制造业形态中最高端、最具控制影响力的部分，难以参与到全球价值链中的高端环节。以飞机制造业为例，飞机制造中最重要的研发、融资、融资租赁业务在新加坡而不是上海实现。

3.产业发展环境亟待提升，高标准制定的引领力不足

未来，全球新一轮科技革命和产业革命将从孕

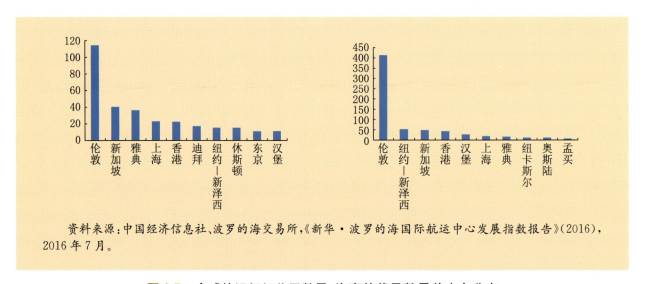

资料来源：中国经济信息社、波罗的海交易所，《新华·波罗的海国际航运中心发展指数报告》(2016)，2016年7月。

图2.7　全球航运经纪公司数量、海事仲裁员数量前十名分布

表 2.6　全球城市网络体系中基于制造业的"中间中心度"排名

排　名	城　市	中间中心度
1	伦　敦	780.896
2	新加坡	666.803
3	圣保罗	339.758
4	旧金山	318.991
5	罗　马	284.722
6	上　海	277.192

资料来源:刘江会、黄国妍,《增强上海全球城市竞争力研究》,2017 年 10 月。

育期转向深化期,新技术、新模式群体性突破态势将更为明显,尤其是信息技术、智能制造技术等领域或将出现重大突破,全球产业发展可能产生根本性变革。在此背景下,上海要对接国际最高标准,在高端产业发展和新兴产业培育、提高市场开放度、产业发展环境改善等方面起到积极的引领作用。但是与高度成熟市场经济体中的"首位城市"相比,上海亟须营造与国际通行标准相接轨的产业发展环境,这也成为上海体现高标准制定的引领力的短板所在。

刘江会等(2017)认为,上海先进生产性服务业在全球城市网络体系中控制力不足的深层原因在于,上海缺乏高度"包容性"和"开放性"的制度环境,以及市场对外开放程度不足。普华永道于 2016 年发布的《机遇之都 7》显示,上海的营商环境指标得分较低,仅为 65 分,与排名第一的新加坡相差 144 分。表明上海在如何营造与国际通行标准相接轨的、高效

透明的商业运营环境方面仍需进一步改进。西班牙纳瓦拉大学商学院(IESE)发布的《城市动力指数》(Cities in Motion)报告也显示,上海在 181 个城市中的经济发展领域排名第 79 位,与纽约第一位和伦敦第四位的差距明显,并且落后于北京第 66 位的排名。除 GDP 指标外,上海在生产率、营商便利度、开办企业所需天数、上市企业总部数量、创业人口比例、创业公司数量等经济指标上存在很大的差距。

日本森纪念财团发布的《全球城市实力指数》(GPCI)报告从市场规模、市场吸引力、经济活力、人力资本、商业环境、营商便利度等六个指标反映经济发展水平,2009—2016 年,上海排名始终位于纽约、伦敦、东京、香港、新加坡甚至北京之后。2017 年 GPCI 报告显示,除人口规模和 GDP 水平及世界 500 强企业运营落户数量指标外,上海的经济发展在商业环境和营商便利度方面还存在很大的提

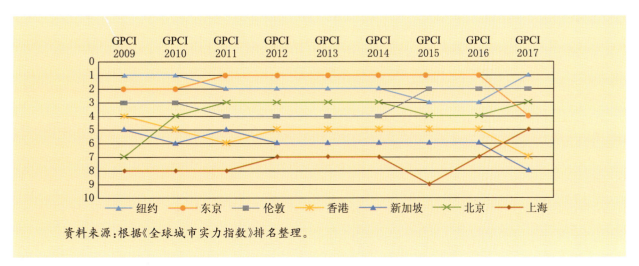

资料来源:根据《全球城市实力指数》排名整理。

图 2.8　2009—2017 年主要全球城市经济发展指标排名

表 2.7　GaWC 排名与创新能力排名比较

	GaWC 排名（2016 年）	2Thinknow 排名（2017 年）
伦　敦	1	1
纽　约	2	2
新加坡	3	7
香　港	4	35
巴　黎	5	9
北　京	6	30
东　京	7	3
上　海	**8**	**32**

资料来源：拉夫堡大学 GaWC 团队网站 http://www.lboro.ac.uk/gawc/；全球创新机构 2Thinknow 网站 http://www.2thinknow.net/。

升空间。

2.3.2　创新能力的差距

领先的创新能力是全球城市保持全球性影响力的关键因素。创新功能的注入，有助于全球城市进一步强化对于全球经济、社会、文化、环境发展的表率、影响、导向和控制作用。与其他全球城市相比，上海在某些领域拥有较强的创新实力，但是创新能力整体相对较弱；创新投入水平有所提高，但创新成效有待进一步提升，研发产出与质量方面还有待进一步优化。

1. 全球创新城市指数排名相对靠后

21 世纪以来，创新成为城市发展的主要驱动力，全球城市的发展越来越关注城市创新能力。曾经以高度发达的贸易、航运、金融为特征的国际化大都市，纽约、伦敦等均快速转型为全球创新中心。根据 2017 年 2Thinknow 全球城市创新能力最新排名，伦敦和纽约分别居于全球第 1 位和第 2 位。而且通过对比 GaWC 世界城市排名（2016）与 2Thinknow 全球城市创新能力排名（2017），可以发现 GaWC 排名中位于前 5 位的伦敦、纽约在创新能力排名中也居于前两位。上海虽然综合排名第 8 位，但创新排名相对靠后，2017 年仅位列 32 位。历年上海全球创新能力排名整体处于下滑趋势，从 2010 年的第 24 位下滑到 2017 年的第 32 位。

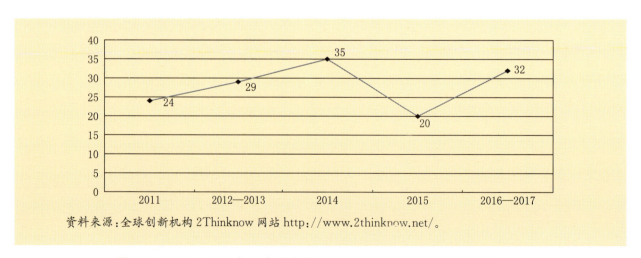

资料来源：全球创新机构 2Thinknow 网站 http://www.2thinknow.net/。

图 2.9　2011—2017 年上海在全球创新城市指数中的排名（2Thinknow）

表 2.8　上海与其他全球城市外籍常住人口比较

	上海	纽约	新加坡	香港
常住人口(万)	2 419.7	825	507.67	707.1
外籍常住人口总量(万人)	17	306.7	184.6*	58.2
比例(%)	0.7 (2016)	37 (2011)	36.3 (2011)	8.2 (2011)

注:＊包括新加坡永久居民和非居民;＊＊据香港概况。
资料来源:上海统计年鉴、纽约人口统计、新加坡统计局、香港特区政府一站通。

2. 创新人力资源相对较少

创新人才是全球城市科技创新发展的必备要素。上海已经聚集了一批优秀的创新人才,但与其他全球城市相比,上海还存在顶级创新人才相对缺乏、国际优秀人才较少等问题。

第一,高等教育人口的比重较低。从 2010 年至 2015 年,上海科技活动人员从 33.46 万人增长至 44.81 万人。但与全球城市相比,上海接受高等教育的人口比重排名还比较低。根据普华永道发布的《机遇之都 6》,上海接受高等教育人口占比仍然落后于其他全球城市,该项指标排名 15 名,落后于排名第 10 的东京,显示了科技创新潜在人才的差距。

第二,尖端人才相对缺乏。日本在数学、物理、化学、生物等领域均曾摘取桂冠(截至 2014 年菲尔兹数学奖 3 人,诺贝尔物理奖、化学奖、生物奖分别 8 人、6 人、2 人),其中不少人就职于或曾就职于东京大学等名校。反观上海,迄今还未能吸引诺贝尔

奖获得者等顶尖科学家长期就职。与北京相比,上海院士数量也相对较少。2016 年,在沪两院院士人数分别达到 101 人、76 人,低于北京。

第三,人才的国际化程度仍然较低。2016 年,根据上海市公安局出入境管理局统计,每年在沪办理各类出入境证件的外国人数量在 23 万左右,其中常住 6 个月以上的人员为 17 万左右,在上海工作的外国人约在 9 万至 10 万之间。但在沪外国人占常住人口的比例还较低,仅为 0.7%,与纽约、香港、新加坡等城市差距较大,且近 10 年外国人增速呈下行趋势。根据 GW Center 研究,上海目前还不是世界移民主要的目的地城市。

第四,对海外人才的吸引力仍然有限。尽管外国科研人员远期看好包括上海在内的中国,但目前上海对外籍科研人员的吸引力还不大。近年来,虽然上海通过"千人计划"等引进集聚了一批海外高层次人才,但真正的外国专家、外籍人才仍然比较少。据《自然》调研发现,60% 以上生物和物理领

表 2.9　金砖国家(BRICS)、20 国集团(G20)及欧洲 5 国(PIGS)
国家人才最受欢迎目的地国家和目的地城市

来源国	最受欢迎目的地国家			最受欢迎目的地城市		
	金砖国家	20 国集团	欧洲 5 国	金砖国家	20 国集团	欧洲 5 国
目的国家/城市	美　国	美　国	英　国	伦　敦	伦　敦	伦　敦
	英　国	英　国	德　国	纽　约	纽　约	巴　黎
	加拿大	加拿大	美　国	新加坡	新加坡	纽　约
	新加坡	澳大利亚	法　国	巴　黎	巴　黎	柏　林
	德　国	新加坡	瑞　典	悉　尼	悉　尼	巴塞罗那

资料来源:Global Talent Mobility Survey 2011。

域的受访者看好 2020 年中国科学发展前景,但仅 8％的人表示准备现在去中国,多数人由于政治和文化等因素仍选择在美国、欧洲、加拿大和澳大利亚发展。另据有关数据显示,无论是金砖国家(BRICS),还是 20 国集团(G20)及欧洲 5 国(PIGS)国家人才,上海都没有位列其最受欢迎目的地城市排名中。

3. 创新企业和机构竞争力较弱

第一,创新性企业竞争力较弱。根据 2017 年 CA 发布的《2016 年全球创新企业 100 强》,美国与日本分别上榜 39 家与 34 家企业,遥遥领先,而中国仅华为公司一家上榜(华为在 2014 年也曾上榜),上海缺乏类似华为这样的创新引擎企业。而且,与深圳和中国其他省份相比,上海的本地私营企业较为薄弱,这也在很大程度上制约了创新活力的释放。根据一项企业活力衡量指标,即每千人合法注册企业法人数量(个体户),上海约为 10,而浙江为 42,广东为 28,北京和全国的指标为 25。除此之外,自 2004 年以来,在此指标上,上海个体户比例下降了 33％,而全国比例上升了 47％。[1]

第二,仍然较为缺乏世界级的重点实验室。上海拥有众多的国家重点实验室,比如,在工程领域,

有上海交通大学海洋工程国家重点实验室、同济大学土木工程防灾国家重点实验室;在化学领域,有中国科学院生命有机化学国家重点实验室;在生命领域,有上海交通大学医学基因组学国家重点实验室等。这些重点实验室几乎涵盖了各个领域,但在级别上与世界著名实验室相差甚远。而从世界著名实验室的分布来看,无论是工业企业层面还是国家机构层面的实验室,纽约、伦敦均有一座享誉世界的重点实验室,上海在这方面与全球城市相比仍有较大差距。

4. 创新成果产出整体弱势

第一,学术论文成果相对较少。根据统计,2016 年上海的 SCI 论文达到了 3.8 万篇,与伦敦、纽约等全球城市相差无几;但上海 SSCI 论文数量相对较少,分别约为伦敦的 1/7 和纽约的 1/5。

第二,PCT 国际专利数量较少。根据 WIPO 统计,2011—2015 年,东京—横滨地区申请的国际专利最多,接近 10 万件,上海仅为 6 639 件;2015 年,上海没有一家企业申请 PCT 的数量进入全球 10 强;2016 年,上海没有一所大学申请 PCT 数量进入全球 20 强。

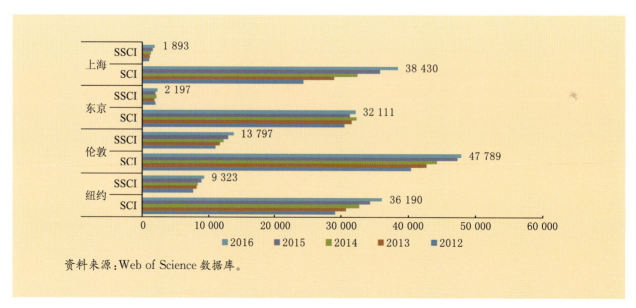

资料来源:Web of Science 数据库。

图 2.10 上海与其他全球城市论文数量对比

---

[1] 数据来源:2004、2008 和 2013 年全国经济普查。

表 2.10　全球申请 PCT 数量 20 强区域

排名	地　区	PCT 国际专利申请数量(2011—2015)	领头机构
1	东京—横滨	94 079	三菱电机
2	深圳—香港	41 218	中兴通讯
3	圣何塞—旧金山	34 324	谷歌
4	首尔	34 187	LG 电子
5	大阪—神户—京都	23 512	村田制作所
6	圣迭戈	16 908	高通
7	北京	15 185	京东方科技集团
8	波士顿—剑桥	13 819	麻省理工学院
9	名古屋	13 515	丰田汽车
10	巴黎	13 461	欧莱雅
11	纽约	12 215	
12	法兰克福—曼海姆	11 813	
13	休斯顿	9 825	
14	斯图加特	9 528	
15	西雅图	8 396	
16	科隆—杜塞尔多夫	7 957	
17	芝加哥	7 789	
18	艾恩德霍芬	7 222	
19	**上海**	**6 639**	
20	慕尼黑	6 578	

资料来源:http://www.wipo.int/edocs/pubdocs/en/wipo_pub_econstat_wp_34.pdf。

表 2.11　企业 PCT 国际专利申请前 10 名

申请者	国　家	PCT 申请数		
		2013	2014	2015
1 华为	中国(深圳)	2 110	3 442	3 898
2 高通	美国(硅谷)	2 050	2 409	2 442
3 中兴	中国(深圳)	2 309	2 179	2 155
4 三星	韩国(首尔)	1 198	1 381	1 683
5 三菱电机	日本(东京)	1 313	1 593	1 593
6 爱立信	瑞典(斯德哥尔摩)	1 468	1 512	1 481
7 LG 电子	韩国(首尔)	1 178	1 138	1 457
8 索尼	日本(东京)	916	982	1 381
9 飞利浦	荷兰(阿姆斯特丹)	1 423	1 391	1 378
10 惠普	美国(帕洛阿尔托市)	774	826	1 310

资料来源:世界知识产权组织数据库。

表 2.12　全球大学 PCT 申请前 10 名

2016 年最新排名	申请者	所在国	2015 年 PCT 申请数	2016 年 PCT 申请数
1	加州大学	美国	361	434
2	麻省理工学院	美国	213	236
3	哈佛大学	美国	158	162
4	约翰·霍普金斯大学	美国	170	158
5	得克萨斯大学系统	美国	163	152
6	首尔国立大学	韩国	95	122
7	东京大学	日本	101	108
8	斯坦福大学	美国	99	104
9	汉阳大学	韩国	68	101
10	佛罗里达大学	美国	108	97
11	宾夕法尼亚大学	美国	76	96
12	密歇根大学	美国	116	94
13	高丽大学	韩国	75	87
14	深圳大学	中国	29	87
15	韩国科学技术院	韩国	57	87
16	清华大学	中国	102	84
17	中国矿业大学	中国	43	84
18	加州理工学院	美国	74	73
19	阿卜杜拉国王科技大学	沙特	40	72
20	京都大学	日本	76	72

资料来源：世界知识产权组织数据库。

2.3.3　文化发展的差距

在文化视阈中，全球城市交往的规律有：保持城市的文化特性，构成文化交流的互动互惠，注重文化交流的宽容合作。上海有着独特的海派文化底蕴，历来是一个包容多元文化、文化资源丰富，对外开放度高的城市。近年来在文化建设与发展方面获得了长足的进步。然而，对标在文化发展中一直遥遥领先的顶尖全球城市，上海仍然存在较为明显的差距。

1. 跨文化互动起步晚，平台数量、能级差距较大

在伦敦、纽约、巴黎、东京的跨文化互动中，各城市搭建了诸多形形色色的文化平台。伦敦有四大

文化节：伦敦电影节、时装节、设计节、游戏节，为伦敦支柱型文化产业搭建了交流与贸易的平台，重点扶持电影、时装、设计、数字传媒、音乐等高增长核心产业。纽约每年也有诸多不同的文化节庆活动，纽约电影节、格莱美奖、林肯中心艺术节等，为纽约城市的文化发展与文化贸易搭建了平台。但是，从2014 年"全球实力城市指数"（GPCI）中可以看出，上海仅在文化互动 20 强中排名第 17。

从"文化互动"的三级指标排行榜可以看出，上海在"国际会议召开的数量""影视贸易价值及相关的服务"和"剧院和音乐厅的数量"这三项均分数较低，分别排第 36、第 31 和第 33 名。

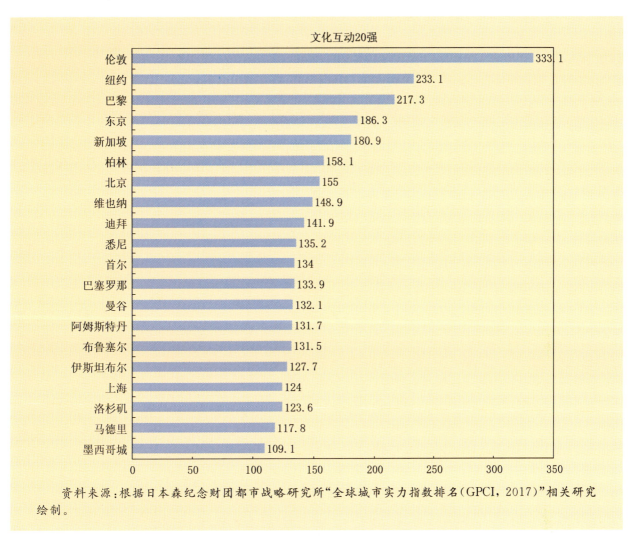

文化互动20强

伦敦	333.1
纽约	233.1
巴黎	217.3
东京	186.3
新加坡	180.9
柏林	158.1
北京	155
维也纳	148.9
迪拜	141.9
悉尼	135.2
首尔	134
巴塞罗那	133.9
曼谷	132.1
阿姆斯特丹	131.7
布鲁塞尔	131.5
伊斯坦布尔	127.7
上海	124
洛杉矶	123.6
马德里	117.8
墨西哥城	109.1

资料来源:根据日本森纪念财团都市战略研究所"全球城市实力指数排名(GPCI,2017)"相关研究绘制。

图 2.11 上海文化互动在全球城市体系的排名(GPCI,2017)

表 2.13 上海"文化互动"三级指标排名(GPCI,2014)

三级指标	三级指标排名	三级指标	三级指标排名
国际会议召开的数量	36	体育馆的数量	19
世界级大型文化活动的数量	22	高级酒店的客房数	1
影视贸易价值及相关的服务	31	酒店数量	5
创新活动环境	16	购物吸引力的选择	21
世界遗产遗址数量(100 km 范围区域)	20	餐厅的选择性	18
文化、历史和传统交互交流的机会	27	外国居民的数量	19
剧院和音乐厅的数量	33	国外游客数量	12
博物馆的数量	16	国际学生数量	12

表 2.14 2014 年全球排名前 20 城市的国际游客量

排名	城 市	游客(百万)	排名	城 市	游客(百万)
1	伦 敦	18.69	11	巴塞罗那	7.37
2	曼 谷	16.42	12	阿姆斯特丹	7.23
3	巴 黎	15.57	13	米 兰	6.82
4	新加坡	12.47	14	罗 马	6.79
5	迪 拜	11.95	15	台 北	6.29
6	纽 约	11.81	**16**	**上 海**	**6.09**
7	伊斯坦布尔	11.60	17	维也纳	6.05
8	吉隆坡	10.81	18	利雅得	5.59
9	香 港	8.84	19	东 京	5.38
10	首 尔	8.63	20	利 马	5.11

上海在这方面的差距也同样反映在由伦敦市长办公室发起、英国 BOP 文化创意产业咨询公司承担研究的 2015 年《世界城市文化报告》(WCCR)中。报告显示,在"文化遗产"方面,上海有 120 座博物馆,总数超过了悉尼的 83 座和新加坡的 57 座,但比起巴黎(313 座)、伦敦(215 座)、纽约(142 座),上海还相差甚远。在"阅读文化"方面,巴黎以 1 100 家公共图书馆位居首位,上海只有 302 家。在"表演艺术"领域,上海只拥有 214 家剧院,而纽约和巴黎拥有的剧院高达 640 家和 490 家。在"文化活力与多元性"方面,上海每 100 000 人的酒吧数是 6 家,远低于伦敦的 31 家。上海的国际游客数也远低于其

他几个全球城市。

2. 文化产业发展滞后,品牌产品数量、质量差距较大

跨文化交往与文化产品有着重要的关联,伦敦的音乐、纽约的歌剧、巴黎的时装、东京的动漫等,都成为有着国际影响力和竞争力的文化产品,在走向世界的过程中,成为跨文化交流的重要品牌。但是,上海文化创意产业在整体上缺乏有影响力的文化产品,更缺乏有国际竞争力的品牌产品,正在成为制约上海文化发展国际影响力的软肋。由此,也导致上海的"文化体验度"相对较低,2017 年科尔尼"全

资料来源:根据科尔尼"全球城市指数报告(GCI,2017)"相关研究绘制。

图 2.12 上海文化体验在全球城市体系的排名(GCI,2017)

表 2.15　上海"创意人才"与其他全球城市的比较(WCCR，2012)

指　　标	伦敦	纽约	巴黎	上海	东京
专业公共文化设施数	11	—	30	5	1
专业私人文化设施数	46	12	73	18	16
专业艺术设计培训机构学生数	34 920	—	14 024	13 324	24 120

专栏 2.3　伦敦、纽约、巴黎和东京促进文化产业创新发展的主要举措

1. 给予直接补助。

伦敦主要资助活动和项目。如通过大伦敦管理局、英国时装理事会为伦敦设计节、伦敦时装周直接提供资助等。而纽约直接向机构发放资金。如在 2014 财年,纽约文化事务部获得了 1.56 亿美元的年度预算和8.22 亿的四年预算,而后纽约文化事务部通过文化发展基金把这些钱分摊给各个艺术文化组织。东京则既对大型活动进行赞助,同时也对个人和团队提供资金支持。

2. 提供税收优惠。

英国在 2007 年颁布了创意产业税收优惠政策,为在英国拍摄制作"英国风"电影的制作公司减免税收,最高可以获得高达 25％的税款抵免。纽约于 2004 年出台了电视电影产业的税收优惠计划,包括 10％的国家税收减免和 5％的城市税收减免,2008 年,纽约对符合标准的制作费用所给予的税款抵免从 10％增加到了 30％,使得 2002 年至 2012 年纽约电影产量激增了 6.2％。

3. 关注人才培育发展。

伦敦政府十分关注博物馆、图书馆、档案馆等文化机构的开放,使之成为创业产业跨部门小组的聚会空间,以增强这些机构和大学、商业企业的合作;推出"创意学徒计划",为年轻人提供他们所选创业就业领域的在岗或脱产培训;此外,市长还致力于推进特别针对青少年的文化项目和活动,如"伦敦艺术节"等,尽量为儿童提供接触文化艺术的机会。

4. 营造友好型环境。

据 Tera 公司估计,近年来数字盗版至少为欧盟文创零售利润带来近 2 000 亿欧的损失。为此,法国政府第一个采取行动,于 2009 年出台了"三振出局"法案。根据该法案,当相关机构发现网络用户侵权行为后,对其发出两次警告,如果用户仍不停止侵权,则会受到相应处罚。伦敦市长则一直致力于减少繁冗、阻碍文化艺术发展的规章制度,如海外艺术家在英国办展的手续要求十分繁杂等。

5. 建立创意创业集群。

为了支持创业创新,纽约创立了 20 多个创业中心,旨在为不同部门的几百个初创和小微企业提供低价空间租赁、商业服务、培训以及社交网。此外,西方城市创意产业集群还会举办许多生产公共产品、提供公共空间和创造公共价值的活动。

资料来源:世界银行,《"面向未来 30 年的上海"发展战略研究》,2016。

球城市指数报告"中,上海的文化体验度排名第9。在 Opentravel 发布的"最好的城市设计与现代建筑"排名中,也只包括纽约、芝加哥、多伦多、柏林等城市。《福布斯》杂志的"世界上最时尚的城市"中,突出了巴黎、米兰、纽约、伦敦、罗马、洛杉矶、东京、马德里、旧金山和巴塞罗那,只有东京一个亚洲城市出现在此排名中,上海榜上无名。

3. 文化交流主体单一,交流的方式、互动性差距较大

上海跨文化交流的主体主要是官方,学界和民间处于相对弱势地位。官方的文化交流更多在于政治性,学界的文化交流更多在于学术性,而民间的文化交流更具有文化性。外资和民间资本虽有浓厚的投资兴趣,但产业进入的门槛和风险比较高,机会成本比较大,客观上抑制了非国有投资主体的投资热情。在缺乏直接竞争的环境中,国有文化产业缺乏对更广阔市场负责的开拓精神和不断更新、创新的精神。虽然,上海也经常派出艺术团体赴国外展演,但总体上而言"走进来的多,走出去的

少"。主要原因是缺乏原创性的作品。例如,目前上海歌剧缺乏原创,不仅上海的原创歌剧缺乏世界性的影响,甚至在全国歌剧发展中也缺乏建树。

4. 人才结构失衡,文化人才数量、质量差距较大

在文化建设与发展中,文化人才是关键,只有有了众多文化人才,才能真正推进文化的建设与发展。2012 年《世界城市文化报告》(WCCR)的研究表明,在"创意人才"方面,上海专业文化艺术高等教育机构的数量少于伦敦和巴黎,尤其是私立教育机构的差距更加明显。同时,上海最为紧缺的是外向、复合、经营型的文化经济人才、大型文化企业集团的"帅才"和出色的"首席执行官"以及文化产品的原创人才。

2.3.4 社会发展的差距

社会发展是打造全球城市的重要组成部分,在全球城市建设发展中扮演着不可替代的功能作用。一方面,社会发展是全球城市和谐、稳定发展的基本支撑。通过大力发展社会事业、构筑社会保障体系、

表 2.16　每千人医师数和护士数

城市(地区)	每千人口医师数(人)	每千人口护士数(人)
纽　约	3.45 (2012)	10.163 (纽约州,2010)
伦　敦	2.6(2009) 6.1(全科医师,2011)	6.04 (英格兰,2009)
巴　黎	大区:3.96 (2013)	大区:7.87 (2013)
东　京	3.04 (2011)	7.8 (2011)
柏　林	约5.7 (2014)	17.3 (2012)
新加坡	2.83 (2013)	9.47 (2013)
香　港	1.45	5.85
台　湾	2.6(2013)	6.03(2013)
上　海	**2.22**	**2.51**

资料来源:《上海教育、医疗等社会资源发展潜力与高质量开发研究》,2014 年度上海市人民政府决策咨询重点课题。

表 2.17　全球城市卫生发展的总体水平

排名	城　市	健康指数	排名	城　市	健康指数
1	香　港	0.88	6	柏　林	0.81
2	东　京	0.86	8	伦　敦	0.79
2	新加坡	0.86	9	纽　约	0.78
5	巴　黎	0.82	**21**	**上　海**	**0.62**

资料来源：《上海教育、医疗等社会资源发展潜力与高质量开发研究》，2014 年度上海市人民政府决策咨询重点课题。

加强与创新社会治理，可以营造吸引全球人才竞相集聚、安居乐业、和谐共存的社会环境，在满足市民多种类、多层次需求的同时，也可以有效释放社会发展活力，从而为城市高能级发展提供坚实基础和保障。相反，如果不能对社会发展中的突出问题予以有效应对，整个城市的和谐稳定发展基础就会受到严重冲击。与顶级全球城市相比，上海在医疗、教育、养老等方面仍有相当的差距。

1. 卫生资源总量不足且配备失衡

按常住人口计算，上海每千人口执业（助理）医师 2.22 人、注册护士 2.51 人，每千人口医生数仅高于香港，但显著低于其他城市，每千人口护士数在参照城市中排名末位且差距较大。不仅如此，上海医师和护士的质量与一线全球城市相比也存在较大

表 2.18　全球顶尖医院在全球城市中的分布

城　市	服务医院	全球排名
纽　约	Memorial Sloan Kettering Cancer	4
	Centerayo Clinic Scottsdale AZ	9
	New York Presbyterian/Lower Manhattan Hospital	10
	Mount Sinai Medical Center New York	62
	Hospital for Special Surgery	92
中国台湾	Buddhist Tzu Chi General Hospital	13
	Taipei Veterans General Hospital	16
	Taiwan University Hospital	28
巴　黎	Assistance Publique Hôpitaux de Paris	8
	L'Institut Curie	89
	Centre Hospitalier Universitaire de Lyon hôpitaux de Lyon	94
东　京	National Hospital Organization	43
伦　敦	Guy's and St Thomas' Hospital	85

城　市	服务医院	中国排名	全球排名
上　海	上海交通大学医学院附属瑞金医院	4	＞100
	复旦大学附属华山医院	6	＞100
	复旦大学附属中山医院	7	＞100

资料来源：《上海教育、医疗等社会资源发展潜力与高质量开发研究》，上海市人民政府决策咨询 2014 年度重点课题。

差距,因此,上海健康指数的排名大幅度落后于顶尖的全球城市。

对标全球城市还可以发现,其三级医疗服务总体呈现金字塔形,即基层(社区)医疗机构服务能力较强、优质资源占比较大,二、三级医疗机构的占比逐渐下降,但值得注意的是延续性医疗机构(康复、护理)数量有不断上升的趋势。但是,上海的情况则恰恰相反,呈现倒金字塔形,医疗卫生优质资源相对集中于三级医疗机构,且仍有持续扩张趋势,基层医疗机构服务能力反而较为薄弱,进行延续性治疗的机构数量也不足。对标东京的卫生总体规划来看,东京的医疗圈设置中甚至将周边的附属岛屿也纳入统一的规划当中,提供与市内相同的基层卫生服务,而上海的远郊区的村卫生室或社区卫生中心的条件却相对较差。东京的医疗圈规划中尤其注重一、二级基层医疗服务资源配置的全覆盖和均衡性发展,而第三级医疗圈笼统的以整个东京都为对象进行规划,而上海恰恰相反,更偏向于关注三级医院分布均衡性,忽视了基层(社区)医疗卫生服务机构的均衡发展。

表 2.19　四大世界权威大学排行榜前 100 名大学分布

城　市	大　学	USNEWS	THE	QS	ARWU
纽　约	哥伦比亚大学	8	14	18	8
	纽约大学	28	27	52	29
	洛克菲勒大学	52	/	/	36
伦　敦	帝国理工学院	17	8	8	27
	伦敦大学学院	22	16	7	16
	伦敦国王学院	41	36	23	46
	伦敦卫生及热带医学学院	75	/	/	/
	伦敦政治经济学院	/	25	35	/
巴　黎	巴黎高等师范学院	/	/	43	69
	巴黎综合理工大学	/	/	59	41
	巴黎第六大学	38	/	/	40
	巴黎第七大学	100	/	/	/
	巴黎文理研究大学	/	72	/	/
东　京	东京大学	57	46	28	24
	东京工业大学	/	/	56	/
新加坡	新加坡国立大学	43	22	15	91
	南洋理工大学	55	52	11	/
香　港	香港大学	/	40	26	/
	香港科技大学	/	44	30	/
	香港中文大学	/	58	46	/
	香港城市大学	/	/	49	/
	香港理工大学	/	/	95	/
上　海	复旦大学	148	116	40	101—150
	上海交通大学	156	188	62	101—150

资料来源:本研究收集整理。

表 2.20　2017 年全球最佳"大学城市"排名

排名	城　市	排名前五百大学数量
1	伦敦	15
2	巴黎	12
3	首尔	8
4	墨尔本,纽约,剑桥	7
5	香港	6
6	悉尼,芝加哥,斯德哥尔摩,东京,华盛顿特区	5
7	都柏林,哥本哈根,布鲁塞尔,巴塞罗那,费城,米兰,莫斯科,洛杉矶	4

资料来源:本研究收集整理。

同时,国际一流的医院是全球城市医疗服务的有力支撑,在这些城市中或周边一定有至少一家全球顶尖医院,一方面这些医院能够为本地、本国的居民提供世界一流的诊疗服务,另一方面可通过其达成的医学成就、优势专科和名人效应产生辐射全球的国际影响力,吸引各国患者前来就医。但是上海还缺乏全球顶尖医院,上海交通大学附属瑞金医院等的三家上海医院虽位列全国前十之中,但 2015 年全球医院排行榜(100 位)中却无一上榜,只有国内优势,无法作为上海全球城市建设的重要支撑,形成强有力的国际影响力。

2. 顶尖大学和顶级大学群的发展仍显不足

纵观世界各大全球城市,在高等教育方面都有世界一流的大学作重要支撑。根据 2017 年最新的四大世界权威大学排行榜,全球排名前 100 的大学院校中,纽约上榜大学共 3 所(其中哥伦比亚大学、纽约大学均出现在四大榜单中),伦敦占据了 6 所(其中帝国理工学院、伦敦大学学院和伦敦国王学院均出现在四大榜单中)。而上海仅有复旦大学和上海交通大学在 QS 排名中跻身前 100 名,在其他三大排名中均位于 100 名之外。

表 2.21　2017 年最适合学生的留学城市排名

排名	城　市	排名	城　市	排名	城　市
1	蒙特利尔	11	香　港	21	台　北
2	巴　黎	12	多伦多	22	堪培拉
3	伦　敦	13	悉　尼	23	巴塞罗那
4	首　尔	14	新加坡	24	曼彻斯特
5	墨尔本	15	苏黎世	**25**	**上　海**
6	柏　林	16	维也纳	26	渥太华
7	东　京	17	京都—大阪—神户	27	布拉格
8	波士顿	18	爱丁堡	28	奥克兰
9	慕尼黑	19	纽　约	29	旧金山
10	温哥华	20	布里斯班	30	北　京

资料来源:本研究收集整理。

与此同时，经济竞争优势和知识竞争优势驱使追求独立自主、独立办学的大学也不断加强集聚发展，并逐渐形成大学集群，大学集群也正在成为体现高等教育发展水平的重要形式，并日益成为区域经济发展的创新中心和人才培养中心。多伦多大学的马丁繁荣研究所（Martin Prosperity Institute）分析了泰晤士高等教育（THE）发布了2017年全球最好的大学城市排名（The Best University Cities of 2017），伦敦和纽约均排名前列，但是上海并未上榜。

在高等教育的国际吸引力方面，与纽约、伦敦等顶级全球城市相比，上海也有较大差距。国际高等教育信息机构（QS）基于六个因素评选出2017年最佳留学城市（QS Best Student Cities 2017），这六个因素包括：University Rankings（大学排名）、Student Mix（学生群体多样性）、Desirability（城市吸引力）、Employer Activity（雇主活跃程度）、Affordability（城市生活负担水平）。其中，吸引力指标涵盖了经济指数、安全指数、污染、腐败程度和学生渴求度等方面。从排名结果来看，伦敦排名第3，纽约排名第19，上海排名第25。

2.3.5 生态宜居的差距

宜居性是成为组成全球城市的重要因素。一方面，良好的宜居性可以通过吸引投资、人文资源从而加强城市的连接性和影响力；另一方面，快速城市化发展引发了诸多的城市问题，如交通拥挤、环境污染、资源消耗巨大等。这些问题也成为城市可持续发展、生活生态环境和城市居民整体生活质量提升的制约因素，更阻碍了全球城市的进一步发展。因此，重视城市的宜居性，为城市中生活的所有居民提供一个良好的生活和生态环境，是推动全球城市可持续发展的必要条件。从当前主要的全球城市排名来看，上海在"经济影响力"方面的排名已经相对较高，但是，在"人口宜居性""吸引国际人才落地"等方面排名仍然相对较低。

1. 综合宜居程度不高

在2017年美世咨询全球宜居城市调查中，上海位列全球宜居城市第102位，而经济学人智库则把上海列为140个宜居城市列表中的第81位。2017年Airshare网站在对城市宜居性进行评判，在150个宜居城市排名中，上海位列第68位，伦敦排名第3位，其他全球城市排名最低的是香港为31位，均高于上海的排名。同样，在2017年GPCI[1]的宜居排名中，上海与伦敦、纽约、东京、新加坡等城市的差距也比较显著。

2. 空气质量差距较大

一是空气污染相对较高。相比其他全球城市，当前上海环境污染的控制力相对落后。普华永道咨询公司《机遇之都6》报告显示，上海空气质量指标在30个城市中排名28，而伦敦和纽约的排名分别为8和11。在能比奥生活质量指数中，上海在污染指数方面落后于纽约、伦敦、东京等全球城市。根据最新的世界卫生组织空气质量排名，对比其他全球城市，上海的空气质量也处于比较落后的地位，pm2.5的数据一直居高不下，接近纽约的6倍，是新加坡、巴黎、东京、伦敦的3倍。

3. 绿化程度有待进一步提高

绿化率是维护自然生态环境确保可持续发展的主要指标，也是全球城市的重要指标。近年来，上海正在不断加大绿化投入力度，但与全球城市相比

表 2.22 Airshare 世界宜居城市排名

排名	城市	排名	城市	排名	城市
3	伦敦	19	东京	31	香港
13	巴黎	21	纽约	**68**	**上海**
16	新加坡				

资料来源：http://airshare.air-inc.com/airinc-global-150.

[1] 日本森纪念财团（MMF）GPCI评价指标体系。

表 2.23 全球城市空气质量排名

城　市	年份	年平均(pm10，ug/m3)	年份	年平均(pm2.5，ug/m3)
上　海	2013	84	2014	52
新加坡	2014	30	2014	18
巴　黎	2014	28	2014	18
东　京	2012	28	2012	15
伦　敦	2013	22	2013	15
纽　约	2014	16	2014	9

资料来源:世界卫生组织。

还有差距。普华永道的《机遇之都 7》显示,涉及到宜居相关的指标可持续发展和自然环境,上海排名第 23 位,落后于其他几个顶级的全球城市。国际城市文化推广组织 Youthful Cities 公布的《全球最年轻城市排行榜 2014》,上海的生态环境劣势同样明显,排在 25 个城市中的末位;在最新国际生态环境可持续发展城市 100 强排行榜中,欧美国家城市占70％,而上海在生态环境可持续发展上却远未达到要求,位居第 80 名(排名前五十位的被认为基本属于生态环境可持续发展城市)。在城市绿化指标方面,上海人均公共绿地等指标低于纽约、伦敦、巴黎等城市。上海的公园面积数量少,人均城市公园面积指标分别是东京的 1/4、巴黎的 1/18 和伦敦的1/25。

同时,全球城市一般还有其他形式的绿地,特别是伦敦、巴黎等城市在大都市边缘建立了环城绿带,绿带宽 20—25 公里,面积约 4 500 平方公里。伦敦高度重视绿地和开放空间建设。大伦敦 2/3 的土地为绿色空间和水面,绿地覆盖率达 40％,人均公共绿地面积达到 30 平方米。内伦敦的绿带和都市开放地,占到内伦敦总面积的 11％。外伦敦的绿带和都市开放地占外伦敦总土地面积的 32.3％。伦敦是保护多样性方面国际公认的领先者。纽约的曼哈顿只有 56 平方公里,80％的土地是绿化面积,可供开发的建筑用地只有 20％,各社区都有休闲健身绿地。东京都的绿化覆盖率 1972 年为 65％,1991 年为 60％(不包括岛屿地区)。东京的城市绿化,更注重生态系统的完整性。上海近几年加大了对绿化的投入,人均绿化面积不断上升,但目前市区人均绿化面积,与全球城市相比还有差距。

4. 公共交通高效快捷程度不高

近年来,上海在城市交通设施建设规模水平上

表 2.24　2012 年上海与主要全球城市绿化指标比较

城　市	生态用地比率(％)	森林覆盖率(％)	绿化覆盖率(％)	人均公共绿地(m²)
纽　约	—	24	—	19.2
伦　敦	63	34.8	42	24.64
东　京	58	33	64.5	4.5
香　港	71	70	70	23.5
新加坡	50	75	58.7	28
上　海	30	13	38	12

资料来源:《上海生态环境容量、发展趋势与生态城市建设研究》,2014 年度上海市人民政府决策咨询重点课题。

表 2.25　上海与东京轨道网络指标对比

区　域	上　海		东　京	
	中心城	市域	区部	都市圈
面积(km²)	664	6 341	621	13 555
线网长度(km)	340	615	807	3 515
线网密度(km/km²)	0.51	0.10	1.31	0.21
站点数(个)	252	340	702	1 947
站点密度(个/km²)	0.38	0.05	1.13	0.15

资料来源:《全球城市体系中的上海》,2014 年度上海市人民政府决策咨询重点课题。

表 2.26　上海与部分全球城市公交设施水平和效率的对比

指　标	上海	伦敦	纽约
地铁规模(km)	567	415	374
地面公交规模(条)	1 557	700 多	—
轨道出行量(万人次)	685	470	650
地面公交出行量(万人次)	750	490	—
公交出行比例	36.5%	38%	—

资料来源:《全球城市体系中的上海》,2014 年度上海市人民政府决策咨询重点课题。

已与全球城市相当,但从交通效率和设施精细化程度比较仍然存在较大差距。从轨道交通覆盖、地面公交运行水平以及道路拥挤程度等交通效率评价指标来看,均落后于纽约和伦敦。普华永道的报告《机遇之都 7》显示,交通和基础设施排名第 23 位,均落后于其他顶级的全球城市。目前上海全市公共交通占全方式交通出行比重为 18.6%(东京 33%),中心城公共交通占全方式交通出行为 25.7%(东京区部 51%),公共交通出行比重依然较低,中心城线网密度 0.51 km/km²,站点密度 0.38 个/km²,与东京区部轨道交通网络指标相比差距明显。

与其他全球城市相比,上海交通系统的安全性和公平性也仍显不足。步行和自行车已经成为上海城市交通事故率最高的方式,占 23.5%。同时,由于对老年人群和残疾人群考虑不足,设施的无障碍化率仅为 50%。随着老龄化趋势的加重,现有交通

表 2.27　能比奥生活质量指数研究及上海的地位

城　市	生活质量指数	购买力指数	安全指数	消费者价格指数	房屋价格和收入比
纽　约	117.91	100	52.33	100	8.16
伦　敦	90.95	81.49	51.54	107.58	15.44
东　京	160.13	99.45	74.59	106.12	8.2
香　港	88.38	72.29	81.28	79.42	23.67
新加坡	89.84	70.98	79.4	98.18	21.53
上　海	**36.07**	**47.54**	**76.96**	**62.24**	**26.51**

资料来源:https://www.numbeo.com/cost-of-living/,《全球城市吸引力、创造力、竞争力的国际比较研究》。

表 2.28　2014 年全球购买公寓最昂贵城市排名

排名	城市或城邦	每平方米购入价(美元)	价格/租金比率(x)	月租金(美元)	总租金收益率
1	摩纳哥	60 114	n.a.	n.a.	n.a.
2	伦　敦	34 531	31x	11 089	3.21%
3	香　港	22 814	35x	6 431	2.82%
4	纽　约	18 499	26x	7 225	3.91%
5	巴　黎	18 415	35x	5 317	2.89%
6	莫斯科	16 021	31x	5 158	3.22%
7	新加坡	15 251	35x	4 332	2.83%
8	维也纳	14 592	46x	3 174	2.18%
9	日内瓦	13 529	26x	5 152	3.81%
10	孟　买	11 455	45x	2 540	2.22%
11	东　京	10 784	20x	5 413	5.02%
12	特拉维夫市	10 166	44x	2 318	2.28%
13	斯德哥尔摩	9 439	n.a.	n.a.	n.a.
14	赫尔辛基	8 390	28x	3 043	3.63%
15	多伦多	8 288	27x	3 047	3.68%
16	罗　马	8 007	26x	3 089	3.86%
17	卢森堡	7 654	26x	2 943	3.85%
18	悉　尼	7 250	23x	3 182	4.39%
19	台　北	7 112	64x	1 117	1.57%
20	百慕大岛	7 056	21x	5 597	4.76%
21	**上　海**	**6 932**	**38x**	**1 841**	**2.66%**
22	奥姆斯特丹	6 625	18x	3 612	5.45%
23	托托拉岛(英属处女岛)	6 469	35x	3 071	2.85%
24	哥本哈根	5 778	21x	2 796	4.84%
25	都柏林	5 611	n.a.	n.a.	n.a.
26	柏　林	5 506	30x	1 839	3.34%
27	迪　拜	5 037	17x	2 932	5.82%
28	奥克兰(新西兰)	4 964	16x	1 765	6.09%
29	马德里	4 647	26x	1 816	3.91%
30	布拉格	4 569	24x	1 911	4.18%

　　注:每平方米购入价、月租金(平方米)和毛租金收益率的购买价格基于全球属性指南收益率研究;价格/租金比率表示购买这样一套公寓需要多少年的租金。

　　资料来源:http://www.globalpropertyguide.com/.

设施的安全性将存在极大隐患。而纽约、伦敦通过出租车及公交车无障碍化改造,已使乘客数上升20%。

5.生活质量仍有提升空间

从全球比较来看,上海在城市生活质量总体比较中处于落后的位置,相比主要全球城市仍有较大差距。据世界最大的人力资源咨询公司美世(Mercer)发布的2017年度全球城市"生活质量指数排行榜"显示[1],伦敦第40名,纽约第44名,东京第47名,香港第71名,上海第102名。虽然由于全球城市的生活成本通常较高,但仍然可以看出上海与伦敦、纽约等顶级全球城市依然具有较大差距。从生活质量指数具体的分项指标来看,上海在安全指数、健康指数方面在样本城市中处于中间水平。但是,在购买力指数、消费者价格指数、房屋价格和收入比等处于较差水平。例如,上海的房屋价格和收入比已经远超纽约、伦敦和东京,因此,居民将过多收入投放到房屋等商品,降低对社会消费品的需求能力,不断攀升的房价已经成为上海吸引人才和建设全球宜居城市的障碍。

"全球房地产指南"指数就许多主要国家购买公寓每平方米的价格做出了排名。从这项排名也可以看出,2014年,全球住房最昂贵的城市是摩纳哥、伦敦、香港、纽约、巴黎,上海排名第21位。

2.3.6 区域发展的差距

全球城市发展将越来越依赖城市区域的支撑。对于在全球城市体系中发挥重要节点功能、控制功能的全球城市,其发展越来越依赖其城市区域的发展,其与周边地区的关系从原来的"中心—外围"逐渐转变成一种平等关系,区域间的协同与合作更加紧密。目前,长三角城市群已成为世界第六大城市群,也是中国经济最具活力、创新能力最强的区域之一,在世界城市体系中的作用越来越突出,是上海建设全球城市的关键依托和核心支撑。未来上海的全球城市空间还将进一步向长三角地区更大范围进行延伸。近些年来,上海积极发挥在长三角

地区合作和交流中的龙头带动作用,在一体化发展方面取得了重大成效,但是与顶尖的全球城市区域相比,上海与长三角地区的联动发展仍然存在一些短板。

1.整体发展水平相对较弱

第一,与其他全球城市区域相比,以上海为核心的全球城市区域相对规模较小。2014年,长三角城市区域人口比重占全国16.1%,经济占比23.3%,远低于美国东北部城市区域的20%和70%(制造业比重),远低于日本太平洋沿岸城市区域的63.3%和75%(工业产值比重),也低于英国中南部城市区域的60%和80%。

第二,城市化水平相对较低。长三角城市区域城市化水平普遍相对较低。2014年,长三角两省一市城市化水平为63%,核心区23市的城市化水平为70%。美国东北部、英国中南部、欧洲西北部城市区域均达到90%,日本太平洋沿岸区域也达到了85%。而且在长三角各区域间存在一定差异,例如上海人口向中心城区集聚现象明显,中心城区城市化率在95%以上,但外围地区,特别是远郊地区,城市化水平仅为30%左右,成为上海和浙江、江苏交界地区的低谷,落差比较明显;从江苏省来看,苏南地区城镇人口占总人口比重最高,达到64.5%,而苏中地区仅为42.9%。因而,长三角区域合作建设以来取得成效较为显著,但仍存在明显差距,需要进一步加强区域合作。[2]

第三,产业结构有待进一步升级。上海、南京、苏州、杭州、宁波等城市第三产业比重基本在50%左右,而纽约、伦敦、东京、香港等城市早在十年前就达到了80%以上。

2.区域通达性相对较低

上海与周边城市的交通联系相对较弱。较高水平的交通基础设施网络是全球城市区域紧密运作的重要保障。东京通过地下铁、JR线、东京交通局其他线路和私人铁路与千叶、横滨、大宫等周边

---

[1] 主要从政治和社会环境、经济环境、社会文化环境、医疗和健康、学校和教育、公共服务和交通、娱乐休闲、消费品、住房、自然环境等方面评估。

[2] 曾刚:《面向未来30年的上海发展战略研究》,2014年度上海市人民政府决策咨询重点课题。

表 2.29　长三角核心城市与其他 5 座世界城市产业结构数据

城市(年份)		第三产业增加值(亿美元)	第三产业占 GDP 比重(%)
上　海	2003	366.0	48.4
	2012	1 967.6	60.0
纽　约(2001)		3 541.0	86.8
伦　敦(2002)		2 420.0	85.0
东　京(2003)		7 962.7	90.4
香　港(2006)		1 727.0	91.2
新加坡(2006)		1 207.5	75.0
南　京(2011)		498.7	52.4
苏　州(2010)		591.3	41.4
杭　州(2011)		534.7	49.3
宁　波(2011)		374.6	40.3

资料来源:彭震伟,《长三角全球城市区域发展与上海全球城市建设研究》,"面向未来 30 年的上海"发展战略研究课题,2017。

城市连接。纽约大都市区也将修建大都会北方铁路,长岛铁路,新泽西通勤铁路,新增通勤铁路,东区通道 5 条通勤铁路系统,伦敦也计划将利用市郊铁路系统覆盖大伦敦都市区所有城镇,使得通勤就业范围进一步扩大,并提出增加 50% 以上的就业机会在 45 分钟内可达范围内。上海只有通过高铁或地铁 11 号线,与苏锡常及嘉兴等地连接,区域通达性远低于东京、纽约等大都市区。

3. 产业同质化现象较为突出

与其他全球城市区域相比,上海与长三角其他城市的产业同质化较为明显。由于地域相连、信息相通,长三角区域众多城市产业相似,且产业层次普遍处于低价值链区段,制造业附加值不高,高技术和服务经济发展相对滞后。根据上海社会科学院城市与竞争力研究中心报告,近十年,长三角区域的产业结构相似度系数均值水平总体呈上升趋势,2010 年达 0.795。相比较而言,美国东北部大西洋沿岸全球城市区域和英国全球城市区域产业分工较为突出,区域产业异质性明显。在美国东北部大西洋沿岸全球城市区域中,纽约主导产业包括公用事业、批发业、交通仓储、金融保险等;费城主导产业包括农业、公用事业、制造业、批发零售业等行业;

波士顿主导产业包括教育医疗服务、企业管理等。在英国全球城市区域中,伦敦都市区主导产业包括旅馆住宿、交通物流、金融中介、房地产等行业;西内陆都市区主导产业包括农业、制造业、建筑业等;曼彻斯特都市区包括农业、采矿业、制造业、交通物流、公共管理等行业。

4. 整体协同机制有待进一步夯实

与世界主要全球城市区域相比,上海全球城市区域的协作机制有待进一步完善。由于长三角是一个跨省级行政区、市级经济实力较强、城镇间竞争和区域协调机制薄弱,而且大、中、小城市缺乏统一规划,未形成相互协作、有重点、有层次的城市网络体系,长期以来,还存在较为明显的分散化倾向,城市之间竞争大于合作。例如,上海、江苏和浙江行政区块经济明显,各自按照建立相对完整的工业体系进行产业布局,各城市之间又缺乏分工协作,导致区域发展关联度低,城市间联系松散,产业结构趋同,产业布局各自为政,省会、地级市与市辖市、区、县之间还存在着争夺资源的矛盾。例如,长期以来各地区对港口的争夺极大地影响港口综合作用的发挥和港口战略地位的确立,造成航运中心和深水大港脱节,港口岸线利用疏密失衡,江海联运的运

表2.30 世界级全球城市区域产业分工情况

全球城市区域	等级体系	主要城市职能分工
美国东北部大西洋沿岸城市群	世界性中心城市：纽约 区域性中心城市：波士顿、费城、华盛顿 一般性城市：阿伦敦—伯利恒，大西洋城，巴尔的摩，哈里斯堡，纳舒厄，纽瓦克，诺福克，波特兰，里士满，普罗维登斯，弗吉尼亚，哈特福德，斯普林菲尔德，特伦顿，威尔明顿，伍斯特 小城镇：200多个其他城镇	纽约：全球金融中心，兼具综合性的城市职能； 费城：以重化工业见长，制造业和运输业中心； 波士顿：文化中心，科技与教育中心； 华盛顿：美国、全世界的政治中心
日本太平洋沿岸城市群	世界性中心城市：东京 区域性中心城市：名古屋、大阪 中等城市：川崎市，横滨市，静冈市，滨松市，京都市，神户市，冈山市，广岛市，北九州市，福冈市 小城镇：300多个其他城镇	东京：金融、文化中心，出版印刷业； 横滨和川崎：电子电器业； 名古屋：汽车业和运输机械业； 东海市：钢铁冶金业； 大阪：石油化工业
英国中南部城市群	世界性中心城市：伦敦 区域性中心城市：伯明翰，利物浦—曼彻斯 中等城市：韦林，莱奇沃思，考雷，汤沃斯，雷迪奇，曼彻斯特，波特，雷康 小城镇：其他小城镇	伦敦：世界三大金融中心之一； 曼彻斯特：世界纺织工业之都；印刷机械、汽车生产制造中心； 利物浦：制造业生产基地； 利兹、伯明翰、谢菲尔德：纺织机械重镇
欧洲西北部城市群	世界性中心城市：巴黎 区域性中心城市：布鲁塞尔，阿姆斯特丹、波恩 中等城市：马赛，里昂，图卢兹，波尔多，南特，斯特拉斯堡，南锡，里尔-鲁贝-图库，鹿特丹，海牙、安特卫普、科隆，艾森，杜塞尔多夫等 小城镇：其他小城镇	巴黎—里昂—勒阿弗尔城市带：法国的经济中心和最大的工商业城市，欧洲重要的交通中心之一； 德国的莱茵—鲁尔都市圈：因工矿业发展而形成的多中心城市集聚区、欧洲最大的工业区； 鹿特丹素有"欧洲门户"之称

资料来源：彭震伟，《长三角全球城市区域发展与上海全球城市建设研究》，"面向未来30年的上海"发展战略研究课题，2017。

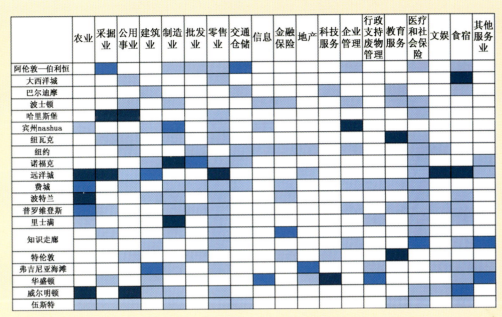

资料来源：彭震伟，《长三角全球城市区域发展与上海全球城市建设研究》，"面向未来 30 年的上海"发展战略研究课题，2017。

图 2.13　2012 年美国东北部大西洋沿岸全球城市区域主导产业(区位熵)

行较为低效。上海要打造国际航运中心，但事实上还没有完全建成全球综合性枢纽港。[1]

目前，长三角区域虽然形成了一些区域合作的机制，如长三角地区主要领导座谈会、长三角地区合作与发展联席会议、"联席会议办公室"和"重点合作专题组"。然而，没有立法支撑的协同机制，难以打破行政区经济带来的区域竞争弊端。欧美一些全球城市区域则以立法为基础，积极有效地推动全球城市区域发展。如德国、法国、瑞士、荷兰、卢森堡等国家共同组成"保护莱茵河国际委员会"，进行跨国治理；英国以立法形式成立更高层次的行政协调机构，形成大伦敦城市区域行政架构一体化协调模式；法国颁布《城市(市镇)联合体法》，形成市(镇)联合体协调模式。

表 2.31　传统时代与信息化时代城市、区域空间比较

	传统时代	信息文明时代
边界	界限分明，边界辨识，有限性	界限模糊，边界不宜辨识，无限性
腹地	决定于中心城市经济实力大小与交通联系	决定于城市与区域间信息网络通道的畅通程度
体系	单中心，垂直等级体系，纵向联系	多中心，扁平网络体系，横、纵交错联系
结构	集中为主	分散化趋势加强
空间	实体空间	空间融合，虚拟空间和实体空间并存，微观重视交往空间

资料来源：上海社科院，《上海 2050 年发展愿景》，2014 年度上海市人民政府决策咨询重点课题。

---

[1]　曾刚：《面向未来 30 年的上海发展战略研究》，2014 年度上海市人民政府决策咨询重点课题。

表 2.32 主要世界级城市群区域的协同机制

城市区域	协调机制	主要做法及效果
英国	大伦敦城市群行政架构的一体化协调模式	新建更高层次的行政协调机构,并进行立法保护,直接运用高层次政府的行政力量,着眼于总体全局和长远发展战略规划的一体化协调
美国	城市政府协会、政府协议和特设机构模式	建立大都会政府;县市合并;设地方政府协会;设立单一功能特别区域或专门协调机构;在重大公共设施建设、社会治安及环境保护等领域签订地方政府间专项协议
日本	核心城市主导协调模式	东京以中心城市综合实力、超级实力主导城市群一体化发展;运用产业政策、区域功能分工、大交通、自然环境等许多专项的规划与政策协调
法国	"市(镇)联合体"一体化协调模式	颁布《城市(市镇)联合体法》,调查研究—征求各方意见和建议—酝酿协商—起草方案和讨论修改—共同签署协议—共同行动",并且有稳定财源和第三方评估监督

2.4 建设"卓越全球城市"的战略思路

上海建设"卓越的全球城市"的这一战略目标对产业发展、科技创新、文化发展、社会发展、城市管理、可持续发展和区域发展提出了新的战略要求,特别是需要针对上海与卓越全球城市的目标差距,同时结合"上海服务、上海制造、上海购物和上海文化"的四个品牌打造,着力成为全球城市网络中的资源配置中心和创新中心,在全球经济、贸易、科技、文化、信息等多个领域形成枢纽节点功能,同时积极推进长三角一体化的纵深发展,最终成为具有全球重大影响力、协调力和控制力的卓越城市。

2.4.1 产业发展:充分体现"高端引领"

从纽约、伦敦等全球城市的发展路径看,全球城市的功能建设需要与之相适应的产业结构支撑,全球城市的核心功能和地位角色也决定了其产业创新发展特性。同时,受新技术革命、消费者需求和生产方式变革的影响,全球产业发展趋势将深刻演变,产业跨界融合将大大深化。

因此,上海将集聚大量辐射面广、服务能力强、服务能级高,处在价值链高端的金融、贸易、专业服务等服务业门类,集聚一大批具有技术引领性、产业关联链长、价值链控制力强、智能化程度高的生产制造环节,集聚大量全球领袖型、旗舰型、创新型企业主体,形成制造与服务高度融合、传统产业与新兴产业深度融合的产业价值链融合生态,对全球价值网络流动性、互联性以及价值网络创新形成主导权,成为全球价值网络中的"网主",掌控全球价值链中高端收益的分配权。

一是抢占全球产业发展制高点。不断强化产业技术创新要素功能平台建设,持续完善促进产业创新、业态创新、模式创新的环境,建立有助于新兴产业、新经济成长壮大的政策保障制度,打造国际领先的信息技术、生物医药、智能制造等高科技产业集群。二是全面提升全球产业资源配置力。进一步引进各类功能性机构,拓展和完善全球化设施网络和企业网络,提升在全球价值链体系中的地位,增强在全球生产、金融、航运和贸易中的高端要素配置能力。三是引领跨产业边界、跨产业链环节的产业发展。创新要素配置、生产制造和产业组织方式,延伸产业链,全面提升工业智能化水平,使研发设计、信息技术等高端、高效、高附加值服务业成为推动制造业服务化的主要动力。

资料来源：石崧、王周杨，《上海全球城市功能内涵及产业体系的新思考》，《上海城市规划》2015 年第4 期。

图 2.14　全球城市新型产业体系功能内涵

专栏 2.4　美国创新集聚区的变化态势

以美国为例，目前形成了四种"创新区"（Innovation District）。

一是郊区走廊（Suburban corridors）。其形成于 20 世纪 50 年代，由大学、私人部门和政府合作建立科技园区。基本模式是在大学附近，由私人开发，政府设计；通过建立实验室、从大学和企业吸引创业导向的科学家，以及吸引企业集聚，来促进技术商业化。这种模式起源于斯坦福研究园（the Stanford Research Park，其后发展为硅谷）。再有其后开发的位于罗利达拉姆的研究三角地（Research Triangle Park in Raleigh Durham），以及波士顿、费城和华盛顿特区郊区的创新走廊。

二是城市的市区和城中区（Downtowns and midtowns of cities）。在位于城市市区和城中区的关键机构（anchor institutions）附近形成创新区，如亚特兰大、底特律、休斯顿、费城、匹斯堡、圣路易斯和圣迭戈市。

三是未完全开发利用区（Underutilized areas）。如在波士顿、布鲁克林、芝加哥、波特兰、旧金山和西雅图等，特别是老工业区。这些地区正在被重新设计和改造。

四是传统的位于郊外的科学园。如研究三角地园等。由于未能满足创新者对城市化和有活力的工作生活环境的需求，目前这类园区还处在转型过程中。

近年来，越来越多的创新企业和人才集聚到美国城市的核心区。知识密集型产业的企业不再像过去那样在郊外设址，而是把关键机构设立在临近其他公司、研究实验室、大学等，从而能够分享思想和实践，实现开放创新。

资料来源：国务院发展研究中心，《2050 年的上海》，2014。

2.4.2 科技创新：充分体现"尖端突破"

创新对于推动全球城市转型发展，增强全球城市国际竞争力和影响力至关重要。从纽约、伦敦等知名全球城市的发展实践和未来战略看，都十分强调创新对城市发展的驱动作用，科技创新正在成为全球城市发展的灵魂和驱动力。

因此，上海将塑造鼓励创新、宽容失败的创新生态、广泛参与的开放式创新形态、有序完善的创新基础设施和服务体系，高效汇聚全球创新机构、创新主体、创新人才、创新资本等创新资源，不断诞生世界领先的技术、产品和服务，成为全球创新网络的重要枢纽，国际性重大科学发展、原创技术和高新产业的重要策源地之一。

一是聚焦科技前瞻布局，打造世界知名的科学研究中心。加大前沿科学研究投入力度，鼓励高校和科研机构在基础研究、前沿技术研究等领域进行原始创新，力争建设若干所具有世界一流水平的大学、国际领先的基础科研机构。加快推进一批重大科技创新工程和产业技术项目，促进基础研究与应用研究、技术开发相贯通，实现原始创新与再创新、集成创新融合迸发，力争在关键核心技术领域取得大的突破，形成全球领先的科技成果。二是聚焦创新生态环境，建设全球领先的科技创新孵化基地。加强科技创新的国际交流，支持企业在全球布局创新网络，鼓励高校和科研机构开展国际合作研究，促进各类创新要素跨境流动，充分利用全球创新资源，提升开放创新的能级与水平。三是聚焦体制机制创新，形成政产学研用紧密合作的创新链条。打破现有政产学研用分割、资源分散、管理僵化的体制机制，建立政产学研用一体化、符合科技创新规律的体制机制，最大限度激发创新活力。

2.4.3 文化发展：充分体现"活力多元"

文化发展对全球城市竞争力和魅力的打造具有独特而重要的意义，能够为全球城市的建设提供强大思想保障、精神动力和智力支持，是打造全球城市魅力和创新力、挖掘和延展城市底蕴的有效载体。

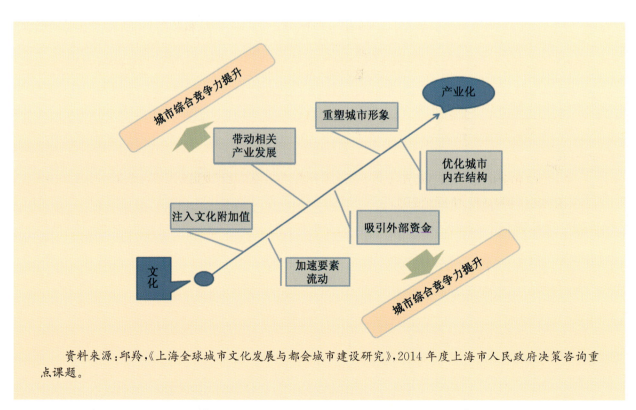

资料来源：邱羚，《上海全球城市文化发展与都会城市建设研究》，2014年度上海市人民政府决策咨询重点课题。

图 2.15　文化发展与增强全球城市竞争力的互动关系

专栏 2.5　上海推动文化发展的主要策略

1. 文化环境的优化

● 营造和谐的文化产业发展环境,形成百舸争流的竞争氛围。

● 塑造良好的上海城市品牌形象,提升上海的城市功能。

● 塑造若干个强势文化企业品牌,形成全国或全球文化影响力。

● 创作能充分展现区域文化特色的一部舞台大戏,一部叫座电影,一部热播电视剧,发挥地域的营销功能。

2. 文化人才的培养

● 努力造就高层次领军人物和高素质文化人才队伍。

● 加强基层文化人才队伍建设,使文化人才的基础力量与中坚力量互为补充。

● 系统规划各个区域的文化人员编制。

3. 文化设施的完善

● 注入以文化展演和文化教育为主的核心文化功能设施。

● 规划建设一批体现现代化国际大都市水准、在国际上有重大影响的功能性的文化设施。

● 形成若干高能级、有重大影响力的文化设施集聚区域。

4. 文化知识产权的保护

● 注重知识产权保护法在文化产业的应用,加强文化产品和文化服务的知识产权保护,保护文化人才的合法权益并提升其劳动积极性,保障文化消费市场的良好运行。

● 严格保护历史文化遗产,妥善保护历史文化建筑和历史文化街区,提升城市的历史价值。

● 依托包括优秀工业遗产在内的各类物质文化遗存,注入多元化的文化活动,鼓励各类文化要素的交融交汇。

5. 文化空间布局的合理化

● 注重对文化产业园区的开发与协同发展,实现文化产业优势资源与空间资源的匹配,实现空间资源合理配置。

● 加强文化企业资源的合理配置,获取专业化互补资产,实现文化产业优势资源与企业核心能力的耦合,实现空间效率提高和空间价值创造。

● 区域之间高度整合与协调,保证区域市场自由流动和优化,组合规避区域市场风险,满足客户组合价值需求。

6. 文化、创意与科技的协同发展

● 促进文化产业与创意产业的融合发展,将更多更好的创意元素融入文化资源中,促进文化产业创新发展。

● 促进文化与科技的协同发展,普及云计算等高科技手段的运用,通过对大数据分析,为客户提供"定制化"服务,发挥科技对于提高文化生产力和文化创造力的促进作用。

资料来源:邱羚,《上海全球城市文化发展与都会城市建设研究》,2014 年度上海市人民政府决策咨询重点课题。

因此,上海将构建既能代表中华文化精髓,又能兼容吸收西方先进文化元素的城市文明新形态,拥有强大的全球文化吸纳能力和中华文化对外辐射能力,营造内涵丰富、多元多样的文化生态,拥有一批国际知名的文化地标和文化设施,形成一系列国际文化交流活动和文化品牌,实现各种文化产品、文化创意、文化艺术的共生共荣,成为多元文化思想的交流地、丰富文化产品的汇聚地、前沿文化创意的共享地。

一是深化文化体制改革,释放文化发展活力。深化文化体制改革,建立健全政府管理、行业自律、社会监督、企事业单位依法运营的文化管理体制和富有活力的文化产品生产经营机制,积极发挥市场在文化资源配置中的作用,创新文化"走出去"模式,为文化繁荣发展提供强大动力。二是强化"三大体系",夯实上海文化发展的基础框架。完善社会主义核心价值体系建设,为提高城市文明水平、构建和谐社会奠定坚实基础;完善公共文化服务体系建设,保障人民基本文化权益,不断提高文化民生质量;完善现代文化产业体系建设,进一步提升文化创意产业作为全市支柱性产业的重要地位。三是注重平台建设,推动各种文化要素集聚与整合。积极打造面向国内外的文化资源配置平台和文化展示交流平台,为国内外各种文化形式和资源提供充分展示、融合、创新与交易的平台,通过平台建设努力提高上海对国内外文化要素资源的掌控力与话语权。

2.4.4 社会发展:充分体现"包容共享"

社会发展是全球城市和谐、稳定发展的基本支撑。通过大力构筑社会保障体系、创新社会治理,营造全球人才竞相集聚、安居乐业的社会环境,可以为全球城市的高能级发展提供坚实基础和保障。

因此,上海将全面建成与全球城市相匹配的社会领域基本制度体系,形成不同阶层和谐互动的社会发展格局,城市发展成果更多更公平惠及全体人民,人人参与、人人尽力、人人享有,全面实现宽容、和谐、稳定、有序、创新的全球城市社会发展愿景,进一步增强城市发展的凝聚力。

一是进一步理顺政府、社会和市场的关系。按照政府不越位、不错位原则,明确政府在社会领域的具体职能与边界,以"政府保基本、社会自我服务与自我治理、市场促效益提高"为导向,厘清各自的职能范围,逐步把社会和市场能做的交还给社会和市场,为社会领域健康发展奠定基础。二是培育多元主体,释放多元主体参与社会服务和治理的活力。加快社会服务业发展体制改革,努力满足人民群众日益高涨的个性化、高端化、国际化等服务需求,构建政府主导、多元主体共同参与的基层社会治理体系,推进社会治理能力的现代化。三是加强法治建设,夯实社会发展的有效秩序与规则基础。善用法治思维和法治方式推动社会发展,强化社会发展的法治理念,一切建设和治理要于法有据。加快社会领域的立法工作,依靠法律监督和保护公共权力,保护公民合法权益。各级执法机关要严格公正执法,努力把各项社会发展活动纳入法治轨道。

2.4.5 城市管理:充分体现"精细高效"

随着全球城市的不断发展和城市规模日益扩大,城市人口更为集聚,对外开放能级更为高端,多元主体的特征更为彰显,城市安全运行问题也就更为显著,对城市精细化管理提出了更为迫切的诉求。

因此,上海将立足超大城市快速发展转型的实际,构建政府、企业、第三部门和公众共同参与的城市管理体系,充分运用最新信息技术和科技手段,实现源头预防和全过程管理的有机统一,形成新型、综合、高效的城市风险防控和城市公共安全管理体系,全面提高城市生命系统的风险防范能力、应急能力和恢复能力,在城市安全、城市管理和城市运行方面达到全球先进水平。

一是优化系统化的精细化管理。实施一般项目和一般区域的全覆盖,实现中心城区与郊区农村一体化管理,积极开展项目全生命周期的精细化管理,把精细化理念体现到规划、建设、管理的全过程,形成全方位、体系化的精细化管理模式。二是推进智能化的精细化管理。运用信息技术手段,加强精细化管理基础数据库的建设,运用互联网、物联网、大数据、云计算等信息技术,推进城市管理制度创新、模式创新,提高城市管理的效率和水平。三是建设法治化的精细化管理。完善城市管理领域的立法,及时修订不符合精细化管理要求的法规规章,加强行业管理和综合执法的衔接,强化多部门联合执法,形成工作合力。四是发展标准化的精细化管理。对接国际化标准,聚焦技术标准、管理标准等领域,建立健全城市精细化管理标准体系,为精细化管理提供标尺和依据。

2.4.6　可持续发展:充分体现"绿色低碳"

优美的自然环境与良好的生态系统是资源环境约束背景下全球城市可持续发展不可或缺的重要条件。一般而言,生态与环境条件优势越突出,越适宜成为人口高度聚集、要素高速流动的全球城市。一些顶级的全球城市也往往都是生态质量优良、生态功能强大、生态特色鲜明的城市。

因此,上海将在绿色技术创新、可持续生产方式和生活方式、生态环境保护等方面走在全球城市

前列,广泛运用低碳、生态、节能、环保等先进理念和技术,提升资源集约节约利用水平和环境容量承载力,形成与全球城市发展相匹配的多层次、成网络、功能复合的生态空间体系,成为资源高效利用、排放低碳循环、人与自然和谐、全球可持续发展城市的典范。

一是大力发展低碳经济。发展循环经济,健全资源循环利用回收体系建设,提升资源环境效率;推广新型制造技术,降低污染排放;倡导低碳生活方式及绿色共享消费,建设资源节约型社会。二是不断优化生态空间。构建以生态源地、生态保育区、生态廊道等生态战略保障空间为基底,以双环绿带、生态间隔带、楔形绿地和大型公园等为主体,与全球城市相匹配的多层次、成网络、功能复合的生

表 2.33　主要全球城市宜居建设的愿景目标与内涵

城　市	宜居愿景	愿景内涵
伦　敦	一个公众的城市; 一个繁荣的城市; 一个平等的城市; 一个可达性的城市; 一个绿色的城市	● 为伦敦地域范围内的增长提供有效支持,但不侵占开放空间; ● 将伦敦建成一个更适宜人们生活的城市; ● 将伦敦建成一个拥有雄厚经济增长基础的更繁荣的城市; ● 推进社会的融合,消除隔离和歧视; ● 提高伦敦的可达性; ● 将伦敦建成一个更具吸引力、设计更精致的绿色城市。
纽　约	21世纪第一个可持续发展的城市;更绿色更美好的纽约	● 住房和社区:为近一百万的纽约市民提供稳定的、能负担得起的住房和社区; ● 公园和公共空间:让每个纽约人居住在可以10分钟步行到一个公园的环境里; ● 水道:提升水道的水质,修复海岸生态系统,同时为市民娱乐提供良好的环境和场所; ● 供水系统:确保我供水系统是高效可靠的; ● 交通:扩大可持续的交通选择,并确保交通系统的可靠性和高品质; ● 能源:减少能源消耗,使我们的能源系统更清洁、更可靠; ● 气候变化:减少超过30%的温室气体排放;增大社区、自然系统和基础设施对极端气候变化的应变能力
东　京	水绿环抱、美丽城市	● 成为高度防灾的城市,向世界展示东京的安全性; ● 建立低碳高效,分散型城市; ● 建立水绿环抱的城市,光复东京"美丽城市"之名; ● 加强社会对幼儿老人的保障体系,使东京成为世界典范; ● 加强教育体制建设,向世界输出人才

资料来源:邱羚,《上海全球城市文化发展与都会城市建设研究》,2014年度上海市人民政府决策咨询重点课题。

态空间体系。三是优化新型资源系统建设。加快建设零碳排放和零污染排放的能源基础设施,加快终端能源的电气化革命进程,加强终端用户的分散性电源建设,推进智能电网、智能气网建设和峰谷差自平衡。四是完善生态制度保障。健全环境保护机制,完善环境评估制度和生态补偿制度;健全自然资产产权管理制度,推进资源要素市场化改革;推动生态制度体系重塑,突破现有的以推动经济增长为主要目标的制度设计;探索全球生态治理机制,对外依托全球生态治理节点城市,探索、制定全球生态治理的有效协调和工作机制。

2.4.7 区域发展:充分体现"深度引领"

全球城市的发展不仅要着眼于自身功能的完善,更需要依托并推动以其为核心的世界级城市群和流域经济带整体竞争能力的提升,以这些巨型城市区域为代表的空间单元将高度集聚全球财富创造、人口增长和科技革新,重塑世界经济地理格局。同时,全球城市的发展还应置身于国家开放发展的

大战略和大格局中,引领国家在更深层次、更高水平上参与国际竞争与合作。

因此,上海将按照开放布局、有机疏解、功能导向等思维,以构筑强有力支撑的全球城市区域为导向,推进城市发展格局与长三角区域的空间整合,强化城市群交通联系、产业联动、资源互通等一体化发展,同时深度融入国家对外开放的大战略,引领全球城市区域的功能布局优化,形成与全球城市发展相匹配的多层次战略性功能区域。

一是推动长三角区域的制度创新和对外开放。进一步加快上海自贸试验区的制度创新,重点在金融服务、航运服务、商贸服务、专业服务、文化服务和社会服务等领域争取实现进一步的扩大开放,加快政府职能转变、扩大投资领域开放、推进贸易发展方式转变、深化金融领域制度创新、完善法制领域制度保障。注重把改革和发展有机结合起来、把解决本地实际问题和攻克面上共性难题结合起来、把实现重点突破和整体创新结合起来、把经济体制改革和其他方面改革结合起来,为长三角、长江流域和

资料来源:上海发展改革研究院,《2050年的上海》,2014年度上海市人民政府决策咨询重点课题。

图2.16　长三角全球城市区域示意图

全国的改革积累经验、作出示范,有效带动长江经济带改革开放和制度创新向深层次推进,打造中国经济升级版的标杆。

二是强化长三角城市群的立体化交通网络体系建设。重点以沿江、沿海、沿沪宁合、沪杭甬等为主要发展轴,以主要城市为节点,构建多中心、多圈层、放射状的现代交通网络体系。完善上海与主要节点城市的快速综合立体交通网络体系,尤其是高速铁路、高等级公路力争全覆盖,多式联运的集疏运体系全面对接。推动长三角沿海高等级铁路建设,缩短上海与沿海主要城市的交通时间距离,增强区域发展联系,提升上海向南北两翼的扇形辐射功能,推进上海与沿海港口的对接。在长三角城市群核心区,加快完善同城化的交通网络体系,推动上海中心城区与周边中小城市间的轨道交通对接,构建由地铁、磁悬浮、城际轨道联网的公共交通网络。

三是形成多中心、多层次的长三角区域产业联动发展格局。加强"四个中心"建设,增强服务辐射能力。经济中心建设方面,围绕"创新驱动发展、经济转型升级"的总方针,加快构筑以服务经济为主的产业结构,提升综合经济实力,推动长三角区域的产业升级转型,优化区域产业布局,促进区域产业联动发展。金融中心建设方面,加强金融市场体系建设、提升金融服务水平、完善金融发展环境,提高金融中心的影响力和资源配置功能,优化长三角区域金融体系的构建和金融环境的培育。航运中心建设方面,加快推动沿江港口布局的优化,依托长江黄金水道,推动集装箱江海直达,提升长江航运能级,完善东西向交通体系。贸易中心建设方面,提高市场开放度和贸易便利化水平,加快形成货物贸易和服务贸易同步发展、国际市场和国内市场相互融通的发展格局。

四是完善区域合作发展机制。加快推进长三角区域产业结构优化升级,合力推进区域科技创新体系一体化建设,鼓励创新成果优先在区域内推广使用。以高新技术开发区产业链整合为抓手,推进区域高新技术产业合作和跨地区联合兴办开发区,形成区域战略性新兴产业集群。推动长三角区域环境保护一体化发展,完善区域污染联防机制,联合做好黄浦江源头地区、太湖流域以及杭州湾的环境保护,合力推广实施合同能源管理技术,推进区域内排污权有偿使用和交易制度改革。加速长三角区域市场一体化进程,推进各类要素的合理流动。推动长三角社会事业融合,建立区域优质教育资源共享机制,合作完善区域职业教育培训体系、医保跨地区结算机制,推进区域医疗资源共享。推动建立长三角区域性行业协会,发挥行业协会在引导区域产业优化布局和维护企业权益等方面的积极作用。

全球城市的枢纽功能 第3章

按照"卓越的全球城市"这一战略目标，未来上海必须着力增强城市的枢纽节点功能，形成全球领先的经济发展规模，集聚众多跨国公司总部等功能性机构，构筑高度发达、高度国际化、具有高度连通性的综合枢纽功能，在全球治理和国际事务协调中产生深远影响，成为一座功能更为多元、能够提供更多机会的枢纽型城市。

3.1 全球城市的枢纽节点功能特征

全球城市作为经济全球化的空间节点，承担着全球资源的配置功能，未来全球城市的发展必然围绕它自身的连通枢纽地位而展开。

3.1.1 全球城市的核心功能是枢纽节点功能

1. 全球城市枢纽节点功能的表现特征

城市具有典型的经济集聚作用，在全球分工合作中地位日益凸显。目前，部分城市甚至超越了国家的界限，国家之间的竞争更多地表现在全球城市的竞争上。在全球城市网络中，城市作为网络系统的枢纽，是全球社会经济文化活动的制高点，是资源和能量集散的空间节点。详细来说，全球城市的枢纽节点功能具有相关性、动态性、复杂性的特征。

一是相关性。全球城市作为枢纽，不是孤立存在的，而是必须与其他全球城市节点密切联系，包括资本、劳动力和价值在全球城市网络中与其他节点城市的链接，流动的方向可能是流入或流出。这些相关要素的专业性和多样性，决定了城市是专业属性还是综合属性。

二是动态性。全球城市网络具有层次性，如地区城市网络、全国城市网络和全球城市网络等。由于网络构成的层次性，随着城市对内对外的联络加强，要素频繁流动和城市价值提升，在较低层次网络中的节点，可能提升为高层次网络节点；同时，这种提升也可以是跨越式提升。

三是复杂性。由于网络节点中的联系是多元、多方向的，一个城市节点与众多城市节点之间相互关联，节点之间的链接关系和链接强度存在动态的变化，所以城市网络中枢纽节点城市的发展和增长是复杂的和非线性的。

2. 实现全球城市枢纽节点功能需增强城市联通性

在全球城市网络中，枢纽节点城市的价值在于它和其他节点之间的联通性，节点之间流动的规模水平和密集程度决定了节点城市在城市网络中的地位。20世纪90年代以来，社会、经济、空间等系统逐步解构与重构，各种资源要素全球流动的增长打破了国家的界限，城市之间的经济网络开始主宰全球经济命脉。越来越多的城市通过相互连接而进入全球网络，成为网络节点城市。其中全球城市承担着世界级的调控和集散功能，是全球城市体系中联通性最高的点。随着各种要素和价值的流动，全球城市成为了高度集中化的世界经济控制中心、金融及专业服务业的集聚地、创新生产地与创新市场；成为了全球主要金融商务集聚地、全球科技创新中心、高端专业人才等要素的汇聚地和流动地，成为了全球化背景下新的全球经济战略中心和全球经济文化活动的制高点。在此背景下，枢纽功能始终是全球城市的核心功能，未来全球城市的发展仍将围绕其自身的联通枢纽地位而展开。

3.1.2 全球城市的枢纽功能体现为要素联通、主体联通和设施联通

全球城市通过提供高度联通性的枢纽节点功能，来组织大规模的资源要素流动，具体体现为资本资源要素联通、主体联通和设施联通。

1. 充分的要素联通

具体包括全球投资贸易枢纽功能、自由贸易港功能、全球金融与财富管理中心功能和金融科技枢纽功能。

（1）具有全球投资贸易枢纽功能。

进入21世纪以来，国际资本流动逐渐取代并超越国际贸易，引领甚至创造国际贸易，将生产一体化、贸易自由化、金融国际化融合在一起，形成更广泛、更深刻的国际经济联系。在这个过程中，城市的投资贸易枢纽功能逐渐取代传统的贸易中心功能，成为支撑全球城市建设和发展的基础性功能。投资贸易枢纽演变呈现四大趋势。

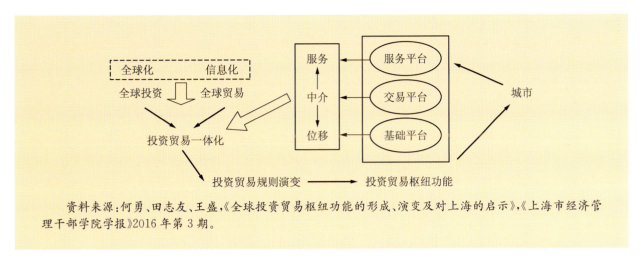

图 3.1　投资贸易枢纽功能形成图

一是服务性功能升级。贸易引导投资逐步转向投资引导贸易，全球投资贸易服务功能更侧重于跨境投资和服务贸易，将会带动专业服务性机构差别化分布，以及信息通信基础设施、跨境投资平台兴起。

二是核心性地位提升。全球投资贸易枢纽功能的优势作用有望超越传统的政策优势、技术优势、市场优势和区位优势，成为影响全球投资贸易的关键驱动力和全球投资贸易体系中的重要支柱。

三是虚拟性特征明显。在信息技术支持下，资金、服务、信息等资源要素的流动越来越依托于虚拟的流动空间，大量资源要素通过互联网实现高速流动，网络信息平台与城市功能载体的互动进一步深化，实体服务虚拟程度将明显加深。

四是网络化结构凸显。跨国公司网络拓展，与之相应的全球投资贸易枢纽网络体系逐渐形成，全球投资贸易枢纽体系越来越呈现出多层级、网络化特征。国际经验显示，纽约、东京、伦敦等全球城市均具备全球投资贸易枢纽功能。全球投资贸易枢纽功能既是全球城市的基本功能，也是城市崛起成为全球城市的驱动力之一。全球投资贸易枢纽功能有效引导资金流、货物流、信息流、人流向中心节点城市流动和集聚，提升城市在全球城市网络中的地位，推动城市崛起成为全球城市。

表 3.1　全球投资贸易枢纽功能的基础条件

基础条件	内　　涵
基础设施	基础设施是城市支撑商品、资金、服务、信息、人才等资源要素顺畅流动的必要条件，包括支撑商品、人才等要素流动的公路交通、港口码头、机场等基础设施以及支撑资金、服务、信息等要素流动的信息通讯设施以及特殊线网等
功能平台	功能平台是城市支撑商品、资金、服务、信息、人才等资源要素顺畅流动的有效工具，既有服务投资贸易的功能，也有对投资贸易起着一定的支配和协调作用，包括商品交易平台、投融资平台、资本市场等
要素市场	要素市场是商品、资金、服务、信息、人才等资源要素在全球城市交易的场所，包括股票交易市场、产权交易市场、期货交易市场、黄金交易市场等
制度政策	制度是城市服务、协调和支配商品、资金、服务、信息、人才等资源要素顺畅流动的基本保障，包括内外资投资制度、贸易政策等

（2）具有全球金融与财富管理中心功能。

全球资本与财富管理中心是国际金融中心的升级版。资本与财富管理功能是依托国际金融中心衍生出来的城市功能，主要包含全球财富集中功能、全球金融资源配置与再配置功能、全球财富增值运营与服务创新功能等。

从发展阶段看，在财富管理中心所对应的发展阶段，资金要素不再稀缺，经济发展进入财富驱动模式。大量的财富管理需求不仅存在于生产领域，还出现在生活领域，尤其是城市中产阶层和巨富阶层涌现，以及机构资金的沉淀。财富管理中心的主要功能从资金融通逐步向财富保值增值转变。

从组织形态看，财富管理中心不再强调金融机构在物理空间上的集聚，而是更加强调流量空间上的集聚，更加强调城市在全球范围内对资产管理与支配的能力，而非交易量（规模）。全球城市作为财富管理中心将与资本市场产生更加密切的互动关系，随着信息化与全球化的相互交融，将从传统金融机构集聚地向基于信息化和定制化的新业态集聚区转变。衡量全球资本与财富管理中心的重要指标不再是资产交易规模，而是资产管理规模（Asset under Management，AUM），特别是离岸资产规模与结构，包括资产的来源结构与投资结构

等。全球资本与财富管理中心要能在全球范围内进行资产管理、配置与控制，影响全球资本流动的方向与分布。

未来，全球金融和财富管理功能的建设将向专业化、规范化、信息化、多元化、国际化和离岸化的方向发展。伦敦、纽约等全球城市的经验对全球资本产生巨大向心力、吸附力和沉淀力，吸引全球财富汇聚，金融资源配置效率通过金融和财富管理中心得以提高，并在金融资产定价和交易方面日益拥有主动权。

（3）具有全球金融科技枢纽功能。

金融科技（Fintech）逐渐成为全球现象，其本质是基于技术进步的金融服务创新。近年来，全球城市都开始强调金融科技的重要性，科技资源要素和金融资源要素在区域内的集聚，有助于让更多客户享受相同的金融服务、提高金融普惠性，通过分析客户数据提供个性化服务、优化客户体验，汇聚产品数据、增加金融透明度，简化合规流程、提升安全性，运用 AI 和大数据分析、提供私人订制的支持与指导。金融科技将是未来颠覆和创新的重要来源，不仅促使银行业、保险业、资产管理等发生巨变，还将引起其他跨行业领域革命性变化，例如提供新型金融中介服务、为公司提供金融流程自动化的服务（B2B Fintech）。

表 3.2 财富管理中心与国际金融中心的基本特征比较

比较点	国际金融中心	财富管理中心
共同点	依托资本市场和金融机构 从事与资金融通与增值相关的业务	
发展阶段	（资本）要素驱动 资金相对稀缺	财富驱动 资金相对充裕
功能配置	资金融通，包括借贷、 结算、清算、投融资等	投资理财、投资组合、 风险管理、财富保值增值等
服务路径	侧重生产领域 金融为科技服务	生产、生活领域并重 科技为金融服务
管理渠道	传统金融机构 物理空间集聚	基于信息化、定制化的新业态 流量空间集聚
评价指标	资产交易	资产管理（AUM）

资料来源：上海市人民政府发展研究中心，《卓越的全球城市：不确定未来中的战略与治理》，格致出版社、上海人民出版社 2017 年版。

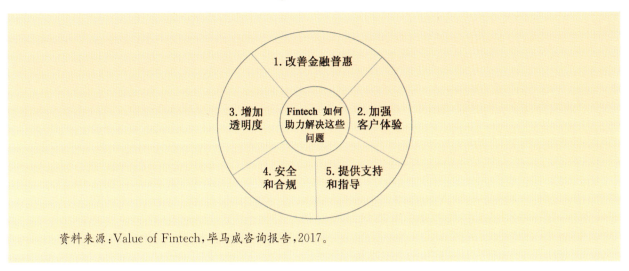

图 3.2　发展金融科技的作用

伦敦通过整合六大要素，构建充满活力的金融科技生态体系，被认为是全球领先的金融科技中心。一是英国金融服务行业拥有近 2 000 亿英镑的收入，产生强大的金融科技发展市场需求；二是政府设立种子基金，为初创型企业提供优质资本；三是政府积极出台政策（例如成立 Fintech delivery panel），主动支持金融科技发展；四是构建较为宽松的监管环境；五是拥有技术和金融服务技能的人才池；六是相关基础设施的充足性与可得性，有效支持金融科技发展。

（4）实现自由贸易港功能创新。

建设自由贸易港是港口城市对外开放的重大迭代。从国际层面看，自由贸易港区一般是指设在港口、机场或毗邻区域，免除关税及相关税费，在货物通关、贸易监管、外汇管理等领域实行特殊管理制度的特定区域。就全球指标性的港口城市而言，纽约、伦敦、东京、香港和新加坡等贸易中心，已从传统的货物进出口枢纽发展为对贸易要素的集聚与系统处理，并不断挖掘离岸贸易中心的功能，不仅是全球贸易的营运与控制中心，还成为资金、信息、贸易价值链管理和高端产业分工的顶端。

从国际自由贸易港区的经验看，"区港一体化"是自由贸易港区的通行模式，具有以下五个特征：一是"区内自由"，如新加坡樟宜机场自由贸易区不分区港，区港完全合一，货物在区内可以自主转运。二是"一线放开"，海关监管退至自由贸易区与国内市场的通道口，区内的监管、控制基本撤除。三是集

约管理，无论是美国对外贸易区还是新加坡等，由统一机构管理自由贸易区内的一切海关监管事务。四是企业主体，由管货物转变为管企业，以企业知法守法为前提设计管理模式，实施风险分类监管。五是分类管理，对货物按照不同类型实施分类监管。

2. 充分的主体联通

具体包括通过全球价值链网络联通跨国公司和全球人才网络联通功能。

（1）通过全球价值链网络联通跨国公司。

全球城市的崛起都经历了从"工业型经济"向"服务型经济"转型，产业价值链从低端不断向高端转移，并逐步成为全球价值链的主导者和治理者。全球城市的本质特征是拥有全球资源的配置能力，而这种能力主要来源于聚集其中的跨国公司总部；它既是一般产品生产和消费中心，更是信息娱乐及其他文化产品的生产与传播中心。同时跨国界生产网络以及大量资源集聚于全球城市，服务业日益高度专业化和网络化，这使得全球城市逐渐影响全球的经济活动。分析纽约、伦敦等全球城市在全球价值链地位变化趋势可以发现，全球城市在全球价值链中地位变化趋势主要呈现以下特征。

首先，全球城市集聚了大量创新能力强、思想活跃、潜力巨大的创新性企业、创新人才、创意大师，创新氛围浓郁，创新技术加快升级，一般都是新产业革命的发源地和引领地。其次，全球城市的崛起过程都伴随着高端现代服务业的高度集聚发展。全球城市大都达到两个 70%：服务业占 GDP 的比

重达到 70%,生产性服务业占服务业的比重超过 70%。纽约、伦敦、东京等国际大都市经过 20 世纪 70 年代以来的产业结构大幅调整,服务业占 GDP 的比重均超过 85%,服务业就业人数占总就业人数达到 70%以上,服务贸易占贸易总额的 1/4,服务消费占总消费的 1/2 左右。再者,全球城市的崛起过程都伴随着总部型功能性机构高度集聚。2015 年,超过 100 家全球 500 强企业中的总部企业设在纽约、东京、伦敦和巴黎,全年营业收入占 500 强年度总收入的 20%以上。在全球分工不断深化的背景下,全球城市的能力则表现为通过全球价值链网络联通跨国公司。未来经济分工越来越细化,在全球价值链为主导的分工体系中,价值分配集中于价值链的关键环节以及向少数全球城市集聚的趋势更加明显。高端研发、制造以及高端服务业等具有高附加值环节所引领的新产业价值链,是促进城市产业空间布局优化、环境友好、集群竞合、集约发展的动力系统,也是统领城市和区域空间重组的主导力量。这一全球资源流动与配置中的战略地位功能将更多地体现为城市对全球价值链的集聚与扩散能力。

专栏 3.1　未来 30 年全球城市人才流动和集聚的趋势预测

未来 30 年,在人才政策、经济格局、社会环境以及科技创新等因素的共同作用下,全球城市人才的流动集聚将呈现四大趋势。

1. 全球人才一体化趋势增强。

第一,全球人才流动规模不断扩大。第二,全球人才流动速度持续提高。按照联合国的统计,全世界有两亿多人不是在他们的出生国工作,而是在出生国以外的国家工作和生活,这个占到了世界总人口的 3%以上。第三,全球人才流动范围不断扩大。人才的跨国流动,既有人员流动,又有智力流动。第四,跨国公司对人才流动的促进作用不断显现。第五,全球城市仍是人才流动和集聚的重要枢纽。在世界城市网络体系中,人才以"流"的形式在世界城市网络中流动和集聚。全球城市也成为人才流动和集聚的枢纽。

2. 全球人才双向化趋势明显。

第一,全球人才将持续流向发达国家城市。城市仍然是国家承接全球人才流动的主要载体。受资本、科技以及环境等因素影响,全球移民"南北"和"南南"流向仍将持续。第二,全球城市人才向发展中国家城市回流的态势将不断增强。第三,为获得更好的发展机会,全球城市人才开始从发达国家城市向发展中国家城市流动。第四,全球人才向中国流动以及中国海外人才回流态势将不断增强。

3. 人才引力多元化趋势演变。

未来 30 年吸引全球城市人才的主要因素可能与现在相比会发生较大变化,除了高收入、免税之外,人才会对工作生活环境的要求越来越高。经济收入不再成为人才流动的唯一决定性因素。生态环境、科教文卫等软因素在吸引人才中的重要性不断凸显。

4. 全球人才虚拟化趋势显现。

首先,"信息化流动"成为全球人才流动的补充。随着科技的迅猛发展,全球城市人才有条件利用现代通讯、网络等技术手段,身处异地就可将其智力、知识等资源通过转化为信息形式传递到另一个地方,实现"才"与"人"相对分离的流动。其次,全球人才依托信息化流动的比重上升。在信息网络技术的支持下,全球城市人才流动的方式将发生新的变化,人才的工作地与居住地将发生分离,人才虚拟流动将通过信息通讯网络来解决。再者,全球城市人才流动成本降低、效率提高。

资料来源:何勇、姜乾之、李凌,《未来 30 年全球城市人才流动与集聚的趋势预测》,《中国人力资源开发》2015 年 1 月。

（2）具有全球人才网络联通功能。

要素主导流的演进变化大致经历了货物流主导、资金流主导阶段，目前进入第三个阶段，即知识、人才流主导。未来全球人才流动和集聚将出现全球一体化趋势，同时全球人才虚拟化趋势显现。

人才开发与集聚方面，全球城市往往拥有完善的人才服务机制，储存大量人力资本，降低公司的人才搜寻成本，促进创新创业，推动城市经济社会发展。伦敦人才资源开发与管理政策的主要特点是重视教育，十分宽松的人才引进政策，积极推进产学研一体化的人才使用方针；新加坡的人才资源开发与管理的主要特点是注重人才的培养，以最好的政策引进最优的人才以及公正、透明的人才使用体系。

人才流动方面，未来，人才将进行更为广泛和频繁的跨全球流动，高技能创新型人才的"全球环流"成为常态。人才流动在某一点上体现出来的流动水平、频繁程度和密集程度，不仅为全球人才枢纽的构建源源不断地提供动力，同时也直接决定了其在全球范围的地位。

人才辐射和配置方面，当城市成为全球人才网络中的枢纽节点，对全球人才流动、配置产生巨大的吸引力、控制力，产生全球人才的辐射和配置效应，这是人才网络联通枢纽的核心功能。随着科技的迅猛发展，人才有条件利用现代通信、网络等技术手段，身处异地就可将其智力、知识等资源通过转化为信息形式传递到另一个地方，从而实现"才"与"人"相对分离的流动。全球城市需要以全球视野、开放策略，全面联通全球人才网络，从"集聚全球人才"转向"配置全球人才"，实现对人才"不求所有，但求所用"。

3. 充分的设施联通

具体包括交通设施的充分联通和数据信息的充分联通。

（1）数据通信的充分联通。

在信息时代，数据信息联通性反映了城市在全球城市网络中的话语权，通过强化信息资源联通性，提升对其他资源的吸引力与凝聚力，形成对周边或者其他地方资源的高度集聚，从而提升经济实力。"美国 2050 经济前景策划书""伦敦 2050 远景""日本 2050 远景"等一系列国家或城市未来发展战略，推动了全球城市在运用大数据、云计算、物联网等信息科技的能级提升。具体来说，数据通信联通性具有以下三方面要求。

第一，要求具有高度发达的信息网络设施，在海底光缆布局、IP 地址分布、WiFi 布局等方面领先，从而提高掌握全球网络信息资源和提高城市运行效率的能力。全球各城市已经将提高数字接入作为其优先发展战略。伦敦计划提高其数字接入，即宽带和无线网络接入，使其成为欧洲拥有最快接入

表 3.3　2020—2050 年互联网与信息技术发展与应用趋势预测

起止年代	硬件和软件的变革性突破	网络基础设施升级换代	信息技术普及应用
2020—2030	SoC、SiP 工艺 纳米、自旋器件 小型量子计算机	超越 TCP/IP 的未来网络联网传感器达到万亿节能可信 IP 后网络架构	移动互联网全面普及可持续发展的网络体系
2030—2040	可集成光电模拟计算 光远、近场超分辨率存储技术	分组交换的全光网络 泽级超级计算 大规模光计算	泛在网络普及率达到 80%
2040—2050	光子器件、分子器件 光子信息载体 全球量子保密通信技术	尧级超级计算技术 计算技术普及 认知、自治无线通信	全面进入 U 社会（Ubiquitous，无所不在的泛在网络）

资料来源：熊励，《互联网促进上海城市能级提升与建设智慧城市研究》，上海市人民政府发展研究中心"面向未来 30 年的上海"发展战略研究重点课题，2014。

率的城市,2020年将无线网络覆盖地铁,在全市范围实行5G,继续打造伦敦世界领先的开放数据革命。纽约已经制定了广泛的战略目标,在2025年之前让每个纽约居民和企业能够拥有经济、稳定、高速的宽带服务。

第二,具有较高的信息化服务水平,在信息技术与经济社会发展融合方面的水平与能力全面提升,信息技术与社会事业、城市发展等领域高度融合,全方位实现智慧城市。智慧交通领域,以车联网为基础的城市智慧交通为市民出行提供便利。依托互联网和信息技术的无人汽车实现智能驾驶仪对汽车的控制,减少由于人的反应能力和主观因素而导致的交通问题。智慧医疗领域,高效的互联网和先进的信息技术可以实现服务的互连互通和互操作,在不同医疗机构间建立健康信息整合平台,使服务机构业务流程可以整合,医疗信息和资源可

以共享,从而大幅提升医疗资源的合理化分配。智慧教育领域,通过穿戴式设备和移动互联网,任何人都可以获取全球高品质教育资源,教学场地不受限制,教师、学生在虚拟和现实世界中自由切换。

第三,具有信息策源和传播枢纽功能。集聚具有国际影响力的金融、文化等信息源、各类传媒机构和信息平台,拥有高度发达、传播广泛、识别度高的网络新媒体和自媒体平台,是具有全球影响力的信息发布中心。

(2)交通设施的充分联通。

全球城市交通设施联通可分为三个层次:第一是全球交通联通,主要包括大型港口、国际机场和跨国铁路等,它对全球城市的发展起核心支撑作用,保持城市与全球的快捷联通。伦敦是全球经济网络的重要节点以及资源集聚、辐射、流通的中心,具有发达的国际、国家、区域等多个层面的交通运输网

专栏3.2 伦敦TechCity项目的主要经验与进展

在2010年东部硅谷设想提出的同时,卡梅伦也在东伦敦Shoreditch地区同期成立了支持科创产业的政府外组织"科技城(Tech City UK)",为以伦敦为首的相关英国城市里的科技创业者和企业创造有利的辅助条件。科技城工作重心在项目和政策两个方面,一方面启动与科创企业相关的项目方案,如Future Fifty(旨在从政策、平台、资金等方面支持入选英国B轮以上发展最快的50家科创企业的项目),Digital Business Academy(与高校联合为毕业生提供免费在线的创业培训课程的项目)以及Tech Nation(英国科技产业研究项目)。另一方面是实施科创相关的优惠政策,如推动研发税务优惠(R&D Tax Credit)等的实现,吸引Google等科技巨头纷纷将研究项目搬去伦敦。

在2016年第七届全球移动宽带论坛上,华为和英国EE公司联合宣布,正式启动TechCity 2.0在伦敦的全面合作。TechCity 2.0以"Better Connected City"为主旨,以伦敦的商业和金融中心"伦敦城"为中心,向周边辐射扩展,聚焦"宽带化、数字化、安全化"三大维度业务,通过提供覆盖更好、连接更优的MBB网络作为信息共享平台,促进商业繁荣,改善民众的生活质量,并大幅提高人与人、人与物、物与物的连接效率,从而提升整个社会的运行效率。TechCity 2.0首期目标是在伦敦核心区域规模部署LTE-Advanced Pro先进技术,满足中小型企业的信息服务需求。该项目将为英国和全球信息技术的发展、经济的发展以及广大人民幸福指数的提升起到巨大的推进作用。

英国EE公司表示,建设TechCity 2.0,将始终将用户体验放在首位,通过双频段4T4R部署,提升网络质量和网络先进性。TechCity 2.0在4G网络实现接近5G的体验能力,为人们工作生活带来更快捷的使用感受。

资料来源:中国通信网。

络,是国际交通运输枢纽。多个具有相应功能的枢纽场站为此提供了支撑,不仅包括位于大伦敦的场站,还有位于伦敦周边的其他枢纽场站。伦敦着重发展了国际铁路服务,英国 70% 的铁路行程以伦敦为起终点。为鼓励直达欧洲大陆的国际铁路服务,欧洲之星火车将延至金斯克罗斯,还会在斯特德福德站提供国际服务。伦敦还将增强空中连接性纳入城市发展计划。规划中提到,伦敦计划将机场数量增至 6 座,新机场的位置位于泰晤士河的入海口,距帕丁顿仅需 26 分钟地铁,距伦敦桥和国王十字的距离更近。巴黎的交通联通性也是全球领先。戴高乐机场可以通过机场下方的 HSR 站点直连多个法国城市、布鲁塞尔和伦敦。在阿姆斯特丹的史济浦机场中,荷兰国家铁路运营商荷兰铁路公司(NS)的大型客运火车站就位于机场航站楼下方,可以直通阿姆斯特丹、乌特勒支、海牙、鹿特丹等多个城市。史济浦机场也是大力士高速列车的站点之一,可直通安特卫普、布鲁塞尔里尔和巴黎。

第二是区域交通联通,主要包括多层次的轨道交通网络与高速公路等,它对全球城市起到功能性支撑作用,加强全球城市与周边区域的联系,保障了要素在区域之间自由流动,提升资源配置效率,从而进一步强化全球城市的主要功能。纽约运用网络化交通设施连接周边卫星城,在市内和卫星城都设置了大量客运站。中心城市和卫星城市的客运站通过客运专线衔接在一起,大大提高了旅客运输的效率。纽约枢纽内的客运站与地铁、客运港站、轮渡等交通方式紧密衔接,大部分可以让旅客实现零换乘。东北走廊是美国最繁忙的一条铁路路线,位于美国东北部的波士顿与华盛顿特区之间的铁路路段,途经纽约市。无论是从乘客量还是从服务频率来讲,东北走廊均为美国最重要的客运走廊,其中最繁忙的区间是从费城到纽约这一段,美铁公司每天在这个区间开 75—80 次列车,其乘客量占整个交通走廊的一半以上。

第三是内部交通联通,主要包括公路、水路、轨道交通及城市交通管理等,它对全球城市来说起基础性支撑作用,一般来说,全球城市范围较大,功能较多,具有复杂的运行体系,城市的有效运行必须要有一套完善的交通体系。纽约建设了放射状的

轨道交通线路网,发展轨道交通与私人交通的换乘衔接,建设大量"停车＋换乘"设施;伦敦一直倡导将公共交通作为交通管理的最主要内容,城市轨道交通逐渐成为市内公共交通的主力,并在站内附设餐馆、酒吧等商业商办设施,形成交通综合体。东京人口密集,交通负荷程度高,但建立了智能化的现代化交通管理系统,集交通信息收集、反馈、控制于一体,大大提高了城市交通运营能力。

3.2　上海城市枢纽节点功能的现状

枢纽节点功能是全球城市的核心功能。上海在未来将迈向卓越的全球城市。实现这一战略目标就必须要明确上海在全球城市体系中的位置,找出上海与其他卓越全球城市间的差距。

3.2.1　上海城市枢纽节点功能的发展现状

1. 发达的要素市场

经过前 30 年的发展,目前上海已成为中国最重要的金融中心之一。2016 年,上海金融机构总数超过 1 500 家,金融市场交易额达到 1 364.7 万亿元。根据相关指标排名,上海主要金融市场规模保持或进入世界前三,其中上海期货交易所交易量全球居首,证交所股票市场交易量位居全球第二。目前,上海国际金融中心排名上升至第五位。

上海是中国最大的贸易口岸和航运中心,2016 年,上海港口集装箱吞吐量 3 713 万标箱。进出口贸易量按独立关区计算位居全球第 15 位,相当于整个澳大利亚的进出口贸易总量;上海港货物吞吐量和集装箱吞吐量连续 7 年位居全球第一。

上海也是中国最重要的制造业中心之一,是少数依然保留工业生产能力的全球城市,具备从研发到生产的完整产业体系,汽车、装备等六大重点制造业产业链配套齐全。

2. 发达的节点功能

上海是中国国际化水平最高的城市,是中国对外开放的门户,也是中国集聚跨国公司地区总部最多的城市。截至 2016 年末,入驻上海的跨国公司地区总部达到 580 家,成为中国外资跨国公司总部最

专栏 3.3 上海的金融机构体系完善

上海金融机构体系相对比较完善,形成包括银行、证券、保险、基金、信托、互联网金融平台和金融监管机构、同业协会等多元化的金融机构体系(见下图),上海已成为中外资金融机构的主要集聚地,吸引的国外金融机构数量不断增加,国际化程度不断提升。截至 2016 年底,在沪持牌金融机构总数达到 1 515 家,其中外资金融机构占 431 家,占上海金融机构总数的 1/3。总部设在上海的外资法人银行、合资基金管理公司、外资法人财产险公司等占全国总数的一半左右。

除银行、证券、保险、基金、信托等金融机构不断汇聚发展外,近年来,各类国际性、总部型、功能性金融机构和新型金融机构不断涌现。中国信托登记有限责任公司挂牌,上海保险交易所开业,国家开发银行上海业务总部揭牌,金砖国家新开发银行、全球清算中央对手方协会(CCP12)、人民币跨境支付系统(CIPS)、中国保险投资基金等一批重要金融机构或组织落户上海。

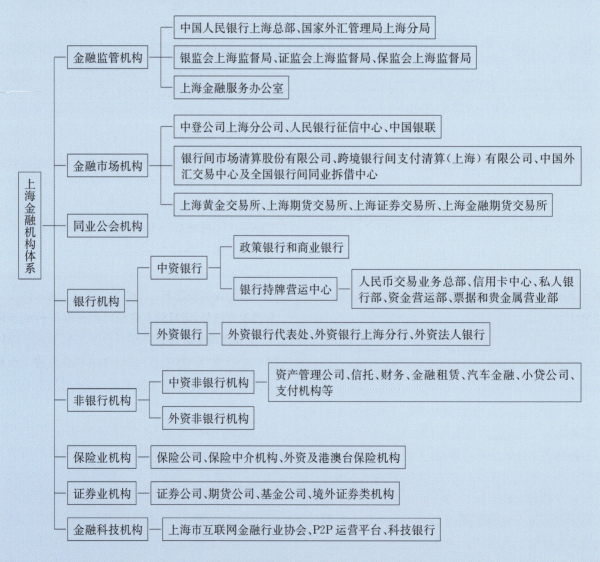

资料来源:上海师范大学茆训诚工作室,《卓越全球城市金融业的发展与前景展望》,2017 年。

密集的城市。

根据相关国际机构的调查,上海是仅次于伦敦的最受外资欢迎的投资首选地之一。多年来上海利用外资规模稳居中国各城市之首。近五年来,上海对外投资额也以年均 40% 以上的速度快速增长,至 2016 年,上海累计对外投资额已经超过 600 亿美元;当年对外投资额超越吸收外资总额,成为中国引进外资和对外投资的双向门户。

上海是国际会展中心城市之一。2016 年上海全年举办各类展览会项目 880 个,总展出面积达到 1 605 万平方米;展览场馆可供展览的总面积和特大场馆展出能力均位居全球第一。

3. 先进的基础设施

襟江带海的地理位置使上海成为全球最大的集装箱港口,货物流通水平国际先进。上海是铁路"八横八纵"的核心枢纽之一,长三角区域内 2 小时通勤圈已基本形成。

浦东、虹桥两大机场年进出港旅客近 1 亿人次,国际旅客吞吐量占全国三分之一以上;两大机场全年货邮吞吐量 378 万吨,运输规模进入世界级行列。

上海信息通信基础设施发达,在国内处于领先水平,为全球的信息流、资金流和服务流向上海集聚和扩散创造了条件。根据宽带发展联盟发布的《中国宽带速率状况报告》,在近几年的网速报告中,上海的网速一直在国内排名第一。至 2017 年第三季度,上海固定宽带下载速率已率先超过了 18Mbit/s。

3.2.2 资本资源要素枢纽联通功能仍有明显差距

1. 上海资本要素联通的核心瓶颈是全球化水平不足

经过多年的金融中心建设,上海的资本市场规模扩大、功能完善、结构齐备、井然有序,资源配置的平台性、基础性作用日益突显,但与全球城市的要求相比,资本资源要素的联通性还有待加强。根据英国伦敦智库 Z/Yen 集团发布的"金融中心指数"排名,上海近年来基本稳定在 13—21 区间,2017年,第 22 期 GFCI 全球金融中心指数排名中,上海首次进入前十,但离第一梯队的伦敦、纽约、新加坡、

香港还有不小的差距。从分项指标来看,上海在基础设施、金融水平与金融人才等硬条件上竞争力较强,在商业环境、金融声誉和金融政策等软环境方面存在不足。

上海资本要素联通的核心瓶颈是全球化水平不足。一是上海的金融中心服务功能仍局限于服务国内,还远没有成为亚洲乃至全球的融资和交易平台。如上海的全球外汇市场影响力较低。2013年 4 月伦敦(40.9%)、纽约(18.9%)两座全球顶尖城市占据了全球日均外汇市场 60% 的日交易份额,与之相比,设立在上海的中国外汇交易中心当月日均交易额仅 130 亿美元,约为伦敦的 0.05%,全球交易量的 0.02%。二是人民币国际化程度不高,人民币跨境融资、结算、清算业务以及资本项目兑换程度偏低,金融服务业对外开放水平不足,尚未形成资本自由流动的格局。根据 2013 年中国人民大学金融研究所发布的国际化指数,美元为 52.3,欧元为 23.6,而人民币只有 0.87。三是金融市场对外开放不足,尤其是国际板尚未开通、金融市场对外国投资者开放度较低,与国际金融市场呈现割裂状态,不利于资源的最有效配置。四是金融机构全球服务能力不足,特别是缺乏有全球资金运作能力的本土跨国金融机构总部和国际化金融高端人才,在金融制度方面与国际接轨程度也较低,导致国内金融机构按国际通行规则服务的竞争力待提升。五是"新金融"发展程度不足。新兴金融代表着未来金融发展的大趋势,而目前上海仍以银证保等传统金融为主,互联网金融等新兴金融仍处在发展的初级阶段,"新金融"发展的生态环境尚未最终形成。六是与世界级金融中心的金融人才规模相比,上海仍有较大的差距。从绝对数而言,伦敦和纽约的金融从业人数曾经分别达到 40 万和 80 万人,远高于上海。尽管近些年由于受金融危机的影响,伦敦和纽约的就业人数有所下降。但是从金融从业人员占就业人员的比例这一相对数来看,纽约和伦敦约为 12%;新加坡约为 7.5%;香港基本维持在 6.2% 左右,均高于上海的 3.1%。而且,上海金融人才的国际化水平相对滞后,国际金融高级经营管理人才尤其缺乏,能够通晓国际金融、外语、法律、电子商务的复合型人才更是凤毛麟角。

表 3.4　GFCI 22 综合竞争力排名和得分

中　心	GFCI 22		GFCI 21		较上期变化	
	排名	得分	排名	得分	排名	得分
伦　敦	1	780	1	782	0	▼2
纽　约	2	756	2	780	0	▼24
香　港	3	744	4	755	▲1	▼11
新加坡	4	742	3	760	▼1	▼18
东　京	5	725	5	740	0	▼15
上　海	6	711	13	715	▲7	▼4
多伦多	7	710	10	719	▲3	▼9
悉　尼	8	707	8	721	0	▼14
苏黎世	9	704	11	718	▲2	▼14
北　京	10	703	16	710	▲6	▼7
法兰克福	11	701	23	698	▲12	▲3
迪　拜	12	691	25	696	▲1	▼16
蒙特利尔	13	697	14	713	▲7	▼6
黑尔本	14	696	21	702	▲3	▼13
卢森堡	15	695	18	708	▲4	▼10
日内瓦	16	694	20	704	▼11	▼31
旧金山	17	693	6	724	▼1	▼17
温哥华	18	692	17	709	▲13	▼5
波士顿	19	690	9	720	▼10	▼30
深　圳	20	689	22	701	▲2	▼12
大　阪	21	688	15	712	▼6	▼24
首　尔	22	686	24	697	▲2	▼11
洛杉矶	23	683	19	705	▼4	▼22
芝加哥	24	683	7	723	▼17	▼40
阿布达比	25	682	28	680	▲3	▲2

资料来源：Z/Yen，全球金融中心指数报告 2017。

2. 上海全球金融与财富管理枢纽功能还有待发育

上海全球资本与财富管理中心功能建设需要完善丰富金融业态、配套政策以及相关的服务支撑。其中金融形态的丰富是资本与财富管理中心功能建设的核心。

一是私人银行、基金公司、信托公司等资本与财富管理的核心机构实力较弱。在私人银行方面，自 2005 年 2 月瑞士友邦银行有限公司上海代表处获银监会批准设立第一家外资私人银行驻华代表处后，法国、美国、荷兰等多家外资银行在上海分行内部设置了财富管理部门。[1] 当前国内私人银行的模式以资产管理、代理业务和顾问咨询为主的盈利模式,并逐步拓展为以中小企业融资、离岸金融以及家庭财富管理作为导向。[2] 目前,中国市场中还没有出现专业化的私人银行,银行机构可能提供的高端服务仅限于信托、基金组合、设立离岸账户、出国留学等,中国高端财富管理市场的发达程度与国际成熟市场相比还有很大的差距,虽然境内私人银行的雏形已经开始出现,但是金融从业人员中符合私人银行理财顾问标准的人才甚少,理财顾问所能提供的服务受自身能力的限制还远不能达到客户的要求。[3] 上海的基金公司在理财业务方面具备规模大、产品线完整、从业人员素质较高、研究投资能力较强的优势,但注册资本普遍偏小,而且产品销售过多依赖券商和银行。信托公司在客户群体细分、结构创设模式及特定目的信托受托业务方面进行了不断创新。但是目前国内信托公司无法设立境外分支机构或没有境外投资能力,不具备开展离岸业务的能力,只有外资银行或外资独立信托公司可以在华开展海外信托业务。[4] 此外,中国法律体系属于大陆法系,而目前英美等主要资本财富管理中心,以及香港、新加坡等新兴资本财富管理中心都是英美法系,存在较大差别。

二是现有金融政策、体制机制和人才还难以为全球资本与财富管理中心提供必要的支撑。从金融政策看,一方面,资本账户开放等金融实务因素将直接影响上海能否吸引境外富裕人群资金入驻;另一方面,在资金跨境流动创新、财富管理机构市场准入,以及高净值人群所得税优惠等方面的问题导致财富市场集中度不高,制约了未来财富与资产

管理中心的发展空间。从参与机构看,上海财富管理市场中,国际大型资产管理机构和私人银行的市场参与度有限,专业化、规范化程度较低,针对高端人群的财富管理业务贫乏,市场也缺少明确的管理规范。[5] 从从业人员看,中国国内存在巨大的高素质人才缺口,难以保证为高净值客户提供完备的服务,制约了资本和财富管理业务的发展。国内私人银行业的专业人才严重不足,截至 2012 年,中国持有私人银行家认证通过合格证的只有 160 多人,中国金融理财规划师的缺口至少是 70 万人。[6]

三是缺少完善的风险等级评估体系[7],尤其是缺少具有独立、权威、国际认可的第三方评估机构。目前,国内第三方评级机构主要是大公国际、东方金诚、中诚信、联合资信、上海新世纪等和泰格金融等具有国有背景的评估机构,不仅评级办法不尽相同,缺乏统一权威的评估标准[8],而且在影响力和独立性方面,与标准普尔、穆迪和惠誉三大信用评级公司存在较大差距。

3.2.3 集聚跨国公司、国际组织和全球人才等高能级主体的枢纽地位还有待增强

1. 跨国公司、国际组织等平台的集聚能力滞后

近年来,上海跨国公司总部机构、国际组织总部和国际高端人才数量呈现迅速增加的态势,但和一流的全球城市相比与高能级主体的联通性还有待增强。根据全球化及世界城市研究网络发布的《世界级城市名册》排名,上海自 2008 年来在其中始终保持"一线强市"级别,与纽约、伦敦两个特等城市在吸引金融、广告、法律等高级生产服务业方面还有差

[1][3] 左家燕:《私人银行的特点和在华发展前景》,《财经界》2010 年第 8 期。

[2] 崔烨:《私人银行加速上海扩张千万门槛定制是否靠谱》,《新闻晚报》2012 年 1 月 12 日。

[4] 巴曙松、牛播坤、刘蕾蕾:《巴曙松:海外信托发展现状与个人财富管理》,中国金融四十人论坛,2014 年 10 月 5 日,参见 http://mp.weixin.qq.com/s?_biz=MjM5NjgyNDk4NA==&mid=200791624&idx=1&sn=a2f5d994ef7a46d65372baaab9c98cfc&scene=1&from=groupmessage&isappinstalled=0#rd。

[5] 邵亚良:《上海建设国际性财富与资产管理中心的目标与路径》,《上海金融》2013 年第 7 期。

[6] 陈丹亭:《中国第三方理财可持续发展探讨》,西南财经大学,硕士论文,2011。

[7] 王水第:《应大力吸引私人银行落户上海》,和讯网,2012 年 6 月 30 日,参见 http://news.hexun.com/2012-06-30/143045034.html。

[8] 《P2P 网贷第三方评级涌动官方评级受期待》,中研网,2014 年 10 月 8 日,参见 http://www.chinairn.com/news/20141008/160615800.shtml。

专栏 3.4 上海对价值链的吸引力主要体现在制造环节

尽管上海在产业的发展方面具有较好的基础,但在价值链中的地位犹如中国在全球价值链中的位置,与全球城市的价值链地位还有相当的差距。根据上海 2013 年的统计公报的数据测算,2013 年上海工业增加值率只有 21.35%,离发达国家 30% 以上的水平还有相当的差距,而战略性新兴产业制造方面的增加值率只有 19.51%,甚至低于工业整体水平。运用跨国公司微观企业数据(Corporate affiliations.com),按照北美行业分类标准代码(The North American Industry Classification System,NASCI)对所有跨国公司从事的经营活动及其价值增值环节进行分类后,在上海的跨国公司中,制造环节在上海的母公司为 1 283 家、子公司为 1 595 家;服务环节的母公司为 1 137 家、子公司为 1 411 家;研发环节的母公司为 411 家、子公司为 529 家。可见,目前上海吸引力较大的还是制造环节的价值链,服务的影响力也较大,研发环节的吸引力最低。相比于入度(在上海的外国跨国公司的数量,上海对跨国公司的吸引力),上海本地的跨国公司的出度偏低,即本国的跨国公司到外面建立的网络联系度较低,特别是服务和研发环节的出度更低,表明上海的价值链环节对外的影响力和辐射力还比较弱。

资料来源:上海市人民政府发展研究中心,《卓越的全球城市:不确定未来中的战略与治理》,格致出版社、上海人民出版社 2017 年版。

距。2014 年,上海仅有 8 家全球 500 强跨国公司总部,而东京有 43 家,纽约有 18 家,伦敦有 17 家。上海国际组织总部的数量更为稀少。相对于伦敦的 57 家,纽约的 21 家和东京的 16 家差距十分明显。

上海与跨国公司、国际组织等高能级主体联通的核心瓶颈在于两方面,一方面在于全球资源整合能力的平台功能建设还比较滞后,资源整合能力比较弱。主要表现在上海在高端价值环节的集聚功能还较低。目前上海的企业总部主要在传统制造业布局较广,在先进制造业与服务业方面的企业总部发展还比较缓慢;上海价值链的联通性还较弱。例如,外资企业总部以及研发中心总体上与上海本土的企业合作并不紧密,二者的互动比较少;上海引

进与发展的跨国企业总部的级别较低,与香港、新加坡的差距还很大,对全球价值链的整合能力较弱。同时,这些总部往往是直接为母公司或者海外市场服务的,对上海产业资源的整合能力还有所欠缺;本土总部企业发展滞后限制了上海价值链提升的空间与活力。另一方面,跨国公司等集聚发展的制度环境亟待优化,准入、税收、信用、法治等制度尚须与国际通行规则进一步接轨。世界银行发布的《2015 年全球营商环境报告(第 12 版)》从中小企业在东道国经营所遇到的法律环境和管制规则角度,对全球 189 个国家以及区域内所选城市的营商环境从 11 个方面进行了评估,上海在营商环境硬实力方面的排名仅为第 8 位,得分仅为榜首城市伦敦的 66%。

表 3.5　上海与部分全球城市在 2014 年科尔尼全球城市指数中的人力资本排名

城　市	排名	城　市	排名	城　市	排名
纽　约	1	香　港	6	巴　黎	14
伦　敦	2	新加坡	11	上　海	23
东　京	5				

资料来源:伍江,《上海城市发展内涵和理念优化调整与城市能级的阶段性提升研究》,"面向未来 30 年的上海"研究课题,2014 年。

表 3.6   国际人力资本存储平台比较

城　　市	科研机构	跨国公司总部	跨国公司分部	国际组织总部数	高等院校（所）
纽　　约	730	18	1 339	21	376
伦　　敦	538	15	1 550	57	40
东　　京	499	51	530	16	148
上　　海	256	8	347	1	67

资料来源：《财富》杂志、世界银行数据库、《上海统计年鉴（2013）》。

2. 上海在创新人才集聚方面与顶级全球城市相比仍有差距

在普华永道发布的《机遇之都 6》中，上海接受高等教育人口占比仍然落后于其他全球城市，该项指标排名 15 名，落后于排名第 10 位的东京，显示了科技创新潜在人才的差距。2008—2014 年，根据科尔尼全球城市指数的排名，上海在人力资源的排名也一般都在 20 名以后，例如 2014 年上海的全球城市人力资本指数排名为第 23 位，而纽约、伦敦和东京则分别为第 1 名、第 2 名和第 5 名。

上海与全球人才联通方面的障碍主要在于人力资本的储存、交流、服务平台支撑不足。

一是上海的国际人力资本储存平台与卓越的全球城市存在差距。国际人力资本储存平台，主要指大型企业集团、公司总部、服务类组织机构、高等院校等。这些组织支撑着全球城市的网络流量，促进了资源要素的网络化流动。与此同时这些组织机构和个人群体的业务活动也依赖于相应的业务平台。除大型企业集团、跨国公司总部有不小差距外，科研机构方面，纽约最多，达到了 730 家，其次是伦敦和东京，分别为 538 家和 499 家，而上海的科研

机构只有 256 家。从高等院校的数量来看，纽约的高等院校数量最多，达到了 376 所，其次是东京，为 148 所。上海地区的正规高校数量为 67 所，伦敦的高校数量相对较少，只有 40 所。不难看出，经济的基本状况和几座城市人力资本储存平台的现状是基本吻合的。上海在人才的集聚甚至整个经贸的全球影响力上，相对于几座全球城市的差距都十分巨大。

二是国际人才交流平台还相对较少。公共图书馆、高等院校、艺术馆、文化馆构成了全球城市中非常重要的核心文化设施。这些设施形成了全球城市的国际化交流平台，是反映一个国家或地区人才可持续发展的重要指标。除了高校、图书馆等专门设施外，也包括每年举办的大型国际会议的次数等，主要反映了国际化人才实现有效交流的环境。

在公共图书馆的数量上，截至 2008 年，纽约的公共图书馆数为 755 座，伦敦和东京分别为 395 个和 387 个。上海的公共图书馆数量只有 25 个，加上所有的高校图书馆和重要的科研机构图书馆（中国的高校图书馆还是不对公众开放的）也不足 100 座，

表 3.7   全球人才交流平台比较

城　　市	图书馆（座）	艺术、博物馆（座）	举办大型国际会议（数）	国际赛事（次）	节庆活动（次）
纽　　约	755	407	137	279	187
伦　　敦	395	200	106	—	—
东　　京	387	246	21	—	—
上　　海	25	109	31	233	65

资料来源：纽约、伦敦和东京的高等院校的数量以中国教育部公布的留学正规院校（截至 2012 年 6 月）为准。其他指标数据分别来自美国国家教育局网站、伦敦统计网站、《东京统计年鉴（2011）》、《上海统计年鉴（2013）》。

上海与其他全球城市差距巨大。在文化艺术馆数量上，纽约州的文化馆、艺术馆和博物馆为 407 个，东京和伦敦分别为 246 个和 200 个，上海地区艺术馆文化馆和博物馆数量为 109 个，与其他全球城市比，在数量和质量上均差异显著。在每年国际会议的召开次数上，2008 年，在纽约市召开的国际会议次数达到了 137 次，伦敦和东京分别是 106 次和 21 次，上海与东京的国际会议次数比较接近，达到了 15 次。

三是上海在人才服务平台的集聚上还有较大差距。全球人才服务平台主要用于反映一个国家或地区为人才提供服务，并拓展其发展空间的能力

的重要指标。从现阶段看，主要考虑相应地区人才市场、猎头公司的作用，以及各类基金会的数量和质量。

猎头公司是全球城市提供人才服务的重要载体，而且其作用正随着时间的发展越发重要起来。全球范围内猎头公司发展最成熟的是美国。这些猎头公司主要存在于如纽约一类的重要中心城市。在当今世界排名前 10 位的跨国型猎头公司中纽约占 4 席，伦敦 1 席，在前 20 位中纽约占 10 席，伦敦 1 席。这也是纽约在全球城市能级和影响力上高于东京和伦敦的一个重要体现，相比之下上海的差距要大得多。

表 3.8　2012 年全球排名前 20 的猎头公司及所在城市

公　司	总部所在地	2007—2012 年平均年成长度
1. Korn/Ferry International	洛杉矶	17.3%
2. Heidrick & Struggles	芝加哥	29.3%
3. SpencerStuart	纽　约	37.5%
4. Cornerstone International Group	洛杉矶	38.9%
5. Russell Reynolds Associates	纽　约	25.1%
6. Amrop/Hever Group	伦　敦	17.4%
7. Egon Zehnder International	纽　约	10.8%
8. Ray & Berndtson	沃尔斯堡	8.6%
9. Ward Howell International	纽　约	17.6%
10. GKR Neumann	维也纳	17.0%
11. Transearch International	巴　黎	21.2%
12. A.T.Kearney Executive Search	芝加哥	49.3%
13. Norman Broadbent International	纽　约	0.0%
14. Horton International	埃　文	20.0%
15. Boyden	纽　约	4.9%
16. D.E.Foster Partners	纽　约	13.7%
17. IIC Partners	芝加哥	17.0%
18. InterSearch	纽　约	15.9%
19. TASA International	纽　约	0.0%
20. Accord Group	纽　约	22.8%

资料来源：http://www.4icj.com/menu/about.htm＃ranking.

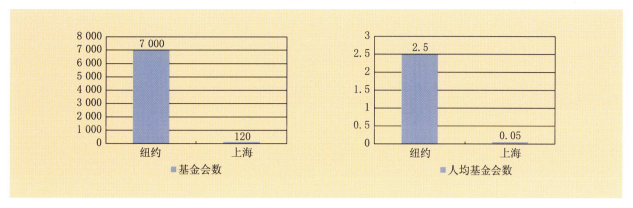

图 3.3 上海与纽约基金会总量与人均数量对比

与其他全球城市相比,上海在基金会发展上的差距也十分明显。2008 年,纽约有 5 000—7 000 个拨款机构纳入美国基金会中心统计分析,NGO (Non-Governmental Organizations)组织数高达 2.5 万个。从每万人拥有基金会数目的角度比较,上海仅 0.05 家,与纽约 2.5 家的数量相差 50 倍。

除了数量,上海基金会的质量也无法与纽约相比。从资助型与运作型角度来看,纽约除了占总数 6%的运作型基金会外,其他基金会习惯于资助非营利组织开展公益项目,而上海基金会绝大多数还习惯于自身开展公益项目。从活动领域而言,纽约的基金会(也是全美的基金会)以健康领域和教育领域为主。抽样调查的结果显示,各领域资助金额占总资助金额比例:健康领域 22.9%;教育领域 21.8%;艺术文化人文领域 12.5%;人类服务领域 12.5%;公共社会福利领域 10%;环境和动物保护领域 8.6%;国际事务领域 5.7%;科技领域 2.6%;宗教领域 2.2%;社会科学领域 1.2%;其他领域 0.1%。而调查显示,上海的基金会资助主要以民政领域为主,其资助金额占总资助金额的比例高达 75.5%;紧随其后的是教育领域,比例为 9.3%。可见,上海基金会不但数量少,而且其发挥作用的领域也十分单一,与未来 30 年全球城市的人才服务功能还不相称。

3.2.4 在数据信息和交通等软硬设施的联通性上还有长足的提升空间

1. 数据信息联通性还有待提升

上海信息通信基础设施发展迅速,枢纽型、功能性、网络化的交通基础设施也已初具规模,但仍落后于全球领先城市,面临航运、空运和信息化方面全球联通性不足的挑战。根据爱立信发布的《2014 网络社会城市发展指数》,按照利用 ICT 促进商业发展的能力对全球 40 个大城市进行排名,斯德哥尔摩、伦敦、巴黎、新加坡、哥本哈根位列前五,北京排名 26,上海排名 28。具体来看,数据信息联通性方面主要存在着三方面问题。一是网络速度还有待提升。2015 年,上海互联网普及率约 70%,平均网速为 7 兆比特每秒(Mbps),高于全国平均网速 6.1Mbps,但仍落后于其他亚太地区(韩国 23.6 Mbps、香港 16.7 Mbps、日本 15.2 Mbps、新加坡 12.9 Mbps)。二是与国际互联网的联通性还有待增强。据企业反映,上海与国际互联网的接入还存在不少障碍,特别是商业数据的跨国传输还不够顺畅。三是本土"入口型"龙头互联网企业还较为缺乏。尽管上海互联网和信息技术在细分领域应用实力强劲,但与北京、深圳、杭州等相比,尚缺乏百度、腾讯、阿里等占据互联网入口的龙头企业引领。四是信息安全体系建设还有待加强。主要表现在:信息安全前瞻性研究不足、监管和服务手段相对薄弱、技术产业基础支撑能力有限、分散的资源投入与安全需求不相适应等。

2. 交通联通效率和服务水平亟须提高

在物流方面,上海已基本建成枢纽型、功能性、网络化的交通基础设施,为上海建设全球投资贸易枢纽创造了有利条件。但交通联通性方面主要存在三方面问题。

一是全球航运资源配置能力还有待提升。当前

专栏 3.5　上海信息安全体系建设面临挑战

　　信息安全体系建设方面面临的挑战则更多,智慧城市建设的加快推进对信息安全保障工作提出了严峻挑战。伴随着智慧城市建设的深入,基础网络设施建设和信息化应用不断推进。目前,上海光纤覆盖已经超过650万户,WLAN总量超过2.2万处,数字健康档案、电子账单等应用也在逐步改善居民的生活。然而,信息化大步发展在给城市运行和市民生活带来效率和便利的同时,也给信息安全保障工作提出了严峻挑战。目前钓鱼WiFi热点以及个人信息泄露等问题时有发生,对城市运行安全和个人信息保障构成严重威胁。总的来说,现阶段信息安全保障能力仍无法与现实需求相适应。有三个核心问题:(1)关键信息技术产品受制于人。据近期的检查发现,银行、证券、保险、通信等重要行业100%的高端服务器、存储设备和操作系统,90%以上的核心网络设备,工业控制系统中85%的核心控制设备和软件均为国外产品,安全隐患严重。(2)重要网络和信息系统防护薄弱。据工信部抽查发现,我国63%的业务系统、33%的政府网站、17.5%的服务器、23.2%的网络设备、26.2%的终端计算机存在高危风险漏洞,大部分漏洞可被利用,进而实施攻击破坏。(3)关键基础设施工业控制系统面临的安全威胁逐步加大。石化、电力、轨交、供水供气、钢铁、有色、化工、装备制造等关键设施工业控制系统越来越多采用通用软件、通用协议,并以各种方式与互联网等公共网络连接,病毒、木马等正在向工业控制系统扩散,安全威胁日益凸显。

　　资料来源:吴忠等,《上海信息资源发展趋势与开发前景研究》,上海市人民政府发展研究中心"面向未来30年的上海"发展战略研究课题,2014。

　　日益增长的航运服务需求和较弱的航运服务功能之间的矛盾日益凸出,目前较粗放的发展模式逐渐显示出后继乏力态势。在发展理念上,仍然重视以港口吞吐量作为衡量指标,在航运基础设施的投资方面仍然是重要抓手,尚未形成以提升航运服务能力和集疏运体系效率为主的发展模式,航运服务业发展相对滞后,全球综合资源配置型航运功能薄弱。

　　从航运枢纽地位来看,2014年上海国际货邮运输量(仅含浦东机场)全球排名第4位。[1]仅次于中国香港国际机场、阿联酋迪拜国际机场、韩国仁川国际机场;并超过法兰克福国际机场。客流方面,2012—2013年,上海(仅含浦东机场)全球排名第20位。但是在国际旅客运输量方面没有进入前30位。从海运枢纽地位来看,上海的海港总运量和集装箱运量已双双排名世界第1位。但是,上海仍在航运服务、航运环境两个二级指标方面排名较后。

　　二是航运效率还有待提升。从效率角度来讲,

上海的物流系统还有不足。上海国际航运地位远不如香港、新加坡。截至2011年底,在香港注册登记的国际航运船舶达到1952艘6833万总吨;新加坡为3936艘4662万总吨;同期在上海海事局在册登记的国际航运船舶数量(包括特案免税船舶)为355艘904万总吨,特案免税船舶25艘31万总吨。根据2011年年底的数据,上海登记在册的国际船舶数量仅为香港的13%,新加坡的19%。从港口综合实力的角度看,包括上海在内的中国港口,具有全世界领先的装卸效率,然而繁琐和低效率的行政管理制度造成通关效率低下,最终导致船期损失。目前中国香港、新加坡、韩国釜山等港口,国际中转业务的占比都超过了50%,新加坡的占比甚至有80%多,其中绝大部分是内地货(有一部分即是来自港口效率问题),而上海港在目前国际航线中转业务所占的比例不到10%。此外,中国港口使费远远高于周边地区,以一万吨左右的外贸杂货船为例,中

---

　　[1]　如果加上虹桥机场可达第3位。

表 3.9　国际航运中心排名及上海的地位

	"新华—波罗的海指数 2014" 总排名	世界航运理事会 2013 排名 （按集装箱运量）		世界航运理事会 2013 排名 （按集装箱运量）	"新华—波罗的海指数 2014" 总排名
新加坡	1	2	上　海	1	7
伦　敦	2	35	新加坡	2	1
香　港	3	4	深　圳	3	21
鹿特丹	4	11	香　港	4	3
汉　堡	5	15	釜　山	5	10
迪　拜	6	9	宁波和舟山	6	20
上　海	7	1	青　岛	7	23
东　京	8	23	广　州	8	26
纽　约	9	22	迪　拜	9	6
釜　山	10	5	天　津	10	17

资料来源：引自新华—波罗的海航运指数 2014，世界航运理事会。

国港口的港口使费远高于日本、韩国、新加坡和越南，每艘次港口使费平均要高出 5 000 美元左右。航运保税油缺乏竞争，至今没有实质启动。

总体来说，一方面部门协调机制还不够健全，运作机制与集成管理还有待改进；另一方面集疏运体系总体结构不均衡，公路比例过高，内河、铁路运能不足，给城市交通、节能减排工作带来了巨大的压力。

三是国际航空枢纽竞争优势有待提升。许多评价全球城市的指数均把航空港的发展状况作为重要的评价指标，其重要性超过航运中心。这是因为航运中心的形成与规模受制于地理条件，并非是全球城市普遍的功能，而航空由于服务于跨国公司的全球生产网络，所以其规模和质量对一个全球城市来说至关重要。航空大都市概念的创始人卡萨达认为航空联系是当前全球化时代城市间最基本的物理联系所在。他提出信息时代通过电话、邮件、网络产生的联系终将变成显示中面对面的联系，万亿次的信息联系将导致百亿次的空中飞行，而航空联系是物联网的根本联系手段。

根据 GaWC 2008 年和 2012 年列出的阿尔法级

别的 39 个全球城市名单，从 2011 年飞友网航班时刻表里搜集这 39 个全球城市间的航班，利用社会网络法，分别计算节点中心度、中间中心度。上海与首尔、多伦多并列节点中心度的第 8 位，排名前三的分别是巴黎、法兰克福和阿姆斯特丹，其节点中心度在 31 以上，表明它们与样本中 80% 以上的城市相联系，体现了它们掌握较多的网络联系资源，其地位超过了纽约、东京和伦敦这三大全球城市。北京、上海、首尔的节点中心度也进入了样本的前十，表明它们正通过国际联系的拓展，来提高它们在全球城市网络中的地位。

如果说节点中心度反映了节点所掌握的联系资源的多少，那么中间中心度则反映了节点所掌握联系资源的重要性，即网络中权力的质量。中间中心度的测量中，巴黎、阿姆斯特丹和法兰克福依然位居前三，体现了它们在网络权力结构中，无论是从掌握权力的量还是质来看在所有城市中都是最高的。中间中心度前十的排名中，包括了多伦多和马德里。这一特征显示了两者在网络中作为"中间人"的重要性很高。其中多伦多是加拿大的对外窗口以及联系美洲与亚洲的重要中介点，而马德里的情

表 3.10　全球城市在航空网络中的地位（前 15 位城市）

排名	城　市	节点中心度	城　市	中间中心度
1	巴　黎	34	巴　黎	43.344
2	法兰克福	33	阿姆斯特丹	42.379
3	阿姆斯特丹	31	法兰克福	38.466
4	纽　约	29	伦　敦	34.409
5	东　京	29	纽　约	26.564
6	伦　敦	28	北　京	25.317
7	北　京	27	多伦多	21.836
8	上　海	25	东　京	21.198
9	首　尔	25	马德里	17.141
10	多伦多	25	首　尔	13.105
11	新加坡	24	上　海	11.710
12	曼　谷	24	新加坡	10.083
13	香　港	23	曼　谷	9.950
14	马德里	23	洛杉矶	8.029
15	洛杉矶	22	维也纳	7.684

况则是作为联系欧洲和南美的重要中介点。上海在中间中心度上跌出了网络的前十，说明上海作为网络中介点的作用性不强。另外，对比首尔和上海的国际航线数，发现首尔与 163 个国际城市有航班联系，国际航班覆盖六大洲，而上海仅与 91 个国际城市有航班联系，主要通往日韩、北美和西欧的城市。就此而言，上海航空港的国际地位还比较低。

目前航线网络完整性、均衡性存在缺陷。亚洲航线占全天国际航班的比例为 78%，中远程洲际航线比重偏低。国际旅客吞吐量排名不高。中转衔接缺乏竞争力。浦东机场中转旅客比例仅约 10%，远低于国际大型枢纽机场。浦东机场国际与国内互转的最短衔接时间（MCT）也亟需缩短。

3.3　提升上海城市枢纽节点功能的对策

要加快上海建设卓越全球城市的步伐，就要针对上海在城市连通性上存在的差距，采取相应的对策举措，进一步提升上海城市枢纽功能。

3.3.1　提升资本要素集聚枢纽功能，不断提高全球资源配置能力和全球金融治理能力

1. 充分发挥自由贸易港的引领作用

党的十九大报告提出，要赋予自由贸易试验区更大改革自主权，探索建设自由贸易港。上海要按照国家战略，形成开放度最高、国际竞争力最强、风险防控有效的贸易便利化制度体系和口岸监管新体制。建议：一是争取实施更高标准的"一线放开""二线安全高效管住"监管制度。"一线放开"不充分是上海自贸试验区的一大短板（在新加坡樟宜机场自贸区，货物到区后 4—6 小时内，货主即可凭舱单提货。上海自贸区虽实施了"先入区、后备案"，但申报要素仍多达 30 项，完成备案仍需 2—3 天）。应在风险有效防控的前提下，依托信息化监管手段，取消或最大程度简化入区货物的贸易管制措施，最大

表 3.11　实现人民币国际化的时间表

年份	长度	主要观点(作者)
2019	5 年	人民币可自由兑换是上海成为国际金融中心的基本前提,因此,10 年后(2019 年)人民币必将实现全面可自由兑换(殷剑锋,2009;黄远辉,2009)
2020	6 年	通过对各国央行国际储备、贸易结算以及国际债券中各国货币的比重分析,模拟了未来 2020 年主要国际货币在国际储备、贸易结算以及国际债券的比重;指出人民币在完全可自由兑换和最乐观的预测下,到 2020 年,人民币作为国际储备货币的比例会接近 20%。并且仍可以发挥境内和境外两个市场的优势,采用双轨制推进人民币国际化的进程(李稻葵、刘霖林,2008);"力争到 2015 年基本确定上海的全球性人民币产品创新、交易、定价和清算中心地位的发展目标";到 2020 年"基本建成与我国经济实力以及人民币国际地位相适应的国际金融中心"(发改委《"十二五"时期上海国际金融中心建设规划》)
2024	10 年	实现人民币国际化,我国有三项工作要做:汇率制度改革、人民币可自由兑换、资本项目开放,并提出十年基本实现人民币国际化的时间安排。2014—2015 年,建立汇率目标区制度,目标区宽度为 5%;放宽对境内企业境外投资的汇兑限制,鼓励企业走出去;放开大额定期存款的利率上限限制。2016—2017 年,将汇率目标区的边界扩大到 10%;取消对企业境外投资的汇兑限制,允许境外企业和个人投资 A 股市场及债券市场;放开小额定期存款的利率上限限制。2018—2019 年,将汇率目标区的边界扩大到 15%;基本取消对境内居民到境外投资的汇兑限制,允许商业银行在境外发行货币市场基金;放开活期存款的利率上限限制。2020—2021 年,将汇率目标区的边界扩大到 30%;基本取消对金融信贷的汇兑限制,允许企业和个人在境外买卖金融衍生产品;允许商业银行开展证券及保险等业务。2022—2023 年,将实现浮动汇率制;基本取消对所有资本项目的汇兑限制,基本实现资本项目开放;基本完成金融系统的改革,实现国际化、市场化和系统化(成思危,2013)
2024	10 年	指出人民币的国际化应该是一个循序渐进不断发展和成熟的过程。同时,他还给出了一份人民币国际化的"时间表":人民币成为全球结算、投资和储备的主要货币之一,预计应该需要 15 年左右的时间(李礼辉,2009)
2030	15 年	人民币国际化一定是一个比较长的历史过程。通过对历史经验的计量分析表明,要想与美元和欧元成为同一个数量级的货币,人民币还需要 15 年左右的时间(陈雨露,2014)
2032	20 年	人民币可能在 20—25 年内成为主要的国际货币,若人民币资本账户开放的速度加快,人民币成为主要国际货币的时间会更短(Subramanian and Kessler,2012)
条件论		多数国外学者是"条件论":人民币国际化的先决条件是利率市场化和资本账户自由化(Nicholas Lardy,2012);中国与其合作国间的双边投资协议及贸易协议会促进其双边货币互换,有利于人民币国际化(Steven Liao 和 Daniel E.McDowell,2013) 虽然现在国际贸易市场上美元和欧元是主要的计价货币,但由于中国贸易量的持续增长,可以预期,人民币也会成为主要的计价货币(Auboin,Marc,2012) 通过对美元、马克、日元三种货币成为国际货币的影响因素分析,指出人民币有成为国际化币的潜能,但并不能在短期内成为主要的国际货币,取代美元的国际货币地位需要的时间要更长(Jeffrey Frankel,2011) 人民币与其他货币间的货币互换是由贸易决定的,而不是出于流动性需求引起的;人民币若要成为国际储备货币,中国需放松资本管制,并且在推动人民币国际化进程中,应逐步进行。中国推行人民币国际化的挑战是利率市场化、汇率制度改革、资本账户开放的次序安排问题(Ito T.,2012) 即使中国政府不采取措施去推动人民币国际化,人民币也很有可能会成为主要的国际货币(Robert Mundell,2011)

资料来源:丁剑平,《未来 30 年人民币国际化进程研究》,上海市人民政府发展研究中心"面向未来 30 年的上海"发展战略研究课题,2014。

程度简化一线申报手续。二是争取实行集约管理体制。目前口岸管理机构众多,包括海关、检验检疫、边检、海事等,彼此衔接不畅,制约了贸易便利化。建议争取国家授权,在自由贸易港区整合相关机构,统一行使口岸监管职能。三是争取完善离岸业务的增值税政策。统一对离岸业务实行简易征收,降低其流转税负担,并借鉴国际经验,实行增值税免税或零税率政策。

2. 推进人民币双向跨境流动

上海应争取成为面向全球的人民币资源配置和综合服务的组织者和提供者。强化提升人民币产品创新、交易、定价和清算等基本功能;推进实现人民币资本账户开放;促进人民币的跨境使用,发挥人民币国际储备功能,拓宽境外人民币投资回流渠道,创新形成面向国际、产品丰富的多层次、多功能金融市场体系,成为人民币等主要货币全球双向流动的主要枢纽。

近期来看,应配合国家有关部门制定"金改40条"实施细则。拓展自由贸易账户功能,启动自由贸易账户本外币一体化业务,鼓励金融机构利用其开展金融创新。扩大金融市场对外开放,加快面向国际的金融交易平台建设,探索建立人民币国际化服务中心。

3. 打造国际化、创新型金融中心

上海应进一步深化国际金融要素市场功能,加快推进金融市场开放,建设能够辐射国际金融市场的资产交易平台,完善更多与国际市场接轨的金融市场交易制度,成为"万国金融城市";充分利用信息化、数字化技术手段,强化与互联网、大数据等信息技术的融合,构建引领未来全球金融中心发展潮流和创新趋势的互联网新金融中心;强化金融对实体经济的支持,探索新型金融服务体系和产品创新,构建与科技创新、绿色发展要求相适应的全球金融产品、服务创新中心。

4. 构建全球投资和财富管理中心

针对国内外居民,提供全球化的理财产品与服务;集聚世界资本,实现全球投资,构建投融资体系健全、金融产品丰富、制度管理体系完善的亚太乃至全球资本之都与财富管理中心。健全境外投资服务支持体系。拓展中国企业全球投资服务功能,

推动金融资本与产业资本联合"走出去";提升跨境资本服务功能,通过制度上的充分开放和信息上的完全互联,构建海外跨国公司投资中国的枢纽,成为海外大中小跨国公司进入和布局中国市场的首选站。

5. 打造全球金融科技(Fintech)中心和绿色金融中心

上海定位于国际金融中心和科技创新中心,对金融科技既有很大的需求又有很好的技术支持,是最佳的金融科技发展基地。未来应抓住战略机遇,努力打造全球金融科技枢纽。一方面,营造竞争环境,激励对金融科技的投资,有效地促进新技术在新领域的运用,打造先进的科技金融基础设施;另一方面,要创建一个基于金融科技的监管系统,对金融科技可能导致的威胁和风险实施预估、监控和管理,在确保系统安全的同时,拥有应对未来创新和发展的灵活性。同时,借助"绿色技术银行"和全国碳排放权交易系统落地上海的契机,加强政府在促进绿色金融发展的统筹和引导作用,尽快完成上海绿色金融体系的顶层设计,出台绿色金融的指导性文件,对上海的绿色金融发展以及金融支持"绿色技术银行"进行全面规划和部署,打造上海"绿色金融中心"的品牌。

6. 进一步集聚国际金融机构

持续稳健推进金融业对外开放,吸引集聚各类国际金融机构;加快推进金融市场开放,建设面向国际的金融市场平台,促进与境外金融市场互联互通,有序引导境外金融机构参与金融衍生品交易市场,实现上海金融市场面向全球的资产定价能力;提升金融机构的国际化经营水平,鼓励金融机构审慎开展跨境并购,完善境外分支机构网络,提升金融服务竞争力与包容性。

7. 提升全球金融治理能力

抓住人民币国际化地位提升契机,服务"一带一路"国家战略,在推动和改善全球金融治理中发挥积极作用。引导和推动上海金融市场和机构发展,在为发展中国家基础设施投资提供融资渠道、推动普惠金融发展、建立支持绿色投资的可持续金融体系等方面发挥作用。建立跨市场、跨行业的全口径、全覆盖的金融风险管理制度安排,营造一流

的金融生态环境,成为全球金融风险监控的重要节点和全球金融市场重要的稳定之锚。

3.3.2　充分发挥上海服务"一带一路"建设的桥头堡作用,进一步提升上海城市综合服务功能

1. 深化"一带一路"贸易投资合作

根据国家部署,积极办好中国国际进口博览会,推动经贸合作向纵深发展。一是办好"一带一路"国际进口博览会。引进国际品牌,形成具备专业化、国际化、市场化的进口展示交易平台,配套外贸平台建设,拓展技术研发、产品认证等公共服务功能,积极建设进出口交易中心。二是深化"一带一路"贸易合作。建设"一带一路"进口商品保税展示中心,推动"一带一路"跨境电子商务发展。三是加强"一带一路"投资合作。促进国内产品、设备、技术、标准和服务等一体化走出去,进一步放宽境外投资备案权限,完善对外投资服务促进体系。四是深化国际产能和装备制造合作。重点在火电、核电、风电、太阳能等能源装备,智能制造装备,生物医药与医疗器械,特种设备装备制造等领域加强合作。

2. 建设"一带一路"投融资中心

把握国家金融开放和人民币国际化机遇,对接"一带一路"金融服务需求,加强与上海国际金融中心联动,把上海建成"一带一路"投融资中心和全球人民币金融服务中心。一是完善投融资服务体系。支持在沪金融市场与沿线国家(地区)交易所、登记结算机构间的双边业务和股权合作。吸引集聚单边和多边金融机构,加大开放性和政策性金融支持力度,推动设立"一带一路"金融资产管理公司,支持境内外优质企业利用上海资本市场发展。二是扩大人民币跨境使用。加强与境外人民币离岸市场合作,加快推进人民币跨境支付系统(CIPS)二期建设,与沿线建立货币联动清算机制。支持银联国际等非银行支付机构提供跨境金融服务,推动互联网、电信支付等普惠金融走进沿线。三是建立"一带一路"风险管理中心。大力发展"一带一路"保险服务,鼓励在沪保险机构与"一带一路"沿线开展再保险业务合作。与"一带一路"沿线国家加强信息沟通和监管协调,有效防控金融风险。

3. 持续增强基础设施互联互通功能

加强与上海国际航运中心建设联动,强化国际海空枢纽建设,促进航运与新技术的融合。一是进一步加强集疏运体系建设,充分发挥海空国际枢纽优势,拓展完善航线航班网络布局,加快打造高效通畅的全球集装箱海上运营网络,优先发展面向"一带一路"沿线国家(地区)的国际航线。提升航空枢纽航线网络覆盖面和通达性,争取在空域管理、航权分配、时刻资源市场化配置方面试点。二是进一步强化现代航运服务体系建设,加快发展高端航运服务业。扩大"上海国际航运中心综合信息共享平台"服务范围至"一带一路"沿线,吸引国内外知名航运、航空咨询机构设立分支机构,鼓励航运咨询机构走出去,提升"一带一路"上海航贸指数影响力。三是提升国际海事组织亚洲技术合作中心服务功能,提高与沿线国家(地区)在海事技术、管理和服务等方面的协作协同水平。四是促进智慧化和绿色港航发展。加快建立智慧化、绿色化的航运服务体系,鼓励货运代理、船舶代理等航运服务企业通过"互联网"发展新型航运业态,鼓励航运类、贸易类等跨境电子商务平台发展。

4. 加强"一带一路"科技创新合作

一是持续对接国家"一带一路"科技创新行动计划,加强与科技创新中心联动,依托功能性平台和项目,促进科技联合攻关和成果转化。完善"一带一路"技术转移平台,进一步在沿线国家设点布局,拓展技术转移协作网络。二是围绕上海科创中心建设重点领域,推进联合实验室或联合研究中心建设。推进大科学设施向沿线国家(地区)开放。三是继续扩大"一带一路"优秀青年科学家合作交流范围和项目,支持外籍青年科学家来沪从事全职科研工作。四是着眼于促进高新技术产业国际化发展,加强与沿线国家(地区)科技园区合作。充分利用上海国际科技界、浦江创新论坛等平台完善合作机制,促进科技创新政策及管理经验交流。

5. 提升"一带一路"人文合作交流水平

一是进一步深化多层次人文合作交流机制,在

文化、教育、卫生等领域推动务实项目,促进民心相通。深化拓展五大合作机制,巩固发展丝绸之路国际艺术节联盟,深化和扩大"一带一路"电影节合作机制,推动"一带一路"音乐创演、美术馆、博物馆合作机制取得新突破。二是推动建立"中华文化"走出去工作机制,提升对外文化宣传的传播力和影响力。开展经贸投资人才培训,全面实施面向沿线国家(地区)各类职业能力培训及专业研修提升项目。三是促进"中国—捷克中医中心"功能提升,支持"海上中医"中医药海外中心建设,推进"海上中医"意大利项目。

6. 推动"一带一路"智库建设

一是充分发挥上海各类智库资源优势,进一步促进合作互动和成果共享,为服务国家"一带一路"建设提供更全面的专业智力支撑。二是进一步提升"丝路信息网"功能,探索建设国家级丝路信息数据库。深化完善"一带一路"智库合作联盟,加强与沿线国家(地区)智库资源整合、政策沟通、人才交流。三是加强城市治理模式、经验案例库建设,打造中国城市治理模式研究智库平台。组建上海全球治理与区域国别研究院。提升中国—阿拉伯改革与发展研究中心服务,推动中阿治国理政经验交流和深层次合作。四是加强与沿线国家(地区)贸易投资机构交流,共同研究探讨商事与贸易投资规则

设计。

3.3.3 提升经济流量规模和基于开放网络的枢纽功能,集聚和服务跨国公司和全球人才

1. 大力发展流量经济和平台经济

完善多元要素自由进出的开放环境,在人才流动、技术扩散、经济资源与要素整合配置等方面发挥积极作用,提升流量经济的配置管控能力,使城市的综合功能进一步加强;集聚多元化的功能性机构和功能性平台,全面参与全球价值链重构,充分发挥全球经济网络体系节点作用,进一步增强上海在全球价值链中的辐射服务功能,成为全球产业链和价值链重组的重要推动者和影响者。

近期来看,可以以扩大服务业对外开放为突破口。对照国际通行规则,张弛有度地"瘦身"负面清单,尽快在增值电信、金融服务、演出经纪、航空服务、教育培训等领域进一步扩大开放,增强项目落地的便利性。试点跨境交付和自然人流动的开放方式,在信息技术迅速发展的背景下,许多服务如在线教育、在线金融等业务可通过跨境交付方式实现,应积极试点这一方式。另外,专业服务业主要依靠人力资本投入,上海自贸试验区对此应通过自然人流动和资质认可方式来扩大开放。

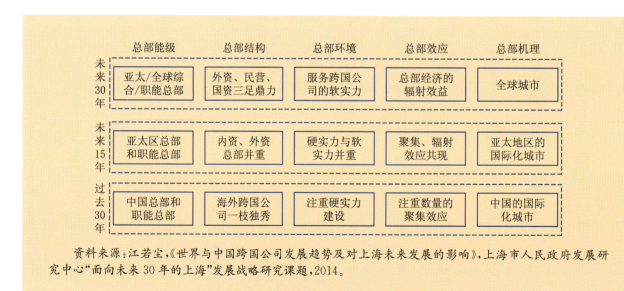

资料来源:江若尘,《世界与中国跨国公司发展趋势及对上海未来发展的影响》,上海市人民政府发展研究中心"面向未来30年的上海"发展战略研究课题,2014。

图 3.4　上海未来发展跨国公司的战略建议

表 3.12　全球城市网络的城市网络关联度排名

城　市	全球排名	中国排名	全球网络关联度（%）
香　港	3	1	73.0
上　海	7	2	62.7
北　京	12	3	58.4
台　北	43	4	41.7
广　州	67	5	34.1
深　圳	106	6	25.8
天　津	188	7	16.8
高　雄	223	8	143
南　京	245	9	13.5
成　都	252	10	13.1
杭　州	262	11	12.5
青　岛	267	12	12.3
大　连	275	13	12.0
澳　门	291	14	10.9
重　庆	319	15	8.9
西　安	323	16	8.7
苏　州	325	17	8.6
武　汉	337	18	8.0
厦　门	346	19	7.5
宁　波	348	20	7.5

资料来源：Derudder，B.，Taylor，P.J.，Hoyler，M.，et al.，"Measurement and interpretation of connectivity of Chinese cities in world city network，2010"，*Chinese Geographical Science*，2013，23(3)：261—273.

2. 打造跨国公司总部和国际机构首选地

构建富有国际竞争力的经营环境，吸引具有强大引领集聚效应和贸易资源控制能力的跨国公司及其资金中心、利润中心、结算中心、营运中心、订单中心等功能性总部机构，鼓励外资研发中心升级为全球研发中心和开放式创新平台；进一步集聚各类国内企业总部，鼓励本土企业在价值链中高端环节开展跨国经营。关注支持创新型中小企业发展，催生植根本土的跨国公司；通过集聚一大批具有控制与协调功能的跨国公司和全球公司总部，特别是本土的跨国公司和全球公司总部，提高上海在全球资金流、信息流、商业流网络体系中的位势，使上海在全球资源要素配置中取得更大的主导权和影响力。吸纳更多的国际组织入驻，结合全球城市功能定位，积极争取政治、经济、金融、航运、贸易领域的国际组织总部落户，如联合国部分总部机构等；引进科技、文化、体育等方面的国际组织，并积极参与创建新的国际组织，发起非官方的国际论坛；提供便捷高效的信息、会务、金融、生活等服务，以优质环境使上海成为国际组织落户的首选地。

3. 深化贸易转型升级和业态创新

大力发展服务贸易、离岸贸易、数字贸易和虚拟化贸易，成为在岸与离岸、商品与服务、线上与线下、对外与对内相融合的多业态、多模式全球贸易枢纽节点；打造联接全球的跨境网络销售平台和世界级商业街区，成为新型商业业态集聚、国际品牌云集、商业模式创新、物流网络发达、时尚发布引领的世界著名购物天堂；健全开放化的大宗商品交易市场平台，提高商品现货市场、期货市场的国际化参与程度，成为交易规模巨大、交易品种丰富、交易主体多元、对全球市场具有较大影响力的大宗商品交易与定价中心。

4. 加快培育和增强全球人才调配功能

培育全球性的人才市场，构建全球发布的信息系统，为各类机构提供面向全球、具有全球领先水平的人才招募、人力资源管理等服务。培育全球性人力资源专业公司，大力培育和发展本土的人力资源跨国公司，打造有全球影响力的人力资源跨国公司总部基地。建设全球性的人才数据库，提供更加全面丰富的全球人才信息。实施更灵活的人才使用策略，顺应未来远程工作、弹性工作等非传统就业趋势，树立"只求所用、不求所有"的用人思路，突破居住地和就业地分离的局限，更多运用智能穿戴、网络管理等新方式拓展人才使用范围，将更多国内外人才纳入未来上海创造价值的过程。支持本土企业在跨国经营中实施技术开发就地化，人才使用当地化，支持本土研究机构、企业在海外的研究中心尽量聘用外国专家和当地最优秀的人才。

5. 营造上海全球城市品牌

深化上海全球城市品牌形象内涵。以创新、融合、包容、开放等关键词为引导，营造"勇于创新"的制度环境和文化氛围，构建新兴经济产业平台，打造创新发展要素集聚地；推进"小康型生活"向国际高标准"智慧化生活"转变；推进"同质化，内循环"文化生态向"纵横交流、多元交融"大文化格局转变。构建专业高效的上海全球城市品牌形象管理系统。系统构建保护城市精神识别系统、城市行为识别系统、城市视觉识别系统、城市空间环境识别系统等"四位一体"的城市品牌识别系统。建立专业的政府组织管理架构，打造官民媒协同管理体制，制定全球

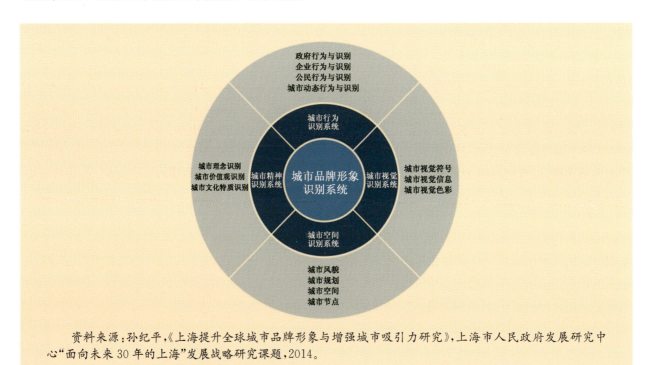

资料来源：孙纪平，《上海提升全球城市品牌形象与增强城市吸引力研究》，上海市人民政府发展研究中心"面向未来30年的上海"发展战略研究课题，2014。

图3.5　上海全球城市品牌形象"四位一体"识别系统

表 3.13　全球城市品牌运作参考体系

维　　度	要　　素	备　　　　注
品牌运作组织管理架构	总领的统筹机构	连接城市主要决策层,保证每一次推广活动的连续一致性
	全面的关联机构	主要包括投资、旅游、贸易、文化、教育等
	专业的非政府机构	公关公司等
城市品牌内涵	严谨的前期研究	间距广度与深度,大量参考专家学者与普通民众的意见
	深入的城市特质挖掘	对城市历史、文化、经济、社会各类特质进行深入研究、提炼
	世界范围征求意见	内涵的确立需要经过世界范围的检验
品牌识别体系	高识别性	—
	种类多样性	不拘泥于现有的口号、标志、主题曲等,不断发挥创新精神,探索新的识别载体
	世界范围的接受度	既有地方特色,又便于世界各地的人记忆与接收
品牌营销战略	专业的营销团队	引入世界知名营销团队与专家,从国际化视角进行营销战略的制定
	创新型营销渠道	—
	创新营销策略	针对多目标营销战略采取伞式营销等新型营销策略
品牌维护与发展	建立常规性品牌维护机制	建立城市品牌形象定期评价和反馈机制;创建城市品牌形象危机应对机制等
	建立品牌可持续更新机制	定期对城市品牌形象内涵进行评估,对品牌定位、识别体系、营销战略做出必要的调整

资料来源:孙纪平,《上海提升全球城市品牌形象与增强城市吸引力研究》,上海市人民政府发展研究中心"面向未来 30 年的上海"发展战略研究课题,2014。

城市品牌建设战略规划,设计全球城市品牌形象定期评价与反馈机制。形成国际化、创新性的上海全球城市品牌形象营运推广体系。协调各相关部门,重点围绕上海全球城市品牌核心环节,以人文精神作为内涵支撑,以营销战略为策略支撑,事件思维与常规运作相结合,充分利用公共资源和市场资源,通过"故事塑造""氛围营造""活动创造"等手段,对上海活动资源进行整合和配置,深度拓展国际展示舞台。创建成熟的城市品牌形象危机公关及危机应对机制。组建职能明确的上海城市品牌形象危机公关小组,强化网络和新媒体在上海全球城市品牌形象危机公关中的有效应用。

6. 打造高水平国际交流平台和全球会议会展中心

提升大型国际活动举办能力,积极承办具有国际或区域影响力的国际会议、展览、演出、国际级文化旅游及体育赛事活动,如 G20、联合国等各类国际组织会议等,提升上海的国际知名度和认同度;打造全球时尚之都,引领全球文化创意和时尚产品设计、发布、营销的潮流,融合多元文化元素,塑造具有全球影响力的时尚品牌;打造全球会议会展中心,依托在沪国际组织、全球机构、跨国公司集聚优势以及国际人才资源集聚效应,开展多方位、具有国际影响力的会展与论坛活动。

7. 形成与国际全面接轨、最具竞争力的商务环境

对标高标准投资贸易规则,在投资管理、金融开放、争端解决、竞争中立、知识产权保护等领域大胆先行先试,构建国际化制度环境。提升投资贸易便利化程度,在跨境投资、商品通关、检验检疫、外汇管理、人才等方面提供良好服务;营造公平开放的市场化环境,鼓励发挥企业家精神,鼓励市场竞争。进一步放宽准入,提升事中事后监管能力。着力清除

专栏 3.6 什么是 CPS

信息物理系统(Cyber-Physical Systems,简称 CPS)是一个将计算、通信和控制深度整合到物理系统中,依赖计算过程对物理过程进行感知和控制,实现信息空间与物理世界的无缝结合的工程系统,如图所示。中国科学院何积丰院士指出:"CPS,从广义上理解,就是一个在环境感知的基础上,深度融合了计算、通信和控制能力的可控可信可扩展的网络化物理设备系统,它通过计算进程和物理进程相互影响的反馈循环实现深度融合和实时交互来增加或扩展新的功能,以安全、可靠、高效和实时的方式监测或者控制一个物理实体。CPS 的最终目标是实现信息世界和物理世界的完全融合,构建一个可控、可信、可扩展并且安全高效的 CPS 网络,并最终从根本上改变人类构建工程物理系统的方式。"

市场壁垒,对各类企业采取一视同仁的竞争政策,提高资源配置效率和公平性;加强对权力的制约和监督,营造更可预见的法治化环境。打造高效透明的政府,提高司法公信力,完善公众参与政策法规制定、修改的机制,提高政策法规制定和执行的透明度,加大信息公开力度。

3.3.4 改善数据信息和交通的全球联通性,打造全球信息枢纽港和重要的全球航运服务中心

1. 建设世界领先的信息基础设施

建设智能便捷的信息网络城市,超前规划和布局新一代信息基础设施,拓展网络经济空间,增强网络链接能力,通过信息化来加强诸多领域的服务,促进信息与知识的有效传播;加强对信息物理系统(CPS)等下一代智能信息系统的研究和应用,积极发展量子通信等新型通讯方式,引领未来全球信息技术新趋势。

2. 建设全球信息网络枢纽

依托市场优势和金融、贸易、创新、文化等功能,强化信息收集、处理、传输以及再生能力,成为具有全球影响力的市场信息、金融信息、技术信息、文化信息策源中心;集聚具有国际影响力的各类传媒机构和信息平台,打造高度发达、传播广泛、识别度高

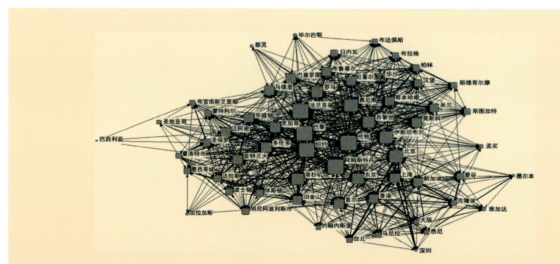

资料来源:刘江会、贾高清:《上海离全球城市有多远?——基于城市网络联系能级的比较分析》,《上海论坛》2014 年第 11 期。

图 3.6 基于航空业的全球城市网络

的网络新媒体和自媒体平台,成为具有全球影响力的信息发布中心;发展高度发达的信息产业和智能产业,集聚多元信息服务主体,提升信息化服务水平,成为世界级的信息服务中心城市。

3. 打造全球海空交通枢纽

建设全球航空枢纽。提升国际航空枢纽的"洲际化"程度,进一步优化枢纽航线网络,加强中远程洲际航线建设,提升洲际航空运输承载能力,提高洲际航线布局均衡性,支持航空公司拓展"一带一路"沿线国家和地区航线。优化航空空域使用结构,提高空中交通管理能力。加快推进航空基础设施建设,提升浦东机场洲际航空运输承载能力,适时规划布局第三机场,优化与周边机场分工。构建专业航空货运体系,建设国际空运货物分拨集拼中心和国际快件转运中心;积极推进通用航空发展,筹建通用机场;接入公铁复合型通道,加强机场集疏运承载能力,发展机场多式联运。优化国际集装箱枢纽港功能。构建以上海港、宁波—舟山港为核心的长三角现代化港口群,推进长三角港口一体化运营,提升港口的国际竞争力。推进吴淞口国际邮轮港建设,建成亚太地区规模最大的邮轮母港,积极培育本土邮轮产业,促进产业链延伸;促进水水中转发展,大力发展江海联运等水路运输,推进长江

航运船舶标准化、航道标准化、港口泊位标准化;加快高等级内河航道和内河港区建设,培育内河水运市场。推动和完善高速铁路设施建设,积极开发和应用高铁货物运营模式,释放既有线路运能、提升公铁网络整体运行效率。

4. 提升基础设施区域辐射能力

通过保持和构建全球通道枢纽、港口、贸易走廊节点、联运中心等为商业提供便利,并减少拥堵和拖延,提高全球、全国和区域范围的可达性;加快融入全球陆路网络,完善高速铁路网络,优化市域客货枢纽布局,增强高铁网络辐射服务能力。加强辐射长江经济带和长三角的高速公路网建设,提高交通运输效率。整合、提升专业性平台的功能,增强全球贸易物流网络联通性。强化重视物流资源交易平台建设,健全物流服务功能,降低价值整合中的物流成本,促进供应链融资、贸易融资、仓单质押等服务,提高价值链中的联通效率。建立资讯服务平台,强化大数据采集、开发、分析、利用,编制商品价格指数、物流指数等,开展信息咨询服务,增强价值平台的辐射力和影响力。应增强虚拟要素流动空间与实体物理功能平台的互动,推动信息网络、交通网络、港口码头、交易市场等有序互动,形成虚拟平台引导为主、实体平台支撑、虚实运行交互的科学机制。

全球城市的科技创新

第4章

在全球城市网络体系中,城市地位和作用不再仅由城市的经济实力、人口规模等因素所决定,而更多地取决于城市对全球经济的影响力、资源要素控制力等方面。在新一轮的科技革命浪潮下,全球经济的纽带正从全球生产网络向全球创新网络升级,全球城市创新能力的高低与全球城市竞争力和领导力的强弱密切相关,未来全球竞争态势正整体转向科技创新的竞争,纽约、伦敦、东京等大都市都将创新作为增强城市竞争力的战略举措。上海要抓住全球创新体系重构的机遇,加快向具有全球影响力的科技创新中心进军,崛起成为全球创新网络的重要枢纽,为建设卓越的全球城市提供强大引擎和支撑。

4.1 全球城市科技创新的特征

创新是全球城市发展的重要引擎和重要特征,全球城市一般都具有强大的创新功能,多中心、多节点的全球创新网络正逐步形成。上海要迈入卓越的全球城市行列,需要在创新思想激发、基础科学研究、创新资源配置、创新技术推广、创新信息传播、创新成果交易转化、产业技术深化开发上发挥全球性影响,拓展科技创新功能,成为全球创新网络的重要枢纽节点。

4.1.1 全球城市科技创新的主要特征

1. 引领全球的创新策源

全球科技创新网络枢纽城市不仅要成为科技创新起源地,而且也要成为科技创新"时尚"的风向标和展示舞台。这主要体现在引导全球科技创新的发展方向,促进全球科技要素流动及有效配置,发挥枢纽城市在全球创新网络中的协同作用。未来20—30年,大都市仍然是全球创新的策源地,这是由全球经济发展周期、历史产业积淀、产业发展路径依赖以及创新活动的复杂性、全球化特征所决定的。事实上,不少全球城市往往都是一国或地区甚至全球的新知识、新技术和新产品的产生中心。例如,根据国际知识产权组织(WIPO)的PCT专利数据库统计,东京以261 308件的专利量位居全球第一,纽约为35 664件,伦敦为27 229件,均位例全球前十位。

2. 广泛的创新网络连接

随着科技创新及其扩散渠道和方式的变革,创新组织网络将主导科技创新及其扩散活动。科技创新网络枢纽城市对全球创新资源的整合力,越来越建立在全球创新网络连接功能的基础上。具有全球影响力的科技创新网络枢纽城市作为全球创新网络的主要节点,通过多样化、广泛的网络连接功能,形成以某类前沿技术应用和核心,跨产业、跨企业(或创新团队)、跨地域边界的各类科技创新联

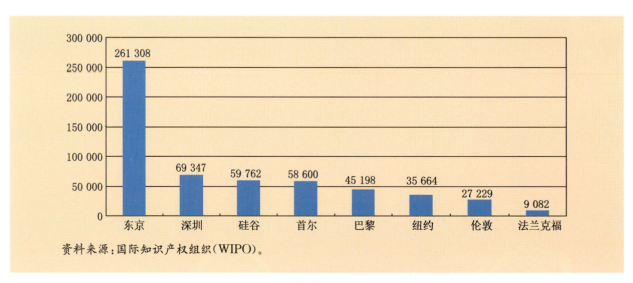

资料来源:国际知识产权组织(WIPO)。

图 4.1　2016 年全球主要创新城市 PCT 专利数量

盟和合作关系,以更为开放灵活的方式及路径实现动态化、空间跳跃式、模块化、并行式、交叉式的科技创新。科技创新网络枢纽城市在创新网络中所处的节点地位,取决于其与各类科技创新资源的联系通道,取决于其与外部交流与交互作用的友好界面,取决于其创新资源接受和继承能力、科技创新成果转化能力和科技扩散辐射能力。

3. 高效的创新资源组织与集聚

全球科技创新网络枢纽城市在确立其枢纽节点过程中,不仅要成功介入泛在的创新网络,而且要对创新网络连通性基础上形成的日益增大的创新资源流量形成关键的引导和控制能力。只有具备这种网络的核心权力,才能成为科技创新竞赛规则的重要制定者、新的竞赛平台的重要主导者。一流的全球城市都具有很强的资源整合能力,能够吸引全球各类顶尖创新资源集聚形成区域创新系统,形成创新资源的高汇聚效应,平衡大都市固有的高商务成本,锻造创新时代的决胜要素。例如,纽约集聚了全美 10% 的博士学位获得者、10% 的美国国家科学院院士以及近 40 万名科学家和工程师。伦敦集中了英国 1/3 的高等院校和科研机构、大量的思想库和科研院所。东京集中了日本约 30% 的高等院校和 40% 的大学生,拥有全日本 1/3 的研究和文化机构。

4. 强大的应用创新和产业成长

全球科技创新网络枢纽城市不仅要有大量成果产出,更需要体现人们不断追求更新生活方式的社会需求驱动下的科技成果广泛应用。特别是当前从产品质量、品种、款式的升级需求转向日益增多的向分布式、个性化、高附加值服务需求的情况下,科技创新中心的成果应用更要注重新业态、新的商业模式的发展。与此同时,由于现代技术发展的融合性增加、技术的复杂度和综合性提高等基本特点,催生出众多的共性技术平台,具有被应用于广泛的产品和生产过程的潜力,因此科技创新网络枢纽城市必须具备关键的共性技术及其共性技术平台,使重大的新的科学发现和技术能够迅速商业化。此外,随着科技创新参与主体的多元化,科技创新的服务协同需求更加突显,科技创新网络枢纽城市必须集聚一批多学科、跨领域、应用性强的集成

服务提供商,为创新活动提供个性化、高效率的创新资源配置方案的集成化服务,强化科技创新应用功能。全球城市具有优秀的科技圈生态环境,日益成为创新产业的孵化器和基地,并依托其广泛的世界性链接功能,在专利技术、专有技术、先进工艺、生产技术、管理经验等推广和扩散方面发挥强大作用。例如,几乎所有最新的创新都可以在纽约以最快的速度被付诸实施,继而转化为生产力,2012 年纽约在科技创新方面吸纳的风险投资已经超过了硅谷。又如,一批国际顶级企业如谷歌、脸谱、推特和众多孵化器及初创科技企业集聚伦敦,逐步形成了如今的伦敦科技城,目前英国的数字经济产业超过两成集中在伦敦。

4.1.2 全球城市推动科技创新的主要做法

1. 建立一流原始创新体系

全球城市都不断加大科研投入,并制定政策积极推动大学和科研机构建设。比如,旧金山作为生物技术的发源地,处于世界上最大生物技术社区核心地带,区内包括四所世界一流研究型大学和 234 家生命科学公司。旧金山政府为大学和科研机构提供充足的科研经费和优良的条件设备,促进其创新和发现。此外,其独特之处是为生物科研机构提供风险投资与法律的专家以及支持生命科学发展的学者。又如,波士顿拥有超过 100 所的大学和众多科研机构,政府对大学科研机构的基础研究尤其是生命科学领域进行资助,每年为其提供非常丰厚的科研经费,同时制定优惠政策,对于购置科研设备在税收上给予减免。再如,伦敦政府为区内科创研发机构提供了有力支持,对研发税收及信贷提供不断增长的资本支持,并不断减少资本税收额。教育和学习技术领域的领先地位,使伦敦处于技术和创新的前沿。

科学技术的进步依赖于基础理论的发展,基础理论的发现和验证有赖于大科学装置。比如,旧金山斯坦福大学国家加速器实验室建成了 X 射线自由电子激光等大科学装置。此外,为保障大科学装置在预算内顺利完成,并保证质量,能源部与旧金山政府制定了一系列管理规定和指南进行宏观指导与约束,如《美国能源部绩效基准指南》《挣值管理系统》《质量保证计划》等。又如,英国哈维尔科

学创新园拥有超过 10 亿英镑投资的钻石光源（DIAMOND）、脉冲散裂中子源（ISIS）、中心激光设施（CLF）、计算数据存储和 RAL 空间设施等大科学装置，是国际著名的大型核物理、同步辐射光源、散裂中子源、空间科学、粒子天体物理、信息技术、大功率激光、多学科应用研究中心。其中，钻石光源大科学装置由英国科学和技术设施委员会与威康信托基金会共同建设，总投资超过 10 亿英镑，双方各占 86％和 14％。

参与发起大科学计划推动着全球城市紧跟国际化步伐，更好利用国际科技资源。全球城市依托高校、实验室、科学装置、科学家等众多创新资源，在政府的大力支持下，积极参与和发起大科学计划。比如，波士顿发起大科学计划，往往由杰出科学家及团队提出设想，并向联邦政府提供清晰思路及建设方案，再由政府组建的专业性咨询委员会对科学计划可行性进行论证。如 1990 年正式启动的人类基因组计划，正是源于波士顿哈佛大学、麻省理工大学等高校科学家共同提出的设想，政府为该计划付诸实施提供数亿美元支持。又如，旧金山依托劳伦斯伯克利国家实验室、斯坦福大学等机构积极参与了曼哈顿计划、国际热核实验反应堆计划等，为计划实施提供可靠的人才及机械等支持。

2. 构建开放式创新生态系统

新形势下创新日益依赖于互补性创新网络，有影响的创新型全球城市一般都具有良好的创新生态体系，其系统由科研机构、企业家、投资人、政府和各类咨询服务机构等共同构成，促进信息与知识自由流动，孕育新的创意与合作机会，形成源源不断的创新活力。

一是打造初创型企业培育成长的生态环境。伦敦依托数字产业优势，打造全球人工智能研发高地。近年来，伦敦紧抓人工智能及机器人技术列入英国政府发展重点的有利契机，大力推进人工智能发展战略。集聚人工智能研发要素，构建了集研究人员、企业家、投资人、开发商、客户以及创新网络平台于一体的人工智能生态系统。充分发挥人工智能所依托的数字技术综合优势，集聚来自欧洲的众多技术行家和投资基金，大力吸引人工智能初创型专业人士和企业汇聚伦敦。在科技产业领域的管理上淡化传统分类，采取与最新技术前沿动态发展一致的"跨界"和"大类"管理，促进人工智能等前沿领域蓬勃发展。

二是打造完善的人才流动机制和途径，促进海内外科技人才顺畅地向该区域集聚。美国硅谷建立了面向全球一体化的科技人才流动机制，将其科技人力资本和科技人力资源的积累置于全球一体化考虑，吸引世界各国一流的科技创新人才自由地向美国硅谷集聚。由于美国硅谷有跨国公司的人才支撑，同时形成了完善的高层次人才流动机制，成为世界最先进人才的集聚区域。

三是引导和扶持海外科技人才创办中小型科技企业。美国为了扶持中小型科技企业发展，在税收和贷款、技术发明等方面提供扶持帮助，尤其是对于其软环境建设如税收优惠十分重视，从联邦到地方政府都制定了一系列优惠政策。同时，优惠政策的连续性比较强，对"新旧企业"采取一视同仁的态度，促使形成公平、良性循环的招商引资环境。

四是组建孵化器，缩短起步周期和创业周期。美国各级政府出资组建了 500 多家高新技术企业孵化器。这些"孵化器"以帮助高新技术企业特别是高科技开发人员为己任，通过为高新技术企业创业者提供低租金办公场所、秘书、通信设施、计算机和技术、法律、管理知识咨询等多种形式服务与支持，从而把高新技术、人才、资金、资源和企业家才能有机结合起来。

3. 打造国际高端人才集聚地

一流的全球城市凭借良好的发展环境集聚了来自世界各地的优秀人才资源，而且极为重视对高端人才、专业人才的引进和培养，通过创新人才和创新机构的进入门槛、提升平等和包容水平、提供针对性的保障和支持，打造国际高端人才高地。

全球城市相比于一般城市更加吸引创新创业人才的原因在于，能够为人才提供创新活动所需的更好条件。以国家工程实验室、国家实验室、国家工程（技术）研究中心、国家企业技术中心、科技企业孵化器、创新创业平台等为代表的创新载体，是科技创新的发祥地，也是培育创新创业的摇篮。比如，纽约在人才培养上近期推出《策略科技计划》，提出未来全市教育系统将在教学中融入科技元素，增加纽约市每名公立学校学生接触科学、技术、工程和数学等科目内容；投资科学基础建设和设备，在教学大楼中引入下一代宽频和无线科技，改善学生交通安全和效率，增加学生可以用的电脑和上网设备，并更加专注于使用者，重新设计学生数据管理系统，找出教学中的科技问题；此外，还举行一年一度的学校技术峰会，以促进最新想法、实践的交流。

全球城市的人才引进政策充分体现开放包容的特征。一方面，通过更加宽松的移民政策来加大优秀人才引进力度；另一方面，通过为人才的配偶、家人等提供相应的移民政策，更大程度满足人才的移民需求。

例如新加坡政府为了有效地吸引人才，每年都批准约 3 万名外国人成为新加坡永久居民，并允许部分外籍专业人士成为新加坡公民。新加坡为吸引人才而招收的硕士生、博士生，毕业后只要找到用人单位就可以获得就业准证留在新加坡工作。纽约出台高端人才移民政策，规定有突出才能和高学历的高层次人才在申请移民时被优先考虑，个别"杰出人才"全家均可一同获得"绿卡"。日本出台灵活的"点数法"移民政策，规定国外高端人才及其配偶等亲属和家务佣人可以一同到日本居住，并解除对配偶的工作限制。在吸引创新创业人才方面，全球城市首先会明确需求，对于城市所需要的人才进行具体的定义与范围框定。

专栏 4.1 新加坡改进创业入境准证以吸引更多创新人才

新加坡宣布改进"创业入境准证（Entre Pass）"计划，以吸引更多环球起步公司创业者、创新者和投资者。

这个准证是在 2003 年推行，原本是为要在新加坡设立深度科技公司的创业者和创新者而设。从明天开始，它将扩大并欢迎有意在新加坡设立创新业务的环球起步公司人才申请。人力部、贸工部、标新局（SPRING Singapore）和"起步新加坡"（Startup SG，简称起新）的联合文告指出，此次改进该准证，将加强和使新加坡的科技起步生态系统更活跃，协助新加坡成为一个领先的起步公司之地。文告指出，对环球起步公司创办人的评估条件已扩大，以吸引更多创业者、创新者和投资者。申请者的评估条件已不限于现有的四个创新条件，这是要允许环球起步公司人才在业务探索阶段就可以进入新加坡。新的条件包括创业与投资记录、商业网络，以及在各自专长领域的主要成就。该准证计划的其他主要改进，正如 2017 年 3 月间贸工部国会拨款委员会辩论（COS）时宣布的，包括撤除 5 万元缴足资本的要求，以肯定环球起步公司人才在非金钱方面的贡献，例如专业技能以及对行业的用处。此外，准证的有效期在第一次更新后，将从原本的一年延长至两年，以便为环球创业者提供更多确定性，方便他们扩大业务规模。文告说，人才对建设一个强大和蓬勃的起步公司生态系统很重要。创业入境准证计划是在"起新人才"（Startup SG Talent）支柱之下，那是起新这个品牌的五个支柱之一，它把所有本地起步公司计划整合起来。

改进该准证计划，将吸引更大批环球起步公司方面的熟练技术人才，以辅助本地起步公司，催化更多创新业务和创造更好的工作给新加坡人。这个计划也有两个新机构加入。除了标新局之外，新的机构是资讯通信媒体发展局（IMDA）以及新加坡国立研究基金会（NRF）。这些机构将与人力部合作，评估在各自领域的申请。贸工部兼国家发展部高级政务部长许宝琨说："起步公司是创新活动的一个重要动力并且对新加坡转型为创新和价值创造经济日益重要。这些改进是政府发展活跃的起步公司愿景的努力的一部分，使它对环球起步公司人才有吸引力，同时促进本地起步公司设立和建设创新业务，借此创造新的行业以及工作机会给新加坡人。"

资料来源：新加坡联合早报网，2017 年 8 月 2 日。

此外是加快出入境政策改革。在分秒必争的信息化时代，全球城市聚焦出入境政策的改革，通过精确识别人才、高效协调等方式，提升人才出入境手续办理效率，缩短人才出入境办理时间。出入境是全球创新创业人才在流动过程中遇到的第一个关卡，出入境政策的合理化以及出入境手续办理的便利化都能够帮助全球城市提升对于人才的吸引力。伦敦科技城启用"投资人和创业家签证"，对创新创业人才进行精准识别，使最优秀和最杰出人士更容易获得签证到伦敦创业。对于拥有创业想法，并且已得到主要投资人投资的人士，都能够很快地获得签证到伦敦科技城创业。Compass报告指出，伦敦外来人才移民手续受理的时间要比欧洲平均短20%。而新加坡则凭借政府的高效率和高度协助，一个月内就可以完成为全球人才发放个人签证、协助土地取得、银行快速受理贷款等程序，争分夺秒地网罗人才。

4. 充分发挥市场机制作用

从全球城市创新发展的历程看，市场力量的驱动是重要因素，尤其是以发达的市场机制、充沛的资金支持有效促进科技成果的高效转化，促进全球领先的高科技企业的孕育。

全球科技创新网络枢纽城市都有一流的软件与硬件设施，在金融、经济、贸易、管理等多方面都有其较为突出的综合优势。一是利用强大的经济实力与金融便利度。伦敦拥有众多全球知名的商业投资银行、保险公司以及投资管理公司总部。根据全球金融中心指数，2016年伦敦排名世界第一位，彰显了这座城市作为全球金融行业枢纽的重要地位。以巴黎市为中心的法兰西岛大区是欧洲第一大经济区，不仅有强大的购买力，而且聚集着年轻有活力的人群，是欧洲第一大学生聚集区。二是充分发挥区位优势。新加坡虽是东南亚地区的一个岛国，地域狭小，但地处马六甲海峡的咽喉地带，是印度洋和太平洋之间及亚、大洋、欧、非四大洲海上交通的要道，地理位置十分优越；同时，新加坡、马来西亚及印尼政府合作共同促进三地的经济发展，成长中的三角经济区极具发展潜力；此外，新加坡作为世界的主要贸易中心之一，区位优势使其可以辐射广阔的东亚及东南亚市场，选择新加坡设立研发机构，有利于为跨国公司开拓潜在市场提供技术支持。三是推出简化便利的入驻措施。巴黎以快捷的入驻程序闻名，巴黎政府简化签证程序、降低拒签率，同时也是欧洲首个人民币离岸交易中心，越来越多的亚洲银行在法国开办业务，为亚洲企业提供了便利。

5. 更好地推动政府作为

全球城市在推进创新发展过程中，除了发挥市场核心作用，也高度重视政府的积极作为，尤其是在制定游戏规则、扶持新兴产业发展、提供创新的外部性补偿、完善创新基础设施和提供必要服务等方面发挥至关重要的作用。

一是建设服务平台。纽约推出"数字纽约"平台，为研发机构提供优质服务。纽约市政府和IBM等著名科技巨头共同建设推出"数字纽约"平台，为当地研发机构提供优质服务。平台收集了超过8 000家创业公司和活跃于纽约地区的高科技投资机构信息，将纽约五个行政区中的公司、创业、投资以及媒体等元素集合起来，实现纽约创新创业和投资孵化信息共享。同时，平台提供高科技企业职位空缺和全市创业活动的实时更新信息，将投资者、创业公司和求职者联系在一起，让"纽约客"们的交流更加容易，方便研发机构科研人员交流。二是建立完善的知识产权保护体系。新加坡政府非常重视知识产权的保护工作，建立了完善的知识产权保护监管制度，并定期评估现有的措施和计划，以确保其时效性、有效性和充分性。研究院参与创办公司或市场运作一般不控股，而是以知识产权不断投入而拥有一定的股份，加上社会依法保护知识产权的大环境，使在技术转化过程中较好地保护了研究开发投资者的权益和科学家的积极性。三是成立全球投资促进机构。伦敦投资局是负责协助海外投资者在英国投资业务的主要机构，它提供完全保密和免费的服务，同时还向已在伦敦落户的企业提供扩展业务的后续服务等。由于它的相关机构组织网络十分完善，通过它的帮助投资者可获得在英国开展业务的大量信息，发现合适的商机，同时还可以根据每一位投资者的不同需要提供完整的书面资料。

在政策激励上，欧美国家通常把减免相应税收作为促进创新创业的主要政策激励手段。2014年纽约发起了创业纽约计划（Start-UP NY）为初创企

表 4.1　英国刺激科技创新的税务改革具体内容

政策名称	具 体 内 容
公司税率（Corporate Tax Rate）	20％（从 2015 年 4 月 1 日起）（英国有史以来最低，G7 国家里最低，G20 国家里最低之一）
领土内收税（Territorial System）	只对在英国获得的利润征税，不对海外分支机构的收入征税
专利盒（Patent Box）	只要专利是在欧盟或者英国注册，由此知识产权开发所得利润的企业所得税降低至 10％
研发税务抵免（R&D tax credit）	如果是大公司，科研支出可以有 11％的税务抵免。对于小公司和中型公司来说，有 230％的税务抵免

业提供十年 100％的税收减免，包括新创企业管理人员 100％的个人收入所得税免除。但该计划指定了专门的免税区，而且要和特定的高校合作。对于企业的业务也有具体的规定，主要是先进材料、先进制造、生物科技、生命科学、信息技术和电子科技等行业，明确规定了不可以是零售批发、餐饮、律所和会计师事务所、诊所、地产中介、酒店业、银行零售和公用事业。迄今为止，已经有 81 个院校参与了这个计划，建立了 600 多个免税区域。

自 2010 年起，英国进行了彻底的税务改革，对

专栏 4.2　英国风险投资税务减免计划

为了鼓励投资者对高科技初创企业进行风险投资，英国同样有相应的税收激励政策。英国"风险投资税务减免计划"（Venture Capital Scheme，VCS）为符合条件的风险投资者提供税收优惠，鼓励其对小企业股权投资。该计划又包括若干子计划，主要是"投资初创企业税务减免计划"（Enterprise Investment Scheme，EIS）、"投资种子企业税务减免计划"（Seed Enterprise Investment Scheme，SEIS）和"投资风险信托税务减免计划"（Venture Capital Trust Scheme，VCTS）。

"风险投资税务减免计划"的主要目的是为了拓宽那些高风险初创企业的融资渠道，为投资这些高风险公司的投资者提供一定的税务优惠政策。为了防止制度套利，投资者需要满足一定的投资年限和要求，如所有股份发行的时候，投资必须以现金实际到位，股权必须是承担完全风险的普通股。被投资企业也得满足一系列条件，该政策对包括公司的种类、融资数额、钱的用途、使用时间等方面都做了详细的规定。如果不能满足所有条件的话，将得不到税务减免，已经减免的甚至还得收回来。其中，2012 年出台的 SEIS 主要针对公司股份少于 20 万英镑的初创小企业，投资于这些小企业的投资者税务减免额可达投资额的 50％。

根据 2017 年英国税务与海关总署发布的《EIS 和 SEIS 统计报告》，EIS 自 1994 年实施以来，截至 2015—2016 年纳税年度，共有 2 万 6 千多家中小企业通过其进行股权融资，融资额共计 159 亿英镑，有 80 多万人次享受了相关税收优惠；SEIS 计划从 2012 年起实施，四年内共有 6 515 家企业通过该计划进行融资，融资总额达 6 亿多英镑，10 多万人次享受了相应的税务优惠。VCTS 自 1995 年实施以来，融资总额达 63.57 亿英镑。根据英国商业天使协会（UKBAA）2014 年的调查研究显示，有将近 90％的个人天使投资者享受了风险投资税务减免计划的税务优惠。

资料来源：根据英国政府网站相关资料整理。

高科技数字创新产业提供激励，覆盖范围更广力度更大。为了鼓励投资者对高科技初创企业进行风险投资，拓宽那些高风险初创企业的融资渠道，英国有"风险投资税务减免计划"为符合条件的风险投资者提供税收优惠，鼓励其对种子企业和初创企业进行股权投资。其中，2012年出台的SEIS（投资种子企业税务减免计划）主要针对公司股份少于20万英镑的初创小企业，投资于这些小企业的投资者税务减免额可达投资额的50%。在中国创业投资、特别是在天使阶段的投资，占创投基金比例大概不足5%，主要集中在PE阶段（一般是企业的成熟期），而在欧美国家，这一数字可以达到30%到50%，这和他们的税收优惠政策是分不开的。

6.依托城市群打造科技创新网络

全球城市通过打造世界级城市群，形成科技创新资源密集、科技创新实力雄厚、创新文化发达、创新氛围浓厚、科技辐射带动能力强的全球科技创新网络枢纽。

一是政府推动组建跨城市创新联盟以提升区域创新协作能力。世界典型城市群的创新分工十分明显，合作联盟效应显著。例如纽约城市群创新特别区是"半官方性质"的地方政府联合组织，协调范围随着创新管理目标的变化进行调整，最小的仅由两个城市联合，最大的则包括了整个城市群的联合，以提升各区域创新管理与协作水平。巴黎则构建了政府主导的规模小而散的"市镇联合体"创新协调机构，并以法律形式确定了该机构的法律地位和社会职责，有效地促进了一体化协调发展。柏林城市群构建了政府直接接入并引导展开创新研发活动的支持体系，在促进大学与企业的合作、支持产学研结合、建立科技园和技术孵化中心等方面发挥了重要作用。

二是形成以自身优势产业为主导的城市群产业链布局。以纽约城市群为例，纽约市以金融为主导、波士顿以高科技行业为主导、华盛顿以文化为主导，各城市的不同优势产业互相调整和协作，促使在城市群内更高层面上形成了多元化创新产业群落。巴黎由于在文化产业领域（如高级成衣、皮革、出版、家具、香水、化妆品等）一直保持巨大的优势地位，因此其在科技创新发展过程中首先确定了文化创意产业的优先发展，将巴黎城市群建设成为

一个文化创意之都。东京城市群科技创新中心提出了以能源战略等为抓手，通过创新产业集聚区培育新兴产业，从而提升城市群的创新竞争力。

三是科学合理的城市群空间布局有效提升城市群创新力。东京城市群科技创新中心的空间结构由传统的"一极集中"向"多心多核"的分散型创新网络转变，推进了区域多中心城市复合体的建立，大力提升了城市群创新竞争合力。巴黎城市群科技创新中心形成了以郊区卫星城镇为主的城市群科技创新产业布局，并以各城镇优势产业为基础形成了城市群分工协作体系。在巴黎南部拥有众多高等院校和研究机构，而企业创新活动则主要集中于巴黎市区的中西部、西部近郊，其次是西南近郊、东北郊以及西北郊新城。

4.2 上海科技创新发展的现状

4.2.1 上海科技创新的基础

上海把建设具有全球影响力的科技创新中心作为实施国家创新驱动发展战略的重要载体和核心举措，举全市之力、集各方智慧，推动创新要素高度集聚、创新活力竞相进发、创新成果持续涌现、开放创新深度融合。

1.加快建设张江综合性国家科学中心

张江综合性国家科学中心是国家创新体系的基础平台，是上海科创中心建设的关键举措和核心任务。加快推进一批重大科技基础设施项目，硬X射线自由电子激光用户装置已获批项目建议书，正在进行可行性研究评估，超强超短激光用户装置、软X射线自由电子激光用户装置、活细胞结构和功能成像平台、上海光源线站工程等一批已开工大设施项目推进顺利，海底科学观测网、高效低碳汽轮机实验装置项目加快落地。加快集聚创新单元、研究机构和研发平台，李政道研究所已挂牌成立，国际人类表型组创新中心等正在推进建设，一批国内著名高校及其研发机构踊跃集聚张江。加快构建创新网络，从点、线、面三方面推进网络化协同创新，长三角区域科技创新网络正在积极创建。加快实施大型科技行动计划，正在抓紧启动类脑智能、硅光

专栏 4.3　上海光源"辐射"服务 2 000 个研究组

在张江综合性国家科学中心的"版图"中,上海光源不仅以同步辐射光穿透微观分子世界,支撑科学家在前沿领域取得突破,跻身世界高性能同步辐射装置"第一方阵",更以另一种"辐射"服务了国内外 2 000 多个研究组,成为建设张江综合性国家科学中心的一个放大器。

中科院上海应用物理研究所研究员何建华介绍,上海光源自 2009 年 5 月开始试运行,截至 2016 年底,已执行通过专家评审的课题申请 8 638 个,累计为用户提供实验机时超过 22.9 万小时,用户遍布全国 422 家单位,涵盖结构生物学、凝聚态物理、化学、化工、材料科学、能源、环境、医学和药学等十几个学科领域。2016 年一项用户成果入选美国化学会"十大科研成果",另一项用户成果荣获 2016 年度国家自然科学奖二等奖。2016 年,上海光源仅首批 7 条线站的用户就发表了 SCI 文章 766 篇,其中在《科学》《自然》《细胞》三种国际顶级刊物发表 13 篇。不论是产出的论文总数还是重要成果数量,上海光源首批线站均为国际同类线站最高。上海光源 17U 站解析的蛋白质结构数已连续 4 年在全球 130 多个生物大分子线站中名列第一。正在建设的 X 射线自由电子激光试验装置有了重大进展。2016 年 12 月 30 日,该装置通过调试观测到了 X 射线辐射,预计今年上半年实现饱和出光,并在 10 月进行验收。

未来的上海光源还有哪些值得期待?赵振堂介绍,2016 年 11 月 20 日,上海光源线站工程、软 X 射线自由电子激光用户装置、活细胞结构和功能成像平台正式开工建设。这些项目在 2019 年建成后,加上超强超短激光用户装置,张江地区将成为全球种类最多、综合能力最强的光子大科学设施集聚地之一。上海光源现有 13 条光束线站投入运行,2 条即将试运行,上海光源二期的目标是在原有装置基础上新建 16 条光束线站,全面提升上海光源的实验研究能力。预计到 2020 年,上海光源将有近 40 条线站建成并向用户开放,届时每年将有近万名科研工作者利用装置开展前沿和应用研究。

资料来源:《解放日报》,2017 年 3 月 8 日第 9 版。

子等首批市级重大专项。张江科学城建设加快推进。围绕科学中心统筹布局创新资源,努力实现从传统高科技园区向世界一流科学城的转型升级。

2. 建立起一批共性技术研发和转化平台

共性技术平台是科技成果转化的重要环节,也是科创中心建设的突出短板。聚焦国家和上海经济发展重大需求,加快建设一批共性技术研发平台。重点布局关键技术类研发平台、重大产品类研发平台、产业链类研发平台等平台,已启动首批"1+4"研发与转化功能型平台建设。聚焦打通科技成果转化关键点,加快建设一批科技成果转化服务平台。全市已集聚 60 家左右科技中介服务机构,国家技术转移东部中心已设立北美、欧洲、新加坡三个分中心,正在加快形成辐射全球的技术转移交易网络。中国(上海)国际技术进出口交易会影响和规模不断扩大,有效地发挥了国际技术贸易唯一国家平台的作用。

3. 积极打造各具特色的科技创新集聚区

依托张江国家自主创新示范区,上海选择了张江核心区、紫竹高新区、漕河泾开发区等 6 个创新资源集中、创新特色鲜明、创新功能突出的重点区域,集中布局了一批重大科技项目,培育一批引领发展的创新型企业,致力于将这些区域建设成为上海创新发展的新增长极。各大创新功能集聚区根据各自优势和特色,对相关企业提供包括创业、科技服务、金融、知识产权、人才等全方位服务,突出功能建设,逐步形成系统化、专业化的产业服务体系,吸引大批国内外高科技公司设立研发中心和地区总部,成为高科技公司技术和人才溢出的重要源头。

专栏 4.4 "上海军团"闪耀"双创"成果主题展

　　创新创业成果主题展示是 2017 年全国双创活动周上海主会场的重点活动之一,集聚了近 5 年来代表国家战略和上海重点产业中形成的优秀"双创"成果。记者现场采访发现,"上海军团"的力量不容小觑:杨浦区国家双创示范基地、上海交通大学国家双创示范基地、上海张江国家创新中心研发及产业生态、C919 大型客机和远程宽体客机、世界首台全景动态扫描 PET—CT、新一代高端微创伤医疗器械产品成果、肿瘤微创外科手术解决方案……这些成果体现了上海"双创"聚焦国家战略、围绕产业布局的特色。

　　中国商飞公司在主会场主题展中除了展出 C919 大型客机(1:10)比例飞机模型、远程宽体客机模型(1:20)等主要研究成果外,还带去了由青年员工通过内部创新平台创新创业所形成的阶段性成果。其中超越黑匣子的新一代飞行记录仪"报信者"最引人注目。"报信者"是一个与现有飞行数据记录仪并用的可弹射飞行数据记录系统,主要用于远洋航向,在飞机失事时可弹出机体并漂浮于海面,易于卫星搜寻。"该系统的应用可避免类似马航 MH370 航班失事后难觅残骸的情况再次发生。"中国商飞相关负责人介绍。

　　上海纺织转型升级的代表性成果"互联网＋纺织"则是一个互动性很强的参展项目。在现场,参观者被邀请站上三维测量机,短短 5 秒钟内,系统就完成了对参观者身材的立体测量。紧接着,这些身材数据快速传输到设计生产中心,而参观者可以拿着平板电脑,选择想要的服装设计,并根据喜好调整服装细节,2 个小时内就能完成制作。

　　资料来源:《解放日报》,2017 年 9 月 16 日第 2 版。

4. 大力推动"大众创业、万众创新"

　　2017 年,上海成功举办了第三届全国"双创"活动周主会场活动。全市直接参加各类活动人次超过 50 万人次,间接参加活动的,仅"创新创业七日谈"在线观众就超过 100 万人次,在更大范围、更高层次、更深程度上推进了"双创"向纵深发展。在落实国家"双创"示范基地三年行动计划方面,上海积极推进国家"双创"示范基地建设,全力支持杨浦、徐汇、上海交通大学、复旦大学等 7 个国家"双创"示范基地建设;借此机会,上海积极转变政府职能,改善市场环境,推动科技创新机制体制改革和商事制度改革,降低地区创新创业成本,共享创新创业信息,试点了一系列创新创业政策和相关服务体系。

5. 推进科技创新体制机制改革

　　上海致力于减少政府对企业创新互动的行政干预,释放全社会创新活力和潜能。着眼于降低创新创业门槛,最大限度减少政府对企业创新创业活动的管制。着眼于提高政府性资金的使用效率,将19 项财政科技专项优化整合为四类,解决财政科技投入多头管理、重复支持的问题。2017 年,上海出台了《上海市促进科技成果转移转化条例》,以地方立法的高度着力解决科技成果转移转化中遇到的各类瓶颈问题;落实研发费用加计扣除、高新技术企业认定等政策。完善职务发明法定收益分配制度,明确规定科技成果市场化定价机制和提高科研人员成果转化收益比例。加强股权激励,推进股权激励递延纳税政策落地实施。强化多层次资本市场的支持作用,筹建以服务科技创新为主的民营张江银行,上海股权托管交易中心科技创新板正式开板,137 家科技创新企业成功挂牌。

6. 建立灵活的创新人才发展制度

　　按照"来得了、待得住、用得好、流得动"的要求,上海率先探索建立更加便捷、更有针对性、更具吸引力的海内外人才引进制度。在出台"人才 20 条"政策的基础上再完善、再创新,进一步提出海外人才引进、户籍政策优化等 30 条政策措施。海外人才方面,率先试点 22 项海外人才出入境政策,率先实现外国留学生毕业后直接在沪创新就业,海外人才在沪工作门槛进一步降低,申请永久居留的外籍高层次人才比新政策实施前增加约 8 倍。国内人才方面,引进梯度政策体系基本形成,科研人才双向流动通道基本打通,在沪两院院士达到 173 人。

7. 以"双自联动"布局开放创新新局面

发挥自贸试验区制度创新优势,营造更加适应创新要素跨境流动的便利环境。大力吸引境内外研发机构落户上海。国家级重点实验室累计达到 44 家,国家级企业技术中心累计超过 60 家,外资研发中心累计达到 418 家,为全国最多。建设科创中心以来,上海开始落子各类研发创新机构全球布局,如临港集团在美国旧金山设立海外科技发展中心,张江高新区在美国设立上海张江—波士顿企业园。

4.2.2 上海科技创新存在的不足

综合澳大利亚创新评价机构 2Thinknow 的"全球城市创新指数"、中国社科院城市与竞争力研究中心发布的《全球城市竞争力报告》、2017 年全球创业生态系统报告等,可以看出目前上海在全球城市科技创新方面的排名仍处于第二梯队,客观来说与顶尖全球城市的科技创新相比存在一些短板。

1. 创新策源的实力和影响力仍显不足

一是上海具有世界一流水平的研究型大学与科研院所还不够。根据美国教育媒体 USNews 联合汤森路透发布的 2017 全球顶尖 500 所大学排行榜中,上海上榜的高校有 4 所,分别是复旦大学(位列第 121 位)、上海交通大学(位列第 138 位)、同济

大学(位列第 337 位)和华东师范大学(位列第 444 位),但都没有进入前 100 位。对 2017 全球顶尖百所大学进行分析发现,具有创新活力的全球城市均有高水平的研究型大学作支撑。比如,旧金山湾区上榜 4 所大学,分别是斯坦福大学(位列第 3 位)、加州大学伯克利分校(位列第 4 位)、加州大学旧金山分校、加州大学圣克鲁兹分校;伦敦上榜 4 所大学,分别是帝国理工学院、伦敦大学学院、伦敦大学国王学院、伦敦大学热带医学院;大波士顿地区上榜 3 所大学,分别是哈佛大学(位列第 1 位)、麻省理工大学(位列第 2 位)、波士顿大学。

二是上海影响全球创新方向的顶级专家人数还不多。在对 ISI Web of Science Core Collection 收录的全部自然和社会科学领域论文分析的基础上,美国汤森路透集团公布了全球 2016 年"高倍引科学家"(Highly-Cited Researchers 2016)名单,共计入围的科学家有 3 265 人次,其中上海有 24 人次,占比 0.74%;至今,在沪科学家尚未获得被誉为"诺贝尔奖风向标"的汤森路透"引文桂冠"(Citation Laureates)。西班牙国家研究委员会在欧盟委员会等资助下,以高引用次数指数(H-Index)高于 100 为指标,于 2017 年 8 月公布了全球"高倍引科学家"榜单,共计入围的科学家有 2 258 名。其中,全球主要城市入围榜单的科学家数量分别是上海 4 名、北京 5 名、纽约 100 名、波士顿 161 名、旧金山 111 名、东京 16 名、伦敦 67 名、巴黎 37 名、柏林 6 名。可见,上海在吸引培养高水准的科学家方面还需努力。

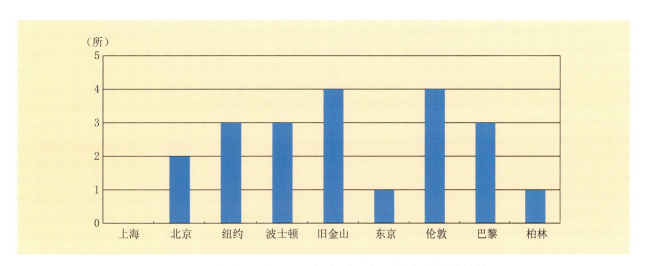

图 4.2 全球城市拥有 2017 年全球顶尖百所大学数量的情况

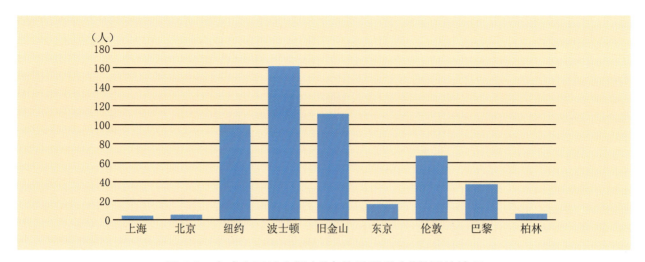

图 4.3　全球主要城市拥有"高倍引科学家"数量的情况

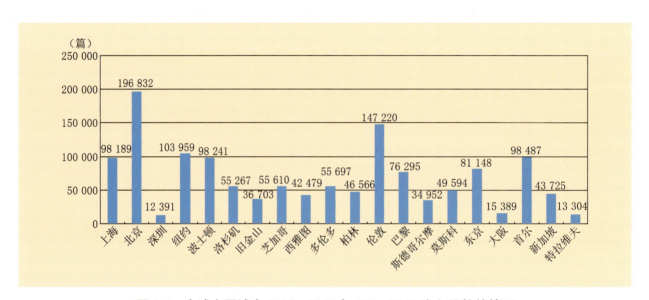

图 4.4　全球主要城市 2013—2015 年 SCI、SSCI 论文总数的情况

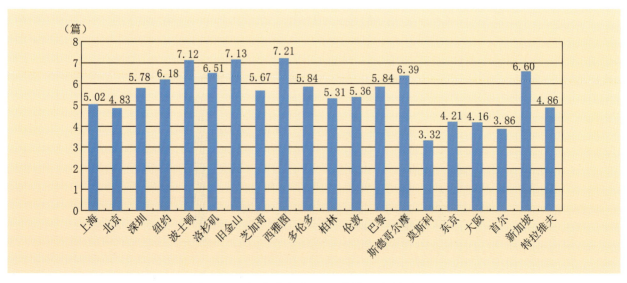

图 4.5　全球城市论文平均被引数的情况

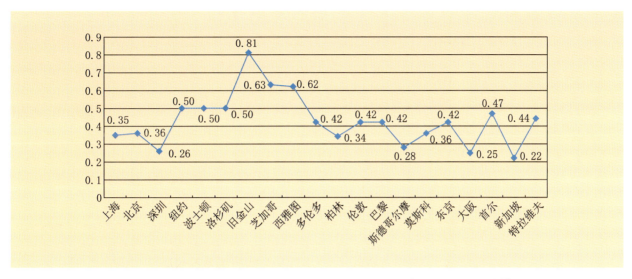

图 4.6　全球 20 个主要城市 2011—2015 年间 PCT 专利平均质量的情况

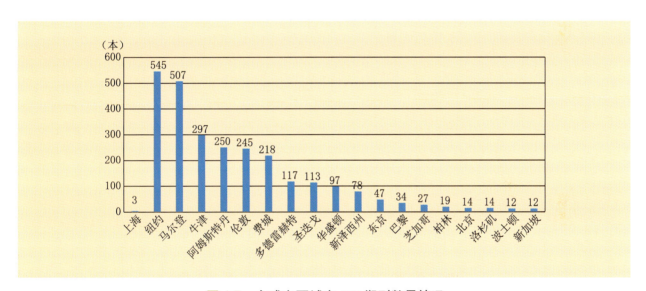

图 4.7　全球主要城市 SCI 期刊数量情况

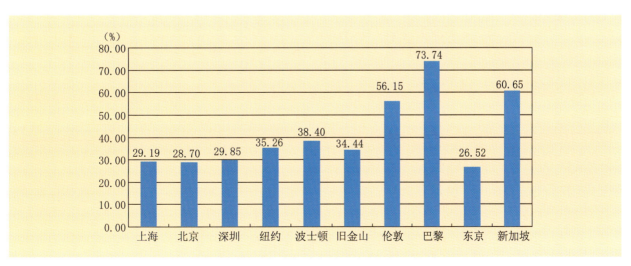

图 4.8　全球主要城市 SCI 论文国际合作数量百分比的情况

三是高水平学术论文对学科行业的引领发展作用还不充分。在2013—2015年期间上海所发的SCI、SSCI论文总数为98 189篇，尽管已在全球创新城市中名列前茅，但仍低于北京（196 832篇）、伦敦（147 220篇）、纽约（103 959篇）、波士顿（98 241篇）等全球创新城市；同时，上海论文平均被引数为5.02，在全球主要城市中处于中等水平，与伦敦（5.36）、纽约（6.18）、波士顿（7.12）等也存在着一定的差距。

四是上海PCT专利质量还存在一定差距。在综合考虑同族专利规模、权利要求、专利授权率、被引数量等体现专利质量因素的基础上，综合分析了全球20个主要城市2011—2015年间PCT专利平均质量的情况，与旧金山（0.81）、纽约（0.5）、波士顿（0.5）等全球城市相比，上海（0.35）还具有较大的提升空间。

五是上海对获取全球范围内具有前瞻性、突破性知识信息的水平还不强。以SCI期刊文献检索工具发布的3 786种期刊目录中，出版500种以上SCI刊物的城市只有2个，分别是纽约545种和位于波士顿大都市区的马尔登市507种；出版200—500种以上SCI刊物的城市有3个，分别是牛津297种、阿姆斯特丹250种、伦敦245种；出版50—200种的城市有6个；出版20—50种的城市有14个。其中我国有17种SCI期刊入围，北京14种、上海3种。可见，上海在SCI期刊集聚方面，与欧美国家的全球城市相比差距明显，这由此将导致未来城市对全球科

研知识集聚、获取、储备的差异将不断扩大。

六是科研领域国际合作的广度和深度还不够。根据梳理全球主要城市SCI论文国际合作数量占比情况，在2013—2015年期间发表的SCI论文中，上海由国际合作产生的论文数量占比为29.19％，与北京、深圳等国内城市水平相似，但与巴黎、新加坡、伦敦、波士顿、纽约、旧金山等欧美发达国家城市相比，上海国际合作的数量和层次还存在提高的空间。

2. 创新创业生态的活力和竞争力仍显不足

一是高科技初创型企业总量不多、总估值偏低。根据Global Startup Ecosystem Report 2017，目前，全球高科技创新创业中心城市主要集中在美国、欧洲和部分亚洲城市。以硅谷和纽约为代表的美国大城市在创新创业上所取得的成就依然遥遥领先。从各项指标来看，上海在人才和资金方面，虽然也相对前列，但是和最大的几个创新创业城市相比，差距还是明显的。硅谷有12 700—15 600家活跃的初创企业，2 640亿美元的估值，两百多万从业者，都在想着下一个能改变人类社会的事情。纽约有6 300—7 800家活跃的初创企业，710亿美元的估值，伦敦有着4 300—5 900家活跃的高科技初创企业，440亿美元的估值。他们不但是世界金融中心，也站在了信息技术的最前沿。可上海目前还只有大约1 800—2 700家活跃的高科技初创企业，大约420亿美元的估值。虽然，上海也有着大量的科研院校，和每年从外地涌入上海的青年人才，但是这

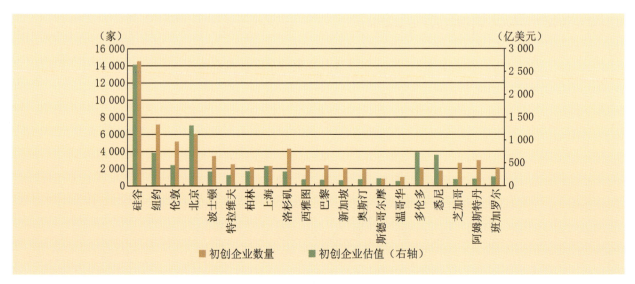

图4.9 主要全球城市初创企业数量和估值

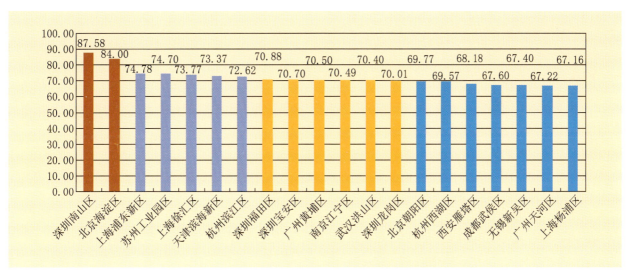

图 4.10   2016 年区域孵化能力评价综合得分排名

些数字和上海的人口相比后,与其他大城市的差距还是很大的。而且,上海的初创企业在发展规模和国际影响力上都不突出,业务和人员构成也不够国际化。

二是创新创业服务机构不够发达。目前,上海尽管有以生产力促进中心、科技企业孵化器、技术交易所、科技资讯与评估机构、创业服务中心等为核心的科技创新成果转化中介服务组织,但绝大多数是政府主导的,真正市场化、社会化的相关中介服务组织不多,这使得上海科技创新成果转化的服务能力、市场化水平以及国际化程度都不能满足科技成果产业化的实际需求。广东省社科院《中国区域孵化能力评价研究报告 2016》,通过对各个区域的孵化企业、孵化成果、孵化平台和孵化人才四大维度进行评估。以张江高科技园区为主要载体的

上海浦东新区排在深圳南山区和北京海淀区之后,位列国内第三位。同时,国家级双创平台上海有 89 家,数量上远落后于北京的 174 家,与深圳的 86 家差不多。

三是金融市场有待进一步发展。上海是中国的金融中心,有多层次的金融市场和完善的金融市场要素。但是在创新创业的融资上,和其他全球城市相比还存在着一定差距。根据美国风险投资协会统计,美国各主要城市 2016 年风险投资数量依然在全球前列,其中旧金山达到了 234 亿美元,纽约也有 75.65 亿美元。根据清科私募通的数据显示,2016 年上海企业获得风险投资(VC)和私募股权投资(PE)总额达到 638.24 亿元,其中风险投资投资 182.31 亿元,PE 投资 455.93 亿元,和纽约硅谷还是存在不小差距。自新三板挂牌企业数量上,2016 年

表 4.2   2016 年美国各主要城市风险投资情况

城　市	公司个数	投资笔数	投资金额(亿美元)
旧金山	1 323	1 393	234
纽　约	888	940	75.65
硅　谷	478	496	67.17
波士顿	500	527	60.29
洛杉矶	496	526	54.46
西雅图	265	282	15.03

资料来源:美国风险投资协会。

北京挂牌企业为1 450家,第二名上海只有878家,稍微领先于第三名深圳的686家。

3. 汇集全球科技创新资源的能力和吸引力仍显不足

一是在吸引和集聚全球人才的规模上还有较大差距。一般而言,国际大都市的常住人口中,外籍人员的比例一般在10%以上,美国纽约的外籍人员比例在1/3以上,英国伦敦的比例近40%,新加坡的比例在40%左右。近年来在沪外国人的数字连年增长,但总的在沪外国人占常住人口的比例还较低,2013年,上海的境外人员约为17.6万人,占常住人口的0.73%,其中外国专家及家属只有7 580人。目前,德国马普学会的78个研究所的270位所长、副所长中,1/4来自国外,26.4%的科学家来自国外,研究生、博士后、研究助理、访问科学家等流动科技人员中51.9%来自国外。而上海的高校、科研院所中,外籍人才非常紧缺。即使是在外资研发中心中,也是以国内的科技人才为主,外籍科技人才一般低于10%。尽管外国科研人员远期看好包括在上海在内的中国,但目前上海对外籍科研人员的吸引力还不大。据《自然》调研发现,60%以上生物和物理领域的受访者看好2020年中国科学发展前景,但仅8%的人表示准备现在去中国,多数人由于政治和文化等因素仍选择在美国、欧洲、加拿大和澳大利亚发展。另据有关数据显示,无论是金砖国家(BRICS),还是G20及欧洲5国(PIGS)国家人才,上海都没有位列其最受欢迎目的地城市排名中。另据波士顿咨询集团对全球20.3万名人才调查显示,最受人才欢迎的目的地国家依次是美国42%,英国37%,加拿大35%,德国33%,瑞士29%,法国29%,澳大利亚28%,西班牙26%,意大利25%,瑞典23%。最愿意去的5个城市:伦敦16%,纽约12.2%,巴黎8.9%,悉尼5.2%,马德里5.0%。

二是政府引进全球人才的政策力度还不够。目前缺少海外人才特别是顶尖人才评估机制以及特殊人才的认定机制、引进机制。尽管《关于服务具有全球影响力的科技创新中心建设实施更加开放的海外人才引进政策的实施办法》对海外人才进行了分类,但缺少对基于高层次人才基础上的顶尖人才遴选和引进标准的确定。同时,在海外人才认定上,外国专家和外国人就业证"两证合一"后简化了手续,但又强化了学历证明,对于毕业多年并且情况发生很多变化的海外人才而言更加难以办理。一些特殊领域(如航空)的人才,本想低调地引进来沪,但由于过于强调前雇主证明,给人才带来麻烦。海外人才年工资、个税标准门槛过高。北京、上海、福建自贸区三地在连续工作满4年、每年居住6个月以上、有稳定生活保障和住所、年工资收入和个税达标准的认定标准内容相似,但上海年工资收入和个税达标准的认定标准分别为60万和12万,北京为50万和10万,广东为连续4年工资性年收入(税前)40万元和个税7万元,较北京、广东要高。在吸引和集聚境外高校学生和在读留学生方面的政策还需进一步强化。"人才20条"规定对外国留学生来沪工作开了"口子",但从现实情况来看,一方面,申请门槛仍旧较高,本科生不能申请,另一方面,申请的范围仍旧较窄,只能在"双自"范围内。部门协调还需要进一步强化。上海在集聚海外人才"主动出击"力度方面有显不足。从政府层面来看,上海在利用驻外使领馆、海外机构、社团等作用还要强化,8个海外人才联络站的功能定位需要进一步明晰、作用需要升级;从民间的角度来看,企业、孵化器虽然有"走出去"的动机,但缺少必要的支持和引导机制,目前尚处在自发的状态。此外,公安、人力资源社会保障、外汇管理、海关、检验检疫等相关部门之间信息共享不充分,证件办理时限等要求统筹不够,造成海外人才申请办理耗时较长、手续不够简便等。

三是对全球人才的服务还不够完善。面向外国人的"单一窗口"办证范围还比较局限。目前,外国人证件办理"单一窗口"主要由公安出入境、人社、外专部门三家构成,但与外国人办理证件相关的部门还涉及外事、商务、工商、文化、教育、检验检疫等部门尚未加入;出入境、人社、外专、商务等职能部门申办有各自的系统、标准,信息共享还不充分。引进海外人才服务有待健全、联动起来。外籍人士的居住、入境、居留手续、科研启动资金申请等环节,都会遇到制度障碍。例如,华东理工大学正引进2016年诺贝尔化学奖得主本·L.费林加(Ben L.Feringa)教授设立"费林加诺贝尔奖科学家联合研究中心"。引进过程中遇到费林加出入境、办理国内银行卡、在国内申请相关科研课题项目、博士生(博士后)导师资格、绩效工资总额设置导致其核心团队成员无法享受相关待遇等若干问题,目前对于费林加的问题学校都是特事特办。目前缺少"国际人才引进服务包",为高校、科研院所和科技企业的人事部门提供便利。全球人才的医疗服务、子女教育等难题急需解决。上海目前仅有 34 家医院为外籍人士提供特需门诊服务,纳入国际医疗"直付网络"结算的医疗机构少,外籍人才使用国际医疗保险不便。上海高水平国际教育资源紧缺,国际学校供需悬殊,一些知名度较高的学校入学比例达十几乃至几十比一,外籍人才子女在沪就学不易。同时,国际学校还有价格偏贵、国际部教育质量偏低、不符合海外人才需求、部分学校外籍教师缺少资质等问题。

四是对跨国公司研发中心的创新激励政策不够明显。跨国公司研发中心的技术认定主要由招商引资职能部门实施,投资金额的高低成为主要审核依据。其技术前沿性设定也大多考虑母公司的国际竞争力,而忽略了其在沪投资项目的技术前沿性和科研活动水平的高低。近五年来,在沪跨国公司及研发中心申请的专利与本土企业专利申请数基本持平,部分研发中心仅仅作为当地产品服务的支撑部门而存在,在跨国公司全球研发网络中的创新资源配置能力较为有限。部分跨国公司先进技术仍处于高度封锁状态。跨国公司出于对现有知识产权保护法规制度与国际水平差距的顾虑,将具有国际先进性的技术开发活动置于"高预警度"的技术封锁管理模式下,本土员工与技术人员接触、学习、参与前沿科技研究项目机会微乎其微。对专利优先权的高度重视背后是其保护自身创新成果、保障相关权益的市场策略,反映出跨国公司对于技术转移仍持相对保守的态度。这一态势对跨国公司创新外溢带来了很大难度。部分研发中心"非独立性"导致专利申请不具备客观条件。跨国公司在沪研发中心大多为非独立法人机构,在法律意义上不具备申请专利的主体资格。长期以来,有关政策未对独立法人主体作硬性要求,作为非法人机构的研发中心的研发成果绝大部分都送回公司母国申请专利。

表 4.3　上海与其他国际领先研发城市的对比

国　家	城　市	高层级跨国公司研发中心的数量	主要特点(外资与内资占比,跨国公司区域总部与全球总部占比)
日　本	东　京	91	外资与内资占比均衡,全球总部为主
美　国	硅　谷	74	外资与内资占比均衡,全球研发总部占比四成
中　国	上　海	73	外资占比八成以上,增长活跃,但是没有全球总部
中　国	北　京	55	外资占比八成以上,全球总部极少
印　度	班加罗尔	44	全部是外资研发中心,IT 业企业占主导,但没有全球总部
新加坡	新加坡	30	外资研发中心占九成以上(行业多元化),绝大部分为区域(亚太)研发总部。
日　本	大　阪	28	内资为主且以全球研发中心为主
美　国	波士顿	26	外资占比过半,没有全球研发总部
英　国	伦　敦	24	外资研发中心为主,全球总部约三分之一
美　国	圣迭戈	19	外资研发中心过半,与硅谷呼应,构成旧金山湾区研发中心的两大支撑
日　本	筑　波	18	唯一不是全球城市的国际研发城市,内资机构为主
美　国	纽　约	17	与其国际化大都市的能级有较大差距

资料来源:黄烨菁,《促进跨国公司研发中心融入上海科技创新中心建设的机制研究》;黄亮、盛垒,《基于"世界城市"理论的国际研发城市判定研究》,《经济地理》2015 年第 8 期。

五是与本土企业合作进行技术转移过程中的知识产权保护需要更加严格。对于知识产权保护不力的诉求,是近年欧洲企业在沪研发分支机构反映频率最高的问题之一。相关诉求主要来自航空航天、化工产业领域的跨国公司研发中心。代表性企业提出,中国本土知识产权保护不力,除了知识产权制度总体上严格程度落后于国际水平之外,研发成果在当地实现市场转移的创新"开发过渡期"内的法律保护较为不足。有企业提出,跨国公司目前有意将创新在当地市场实现技术转移,在此过程中包括与本土创新中介的合作,在政府主导项目下提出技术支持等。其间涉及的敏感信息包括在开发过程中的相关技术披露和合作方之间的技术与专业信息交流和共享等。而这些交流和共享均缺乏安全性与信息管理的合规性保护,相关的信息保存和管理制度从法规到具体实施办法都是一个空白。地方法规对此方面的保护也十分缺乏。该问题是跨国公司研发中心的运作中反映较为突出一个问题,企业也对政府相关部门提出了加强专有技术披露的保密制度、科技人员个人信息保护和转化项目资助流程中的信息妥善保管诉求。

六是重大科研资助项目相关流程透明度还不够高。近年来,跨国公司来参与政府公共财政支持的重大科技公关(研发)项目的热情较高,相关基金资助的申请也欢迎跨国公司申请。但是,跨国公司作为独立主体申请所需的信息查询和咨询的路径不畅,特别是对于政府支持的相关项目、资助方式与项目管理的流程管理等信息,较难获得一个详细与完整的信息搜索和互动平台。此外,注册于园区的跨国公司研发中心也反映,近年来上海相关委办对公共创新促进、项目设立与研发补贴等事宜,尽管可以获得通知,但是在进一步提出申请过程中,申请所要求企业内部与技术路线的信息披露与申请流程管理,与跨国公司研发中心内部管理相关规定存在不少矛盾。

七是整体营商环境还有差距。据世界银行2014年营商环境报告显示,2014年中国的营商环境在全球189个经济体中排名第96,比2013年下降5个排位,与排名前十的新加坡、中国香港、新西兰、美国、丹麦、马来西亚、韩国、格鲁吉亚、挪威、英国差距甚远;在金砖国家,虽比俄罗斯(第92位)、印度(134)、巴西(116)排名靠前,但与南非(41)有较大距离。另外,从城市比较来看,上海在30个全球城市的成本负担比较中排名倒数第二,仅好于北京。总的来看,阻碍人才创新创业发展的营商环境短板主要有以下两个方面:

表4.4　各国家和地区总体税赋水平比较

	总体税赋水平(%)	个人所得税最高税率(%)
中国香港	24.1	15
新加坡	25.4	20
韩　国	29.8	35
瑞　士	30.1	40
新西兰	34.3	33
亚洲平均	36.9	—
英　国	37.3	50
美　国	46.8	35
世界平均	47.8	—
澳大利亚	47.9	45
德　国	48.2	45
日　本	48.6	50
中　国	63.5	45

表 4.5　全球机会指数排名

	中国香港		新加坡		美　国		日　本		韩　国		中　国	
	分数	排名	分数	排名	分数	排名	分数	排名	分数	排名	分数	排名
综　合	8.54	1	8.49	2	6.91	22	6.79	23	6.29	35	5.55	53
经济基础	7.00	3	7.30	2	6.25	23	6.05	30	6.35	15	5.90	32
法律壁垒	9.20	4	9.20	4	7.20	49	7.00	53	7.00	53	5.40	90
营商便利	8.78	1	8.14	5	7.01	30	6.55	42	7.83	12	5.51	65
监管治理	8.55	1	8.44	2	6.00	27	6.55	22	4.44	63	6.11	26
法律体系	9.18	2	9.36	1	8.09	11	7.82	13	5.82	34	4.82	56

　　一方面，整体税费负担依然较重。从《2014 赋税环境报告》以及有关调查表明，上海在企业所得税、个人所得税方面，相较于全球城市而言并不占优势，上海是 30 个全球城市中排名第 5 的企业所得税高税收负担城市，与迪拜、新加坡、香港等城市有较大差距；另一方面，相较于高税收国家，上海在税基计算、税收优惠、抵扣方面，也不具备优势。从人才成本与质量的二维视角来看，怡安翰威特（Aon Hewitt）的调查表明上海尚处于成本低廉但质量不佳的范围，与纽约、伦敦、新加坡、香港等地成本低、价值高相比，还有较大差距。

　　另一方面是机会优势排名靠后。全球机会指数显示，包括上海在内的中国排名第 53，远低于中国香港、新加坡。其中最主要的问题在于法律壁垒（排名第 90）、营商便利（第 65）、法律体系（第 56）。

4.3　推动卓越全球城市科技创新的对策

　　面向未来，要把上海打造成全球科技创新资源配置的重要平台和全球科技创新网络中的枢纽城市，充分发挥全球城市综合资源集聚和综合服务功能的优势，成为科技、经济、文化高度融合，创新、创意、创业有机一体的科技创新中心，为上海迈向全球城市注入新的动力和活力。（1）创新资源密集，创新实力雄厚，具有强大的创新资源吸收和集成能力、科技创新成果转化能力和科技扩散辐射能力，促进全球科技要素流动及有效配置，发挥全球创新资源配置中枢的作用。（2）科技创新起源地，成为科技创新"时尚"的风向标和展示舞台，引导全球科技创新的发展方向，创新辐射强大，具有广泛影响力。（3）全球化创新网络中的主要节点，创新网络连接广泛，创新活动频繁，创新交流合作密集，具有高效的创新网络组织与控制功能，成为国际创新竞合的重要主导者。（4）适应于科技全球化趋势和当前中国企业全球化创新浪潮，成为中国企业全球化创新的战略高地，为其提供整合和利用全球创新资源、增强创新能力、实施创新驱动战略的便利条件。

　　上海打造全球科技创新网络枢纽城市，必须体现综合性、网络化、服务化、嵌入式的基本属性：（1）综合性。科技、金融、文化高度融合，技术创新和服务创新之间的互动交融，技术突破、技术扩散、技术应用融为一体，不仅在原有产业部门涌现大量技术创新，也涌现大量跨界或边界模糊的新技术、新产品、新产业，而且不断创造和重塑供应链、新业态和新商业模式。（2）网络化。通过多样化、广泛的网络连接功能，形成以某类前沿技术应用为核心，跨产业、跨企业（或创新团队）、跨地域边界的各类科技创新联盟和合作关系，以更为开放灵活的方式及路径实现动态化、空间跳跃化、模块化、并行式、交叉式的科技创新。（3）服务化。科技创新与服务经济高度匹配，中央智力区与中央商务区双布局、双驱动，形成科技支撑服务创新，服务促进科技创新的局面，为整合各种创新资源和培养企业创新能力提供基础条件和运作平台。（4）嵌入式。在空间形态上总体呈现"小集聚、大分散""交织型、嵌入式"的鲜明特点，促进"大学校区、科技园区、公共社区、城市街区"

四要素融合、空间重合和功能综合的发展,形成以"硅巷"为特色的创新城市模式。

4.3.1 建设全球一流的科学中心

1. 进一步提升大学和科研机构的全球竞争能级

积极对标世界顶尖水平,加快创新型大学建设,加快建设若干国内领先、国际上有重要影响的引领性研究机构,支持开展世界前沿性重大科学研究。

一是建设国际一流的创新型大学。支持建立更有效率和活力、与国际接轨的现代大学制度,将技术培训更加充分地纳入教育体系之中,加强世界前列学科建设,大力推动科研、教育、创业深度融合。鼓励高校建立跨学科、跨领域的科研教学团队,集中力量攻克制约高校科技创新的突出问题,着力提升基础研究和前沿技术研究的原始创新能力,逐步成为具有国际重大影响的学术高地,形成一批包括顶级科学论文、重大知识发现、先进科技原创成果和国际发明专利等在内的科学创新成果积累。

二是培育全球领先的科研机构。对标波尔研究所、普林斯顿高端研究院等世界顶级研究所,加快建设李政道研究所等引领性的研究机构,并持续探索新型研发组织改革试点,打造自由探索的学术氛围以及为全球科学家提供有吸引力的薪资。面向基础科学前沿,面向国家重大需求,充分依托大科学装置,吸引全球基础研究领域相关资源,加快组建国际人类表型组创新中心等若干国内领先、国际上有重要影响的卓越创新中心,组建若干科研任务与国家战略紧密结合的创新研究院。

2. 重点推进世界顶尖水平的大科学装置和国家实验室建设

充分依托大科学设施群建设国际一流水平的光子科学国家实验室,紧紧抓住体制机制创新的"牛鼻子",打造全球领先、开放的大设施群以吸引国际顶尖科研团队(用户)以及重大基础研究项目,实现全球高端创新资源的集聚。

一是实验室建设要以国家战略需求为导向。在国家经济建设和社会发展的重大前沿科学领域,结合上海在相关学科、平台等方面积累的优势,整合上海交大、复旦、同济、张江科学中心等高校、科研机构的科学资源,在物质世界、生命健康、未知领域积极部署国家实验室。

二是探索形成科学高效的国家实验室管理体制运行机制。充分借鉴国际经验,探索国家实验室管理体制创新,探索实行理事会领导下的主任负责制,在科研组织、人事管理、经费使用、成果管理等方面给予实验室主任充分自主权。

三是在重点领域集聚全球科研团队。围绕大科学设施开放共享机制改革创新,吸引全世界的优秀科学家来沪从事高水平科研工作,形成大科学装置的全球用户集聚中心。

四是推进国家实验室交叉协同、全球联网。支持开展跨学科、跨领域的交叉研究,重点建立开放式研究网络,鼓励国内外知名科研机构、研究型大学、高技术企业等共同开展研究,鼓励利用多个大科学装置开展跨学科、跨领域研究,强化重大科技任务攻关。围绕重大科技基础设施群布局重大项目,支持提高加强重大科技基础设施建设与国家科技重大专项、大科学装置前沿研究重点专项、重大军工项目的衔接,与国防技术转化,与交叉前沿研究项目的深度融合。

3. 积极营造国际通行、自由探索的创新氛围

着力推动科技创新相关制度和政策先试先行,构建激发创新活力和动力的创新生态环境,形成鼓励自由探索的氛围。

一是打造激发人才敢于探索发现的制度环境。一方面要建立稳定高效的基础研究投入机制,充分提高对科学基础投入的重视程度,持续、稳定加大投入总量,强调以人为本、人事并重,加大对科研机构的稳定支持力度,减少科研人员对竞争性经费的依赖程度。同时,在市级层面探索建立系统化的、总体统筹的投入机制,探索引导多元化投入基础研究的模式,根据科学研究规律不断优化投入方式。另一方面要建立定量与定性相结合的考核评价体系,坚持以基础研究的价值规律为导向,采取定量和定性相结合的方式,探索立足宏观、立足长远的基础研究绩效考核和评价机制,着力提升基础研究和前沿技术研究的原始创新能力。

二是注重自由探索及高联通的工作环境建设。在科学中心规划建设过程中,要体现科学中心的特殊性和创新性,注重公共空间的绿化率。完善区内步行、骑行、公交系统,构建立体化的交通体系,节约科研人员通勤时间。对于已经形成的科学研究集聚区,可进行满足科学需求的城市更新,将已有的科研建筑、创新空间进行因地制宜的改造和布局,加强内部连通性,鼓励跨机构、跨学科、跨国别的交流和自由探讨。

4. 加快打造全球知识创新网络的节点

积极融入和主动布局全球创新网络,积极响应"一带一路"科技创新行动计划,主动服务长三角协同创新发展,探索科技开放合作的新模式、新途径、新体制,不断提升在全球化开放型科技交流合作中的话语权和影响力。

一是积极参与和牵头发起实施全球大型科技行动计划。跟踪国际大科学研究的进展及动态,建立和完善国际大科学研究信息库,设立统一协调参与跨国大科学计划和工程的机构,加强国际大科学法律框架和体系的研究和建设,加快研究建立大型科技行动计划的项目遴选制度、参与制度和考核评估制度。

二是实施"一带一路"科技创新合作工程。挖掘现有平台和资源,积极开展与"一带一路"沿线地区在创新领域的务实合作。着重加强创新平台和基础单元共建,探索国际科技创新资源交流合作渠道与模式,重点推动共建联合实验室、科技园区合作,共建科技教育信息网、科技基础数据中心等。

三是支持企业主导的创新网络全球布局。鼓励、支持大型国有企业集团在欧美日等发达国家和地区建立研发基地和分支机构,支持本土企业拓展全球范围研发布局,建立创新网络的广泛联系,建立以本土企业为主导的全球创新网络。

四是打造国际科技组织集聚区。给予国际科技组织集聚区发展相关支持,设立专项基金,鼓励国际科技组织将亚太总部或功能性总部等迁至上海,为组织机构的运行及后续发展提供资金保证,给予国际科技组织集聚区建设相关的规划、用地等配套支持。

4.3.2 建设面向全球的人才枢纽港

1. 实施全球人才高峰计划

围绕服务国家战略、聚焦上海有基础有优势的领域,实施全球人高峰计划,培育上海具有全球影响力科创中心建设的核心竞争力。

一是制定实施更加开放的全球人才引进政策。聚焦人工智能、类脑科学、生物医药等重点领域,研究制定面向领军人才及其团队的针对性政策。完善全球人才评估认定相关政策规定,制定全球顶尖人才引进标准,开辟遴选评价"绿色通道",适当简化学历证明、雇主证明等要求。探索创业类签证和居留许可,在工作类、私人类、学习类签证方面,明确加注"创业"的申请对象、申请标准、投资限度、申请额度;支持计划来上海投资或者创新创业的外国人凭投资证明或者创业计划、生活来源证明等,直接申请私人事务签证,入境后办理私人事务类居留许可;延长创业类居留许可有效期限,最长有效期可达到 5 年;完善创业签证与学习签证、工作签证、人才签证、旅行签证、口岸签证之间转换办法。进一步放宽境外高校学生和在读留学生的引进政策,放宽准入门槛,将使用范围由"双自"范围拓展至全市。

二是加大支持全球人才创新创业各项政策力度。推动外籍人士工商注册便利化,对获得永久居留权的外国人才,只要不涉及人民生命财产安全的领域,可以以内资的身份以人民币进行工商登记注册,逐步放宽海外人才创业、投资、经营范围。探索合理的外籍人才股权激励办法。对来沪工作、属于高新技术企业、具有核心技术的外籍人士,允许其通过科技成果转化获得不参与、不影响企业决策的限制性股权或期权奖励,享受国内人才递延纳税同等待遇,授予外籍人才限制性股权的企业不变更企业性质,投资、经营活动不受限制。适当加大外汇管理方面支持力度,依托自贸区人民币自由贸易账户,在自贸区、张江等范围内推动金融服务便利化,加快外汇审批速度以支持海外人才及其组织为本市收购前景优质项目和潜力项目。制定相关税收优惠政策,对引进的外籍高层次人才,以非现金形式或实报实销形式取得的住房补贴、搬迁费、子女教育费等暂免征个人所得税;探索海外人才来沪工作前 3 年个人所得税政策,或安家等费用、子女教育费用税前抵扣政策。

三是进一步完善全球人才服务。完善海外顶尖人才安居办法,采取一人一议的方式解决住房问题,筹措一批符合顶尖人才工作需求的住房,对一般

专栏4.5 落实人才政策,打造"人才高地"

2017年8月23日召开的上海市推进科技创新中心建设领导小组第三次会议暨张江科学城建设推进大会上,上海市委书记韩正指出,上海是人才高地,但还没有形成人才高峰,要求在已出台的普适性人才政策"30条"基础上,争取2018年出台人才高峰建设针对性政策。

发展靠人才,创新引领新常态更要靠人才,上海不断出台政策鼓励人才创新创业,是对人才需求的求贤若渴,对人才的海纳百川。

从人才高地到人才高峰。上海科创中心的核心承载地张江,是全市"千人计划""双创"人才的主要集聚地和培育之地,这几年上海不断出台推进人才创新创业的政策"组合拳",为上海科创中心建设提供人才支撑,使张江人才引进取得明显成就。受访专家表示,上海要从人才高地向"人才高峰"转变,还需要从体制机制上激发创新主体的积极性,提高对高端创新创业人才的吸引力。韩正书记表示,科技创新和制度创新紧密相连,制度创新将激发活力、提高效率,一旦突破,满盘皆活。要充分发挥上海集成能力强、集成资源丰富的优势,努力补好短板,充分发挥市场在资源配置中的决定性作用。

优化人才服务,改进服务方式。张江是上海科创中心建设的核心,而科创中心是上海未来一段时间发展战略的核心。大会上,韩正书记强调各项工作都要围绕国家战略、聚焦上海有基础有优势的领域,始终盯住科创中心建设的主目标和核心任务,努力在推进科技创新、实施创新驱动发展战略方面,走在全国前头、走到世界前列。出台人才高峰建设针对性政策,努力打造人才队伍新质态,拓宽引才渠道,搭建发展平台,加快技术创新平台建设,加大紧缺急需的海外高层次人才引进力度,创新科学高效的人才管理制度,强化人才创新创业激励机制。使各类人才创业有机会、干事有舞台、发展有空间,为人才提供较好的营商环境和公共服务、尊重用人单位的选人权、加大对创新人才的激励力度。人才资源是竞争之本、活力之源,做好人才工作的使命感、责任感、紧迫感。突出重点,狠抓政策落实,要加强与企业对接,让各类人才和用人单位充分了解各项人才政策,进一步细化各项配套政策,确保在实施过程中可执行、易操作。及时兑现政策待遇,让各类人才和用人单位都有获得感,让人才政策发挥实效。

人才效应一定能带动社会未来发展不断向上,最大限度地激发各类人才创新创业热情和活力,营造人才辈出、人尽其才的良好政策环境和社会氛围。

资料来源:人民网,2017年10月16日。

人才探索"房贴券"制度。加强国际化教育供给。加快国际学校和中外合作办学机构(项目)建设,更好满足高层次人才子女对国际化教育的需求。完善海外高层次人才医疗服务,推动具备条件的医院、诊疗中心与国内外保险公司扩大合作,加入国际医疗保险直付网络系统,引进国际知名医疗机构,进一步完善涉外医疗保险结算网络,实施海外人才在沪就医使用国际商业医疗保险结算制度,探索财政资金顶尖人才购买补充医疗保险或商业保险。

四是建立与国际接轨的人才使用制度。按照国际惯例,对于海外顶尖和杰出人才探索建立长期化、终身制的人事制度安排,探索突破外籍人士无法从事科教领域高层行政管理工作的制度性障碍,引进在国外知名大学工作多年的资深海外杰出学术领军人物担任科研教育领域高级别的行政层级职务。

2. 构建全球人才配置体系

加快培育和增强全球人才调配功能,构建全球人才配置体系,为本土企业、大学、研究院所和社会组织的全球化发展提供有力支撑。

一是建立全球人才调配平台。加大全球布局和联系程度,培育全球性的人才市场,构建全球发布的信息系统,为各类机构提供面向全球、具有全球领先水平的人才招募、人力资源管理等服务。培育全球性人力资源专业公司,大力培育和发展本土的人力资源跨国公司,打造有全球影响力的人力资源跨国公司总部基地。建设全球性的人才数据库,提供更加全面丰富的全球人才信息。加强与全球主要创新城市和地区合作,建立与硅谷、伦敦、波士顿等世界级创新城市的交流与合作平台,探索建立国际科技合作联盟、国际科技合作基地、国际科技产业合作园区,打造具有国际影响力的博览会、高峰论坛和学术会议,吸引全球各类人才。

二是实施更灵活的人才使用策略。顺应未来远程工作、弹性工作等非传统就业趋势,树立"只求所用,不求所有"的用人思路,突破居住地和就业地分离的局限,更多运用智能穿戴、网络管理等新方式拓展人才使用范围,将更多国内外人才纳入未来上海创造价值的过程。支持本土企业在跨国经营中实施技术开发就地化,人才使用当地化,支持本土研究机构、企业在海外的研究中心尽量聘用外国专家和当地最优秀的人才。

三是加快人才培养与国际先进水平的接轨。通过多元形式培养具有全球一流潜力的优秀青年人才,推行积极的理工科人才和高技能人才培养政策,发现和培养有潜力的创新人才及核心团队。把创新创造能力放在首位,加强科研院所和高校合作,扩大人才交流培训的国际合作,探索教研相长、协同育人新模式。在大学和研究机构周边支持组建各类杰出人才基地,在居住区加强高质量教育的供给与共享,完善多语言的教育环境,培养更多的本土顶尖创新型人才。

3. 建设创新人才友好城市

打造与全球接轨的创新人才友好城市,塑造全球人才向往的创新之地。

一是打造贴合创新创业人才需求的生活环境。把优化生态环境、建设美丽上海作为吸引人才的重要竞争优势,坚持全球城市的环保标准,打造更低碳绿色的居住环境。着力创新创业人才安居政策,提供更多人才公寓,使人才乐于事业、安于生活。完善城市配套、公共设施等,着力提升创新人才生活的便捷度。强化城市文化氛围打造,塑造城市人文格调,为人才提供更有品质的生活环境。

二是提供具有竞争力的发展环境和发展机会。构建更加积极的创新创业人才政策,打造更多面向人人的"众创空间",提供低成本的办公、社交和资源共享场所,加快免费公共 WiFi 网络建设,打造出"创业上海"的形象和氛围。实施更加积极的科技创新激励政策,吸引更多的海内外人才选择上海创新创业,鼓励更多的科技人才有勇气、有激情地投身于创新创业。强化创新创业融资支持,大力降低初创企业融资成本和风险,集聚和壮大创业资本或风险资本,积极推动"众融"等新业态发展。

4.3.3 进一步推动科技创新与产业融合发展

1. 推动外资研发中心深入融合科技创新进程

调整当前跨国公司研发中心的激励政策,对引导跨国公司成果的"落地"采取更加针对性措施。一方面,在政策目标上需要重视企业实质性创新产出,引导跨国公司研发中心以独立主体资格落地,促使其创新成果落地;另一方面,通过联合研发载体的倾斜政策推进跨国公司与本土创新网络的对接,实现两者的优势互补,从而提升跨国公司研发的本土带动效应。

一是新立项跨国公司研发中心审批向具有独立法人资格研发中心倾斜。在跨国公司研发中心的认定上,建议由科委等职能部门协调专业机构的技术专家和行业专家,明确其"技术等级"的认定,将相关认定与税收优惠等待遇挂钩。综合考虑跨国公司研发中心合同投资金额、拟雇用的本土员工合公司总部的行业领先地位等因素,重点考察研发中心建立后研发项目规划与预期创新成果等"创新产出"类的指标。

二是对于跨国公司享受的营商待遇作差别化的动态调整。建议由科委牵头,协调行业专家和相关领域的技术专家,对跨国公司研发中心的科研活动规划及与本土中小企业的技术指导与研发联合体的进展情况进行综合性打分评估,评定其科研创新产出。根据这一评定结果对其享受的税收优惠与资金上的补贴待遇作差别化与动态性的安排,实现激励手段与"创新产出"的挂钩。对于已经成立的跨国公司研发中心享受的税收优惠待遇则以动态调整的方式,根据创新成果水平及其与本地科研机构(企业)的合作情况作"创新外溢"的动态评估,根据评估结果定期对税收待遇加以调整。

三是鼓励跨国公司与本土中小企业的"1+X"模式创新合作。在现阶段科技创新中心项目规划和引导基金的设立与分配中,将相关项目申请和遴选要求,与跨国公司和本土中小企业的合作促进机制建设相关联,促进跨国公司与本土中小企业的创新合作。对于跨国公司与本土企业采取"1+X"联合模式申请上海科创中心规划下的重大项目予以优先考虑,并在创新成果进入商业开发环节上予以后续的资助,鼓励成果的本地转化,使之更快地实现产业化进程,应用于本土市场。

2. 大力推进跨国公司与本土企业进行协作型创新

一是借鉴杨浦区创新型试点城区建设与发展专项资金项目下,采取"跨国公司+若干家本土中小企业"联动资助模式。更好体现跨国公司与本土产业创新的互补式发展,打造本地研发实践对接海外研发价值链的"开放式创新生态"。要求跨国公司与区内至少五家当地中小企业合作,通过项目纽带合作开展技术攻关,为本土企业提供产品进入跨国公司国际供应链合作伙伴的相关技术指导。

二是高度重视生产用地与研发用地的协同激励。在沪跨国公司的经营与研发部门的空间分布往往位于不同城区,因此带来税收及产出贡献的区级差异问题,这在制造业领域的跨国公司表现得尤其突出。建议在全市范围建立跨国公司跨区多部门的产出绩效统筹评估机制,将企业的生产部门、运营管理部门和研发部门给予统筹评估。为避免各区的产业发展倾斜的差异性,对跨区设立机构的跨国公司以一个统一的落地(用地)和纳税的待遇制度,平衡研发机构和财务公司在不同地区投资或者落地。

三是以上海为龙头布局"跨长三角"创新价值链。上海作为长三角地区经济发展的高地,在创新导向的跨区协同上同样发挥龙头作用,应着力确立在领先跨国公司在本地区研发价值链格局的核心地位。参考相关创新城市及研发机构分布的数据分析,上海周边二线城市近年来研发基础不断增强,在安置研发价值链的生产和配套供应链等环节具有成本优势,符合跨国公司跨区域设立国际研发网络多节点联动的内在要求。相关区域创新规划需要比照上海提出的"制造2025"和新增制造研发中心建设的规划,结合周边二线城市(苏州、无锡、宁波等)自身都在特定产业领域的基础优势,与上海跨国公司人才流动、商务设施上的优势发展之间实现"优势互补",进而实现跨国公司研发的"上海+X"模式。

3. 完善制造业创新体系

以促进制造业创新发展为核心,加快新一代信息技术与制造业深度融合,提高综合集成水平,在制造业主要领域具有创新引领能力和明显竞争优势,建成全球领先的产业体系和技术体系,在全球产业分工和价值链中的地位显著提升。

一是构建智能、互联、低碳的生产体系。发展智能制造重振制造业,促进工业互联网、云计算、大数据在企业研发设计、生产制造、经营管理、销售服务等全流程和全产业链的综合集成应用,激发制造业生产力。建设未来工厂,强化数字化与自动化融合、网络化连通和智能化处理,推动工业机器人、机械手臂等智能设备的广泛应用,提升快速响应和敏捷制造能力。大力推广绿色制造,提高资源能源利用效率,建立高效、清洁、低碳、循环的制造体系。

二是推动制造业开放发展。支持企业参与全球经济合作和竞争,推动国际装备制造合作,加大对境外创新投资并购。支持上海企业依托优势创新链培育新兴产业,牵头推进区域联合共建高科技产业园区,引领长三角城市群制造业升级发展,建设世界级先进制造产业集群。

三是支持加快新经济发展。构建开放、安全的数字经济发展环境,注重个人数据保护,促进信息通信技术领域投资,支持创业和数字化转型,加强电子商务合作和提高数字包容性,打造"数字上海"网上创业平台,促进数字经济与经济和社会各领域的发展主题紧密融合,培育下一代 10 亿用户市场。鼓励绿色设计企业、绿色制造企业、绿色营销企业、绿色处理企业等联动创新和发展,形成绿色产业链。

四是强化制造业技术创新。积极发展改革变产方式的前沿技术,加强技术对制造业尤其是大型装备制造业的渗透来促进产业转型升级、提升产业竞争力。注重增强以软件为主导的创新,拓展更多、更丰富的服务与解决方案。更多采用新科技联通前端研发和后端用户,推动产品定制化、个性化发展。在重点领域开展创新设计示范,推广应用以绿色、智能、协同为特征的先进设计技术。

4. 培养储备一批具有全球视野的高层次研发人才

目前上海本土产学研合作系统中,高校和专业科研机构的研发"创新链"中缺乏项目管理和市场推广的专业人才,而相关人才通常被作为科研团队中的"旁系列"人才,在人才项目和团队建设未得到足够重视。

一是将高层次研发专业人士纳入人才计划的资助范围。建议在下一阶段科技创新中心建设的人才计划资助框架下,新设立具备研发项目组织能力和经验的专业人才群体作为对象,吸引具备跨国公司研发中心项目管理经验的专家,为高校和科研机构的创新项目的组织和国际合作工作贡献力量。

二是建立全方位人才培养体系。成立人力资源发展基金,向企业员工提供重点领域研究计划基金,拨款于实用研究和开发建立学术研究和复旦、交大等高校的人才培养基地,为高科技产业提供各种人才派人员到国外学习,掌握最新科技动态和知识,等等政策,都是吸引人才流入的方法。提高人才的稳定性。骨干人员的流动往往会使科研中断,因此要求研发人员要有较高的稳定性,使新技术能及时地比竞争对手更早地到达市场。更加重视企业文化建设,拥有良好的教育体系,加大政府对研发工作的资助力度,降低人员流动率。严格控制人才流出。近期跨国公司的研发中心相继撤离韩国等亚洲国家,很大一部分原因是人才市场的严重缺失,需要制定政策提供给科研人才留在上海

的可能性,如租房或购房的优惠、特殊的户口政策等。

三是提供更好的研发环境。打造强大的金融与经济环境,继续加快跨国银行、投资公司及贸易公司设立地区总部,帮助上海自身的服务业发展和经济增长谋求市场机会,并进一步拓展巨大的市场,形成良好的经济环境条件。加强语言环境的提升力度,加强英语的普及化,做到人人都可以进行简单的英文交流,金融、科技等专业人才需要熟练掌握英语读写能力。重视空气环境治理,严格控制空气、水、固废等环境污染问题,打造舒适的宜居环境。

5. 推动建设长三角世界级城市群研发网络

对比处于研发城市第一梯队的东京和旧金山湾区可以发现,良好的创新生态环境发展仍需要依托大都市圈内部核心区域和外围区域在研发价值链的合理功能布局来支撑。上海作为长三角世界级城市群的核心城市,需要与长三角周边次中心城市形成大都市圈联动,需要纳入科创中心建设的"都市圈"支撑战略框架下。

一是推进研发网络区域布局。对照全球排名第一的东京(外资研发中心集聚度最大和能级最高的全球城市),其大都市圈的建设体现了城市空间布局对于跨国企业布局全产业链的研发功能的安排。东京的核心区与边缘区之间良好的交通枢纽网络、制造业的研发机构与生产型企业并存发展的价值链空间布局,都对制造业研发价值链的可持续运作和资源配置提供了支持。作为第一层级全球城市,东京都市地带与城市圈边缘地带之间遵循生产和居住成本梯度对于研发活动与制造空间的合理布局是值得上海学习的。

二是适当扩大激励范围。苏州、无锡等地的中高级人才的集聚度已可以比拟上海,与上海的"轨道+高铁"的同城交通网对目前上海功能疏解提供了有利条件。对应于制造业跨国公司不断扩大的"研发、制造、市场推广"的多点覆盖的研发价值链,上海的研发激励政策应以建立"创新城市群"视野,将激励适应对象从上海进一步扩展到长三角城市。可考虑引导在沪制造业跨国公司(例如化工)的研发中心的扩容与升级方向向周边城市延伸,形成以

专栏4.6 "世界级"城市群长三角还有多远?

国家发改委、住建部最近联合印发《长三角洲城市群发展规划》。相比之前落地的成渝城市群和长江中游城市群等,长三角作为东部沿海地区的"老大哥",成为唯一被期待"建成具有全球影响力的世界级城市群"。

长三角城市群跨越上海市、江苏省、浙江省、安徽省,由以上海为核心、联系紧密的多个城市组成。中国科学院可持续发展研究中心副主任陈雯,是参与制定长三角城市群规划的专家之一。她认为,加快跨区交通设施建设是突破行政区划壁垒、实现一体化发展的重要抓手。因为交通设施的互联互通不仅跨越空间壁垒,更将带来人才、信息、资金的互联互通。以上海市虹桥交通枢纽为例,它是飞机、高铁、汽车进入上海的第一站,从这里出发,1小时内就可以到达长三角各大重要城市。长三角城市群交通一体化初现成效,提高了人才、资本等要素的配置效率。

相比单一城市,城市群一体化发展打开了人才、资金等要素在城市间流动的壁垒。但另一方面,这种一体化是否会加剧城市建设"千城一面"的同质化竞争呢?长三角城市港口资源丰富,过去因为各港口的功能差不多,定位差不多,大家能提供的服务产品也大同小异,造成互相压价,竞争很激烈。怎么才能避免这种同质化低端竞争呢?这几年,江苏太仓港和上海上港集团开展资本合作,尝试错位发展。双方共同成立上港正和集装箱码头,在业务上,上港集团主营远洋业务,太仓港主营近洋业务,避免同质竞争。

《长江三角洲城市群发展规划》对长三角城市群的总体定位是培育更高水平的经济增长极,到2030年,成为"全球一流品质的世界级城市群"。业内专家表示,长三角跟其他世界级城市群相比,最关键的差距不是硬件,而是经济发展水平和质量。

那么,长三角城市群和一流品质城市群的差距在哪里?陈雯指出,最关键的差距不是硬件,而是经济发展水平和质量。中国人民大学区域与城市经济研究所所长孙久文分析,差距的产生与发展阶段有关,目前长三角产业层次还基本处于全球产业链相对中低端环节。要成长为真正的世界级城市群,长三角需要创新和转型,提高经济发展效益。

另一方面,创新最核心的要素是人才。尽管上海提出要建成"全球城市",吸引世界各地人才,但目前外国人的比例还不到上海人口数的百分之一,而纽约外国人口的比例高达20%。中国科学院可持续发展研究中心副主任陈雯表示,长三角还要增强开放度和宜居性,这也是《规划》的着力点之一。

资料来源:新华网,2016年7月22日。

上海为核心的"分中心"(或者配套中心)创新节点。在研发跨国公司研发投资的考核上,淡化地域分割和城市间的"外资竞争"导向,而是以特定跨国公司的跨地域的总体投资和创新成果为考量,真正对接长三角区域创新链思维下的研发布局。

4.3.4 营造具有全球吸引力的创新创业生态环境

1. 加快激发创新创业的活力与氛围

以创新创业的浓厚氛围激发上海市民的冒险探索热情,推动中小企业源源不断地涌现。营造良好的创业生态环境。继续大力推动科创中心建设,吸引全球人才和知识资源在上海聚集;降低创新创业成本,放开市场准入,发展众创空间,实现创业服务的市场化、专业化、便利化、低成本化,充分释放民智民力。

一是加大对创新创业的宣传。发掘并培育本土新闻媒体、网络公众号,对于创新创业事件和人物进行宣传,在各类媒体上加大宣传科技致富案例,树立一批明星科技企业和创业明星,形成尊崇科技创业的氛围。

二是将创新创业教育向前端延伸。在中等教育体系内开设创业课程。同时,鼓励高等院校培养更多的更适合的创新创业人才,培养更多的工程师和设计师,开设偏重于科技行业的 MBA 和法律学位等。

三是广泛开展创新创业大赛。与风投机构合作,设立不同层次的创新创业赛事体系,从中选拔具有市场前景的项目。

四是促进创新创业者交流,通过资助公益性机构或政府购买服务等方式,打造科技创新公众交流的平台,加强行业内和创业者之间的交流合作,碰撞出更多的创新火花。

五是培育全社会创新精神和文化。广泛宣传、倡导适合创新创业的价值取向,努力营造容忍失败、崇尚创新的文化氛围,要让全社会认识到创新创业是新时期实现人生价值的重要途径,在全社会形成理解创新、支持创业、服务创新、参与创业的良好风尚,坚固树立"唯改革者进,唯创新者强,唯改革创新者胜"的勇气和锐气。

2. 构建多方协同的创新创业生态体系

加强多方投入和协同,充分营造有利于科技创新创业的生态系统和软环境,为建设更有成长性、更有竞争力的创新创业城市奠定长期、核心、综合的竞争优势。

一是推动金融市场对创新创业的支持。加快推进科技型企业上市工作,进一步推动区域性股权交易市场建设。推动跨领域金融产品创新与合作,挖掘多层次资本市场的服务能力。在直接融资方面,着力构建覆盖科技型中小企业种子期、创业期和成长期的股权投资体系,引导社会资本投入。在间接融资方面,着力构建符合科技型中小企业资产特征的债券融资体系,丰富银行等金融机构科技金融产品。

二是培育创新创业的中介服务体系。加快科技服务业发展,培育知识产权、研发、设计、工程技术和科技中介等服务业态,支持、引导一批有市场能力的科技服务机构向专业化、规模化、规范化和国际化方向发展。参照其他全球城市,加快完善上海的科技中介的法律、政策环境,逐步建立系统的科技中介法律法规体系,形成法律定位明确、政策扶

持到位、监督管理完善的发展环境。引进一批熟悉国际规则、具备实务能力、具有国际竞争力的高端知识产权中介服务机构。

三是建设全球领先的科技应用示范区。对标国际,提高部分领域的标准,及时调整相关法规细则,努力营造促进科技成果率先推广、全面应用的良好氛围,为新兴科技的应用创造空间。努力构建公平的市场竞争环境,消除规模和所有制歧视,破除不合理的市场进入门槛,呵护科技创新产品,鼓励自主创新的企业进行公平竞争。

3. 加大对创新创业的扶持力度

一是推进政府对创新创业管理体制的改革。以市场化为方向,以专业化为核心,以利益机制为纽带,设立专项资金,打造一批具有核心竞争力的企业孵化扶持平台,将相关扶持资源置于平台使用,完善企业发展、行业资讯、知识产权、市场营销等服务体系,构建符合科技型中小企业发展规律的运行机制,推动科技型中小企业更加自主、更加健康的发展。

二是优化政府财税支持方式。既要加大政府科技投入力度,进一步提高研发占 GDP 的比重,但同时,产业技术创新政策中要减少政府直接选择企业和点对点资助,应通过定向的普惠性政策形成各类技术路线,营造企业公平竞争的环境,让市场机制引导创新要素的配置,通过市场的方式来支持创新创业的发展,避免政府资源的低效和浪费,以及对市场的扭曲和干涉。在具体的资金扶持上,尽量减少政府直接的损失补偿,而采用税收优惠等方式,减少对市场机制的扭曲,防止制度套利。

三是推动创新创业的国际化。大力发展市场化、专业化、集成化、网络化、国际化的众创空间,推动不同种类的众创服务平台协同发展。重视科技园区国际化运营团队的建设工作,加快运营人才的引进。加快链接全球孵化器资源,积极引进海外行业领军企业、知名科技园和孵化器管理公司建设孵化器。

4. 打造贴合创新创业人才需求的生活环境

一是把优化生态环境、建设美丽上海作为吸引人才的重要竞争优势。坚持全球城市的环保标准,打造更低碳绿色的居住环境。进一步提高城市的宜居性,完善城市配套、公共设施等,着力提升创新

人才生活的便捷度。强化城市文化氛围打造，塑造城市人文格调，为人才提供更有品质的生活环境。

二是大力推进全新创业人才安居工程。筹措房源和资金，进一步拓展房源，组织编制人才住房发展年度计划，进一步拓展人才住房资金来源，鼓励各区设立优秀人才住房基金。开展实物或资金、房贴券。完善海外顶尖人才安居办法，给予不同层次人才差异化住房待遇，采取一人一议的方式解决住房问题，提供每月租房补贴。推出"配租、配售"住房的优惠政策，同时规范房屋租赁市场。建设国际化的专题人才公寓，为中长期到沪发展的专业性国际人才提供服务。使人才能安于居所、乐于事业。

三是营造多元的创新创业生态。结合城市更新发展规模适宜的嵌入式创新空间，发展更具有城市社区渗透力的"硅巷"和"迷你硅谷"，将扶持创新型企业的平台放在中心城区，使创新创业型企业更容易获得资本、人才和低成本、易通达的场所。促进创新区域链接，优化创新资源的空间布局，在充分考虑无人驾驶、智能交通技术进步趋势的背景下，提前谋划布局一些快速交通干线，实现不同创新集聚区的创新增长极之间的无缝衔接。

"**卓**越的全球城市"的目标定位给上海城市功能建设提出了新方向,也给城市功能建设所需的产业发展提出了新要求。科学研判上海建设卓越的全球城市所需的产业支撑,分析产业现实基础与目标导向间的差距及其原因,制定强化产业发展的针对性对策措施,对于上海加快全球城市功能建设,加快"卓越的全球城市"建设进程至关重要。

5.1 综合性全球城市产业发展特征

全球城市作为全球城市网络的核心节点,在全球城市体系中承担着管控世界经济、配置全球资源要素、协调国际事务、策源创新活动等功能。全球城市作为城市发展的高级阶段,其功能演变与产业发展密切关联,两者相辅相成。伦敦、纽约、东京是综合性全球城市,处于全球城市体系第一梯队。从这些全球城市的发展历程看,其在追求卓越的过程中,尽管产业发展因城而异,但总体呈现出卓越全球城市产业发展的趋势特征。

5.1.1 综合性全球城市产业特征

从纽约、伦敦、东京等综合性全球城市产业发展演进的历程看,随着全球化的深化、科学技术的演变、经济结构的变革、城市功能的升级等,这些全球城市产业发展呈现出共同的趋势特征:

1. 服务经济发达且高端化态势明显,是全球经济流量的核心枢纽

全球城市不断推动城市功能由生产型向服务型转变,服务经济逐渐成为全球城市的主要经济形态和主要经济增长源泉。从纽约、伦敦、东京等全球城市发展历程看,其城市发展均经历了大幅度的产业结构调整,制造业就业岗位逐渐减少,而服务业就业岗位持续增加,服务业占比不断提高,服务业体系不断完善,服务经济日趋发达。如纽约在1950—2000年的5个十年间,制造业就业人数以每年接近10万人的速度减少,进入21世纪后制造业在纽约产业中的分量趋于稳定,但呈现波动趋势。1950年开始,纽约服务业对经济贡献额超过

制造业成为产业经济的主导,70—80年代纽约生产服务业及社会服务业进一步持续快速增长,90年代以来纽约服务业高端化态势明显,金融、保险、房地产业占GDP的比例大幅度上升,由1990年的26%上升到2000年的37%。东京20世纪60年代制造业开始便呈现出持续下滑的状态。20世纪70年代后,以金融业和信息业为代表的生产性服务业开始在东京集聚。2005年,服务业已成为东京最大产业部门,其产值占GDP的86.5%。由于服务业特别是生产性服务业在全球城市的高度集聚,使得全球城市成为全球资本、服务和信息的配置中心,是全球商流、物流、资金流、信息流集散的核心枢纽。

2. 国际金融机构和跨国企业总部高度集聚,是产业要素的配置中心

国际化金融机构、跨国机构总部和专业服务机构作为全球资本、服务和信息掌控者,在全球城市高度集聚,有力支撑了全球城市在全球创新活动、信息交互、文化传播、资源配置中的核心地位和竞争力。如纽约金融机构的数量以及其资产额度和收益都是美国其他城市甚至世界其他城市所难以比拟的。根据马克·亚伯拉罕森(Mark Abrahamson)2004年的研究,在世界百强金融机构中,纽约独占鳌头,拥有14家,紧随其后的是伦敦和东京,分别是10家和9家。纽约高度集聚的金融机构为全球提供着多元化的金融服务,纽约金融业与全球其他国家交易顺差的持续攀升反映了这一点。纽约金融业与他国交易顺差从1997年的78亿美元增长到2000年的112亿美元和2008年的407亿美元。此外,专业服务机构、跨国公司总部也高度集聚。全球排名前50的律师事务所中有14家将总部设在纽约,世界500强的大公司中,有1/5以上公司总部的集聚在纽约。全球城市通过国际金融机构、跨国公司的全球性扩张和垄断经营,逐渐成为国际控制决策中心,对全球生产、销售、服务和创新等活动具有重要掌控力。

3. 科技产业加快发展且创新驱动能力增强,是全球创新技术和创新产品的策源地

伴随着全球城市功能演进,科技创新在全球城市功能建设中的地位日益突出,即全球城市不仅强

化在全球资本、信息等方面配置功能，更越来越强化在科技创新和创新发展过程中的引领功能。纽约、伦敦、东京等全球城市产业发展态势也体现了这一功能的变化。纽约、伦敦、东京结合城市特点加快发展新兴产业。纽约围绕打造全球"创新之都"的发展导向，加快科技产业培育发展，科技产业逐渐成为仅次于金融业的第二大产业，就业岗位增长最快。2005—2010 年，纽约高新技术从业人员数量年均增长接近 30%。在未来发展规划中，纽约将"维持创新之都地位、提供良好创业环境、发挥人力资本潜力"作为城市经济发展的关键支柱。东京重点发展知识密集型的"高精尖新"工业，并使工业逐步向服务业延伸，实现产、学、研融合发展。过去 10 年中，有 56.2% 的东京企业有新技术研发和新产品开发。在未来发展规划中，东京突出了"世界领先技术、产品、服务的创新城市"这一目标。

4. 文化和创意产业成为快速发展的增长点，是全球文化艺术发源地和传播中心

文化是体现全球城市魅力和吸引力的重要组成部分，全球城市纷纷将文化和创意产业发展作为提升全球城市文化软实力和国际竞争力的重要支撑点。纽约、伦敦等全球城市都是文化包容性强、创意产业发达、文化产业人才集聚的全球创意之都，拥有众多的文化基础设施和发达的广告、策划等文化产业。如伦敦被公认为全球三大广告都城之一、世界第三大影片制作中心和国际知名的设计之都，拥有英国 40% 的艺术基础设施、2/3 的电影制作岗位、70% 的电视制作公司、3/4 的广告业岗位。纽约不仅是国际金融中心，同时也是国际文化、艺术、音乐和出版中心，特别是传媒产业具有全球影响力，拥有权威的新闻机构和覆盖世界的广播及有线电视网，是美国第二大媒体制作中心，美国三大广播电视公司和一些最有影响的报纸都把总部设在纽约。纽约人口占全美人口约 2.7%，而杂志出版、图书出版和电影行业的就业比例却分别达到 20.4%、15.4% 和 11.5%。

5. 制造业回归趋势显现，是都市型工业和高端制造业中心

尽管全球城市服务经济发达，服务业在三次产业中的占比超过 70%，但从纽约、伦敦、东京等全球城市的产业发展看，这些城市并不是单纯强调服务业发展，也非常重视都市型工业的发展，其核心区还布局有大量出版印刷、时装、食品等都市型工业，且具有很高的知名度。如纽约探索出符合其城市特点的印刷、轻工等制造业发展模式，并且着力推进制造业与服务业的融合发展，相互促进。而随着制造业智能化、绿色化发展趋势和网络化、定制化等产业组织模式的变化，全球城市也出现了制造业回归趋势。如东京加快制造业的升级换代，将制造业的信息化程度从目前的 30% 提高到 50% 以上，同时通过行业融合产生新的产业和市场，例如汽车与电子、建筑与机器人、能源与信息等。总体看，当前发达国家、全球城市"制造业回归"实质是要发展以高新技术推进的高端、先进制造业，实现制造业的升级，从制造业的现代化、高级化和清洁化中寻找增长点，以此奠定未来经济长期繁荣和可持续发展的基础。

6. 产业协同发展态势显著，形成了全球城市都市圈产业分工体系和产业生态圈

纽约、伦敦、东京等全球城市产业空间布局逐渐从单中心向多圈层、多中心转变，并强化城市与都市圈内城市的联动协同发展。总体看，全球城市的管理控制环节主要位于城市的中心地区，而研发创新活动多位于中心区外围，制造环节已经多数转移到城市郊区甚至都市圈内城市地区，从而逐步形成了以全球城市为核心的都市圈产业分工体系和产业生态圈。纽约、伦敦、东京等全球城市的制造均以中心城区为核心，呈圈层状布局，核心区一般布局出版印刷、时装等都市工业，内环区一般布局食品、消费品工业，外环区主要布局机械、电子、汽车、化工等高新技术产业。此外，随着都市圈经济联系日益紧密，逐渐形成了都市圈范围内的分工体系。如纽约都市圈内的层级结构状似金字塔，最顶级的是纽约，次之涵盖了费城、波士顿、巴尔的摩和华盛顿四个较大的城市区域，再次是环绕在上述五座中心城市周边的众多中小型城市，各具特色、互相补充，形成了较好的错位发展模式。东京都市圈则以东京为中心，川崎、千叶、君津、横滨等城市为主要节点，共同构成了全球最大的工业联合体。

5.1.2　纽约产业发展的特征与趋势

纽约作为世界级的国际化大都市,是全球金融中心和创新中心,在全球城市体系中具有举足轻重的作用。伴随纽约城市功能的演进,纽约的产业发展也呈现新趋势与特征。

1. 科技产业加快孕育发展

在新技术革命和产业革命的催化下,科技创新引领功能逐渐成为全球城市的核心功能,全球城市业已成为全球新产品、新方法、新市场的重要诞生地。近年来,纽约围绕打造全球"创新之都"的发展导向,特别强调科技创新对城市发展的驱动作用,科技产业较快孕育发展。自2003年以来,纽约州技术孵化器的数目增长了25%。纽约州的每个区都至少有1个孵化器,纽约市有14个孵化器。纽约州有13个先进技术中心和多个研究中心,这些中心集中在计算机科学、纳米技术与微电子、电子器件和信息技术、生命科学、光电子和图像与传感器、环境与能源系统、材料科学与材料加工等领域。其中,纳米与信息电子、生命科学、新能源与可再生能源等行业成为纽约新兴与支柱产业,是纽约经济发展和技术创新三大引擎。

2015年2月,纽约市长比尔·德布拉西奥宣布了纽约市政府"小微企业第一"的政策。通过简政放权,大力扶持纽约市小微企业的发展,以此带动城市转型和可持续发展。纽约市政府计划2015—2019年投入2 700万美元扶持小微企业,15个市政府部门参与了这项政策的具体行动计划。小微企业的繁荣与成功是纽约长期可持续发展的基石。

专栏5.1　纽约:正在崛起的高科技枢纽

穿过熨斗大厦,我很快就找到了"Women in Tech Design Hackathon"的活动地点。我在网络上看到这个编程马拉松赛的信息。它是由电讯公司AT&T与致力于教授年轻女孩编程的非营利组织Girls Who Code、纽约广告技术创业公司AppNexus合办的。一进会场,就看见许多一脸兴奋的年轻高中女生,她们刚上完暑期编程课,也有一部分男生。少年们热络地打招呼,交流学习收获。我也注意到,会场里还有许多戴着橙色领带的青年男女。后来听介绍才知道,他们是今天这场从早上9点到晚上6点的编程马拉松赛的导师,他们之中,有像Google、AT&T这样的科技"大鳄"型的公司员工,也有Venmo、AppNexus、tumblr等明星创业公司的员工。

这场编程马拉松,像是纽约蓬勃发展的高科技行业的一个小小缩影。今年4月,纽约市主计长狄纳波利(Thomas P.DiNapoli)公布了一份报告,其中称,纽约近7 000家高科技公司,在2013年第三季度提供了超过10万份工作。经济危机后,从2009年到2013年,纽约市高科技行业的就业增长率为33%,高于纽约市平均8%的水平。行业平均工资为11.86万美元。纽约高科技行业也已从曼哈顿下城扩散到布鲁克林区中城、DUMBO、皇后区的长岛市。纽约市的高科技行业增长也在带动其他产业,如公关、广告行业,这几年新增就业增长率高达25%,而金融、医疗、零售等传统行业内,相关高科技工作也在快速增长。去年纽约高科技公司获得的风投达13亿美元(该报告中,高科技产业多指与电脑系统、数据处理、软件研发、通信设备、互联网等相关新技术的设计、制造、研发、维护产业)。

另外,根据Center for an Urban Future的数据,纽约去年风投资金占全美总量的11.4%,而10年前,纽约的比重仅为5.3%,硅谷去年比重为31.7%,10年前是28.6%。纽约被视为全美成长最快的科技枢纽之一。

资料来源:《东方早报》2014年12月9日。

表 5.1　福布斯全球 500 强企业总部重点区域分布情况

区　　域	2005 年	2008 年	2011 年	2014 年
北　　美	232(46.4%)	191(38.2%)	190(38%)	191(38.2%)
欧　　洲	167(33.4%)	187(37.4%)	170(34%)	149(29.8%)
亚　　洲	85(17%)	99(19.8%)	117(23.4%)	137(27.4%)
金砖五国	29(5.8%)	48(9.6%)	66(13.2%)	71(14.2%)
中　　国	11(2.2%)	23(4.6%)	37(7.4%)	100(20%)

目前,纽约科技产业已成为仅次于金融业的第二大产业,就业岗位成长最快,高技术从业人员数量年均增长接近 30%。在催化科技产业发展过程中,纽约市政府加大了投资基金的引导作用。纽约设立了高达 2 200 万美元的市政府创业基金,这是全面在硅谷之外的第一个政府创业基金。为鼓励纽约科技重镇西切尔西区的高科技产业,纽约州政府带领 100 家高科技公司,共同创建 5 亿美金的投资资金,发展高科技研发公司,创造更多科技领域就业。

2. 跨国机构总部高度积聚

纽约是全球总部经济发展典范,是世界最大跨国公司总部最为集中之地。全球财富 500 强中就有 46 家公司总部选在纽约,而芝加哥和休斯顿分别只有 15 家,只及纽约的 1/3。纽约制造业公司有 1.2 万家,许多全球制造企业都在此设立了总部机构。其中,纽约曼哈顿是全球企业总部最密集的区域,外国企业进入美国市场后也争先在曼哈顿 CBD 设立总部,早在 20 世纪 80 年代就有 277 家日本公司、213 家英国公司、175 家法国公司、80 家瑞士公司及其他许多国家的公司在纽约市设立区域总部及分支机构。除了跨国公司总部外,一批国际性和跨国性行业组织也在纽约聚集,确立了其全球城市的形象。

3. 金融业高端发展态势明显

纽约作为全球金融中心,不仅拥有发达的金融市场和金融体系,拥有完备的金融制度,而且拥有众多具有全球影响力的金融机构。纽约一直以来是外国金融机构在美国开设分支机构的首选地,美国国内大银行和国际性的跨国银行总部几乎全部集中在纽约。2013 年《银行家》杂志评出的世界前 30 大银行中,纽约占了 5 家,外资银行 200 家,全球前 100 大银行中,有 95 家在纽约设立了分支机构。纽约曼哈顿区更是全球著名的六大股票、商品交易所的大本营。美国三大股票交易所——纽约证券交易所(NYSE)、纳斯达克证券交易所(NASDAQ)和美国证券交易所(AMEX)都坐落在纽约最繁华的街道上,在全球交易所的上市公司市值排名分别为第 1、2 和 12 位。纽约金融机构提供全面的多元化投资产品,如股票、债券、基金、期权及其他衍生产品。纽约是世界第二大黄金场外交易中心,交易所成交量位居全球第一。金融行业的就业人口也不断增加,仅华尔街的金融从业人员就达 28 万人左右,占曼哈顿就业总人口的比重接近 20%。

4. 专业服务体系较为发达

纽约产业结构中服务业占据主导地位,占比达 80% 以上。纽约服务业主要包括金融和保险业,专业、科学和技术服务业,零售业,健康护理和社会援助服务,批发零售业等,不仅集中了美国最多专业服务机构,同时其机构实力也是美国最强的。如咨询服务领域,2013 年北美地区咨询公司 50 强排行榜中纽约有 19 家公司上榜,其中,前 10 强中纽约占了 5 个席位。法律服务领域,纽约集中了 37% 的全美前 100 家律师事务所,其中,前 10 强中除了第 9 名是芝加哥的凯易律师事务所外,其余 9 家律师事务所均位于纽约;前 50 强中,纽约占了 27 家。会计服务领域,北美地区会计公司 50 强排行榜中纽约有 14 家公司上榜,全球四大会计事务所(安永、德勤、普华永道和毕马威)总部均位于纽约。批发零售领域,纽约市批发零售贸易额占整个纽约

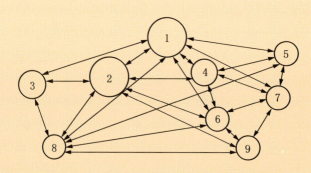

注：1—9分别表示伦敦、纽约、芝加哥、巴黎、东京、米兰、香港、洛杉矶、新加坡。
资料来源：Taylor，P.J.，"World-systems analysis and globalization：A Jacobsean exploration of pasts"，presents and futures，GaWC Research Bulletin No.165.

图5.1　全球生产性服务业流的空间格局

州的40%以上，仅曼哈顿区就贡献了23%以上。纽约不仅专业服务机构众多，而且还呈现高度集聚发展态势，主要集中于曼哈顿区域。以法律服务业为例，曼哈顿各类法律服务事务所的数量占了整个纽约市的87%。曼哈顿最南端的华尔街一带总面积不足7.5平方公里的狭小地域范围内，平均每平方公里达到了4 622家律师事务所及相关组织机构，集聚度最高的地区每平方公里则集聚了6 700多家。大量具有跨国业务背景的高端生产性服务业在纽约市的集聚，强化了纽约市与其他全球城市之间的联系，巩固了纽约市在全球城市联系网络中的核心地位。

5.制造业精品化态势明显

纽约在强化服务功能建设和服务能级提升的过程中，其制造业出现向纽约都市圈外迁的趋势，并且产业门类、生产方式和产业布局发生变革，主要从轻工业内部的大批量生产逐步转向小批量、非标准化的生产。在此过程中，多个产业部分的聚集也逐步强化，产业聚集既体现大都市的生产特性，同时又体现纽约都市区自身比较独特的特点，呈现精品化特色化发展态势。纽约的服装、印刷、化妆品等行业居美国首位，这些制造业集群发展对纽约全球影响力的提升发挥了重要作用。如纽约发达的设计、媒体等产业为其塑造世界时装行业领先的"时尚之都"地位发挥了重要支撑作用。此外，纽约光电子制造业就业数在全美排名第1位，国防电子制造业排名第2位，高技术制造业排名第3位。生

物医药和纳米技术产业在纽约州也呈现强劲发展势头。在促进制造业发展过程中，纽约建立"袖珍工业园区"，主要着眼于充分利用该市基础设施完备但被废弃的小区，用联邦资金在这些小区上"建设使用面积为10万平方英尺的商用大楼，分别租给小制造业公司"，以恢复和巩固纽约经济结构多样性的传统优势。

5.1.3　伦敦产业发展的特征与趋势

伦敦作为欧洲第一大城市和欧洲最大的经济中心，是与纽约并列的世界金融中心，在全球城市体系中具有重要作用。伦敦在城市发展过程中，充分依托其历史文化底蕴、产业要素禀赋，不断强化其城市功能和国际竞争力的提升，体现出了不同于纽约的产业发展特征与趋势。

1.国际金融服务业发达

伦敦金融产业集群的发展历史悠久，产业门类齐全，几乎囊括了所有的金融产业部门，产业支持体系发达且完备，产业集群的集聚效益十分显著。与纽约、东京国际金融中心的大部分业务量来自其国内市场不同，伦敦拥有最大份额的国际金融市场，各类国际金融机构云集。伦敦拥有500多家银行，其中，外国银行有470家，拥有的资本总额达1 000多亿英镑，管理着英国银行业50%以上的资产，总计超过36万亿英镑。伦敦有800多家保险公司，其中，170多家是外国保险公司分支机构，是世界上最大的国际保险中心。基于全球金融机构网络，

专栏 5.2　伦敦国际金融中心地位遇挑战

德国政府发言人赛贝特日前宣布,德国计划让位于伦敦的欧洲银行业管理局在英国"脱欧"后迁至德国。赛贝特说,随着英国退出欧盟,欧洲银行业管理局"必须迁往一个位于欧盟内的国家",而"我们正致力于申请欧洲银行业管理局选址德国"。对欧洲银行业管理局的选址"跃跃欲试"的城市除法兰克福之外,还有巴黎、都柏林、哥本哈根、斯德哥尔摩等。"脱欧"可能造成投资者撤出多达 1.8 万亿欧元的资产,伦敦国际金融中心地位正面临挑战。

欧洲银行业管理局 2011 年 1 月 1 日成立于伦敦,成立伊始就继承了欧洲银行监管委员会的所有职责和功能,是欧盟层面负责对欧盟内银行业实施监管的职能机构。英国《卫报》报道说,如果这一机构从伦敦剥离出去,伦敦作为国际金融中心的地位将被弱化。英国《每日快报》称,无论最终结果如何,这些行动本身都足以对伦敦的国际金融中心地位造成冲击,如果失去欧洲银行业管理局总部,英国的损失将更大。分析称,欧洲银行业管理局移址将直接冲击伦敦作为国际金融中心的传统地位,事实上,这也是英国"脱欧"后最为担心的,为此,英国正采取措施,积极应对。

资料来源:《人民日报》,2017 年 4 月 17 日 21 版。

伦敦国际金融枢纽地位突出,在跨国银行拆借、国外股票交易、国际债券发行与外币汇兑、海上保险与航空保险等众多国际金融市场都拥有重要地位。伦敦是世界最大的国际外汇市场,每年外汇成交总额约 3 万亿英镑。伦敦国际金融期货与期权交易中心以 5 000 亿英镑的日交易量超过全球任何一个交易所。伦敦是主要的国际债券市场中心,伦敦券商发行的债券占全球债券发行量的 60%,二级市场 70% 的交易都在伦敦进行。与之相辅相成的是,处于国际领先地位的金融市场为伦敦金融业的发展提供了广阔的平台,金融业的发展对大伦敦地区和英国经济发展具有重要的牵引作用,进一步支撑伦敦成为全球国际金融中心。

2. 企业总部和国际机构高度集聚

伦敦资源配置能力除了依托其具有国际金融中心的枢纽地位外,还依托其集聚的大量跨国企业总部和国际组织。大伦敦的企业占英国企业数量的 16%,超过 100 个欧洲 500 强企业在伦敦设有总部,75% 的世界 500 强企业都在伦敦金融城设了分公司或办事处。同时,伦敦也是许多国际组织总部的所在地,其中包括国际海事组织、国际合作社联盟、国际笔会、国际妇女同盟、社会党国际、大赦国际等。跨国公司总部和国际机构的集聚,强化了伦敦信息交互功能,成为了世界金融市场最主要的信息集聚地。

3. 专业服务业体系较完善

围绕金融业发展和金融功能能级提升,伦敦形成了体系较为完备的、发达的专业化生产性服务体系。这些支持性的专业化生产性服务业可以扩散传播技术和信息,在法律、财务、咨询、教育各方面对金融业提供支持,从而保证伦敦金融服务业集群内的各个企业有机地集聚形成网络,确保制定正确的发展战略,发挥地域集群的产业经济功能。伴随着金融业的发展,伦敦相关生产性服务业获得快速发展。目前,伦敦拥有世界领先的法律服务中心和会计服务中心。世界四大会计师事务所在伦敦金融城均设有总部,其管理咨询业总收入为 47 亿英镑。世界 15 大律师事务所的 5 家事务所源于伦敦金融城,这些事务所的员工至少有 1/4 在英国境外工作,还有逾 60 家美国律师事务所在伦敦金融城设有办事处。此外,伦敦生产性服务业的空间分布与纽约存在明显差异,伦敦专业服务业的空间分布也体现与金融业发展的紧密结合,呈现"城市中心、内城区、郊外新兴商务区"的多极化、等级化、功能化空间布局模式。通过这种分布格局,服务业可利用上下游产业联系、共用劳动力市场和知识溢出等优点实现需求多样化和控制运营成本,培育竞争氛围,形成产业发展动力。

4. 文化创意产业发展迅猛

伦敦为了激发传统产业发展活力,促进城市更新,在城市功能提升过程中,提出了打造"世界卓越的创意和文化中心"文化战略目标,充分利用其教育、人才、文化、旅游、金融等资源要素,大力促进文化创意产业发展,逐渐成为全球创意产业发展的引领城市,成为世界级文化城市。在政府的引导和推动下,英国创意产业增加值占 GDP 的比重超过7%,且每年都以高于5%的速度增长。伦敦拥有英国 40% 的艺术基础设施、2/3 的电影制作岗位、70% 的电视制作公司、3/4 的广告业岗位,贡献了英国设计业总产值的 50%、音乐产业总产值的 70%、出版业总产值的 40%。目前,创意产业已成为伦敦最大的产业部门之一,产出和就业量仅次于商业服务业。伦敦也是国际知名的设计之都,拥有世界级的教育机构和设计单位,其中近 3/4 的单位有全球客户。"伦敦设计节"已成为全球设计行业瞩目的年度盛会,每年"设计节"有超过 200 场设计庆典、贸易展会和其他活动。

5. 科技创新产业快速发展

在技术革命和产业革命的催化下,伦敦依托其深厚的教育资源、丰富的人才资源、众多的企业资源,不断强化产业科技创新。近年来,伦敦的科技企业数量增加了 76%,增长到 8.8 万家。1981—2013 年间,伦敦科技岗位数从 21.9 万个增长到 61.7 万个,增长了约 1.8 倍。在数字技术领域,伦敦拥有特殊优势。最近的研究显示,有超过 2.3 万家通信技术及软件公司落户在伦敦,数量之多位列欧洲城市榜首。

东伦敦科技城作为伦敦东区的集科技、数字和创意等企业群聚的中心,已密布了 3 200 家创业公司,创造了 5 万多就业岗位,成为了欧洲成长最快的科技枢纽。目前,在伦敦城中,有超过 58 万人为科技企业工作,约占全伦敦就业岗位总量的 27%。伴随着产业科技创新和产业创新发展,伦敦不断强化产业功能拓展和制度创新,通过金融创新、信息技术创新、规则创新以及同产业相关的全球标准制定来维持其行业领先者的地位。如不断拓展金融服务业功能,创新金融工具、金融市场和金融技术,使得金融业从工业的金融服务者和信贷提供者的传统角色,在一定程度上被现货贸易或期货贸易所取代。

5.1.4 东京产业发展的特征与趋势

东京作为亚洲第一大城市,是国际重要的金融、经济和科技中心,拥有巨大的国际影响力和竞争力。伴随着城市功能能级提升、国际地位的跃升,东京产业发展走出了符合东京自身特色的发展之路,具有以下特征与趋势。

1. 金融服务业高端化发展态势明显

东京是全球重要的金融中心,东京的金融、信息等服务业集中分布在千代田区,吸引了大量的国际金融机构,办公面积达 1 700 平方米,占中心区面积的 60% 左右。英国 Z/Yen 集团发布最新一期全

表 5.2 城市职能的演化

时　　期	工业城市	服务城市	创新城市
基本职能	生产、制造职能	管理、协调职能	创新职能
产业类型	工业经济为主(第二产业)	服务业为主(第三产业)	创新经济(第四、第五产业)
生产产品	物质资产	服务产品增多	虚拟产品及创意产品
组织职能	物质资源运用	人力资源运用中心	智力资源运用中心

资料来源:吕拉昌(2009)。

表 5.3　英国科技雇员数量

	伦　敦	东英格兰	东南英格兰	大东南区
2 003(个)	786 700	450 000	805 800	2 042 500
2 008(个)	810 400	446 700	790 100	2 047 200
2 013(个)	901 900	449 200	821 200	2 172 300
变化量 2 013/2 003(%)	115 200	−800	15 400	129 800
变化率 2 013/2 003(%)	14.6	−0.2	1.9	6.4

资料来源：根据伦敦全国统计办公室跨部门商业注册机构数据及大伦敦市政府经济学数据计算。

球金融中心指数排行显示，前五位全球金融中心仍然还是伦敦、纽约、香港、新加坡和东京。6 到 10 位分别是上海、多伦多、悉尼、苏黎世、北京。与成长性强的上海、香港、新加坡等亚洲金融中心相比，东京显得缺乏活力。但在金融市场、服务水平以及产业支撑方面，东京仍然保持其一直以来的实力，可与欧美金融中心相抗衡。

2. 高技术产业成为城市产业新支撑

东京科技创新实力雄厚，每年企业研发经费的投入占日本 R&D 经费的 80% 左右。同时，东京发挥自身人才和科研优势，重点发展知识密集型的"高精尖新"工业，并将"批量生产型工厂"改造成为"新产品研究开发型工厂"，使工业逐步向服务业延伸，实现产学研融合发展。通过"产学研"体系的协调运转，较好地发挥了各部门联合攻关的积极性，这对于提高东京科技创新水平具有重要的作用和意义。在过去 10 年中有 56.2% 的企业有新技术和新产品开发且有成果实现，在企业拥有的专业技能或制作技术方面，大企业表现为"制作技术"，而中小企业在"切削加工""金属加工"等加工技能方面表现则较明显。

3. 形成多中心多层次产业发展格局

从生产性服务业的空间分布分析，东京城市中心区的发展既有别于纽约市的中心区就地蔓延发展模式，也不同于伦敦城市的中心区限制发展模式，而是形成了市中心区膨胀化发展和以外围地区多点为支撑的空间模式。也就是说，它采用了老中心区与多个新中心区分层次并进的策略来适应经济结构快速转变的需求。东京中央商务区除丸之内金融区、新宿商务办公型副中心区和临海商务信息区三个梯次外延的层次外，还在东京大都市圈和东京湾开发区域的整体规划中进一步把东京市外的幕张副中心和横滨纳入首都圈。从城市中观层面看，东京商务区已为生产性服务业提供了一个网络结构的发展空间。

4. 都市圈内制造业协同和集群化发展

东京制造业布局充分体现了东京全球城市与全球城市区域的有机协同，并形成良性互动。尽管东京与首都圈商务成本昂贵，服务业发展迅速，但制造业依然在首都圈集聚与发展，其中固然包括首都圈范围有良好的交通信息等基础设施外部环境，但是首都圈制造业企业长期积聚的内在因素，即具有国际水准的企业技术是支撑首都圈制造业生存与发展不可忽视的重要因素。在首都圈制造业企业中约有 70% 的企业拥有自己的知识产权。如首都圈的汽车产业在 20 世纪 60 年代前半期，靠技术使国产车在质量和性能方面在国际市场上胜出，并利用在设计和控制排污方面的技术优势，以及环保节能、经济实用等特点而跻身于国际市场。企业以自己所拥有的独特技术优势实现了制造业发展，带动了经济高速增长，同时也确立日本制造业在国际竞争中的地位。

5.2　上海产业发展的现状

近年来，上海产业结构进一步优化，现代服务业逐步占据优势地位，基本形成了国际金融、贸易、航运、经济中心的功能,形成了先进制造业与现代服务业融合发展的格局。当前,上海新一轮城市总体规划提出了建设"卓越的全球城市"的目标定位,上海未来将建设成为与纽约、伦敦、东京等城市比肩的全球城市。按照纽约、伦敦、东京等全球城市产业发展的特征与趋势,结合全球产业演进的环境变化,上海建设卓越的全球城市,当前产业发展仍有系列问题或瓶颈需要突破。

5.2.1　上海产业发展基础

作为崛起中的全球城市,上海围绕城市功能的调整不断调整产业发展方针,强化产业发展对城市功能建设的支撑,产业规模持续拓展,结构不断优化,质量效益稳步提升。近年来,上海进一步加快服务经济发展步伐,产业服务化、高端化、新兴化、集约化、低碳化的态势更加明显,呈现以下特征。

1. 形成了以现代服务业为主导的产业结构,生产性服务业加快向价值链高端攀升

近年来,上海着力推进三次产业结构调整,服务业经济发展迅猛,第三产业增加值增速不仅明显超过一二产业,而且持续高于 GDP 增速,服务业已成为上海经济增长的重要动力源,服务业增加值总体占比已经达到领先全球城市的水平。2016 年,第

专栏 5.3　上海首次进入全球金融中心指数排名前十

近日,英国智库 Z/Yen 集团和国家高端智库中国(深圳)综合开发研究院发布了共同编制的第 22 期"全球金融中心指数"(GFCI 22)报告,上海的全球排名由上一期的第 13 位,上升为第 6 位,首次进入全球前 10。

GFCI 被誉为最权威的全球金融中心排名指标指数,2007 年起由智库机构 Z/Yen 集团受伦敦金融城委托编制。该指数通过营商环境、金融业发展水平、基础设施、人力资本和声誉 5 大特征指标持续对全球主要金融中心进行竞争力评估和排名。近年来,上海在历期 GFCI 中的排名都有稳步上升。GFCI 报告首席作者、Z/Yen 集团副董事长马克·耶恩德尔评价:"总的来说,上海为建设国际金融中心付出了努力,所做工作完成得很好,特别是极大地改善了金融基础设施建设,完善了监管环境。"

GFCI 22 期报告认为,上海排名快速上升的原因主要来自三个方面,一是客观指标的排名上升,二是主观评价的提升,三是部分传统全球金融中心的表现不及预期。在 5 个特征指标中,上海在 GFCI 22 期中的排名均较上期有大幅上升。其中,人力资源排名提升 4 位,营商环境排名提升 10 位,金融业发展水平排名提升 4 位,基础设施排名提升 1 位,声誉排名提升 8 位。

在 GFCI 22 期客观评价之外的调查问卷中,国际金融专业人士对上海的主观评价也有大幅提升。报告显示,GFCI 21 期国际金融专业人士对上海的主观评价得分超过其综合评分 41 分,而 GFCI 22 期对上海的主观评价得分超过其综合评分 68 分。"这表明国际专业人士越来越看好上海金融中心未来的发展。"报告编制参与者、中国(深圳)综合开发研究院金融与现代产业研究所高级研究员余鹏表示。

此外,纽约、苏黎世、多伦多、悉尼等传统金融中心在最近几期 GFCI 中的排名出现较大幅度下降,也是上海排名实现大幅上升的客观原因之一。以美国为例,国际金融专业人士普遍降低了对美国金融中心前景的预期,这导致洛杉矶、旧金山、波士顿、芝加哥等几大传统金融中心排名出现下降,使得上海的排名在短时间内超越这些金融中心,暂时领先。

资料来源:东方网,2017 年 9 月 20 日,http://sh.eastday.com/m/20170920/u1ai10871025.html。

三产业增加值占全市生产总值的比重达到 70.5%，第三产业完成固定资产投资 5 769.11 亿元，占全市固定资产投资总额的 85.4%。在中心城区，服务业占比更高。2016 年，静安、黄浦、长宁等中心城市服务业增加值占比达到 90% 左右。与此同时，服务业内部的高端化程度提升，以生产性服务业为代表的高端服务业快速发展，增速超过服务业增速。2016 年，上海生产性服务业实现总产出 3.29 万亿元，增加值 1.14 万亿元，占第三产业的比重达到 58.7%。其中，金融服务业的增加值位居生产性服务业的首位，达到 3 304 亿元，保持着两位数增长，成为对上海贡献最大的行业之一，占全市行业比重达到 17% 以上。批发经纪代理服务业、商务服务等生产性服务业也保持较快增长。

2. 形成了聚集度较高的总部经济和平台经济，全球资源要素配置能力不断增强

近年来，上海通过不断完善吸引跨国地区总部、研发中心、功能平台的政策措施，企业总部、功能机构加速集聚，总部经济、平台经济快速发展。截至 2016 年底，累计落户上海的跨国公司地区总部 580 家，超过 95% 地区总部具有两种以上功能，仅占全市外商投资企业总数 1% 的地区总部，贡献了全部外商投资企业 9% 的营业收入和 15% 的利润总额；累计吸引外资研发中心 411 家，其中世界 500 强企业研发机构 120 多家，分别占全国的 1/4 和 1/3，成为上海获取和利用全球创新要素、建设科创中心的重要力量；认定首批 94 家贸易型总部，2016 年营业收入（交易额）4.3 万亿元，占全市内外贸总额的 1/3。同时，上海围绕"四个中心"和国际文化大都市，加快功能性机构集聚，初步成为了全球性人民币产品创新、交易、定价和清算中心，基本形成以贸易集聚、资源配置和贸易创新为代表的核心功能，打造了七大航运服务集聚区。2016 年，上海金融市场交易总额达 1 364.7 万亿元，是 2012 年的 2.6 倍，股票、债券、期货、黄金等金融市场国际排名显著提升；口岸货物进出口超过 1 万亿美元，服务贸易在对外贸易中的比重突破 30%，显著超过国际平均水平；集装箱吞吐量连续 7 年保持全球首位，成为全球第 5 个航空客运量突破 1 亿人次的城市。另外，上海加快构筑了具有全球服务辐射能力的国际化产业平台。目前已经培育形成 100 多家平台型企业，建成了 5 家千亿级、21 家百亿级的功能性产业平台，钢铁价格指数、有色金属现货价格指数等被国际市场采纳，上海钢联"中国大宗商品价格指数""中国铁矿石价格指数"成为国内外市场的风向标。

3. 形成了门类齐全功能完备的制造业体系，先进制造的战略功能持续凸显

上海城市面积相当于纽约、伦敦、东京等全球城市都市圈，城市功能更加多元，产业门类更为齐全，经过多年的发展逐渐形成了功能完备、基础雄厚的制造业体系。自 20 世纪 70 年代以来，虽然上海工业增加值占 GDP 比重处于下降趋势，但制造业功能并没有弱化，在上海乃至全国的国民经济中发挥着重要作用。一方面，从经济贡献看，汽车、电子信息、石化、钢铁等六大重点行业对经济增长贡献巨大，上海工业增长对传统动能的依赖度仍然较高。但同时，六大重点行业并不完全都是低端行业领域，部分产业经过转型升级后成为"新产业"、带来新增长，"老产业"不断释放了新动能。如近年上海汽车产业高速增长，不是依靠传统的低端产品，而是依靠荣威 RX5、E-RX5、凯迪拉克等新产品、高端产品。另一方面，上海先进制造业战略功能不断凸显。改革开放以来，上海落实国家产业布局，不断推进重大产业基地、产业工程建设，如电子信息领域的核心芯片、大飞机、军工制造等，在钢铁、电子信息、造船、航空航天等战略性产业领域形成了强大实力，在全国乃至全球的产业地位不断凸显。

4. 形成了以科技创新为引领的新兴产业群落，产业发展从跟跑向并跑乃至领跑转变

近年来，上海企业创新投入力度不断增强，企业研发投入占全市研发经费总投入的 65% 以上，产业创新能力大幅提升。企业发明专利申请量和授权量分别占全市的 64% 和 61%，引进消化吸收专项支持项目持续增加，并突破多项具有国际先进水平的关键技术，一批自主知识产权的技术和产品达到国际先进水平。同时，上海通过实施智能网联汽车、核心基础零部件（元器件）、工业互联网等领域的产

业创新工程,通过实施工业强基工程,"四新经济"培育工程,加快科技创新成果产业化,大力促进了新兴产业发展。一方面,战略性新兴产业发展实现高端突破。2016年,全市战略性新兴产业制造业总产值占规模以上工业总产值的比重达到26.7%,较2013年提高2.6个百分点。C919大型客机、AP10000核电设备等一批重大装备取得突破,中芯国际、华力二期等一批引领性强、成长性好、带动性大的一批先进制造业项目加快建设。另一方面,新产业、新业态、新模式不断涌现,卫星导航、车联网、3D打印等重点领域快速发展,涌现出沪江网、小i机器人、优刻得Ucloud等一批创新型企业,上海产业发展活力不断增强。

5. 形成了集群化集约化发展的空间布局,产业产出效率不断提高

近年来,上海着力推进产业集群化集约化发展,产业发展集约度明显提升,产业布局更趋合理。一是工业加快向重大产业基地和园区集聚。目前,上海六大重点开发区(产业基地)的工业总产值超千亿,亿元以上规模企业超过2 400家。随着"区区合作、品牌联动"深入推进,张江高新区"1区22园"基本覆盖全市各区,工业向开发区集中度达到80%。二是产业用地空间实现从"单项拔点"向"成片整治"转型调整。近年来,共调整项目超过5 000项,腾出土地近15万亩,为发展高端产业、新兴服务业和先进制造业腾出了宝贵空间。同时,从2010年起,上海每年新增产业土地指标55%以上用于支持战略性新兴产业,区县用地指标的30%用于支持先进制造业发展。三是产业单位面积产出率和产出效率明显提升。目前,104区块每平方公里土地工业总产值为67.4亿元,单位土地投资强度提高到40亿元/平方公里以上。建成的33家生产性服务业功能区,每平方公里土地年营业收入达到317亿元,较先前明显提升。

6. 形成了法治化国际化便利化的营商环境,产业发展活力显著增强

近年来,在自贸试验区制度改革创新的带动下,上海产业发展营商环境不断改善,企业发展动能和产业发展活力持续增强。自贸试验区建设以来,上海创新基础性制度,加快商事制度改革,先后推出负面清单、事中事后监管、证照分离、单一窗口等改革举措,营商环境不断优化。2017年,上海加快落实自贸试验区全面深化方案,全力推进自贸试验区"三区一堡"建设,加快构建开放型经济新体制,制度创新对经济增长产生了良好的推动效应。同时,为促进实体经济创新发展,上海不断降低制度性交易成本,制定发布实体经济50条政策措施,出台了工业供给侧结构性改革实施意见,在金融、土地、人才等方面集成创新,着力在降低企业成本、优化要素配置等方面完善政策保障,在智能制造、软件首版次、新材料首批次、技改项目审批流程优化等方面制定了一系列配套政策。2016年,通过降低制度交易成本等一系列降税减费措施,为企业减少税费约984亿元,2017年新增减少企业税费500多亿元。

5.2.2 上海与卓越的全球城市产业的差距

伴随上海城市的发展演进,上海产业已经逐步形成了体系优势、创新优势、品牌优势和要素优势,为上海建设卓越的全球城市奠定了坚实基础,但相比较纽约、伦敦、东京等领先的全球城市,对照卓越的全球城市的功能要求,上海产业发展仍面临一些发展差距。

1. 服务业发展能级有待提升,国际服务和辐射能力不强

尽管从整体量级看,上海服务业增加值占比已经达到纽约、伦敦、东京等领先全球城市的水平,但传统的商贸流通、房地产、旅游、社会服务业等行业仍占较大比重,而代表服务业高端发展潮流的信息服务、会展、科技服务、中介服务等知识型、生产性服务业并没有得到明显改观,具有高联通性的现代服务业占比不高,内部高端化步伐依然较慢,全球服务能级尚未达到顶级全球城市要求。上海法律服务业相当于伦敦的46%、纽约的57.9%,咨询业相当于伦敦的74.4%、纽约的85.9%,信息技术服务业相当于伦敦的61%、纽约的61.1%。据GaWC的"嵌套网络模型"基于2014年数据的分析,伦敦和纽约具有最高的网络联系能级,处于全球城市生产性服务能力的顶层,主导着全球的生产性服务业,对全球其他城市起着节点控制的作用,而上海处于第二层级。

2. 产业开放水平有待提高,总部经济和枢纽功能偏弱

伴随着改革开放的不断深化,上海在产业"引进来"和"走出去"方面取得了重大跨越,产业国际化程度不断提升,但对照卓越的全球城市所需产业全方位开放格局要求,上海产业对外开放水平不高,尤其是服务业领域的开放发展方面相对滞后,导致跨国公司(尤其是先进生产性服务企业)总部资源聚集度相对较弱,上海网络联系能级比伦敦、纽约等城市低。根据上海的总部经济认定标准,截至 2015 年底,累计落户上海的跨国公司地区总部为 518 家,与亚太地区的中国香港和新加坡相比也存在不小的差距。从金融中心功能看,虽然上海金融市场规模已经进入全球前三名,但与纽约、伦敦等老牌国际金融中心相比,其涉外业务的比重明显偏低,有全球资金运作能力的本土跨国金融机构总部和国际化金融高端人才都较为缺乏。从贸易中心功能看,上海仅有 8 家全球 500 强跨国公司总部,而东京有 43 家,纽约有 18 家,伦敦有 17 家。在沪的总部机构参与全球分工布局的能力不强,对全球产业发展的影响力有限,产业连通度与东京、香港、新加坡等城市尚有差距。从航运中心功能看,上海虽然是世界上最大的集装箱港口,但并非连通程度最高的港口。上海港的国际中转比例仅为 6.9%,船到船中转运仅占港口货运量的 20%。此外,在信息时代,数据和信息交互对全球城市节点枢纽功能的发展至关重要,然而上海数据信息产业发展相对滞后,数据开放度仍然偏低,对数据流、信息流等全球城市产业新要素的获取和利用水平偏低。与发达国家全球城市相比,上海的数据资源承载平台相对封闭,数据信息连续性差,要素质量与发达国家的差距较大,导致上海的全球枢纽功能较弱。

3. 制造业转型步伐有待加快,总体仍处于全球价值链中低端

近年来,上海尽管不断加大制造业转型升级力度,大力发展先进制造业,但总体而言,上海制造业发展仍然依赖汽车、钢铁、石化等传统主导产业,传统制造业转型和先进制造业发展步伐依然较慢,制造业发展后劲不足。2016 年底,上海六大重点行业总产值占全市工业总产值比重超过了 60%,工业增长对传统动能的依赖度仍然较大;而战略性新兴产业的比重仅为 26.7%,且其增速长期低于全市 GDP 增速。同时,上海制造业的产品附加值率偏低,在全球产业链分工中仍处在中低端环节,缺乏对全球产业价值链的掌控力和影响力。如在货物出口总额中,超过 40% 是以来料组装为主的加工贸易。在此背景下,上海先进制造业的产业增加值率

资料来源:彭勃,《2050 上海城市空间转型及连接》,上海 2050:迈向全球城市系列高层研讨会会议材料。

图 5.2 上海的产业结构及其与全球大都市的比较

与利税率低于全球平均水平。目前,上海高技术产业的总体毛盈利率仅为3.06%,工业增加值率仅为21%,甚至低于全国平均水平6个百分点。此外,上海缺少具有全球影响力的卓越制造业企业,使上海制造品牌价值力不能够彰显,这也是上海缺少全球产业影响力的重要原因。

4. 产业自主创新能力有待提升,新兴产业增长点尚不明确

近年来,上海产业整体创新能力明显增强,然而产业创新能力的增强主要得益于外来技术的引进—消化—再创新,尽管部分产业领域技术在再创新过程中实现了国际突破,但众多外资研发总部尚未产生明显的溢出效益,上海产业原创和突破式创新能力显著弱于纽约、伦敦、东京等城市。《全球城市竞争力报告2017》显示,上海全球科技创新指数排名20位,而纽约、伦敦、东京分别位列前三位。从指数绝对值看,纽约、伦敦、东京均处于0.9以上,而上海仅有0.65,存在明显差距,产业的全球创新引领力不强。一方面,大量核心技术依然受制于人,产业创新能力提升路径尚未实现"外向输入型"向"内生创造型"过渡。由于长期依靠外向型经济来提升产业技术创新能力,导致产业技术创新过度依赖进口,核心关键和基础技术自我掌控率偏低。另一方面,由于创新资源整合的整体推进机制缺乏,产业创新从研发到应用的技术转化链条仍未贯通,产业链上下游间的技术创新结合度不紧密,点上的技术突破难以融入产业链之中,导致当前上海新兴产业的增长点尚不明确。上海缺少具有较强国际竞争力的产业技术研发机构,企业技术中心数量偏少,

在现有1 739家大中型工业企业中,建有研发机构的仅占37%。且大多数企业研发中心主要服务于企业当前的生产活动,开展前瞻性技术研究的企业研发机构比例较低,技术储备和超前研发不足。此外,上海缺乏具有显示度的创新成果和技术品牌,缺少产业技术创新的"集聚核"和具有全球影响力的科技引擎公司。在全球研发投入1 000强企业中,上海仅上汽入围,且排名第148位。

5. 产业协同发展水平有待增强,集约高效化程度仍需提升

尽管上海较纽约、伦敦、东京等领先的全球城市拥有更大的产业发展空间,产业体系也较为完备,但产业分布的城乡差距较为明显,存在城市区域内产业门类雷同、产业分布失衡等情况,尚未形成产业有机协同发展的格局。比如相对于中心城区,郊区的现代服务业发展较为滞后;郊区之间制造业交叉雷同,缺少明晰的主导产业导向。这导致全市层面制造业与服务业之间协同发展不足。在区域间分工布局方面,上海与长三角城市群之间的产业联结度不高,全球城市区域间的产业梯度配套体系尚未建立。与此同时,尽管上海产业向园区集中的步伐不断加快,集群化集约化发展水平不断提升,但由于产业用地模式创新滞后,单位土地产出效率仍然偏低。目前,上海33个大类行业单位面积投资强度普遍低于国际水平,如医药制造业资产仅为国际平均水平的一半左右。上海全市工业用地平均产出仅67.7亿元/平方公里,只有东京都工业用地平均产出值的1/3,甚至不及深圳、苏州工业园区的平均产出水平。

表5.4　上海与三大全球城市土地利用效益比较

地　区	土地面积 (平方公里)	GDP (亿元)	地均土地利用效益 (万元/平方公里)
上　海(2013年)	6 340.5	23 560.94	37 159.44
纽　约(2013年)	789	37 881.55	480 121.06
大伦敦(2011年)	1 594.7	30 582.41	191 775.33
东京都(2012年)	2 189	67 138.53	306 708.69

资料来源:上海市统计年鉴;Bureau of Economic Analysis, U.S.; New York City Comptroller's Office; Office for National Statistics, UK;东京都统计年鉴;当年汇率价整理。

5.2.3 上海建设卓越的全球城市的产业发展所面临的新环境

当前,全球新技术革命和产业革命加快孕育突破,生产方式和产业组织模式加速转变,国际产业发展不断调整和重塑,上海建设卓越的全球城市产业发展面临新环境,这将对未来上海产业发展产生重要影响。

1. 新一轮科技革命加速全球产业的根本性变革

当前,世界范围的科技革命正在孕育兴起,一些重要科学问题和关键核心技术呈现革命性突破先兆,将对全球产业发展产生根本性变革。一是脑科学、量子计算、材料基因组等前沿科技领域展现重大应用前景,信息网络技术、智能技术等新技术的广泛应用,以大数据、云计算、移动互联网等为代表的新一代信息技术向经济社会生活各领域广泛渗透,工业互联网将成为未来工业发展的重要趋势,服务业发展将进入大数据时代。二是科技发展呈现多点突破、交叉汇聚的景象,信息网络、生物科技、清洁能源、新材料、智能制造等技术领域交叉融合,加快群体性突破和颠覆式创新,科技与产业向"智能、泛在、互联、绿色、健康"方向融合发展。三是科技创新资源配置的全球化竞争与加速流动将更加激烈,全球产业格局将出现深刻变化。科技成果的国际转移不断加速,以专利购买和技术许可为主

要形式的国际技术贸易规模日益扩大。创新资源在更宽范围、更广区域、更远距离的流动与共享,推动全球产业结构、生产要素发生新的革命性变化,创新人才、技术标准、创新平台等将成为全球产业创新的争夺焦点。

2. 个性化、定制化生产方式加快产业组织模式转变

未来,随着工业4.0、"互联网+"的深化推进,智能技术、网络技术、信息技术将深入融入生产生活的方方面面,将加速资源、信息、物品与人的互联,不仅产业发展的需求引领更为明显,而且消费生产方式根本变革也将对产业发展产生深刻影响。一是产品生产过程和服务过程将进一步融合,规模化生产的规模经济效应将大大削弱,定制化将成为主要的生产和消费方式,服装、汽车、家电等几乎所有消费品产业都会采取定制化方式。在此背景下,传统的行业界限将逐渐消失,各种新的活动领域和合作形式将不断涌现,新价值创造的产业链分工将被重组。二是消费需求将向个性化消费的转变。具有高信息量的消费者将不再把消费视为一种对商品或劳务的纯耗费活动,也不再安于被动地接受生产经营者单方面的诱导,而是要求作为参与者,与生产方一起按照消费者新的生活意识和消费需求,开发能与他们产生共鸣的个性化商品。个性化需求将渗透到从开始设计阶段到最后交付的全流程,产业生产组织方式将更趋模块化和柔性化,产业管控功

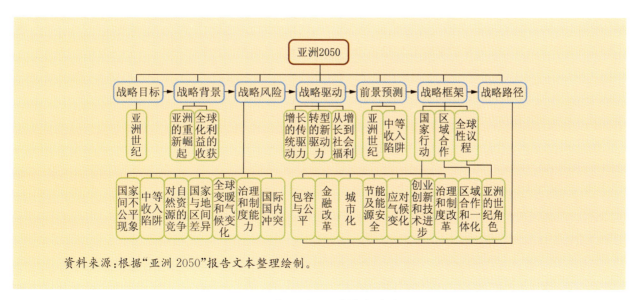

资料来源:根据"亚洲2050"报告文本整理绘制。

图 5.3 "亚洲 2050"技术路线图

能与生产功能将进一步分离。个性化制造、个性化需求和个性情境感知的把握将深深影响着全世界产业经济的走向。

3. 绿色化、低碳化发展日益成为全球产业发展潮流

当前,节能、环保、低碳逐渐成为全球共识。尽管在气候变化谈判和碳减排指标分配方面各国政府还可能存在较大分歧,但对节能减排和环境保护的重视程度有增无减,各国将出台更加严格的标准和政策措施,绿色低碳发展将成为全球经济发展的必由之路,成为未来产业发展的理念导向。据测算,未来30年内,全球碳排放总量将在现有基础上降低一半。一方面,绿色低碳、可持续的循环经济发展模式不断强化,新材料、新能源等技术将在产业发展中广泛引用,对减少产业发展的能耗和碳排放发挥更大作用。另一方面,绿色能源将是未来能源结构的重要组成部分,风能、太阳能、生物质能等可再生能源的增长率将会持续增高,新型能源系统是能源变革的重要内容,建立以电为中心、与智能电网全面融合、能源生产以集中与分布式并重、合理高效终端用能的现代新型能源体系,已成为工业发达国家战略方向。

4. 发达国家"再工业化"和"制造业回归"重塑全球产业格局

20世纪80年代开始,在经济全球化的推动下,世界产业格局发生了较大变化,变化的主要特点是发达国家经历了"去工业化"过程,劳动力迅速从第一、第二产业向第三产业转移,制造业占本国GDP的比重和占世界制造业的比重持续降低,制造业向新兴工业化国家转移,发展中国家制造业快速崛起,发达国家汽车、钢铁、消费类电子等以往具有优势的制造业不断弱化。2008年金融危机后,发达国家为扭转工业在产业中的地位不断降低、工业品在国际市场上的竞争力相对下降、大量工业投资转移海外而国内投资相对不足等状况,提出了"再工业化""制造业回归"等战略,大力发展智能制造、智能工厂、新能源、生物和纳米技术、新一代微电子、高端机器人等重点产业领域。发达国家"再工业化"、"制造业回归"不是简单的"实业回归",而是对全球制造业产业链的重构,实质是以高新技术为依托,发展高附加值的制造业,从而重新拥有强大竞争力的新工业体系。从未来看,"制造业回归"必将影响到全球产业尤其是制造业活动的空间分布,对未来国际产业转移、全球产业变革带来重要影响。

5. 科技创新、对外开放进一步提升我国在全球产业链中的地位

进入21世纪,世界多极化深入发展,全球经济重心正在"由西向东""由北向南"转移。其中,中国对全球经济增长的贡献率保持30%左右,在世界经济中发挥了越来越大的引擎作用。未来,随着我国综合经济实力的不断提升,科技创新能力的进一步增强,对外开放步伐的持续推进,我国在国际贸易、国际资本格局、产业经济活动中的影响力进一步凸显,将不断影响现有的全球产业链秩序。一方面,随着我国实施创新驱动战略,产业创新能力将实现大幅提升,在多数领域尤其在一些如智能制造、先进材料、新一代信息技术、海洋及装备工程等高端高效领域将取得长足发展,体现领先态势,科技创新将从"跟跑"向"并跑"转变,与发达国家的差距不断缩小,一些高端领域的技术创新有可能呈现全球领先"领跑"态势,这将对提升我国产业在全球产业链中的地位提供强有力支撑。另一方面,我国实施自贸试验区、自由贸易港战略和"一带一路"倡议,将加快构建与国际全面接轨的市场经济制度环境,实现与国际融通的产业要素、信息、技术、资本的全面对接,我国产业发展将获得更加开放的资源要素支撑,产业"走出去"步伐将进一步加快,并与国际产业形成紧密的联动发展格局。

6. 上海产业发展将面临城市发展新阶段的要求

未来,我国经济社会发展将进入"两个百年"目标的历史交汇期,上海将在更高水平实现全面建成小康社会的基础上,开启迈向卓越的全球城市的新征程,上海将着力打造全球金融、贸易、航运和经济中心,着力建设具有全球影响力的科技创新中心。面对城市发展阶段的转换,上海产业发展也将面临新要求。在进入后工业化阶段、高收入阶段后,上海服务业比重超过制造业,制造业增长放慢,经济增长速度趋于平稳,土地成本、商务成本和生活成本上升,快速上升的要素成本使制造业竞争优势减

弱,上海的产业发展将面临着从传统的后工业化模式向新型后工业化模式的转变,高速增长转为中高速增长,资本密集型产业主导转为技术知识密集型产业主导,制造过程逐步服务化、制造业与服务业高度融合。从未来看,上海产业发展将更多依赖创新驱动,需进一步优化产业结构和空间布局,提高产业投资效率和创新效率,提升产业高端化、集约化和新兴化水平。

5.3　上海全球城市产业发展对策

经过多年产业结构调整和转型升级,上海产业发展已为建设卓越的全球城市奠定了坚实基础。对标纽约、伦敦、东京等领先的全球城市,瞄准卓越的全球城市的功能要求和产业导向,上海未来产业发展应立足于现实基础,顺应全球城市产业发展趋势规律,构建现代化新型产业体系。

5.3.1　上海建设卓越的全球城市的产业发展目标

卓越的全球城市是处在全球城市体系顶端,具有全球资源要素配置能力,发挥核心枢纽节点功能的城市,上海未来产业发展应在现有产业基础上,构建符合卓越的全球城市功能需求的产业体系,形成符合我国建设现代化经济体系的产业发展格局。

1. 构建高端服务业云集、高新制造引领力强、功能高度融合的产业价值链体系

党的十九大报告明确提出,我国将贯彻新发展理念,建设现代化经济体系,加快实体经济、科技创新、现代金融、人力资源协同发展。上海拥有比纽约、伦敦、东京等全球城市更广阔的产业空间,更加完备的产业体系基础,更庞大的产业就业人群等,因而上海建设卓越的全球城市的产业发展应按照十九大报告提出的产业发展指引,探索适合我国国情、上海特点的发展模式,着力推进服务经济、制造经济协同联动融合发展,实现实体经济能级持续提升,实现产业价值链持续高端化,集聚一大批具有全球生产、管理、研发的管控功能,辐射面广、服务能力强、服务能级高的,处在价值链高端的金融、贸易、专业服务等服务业门类,打造全球高端服务中心;集聚一大批具有战略前瞻性、技术引领性、产业关联链长、价值链控制力强、高智能化程度等特性的生产制造环节,大力发展先进制造、高端制造,打造全球高端制造业中心。

2. 构建产业集群全球影响力大、模块化协作高效、互联互通便捷度高的产业组织体系

按照全球城市产业发展规律,企业的网络化经营是全球城市产业体系形成的微观基础。随着经济全球化的不断深化和信息技术的广泛应用,开放协作生产、集群化生产、个性化定制、网络化生产等成为全球企业的主要生产组织方式。上海未来产业发展要顺应全球城市产业生产方式、组织模式的演变趋势,形成以平台为基础的大企业主导群、中小企业组织群等有序有效组织体系,强化跨国公司总部、研发中心总部等总部经济发展,集聚一批代表全球最高生产管理水平、具有全球知名品牌价值和国际影响力的“独角兽”企业,以及众多具有创新活力和全球竞争优势的中小企业,打造一批在细分领域内具有全球领先技术和领先产品的“隐形冠军”,形成具有生产分工合理、功能集成高效、互通互享便捷的产业组织群落,形成全球联系广泛便捷、制度开放、体系完善的产业组织网络系统。

3. 构建全球开放包容度高、高层次要素大量集聚、综合性配置功能强的产业要素体系

在信息时代,国际经济活动的相互开放和融合不断向纵深发展,国际经济联系中资本、技术、信息等要素的流动日趋活跃,全球城市对高端产业要素的竞争日趋激烈。上海未来产业要强化全球信息、科技、资金等要素流通网络的建设,发展以网络化、数字化、平台化为特征的新型基础性产业(如云网端、云计算),搭建具有全球影响力的要素交易平台、商品贸易平台和数字信息平台等系列平台,成为全球产业要素的核心枢纽和高峰高地,形成与国际规则全面接轨、市场化程度高,具有全球产业资源要素吸引力的产业要素环境,成为全球产业资源要素网络的核心节点,成为国际化高端人才、全球产业信息、全球产业技术的重要集聚地,形成产业资源要素流动有序,具有全球产业要素定价权和影响力的全球产业要素综合配置平台。

4. 构建全球创新要素配置力强、产业技术创新活力高、自主创新能力强的产业创新体系

上海未来产业发展要按照我国建设创新型国家的战略指引和要求，顺应全球城市产业体系从资本控制转向创新创意控制，从产业链环节集聚的金融中心和总部经济转变为跨产业领域、跨产业链环节等演变趋势，着力建设突出创新创意优势的产业形态和模式，形成与产业链高端融合发展的创新链，形成以市场需求为导向，以产业发展为指引，集知识发现、科技研发、创新中试以及创新成果产业为一体的体系完备的产业创新链；形成与全球全方位合作交流、具有全球创新要素吸引力、具有全球创新要素配置功能的国际产业创新要素集聚平台，成为全球产业创新资源的重要枢纽；集聚一大批具有全球影响力、拥有自主知识产权和核心技术产品的创新型企业，实现高技术产业、新兴产业在城市产业经济发展中发挥决定性贡献；实现从物质导向性技术向精神导向性技术的延伸，促进城市文化体系与产业体系的融合互动，大力发展创意创新产业，打造全球文化创意之都。

5. 构建生态低碳智能，集约集群发展和协调联动融合的产业生产和布局体系

一是顺应全球产业发展智能化发展趋势，实现互联网、信息技术与实体产业深入融合，形成智能制造、绿色低碳特征明显的生产体系。要大力促进人工智能、智能制造等智能化产业发展，实现智能设备对生产方式的改造；要按照低碳化、生态化产业发展理念，推广清洁生产和绿色制造，提高资源能源利用效率，建立高效、清洁、低碳、循环的制造体系，形成生态文明相协调的产业文明，打造一批生态环保产业领域的具有国际影响力的产业集群。二是促进产业集约集群化发展，优化产业的空间布局。要构建集约化利用、集群化布局、多样化配置等为特征的生产投入模式，进一步提升产业用地产出率、产业园区集聚度，实现产业投入产出效率达到世界领先水平；要通过产业布局调整和产业联动发展，形成与上海与长三角、长江经济带等全球城市区域产业体系的融合互动格局，构建区域联动、相互配套的长三角世界级产业生态圈。

5.3.2　上海未来产业发展的重点方向与领域

上海产业发展要对标顶尖全球城市，依托禀赋优势和现有基础，把握科技进步大方向、产业变革大趋势，重点发展开放互联的高端服务业、绿色智能的高端制造业、颠覆引领的未来产业和智慧高质的生活服务业，打响"上海服务""上海制造""上海购物""上海文化"四大品牌，推动产业向全球价值链高端迈进。

1. 重点发展开放、互联的高端服务业，成为全球经济核心枢纽

高端服务是上海的根本优势。纵观顶尖全球城市，具备较强的网络连通性，具有巨大的高端资源交易流量，控制着全球商流、物流、资金流、信息流的集散。未来上海要围绕"四个中心"建设，大力发展金融、贸易、航运、专业服务等知识型服务业和生产性服务业，不断集聚跨国公司和功能性机构，提高服务经济能级，提升对全球产业要素资源的配置功能，增强上海服务全国和辐射全球的能力。

一是大力发展现代金融，打造全球金融中心。着力推动金融产品创新，完善市场制度和基础设施建设，增强多层次金融市场服务功能，推动金融与实体经济协同发展。加强各类金融机构集聚，推动一批具有国际竞争力和跨境金融资源配置能力的金融机构快速稳健成长，促进各类新型金融机构和专业服务机构发展。增强金融中心服务"一带一路"建设能力，扩大金融服务业对内对外开放，全面提升金融市场对外开放水平。

二是大力发展现代贸易，打造全球贸易中心。要加快加工贸易转型升级，向关键零部件和系统集成制造，以及研发设计、检测维修、高端设备再制造等领域拓展；要发挥"中国国际进口博览会"平台功能，畅通国外消费品进口渠道，鼓励企业经营代理国外消费品牌，丰富国内市场优质商品供给；推进服务贸易创新发展，巩固提升传统服务贸易，培育引导新兴服务贸易，发展壮大特色服务贸易，推动服务贸易数字化进程。

三是大力发展现代航运服务业，打造全球航运中心。要围绕自由贸易港建设，优化基础设施布局与集疏运结构，提升枢纽港服务能级，继续优化枢纽港集疏运体系；要优化航运服务集聚区的功能定位与产业布局,积极吸引国际国内航运功能性机构、大型航运组织或航运企业总部等落户上海;加快推动实施新一轮航运服务业制度创新和开放政策,探索船用保税油、国际船舶代理等航运辅助业扩大开放。

四是大力发展专业服务业,打造全球商务中心。提升商务咨询服务专业化、规模化、网络化水平,积极发展资产评估、会计、审计、税务、勘察设计和工程咨询等专业咨询服务,加快发展节能环保服务、人力资源服务等专业服务业;围绕制造业企业服务化转型要求,加快发展总集成总承包、供应链管理、融资租赁、电子商务、服务外包等生产性服务业。

2. 重点发展绿色、智能的高端制造业,成为全球高端制造中心

高端制造、实体产业是上海经济的基石。要发挥上海制造基础好、产业门类全优势,顺应全球制造业智能化、绿色化发展趋势,大力发展高技术、高附加值、高复杂度的高端制造,构建绿色、智能、融合的新型制造业体系,推动"上海制造"向"上海智造"转变。

一是推进先进制造业高端化发展,打造世界高端制造业集群。重点聚焦新能源与智能网联汽车、新一代信息技术、智能制造装备、生物医药与高端医疗器械、航空航天、海洋工程装备、高端能源装备等先进、高端制造业,加强自主化关键技术研发供给,突破关键技术和核心零部件,全面提升极限制造、精密制造和成套制造能力。

二是推动传统优势制造业的智能化改造,构建发展新优势。推动信息化与工业化深度融合,深化互联网、大数据、人工智能等信息技术在汽车、钢铁、化工、船舶等上海传统优势制造领域的应用和创新,加快工业装备与产品的智能化升级,加快生产方式向数字化、网络化、智能化、柔性化转变,升级形成新产业、新产品。

三是促进高端制造军民融合发展。发挥上海航天、航空、船舶、空天信息、核能等领域的军用技术研发优势,积极参与"高分专项"、探月工程、载人航天、深空探测、深海空间站、海底探测等重大项目,探索"民参军"和"军转民"的开放创新机制,有效破除军转民的原有"封闭"格局,推动军民融合技术转移

转化,积极探索合作研发、成果共享的军民科技产业发展新模式。

四是全面提升制造业质量和品牌,实施以增品种、提品质、创品牌为核心的"三品"战略,大力发扬工匠精神,推进高端装备、消费品等领域工业精品开发。提高创意设计水平,努力打造消费品工业全球要素配置中心和时尚、设计、品牌之都。

3. 重点发展颠覆、引领的未来产业,成为全球科技创新中心

未来上海要围绕全球科创中心建设,面向世界科技前沿领域和顶尖水平,系统推进重大科技前沿布局,提升产业自主创新能力,促进产业链、创新链深度融合,培育引领式、颠覆性的"未来产业",形成最具全球竞争力的创新创业环境,不断催生新技术、新产业、新业态、新模式,打造一批成长快、潜力大的成长型企业和独角兽企业。

一是重点发展未来通信、未来诊疗、未来人工智能等国际前沿领域的新技术、新产业,培育具有国际竞争力的新兴产业集群。聚焦张江综合性国家科学中心,加快推进上海光源二期、转化医学、软X射线自由电子激光、超强超短激光、活细胞成像平台、海底长期观测网等大科学设施建设,积极争取承担燃气轮机、超级计算等领域的新一批国家大科学设施建设任务,打造高度集聚、综合性、世界先进的大科学设施集群。要集聚科技攻关资源,强化原始创新,努力在量子通信、光电子、干细胞、合成生物、材料基因组、脑科学与类脑人工智能、机器人等重点领域实现突破,着力培育若干科学研究领域的国际"领跑者"和未来产业变革核心技术的"贡献者"。

二是促进大众创业、万众创新,积极培育未来新业态、新模式。完善创业政策和孵化服务,大幅降低创业成本,加快发展新型创新创业服务平台,在产业园区、创新基地建设一批"零成本创业"载体,便利各类人才创业,为科技创业企业竞相生长提供良好条件。大力促进人工智能、大数据、物联网、云计算、卫星导航等先进技术领域的开发应用,促进科技成果转移转化,推动形成新兴产业经济增长点。

4. 重点发展智慧、高质的生活服务业,成为全球人文宜居城市

随着我国经济的持续高速增长,居民收入水平

快速提高,2016 年上海人均 GDP 已超过 1.7 万美元,人民对美好生活需要日益增长。为满足居民生活收入增长带来的消费升级需求,上海要大力发展生活服务业,加快生活性服务业与"互联网+"融合,促进生活服务业向便利化、精细化、高品质升级,全面提升生活性服务业发展质量和效益。

一是全面扩大教育、健康、养老、文化等服务业的高质供给。充分利用上海丰富的教育培训资源,构建多元化、多层次的教育培训体系,发展职业培训、继续教育、中外合作举办非学历教育和留学生教育等各类教育服务,大力发展互联网教育,形成规模化的教育服务新业态和新产业,辐射长三角地区、服务全国、面向国际,打造国内外知名的教育品牌。鼓励社会资本举办医疗机构,引进国际知名医疗服务品牌和先进医疗技术,积极推广中医保健、养生康复、医疗旅游等高端健康服务,发展具有国际服务水平和全球影响力的健康服务业。鼓励社会资本参与养老服务业发展,推动养老服务业从基本生活照料向精神慰藉、康复护理、紧急救援、临终关怀等领域延伸发展。充分运用移动互联网、物联网等技术,创造养老服务的新业态和新模式。提升文化服务内涵和品质,推进新型文化服务业发展,打造结构更优化、布局更合理、优势更突出、辐射更显著的文化创意产业集群,加快文化大都市建设。

二是提高家庭服务、商业零售、旅游休闲等服务质量。大力发展家政服务、社区服务、病患陪护、家庭用品配送等综合性基础家庭服务,积极培育家庭理财、家庭营养师、高级管家等高端家庭服务;充分利用互联网技术,拓展新兴社区服务模式,促进个性化、精细化家庭服务发展。优化发展商业零售,加快推进传统商圈、商街、商店创新转型,开展消费环境建设创新试点,促进"互联网+消费",鼓励服务模式创新;进一步汇聚国内外知名消费品牌,加快国际消费城市建设,打响"上海购物"品牌。大力发展都市休闲旅游业,加快推进旅游业与文化创意等产业的融合联动发展,鼓励生态旅游、农业旅游、邮轮旅游、会展旅游、研学旅行、房车旅游、游艇旅游等新业态。扩大旅游休闲消费等新模式,开发线上线下有机结合的服务产品,拓展特色旅游新路线,建设旅游综合服务平台。

5.3.3　上海建设卓越的全球城市产业发展对策建议

1. 围绕产业链加快完善创新链,着力提升产业自主创新能力

系统推进重大科技前沿布局,建成国际性重大科学发现、原创技术的重要策源地之一。围绕张江综合性国家科学中心建设,依托上海光源、蛋白质中心等世界级大科学设施集群,建设全球领先的科学实验室,集聚全球顶尖科研领军人物和团队,形成支持多学科、多领域、多主题、交叉型、前沿性的世界综合性科学研究实验基地,开展世界前沿性重大科学研究,逐步从"引进消化吸收再创新"转向"原始创新",全面提升产业创新能力。

加速科技成果转移转化,打造具有国际影响力的产业创新中心。围绕全球科技创新中心建设,创新产业发展模式,按照市场化的创新方向选择机制,加快科技成果产业化,加快产业领域从"跟跑"向"并跑"乃至"领跑"转变。不断完善促进科技创新成果交易、转化的服务支撑体系,破除科技成果转化的体制机制障碍,持续增强科技创新的产业化水平。面向产业关键共性技术,建设一批具有较强辐射力和影响力的产业创新平台,开展关键共性重大技术研究和产业化应用示范。

鼓励新技术、新业态、新模式创新发展,抓住新兴产业发展机遇。坚持包容创新、鼓励探索、积极培育的发展导向,把握全球科技进步大方向和产业革命大趋势,鼓励制造业、服务业领域各种形式的新技术、新产业形态、新商业模式的创新应用。聚焦新能源、生物医药、量子通信等前沿性领域,积极构建制造业的"未来产业",培育具有国际竞争力的新兴产业集群;推动大数据、人工智能等信息技术在服务领域深度应用,促进服务业数字化智能化发展,加快服务业的创新升级。

2. 进一步提升产业开放水平,构建面向全球开放型产业网络

提高对外开放水平,进一步吸引国际高端梯度转移产业。瞄准上海与国际顶尖全球城市存在差距的产业领域,不断放宽先进制造、高端服务领域的市场准入,吸引外资在更广领域、更高水平参与上海产业发展,提高上海在全球资金流、信息流、商业流网络体系中的位势。进一步吸引跨国企业在上海设立地区总部、研发中心和专业服务机构,鼓励和引导跨国企业与本地企业通过合资合作、战略联盟、业务协作等多种形式,实现优势互补,全面提升本市高端服务业发展水平。

积极推动企业全球化布局,提升企业全球要素配置能力。充分利用上海全球城市的对外开放平台和国际影响力,围绕国家战略要求和上海产业发展需求,鼓励上海本土企业"走出去",推进具有较强实力的企业以跨国并购、绿地投资、联合投资等方式,在高新技术、高端制造、知名品牌等领域配置全球资源;鼓励企业利用全球资金、人才、资源,到海外设立研发中心,拓展全球范围研发布局,建立全球创新网络。

3. 加快推进产业发展的制度创新,营造国际一流的营商环境

加快制度创新,夯实推动产业发展的基础性制度。健全知识产权保护制度,实施更严格的知识产权保护措施,构建知识产权综合服务平台,打造保护制度完备、服务体系健全的国际知识产权中心城市。建良好的社会信用制度,加强信用信息归集,建立数据对接、更新、共享机制,着力提升商务诚信水平,形成诚信经营和公平竞争的营商环境。构建产业标准体系,推进服务业标准与国际接轨,鼓励企业参与国际国内标准制定。

加快政府职能转变,提升政府服务企业水平。全面深化商事制度改革,加快推进"证照分离""多证合一",放宽新兴行业企业登记条件,探索实施企业登记住所、名称、经营范围登记改革,探索建立普通登记制度和简易注销登记制度相配套的市场主体退出制度。加大"放管服"改革力度,减少审批事项,强化事中事后监管,全面建成事中事后综合监管平台,加强互联共享,降低企业制度性交易成本;打造高效透明的政府,提高政策法规制定和执行的透明度,加大信息公开力度。建立具有国际竞争力的创新产业监管模式,优化生物医药、集成电路、再制造等行业管理模式。

优化人才发展环境,提供具有竞争力的发展环境和发展机会,打造更多面向人的"众创空间",提供低成本的办公、社交和资源共享场所,打造出"创业上海"的形象和氛围,吸引更多的海内外人才选择上海创新创业。把优化生态环境、建设美丽上海作为吸引人才的重要竞争优势,坚持全球城市的环保标准,打造更低碳绿色的居住环境;着力创新创业人才安居政策,提供更多人才公寓,使人才乐于事业、安于生活;完善城市配套、公共设施等,着力提升创新人才生活的便捷度。

专栏 5.4 新工业模式将打破要素制约,对土地的依赖将大大减轻

随着工业技术的发展,制造环节将加快迈向自动化、智能化;同时,工业组织模式也将加速转变,大规模标准化生产转向个性化定制、工厂化集中生产转向社会化网络式生产。新工业生产模式、组织模式将逐步摆脱大厂房、大物流、大排放的传统工业模式,对生产要素的需求也将随之改变。未来工业经济发展对土地、劳动力、能源等传统要素的依赖将逐步减少,从而打破传统生产要素的制约。特别是对土地空间而言,在新工业模式下要加快土地利用方式转型,不断提升土地的产出效率。目前,全市 104 地块单位土地产值仅为 67.7 亿元/平方公里。对照《上海市制造业转型升级"十三五"规划》中,"工业园区单位土地产值 75 亿元/平方公里"和"制造业增加值占全市生产总值比重力争达到 25%"的规划目标,据测算,到 2020 年我市工业用地的需求将减少 15% 以上。

资料来源:《对上海工业经济当前及中长期发展的几点研判》,上海市人民政府发展研究中心,《调研专报》2017年第 14 号。

4. 强化高质量的产业要素供给,提升产业集约化发展水平

构建高效的产业人才支撑体系,注重对多元化人才的引进培育。支持大企业、大学和科研机构搭建引进平台,大力引进顶级科学家、一流工程师等高层次领军人才。绘制全球顶尖技术和人才、团队分布图,积极嵌入全球人才网络,简化人才移民手续,实施全球人才枢纽引才项目,率先探索技术移民。以顶级酬劳吸引顶级人才,用更开放的气度在世界范围内发现和吸引优秀人才。弘扬企业家精神,打造具有重要影响力的企业家队伍,吸引全球企业家向上海集聚。实施青年企业家领航计划,通过市场化机制支持一批青年企业家发展。

加强信息资源要素的利用。加快5G、千兆宽带网络、物联网等新一代信息基础设施建设,加快云计算、大数据、移动互联网等发展,推进公共信息资源开放共享和社会化开发利用,鼓励开展多样化、专业化的信息增值服务。全面推广智慧应用,激发"互联网+"创新创业活动,最大限度释放信息生产力。

强化现代金融要素支撑。加快建设面向国际的金融市场平台,进一步拓展自由贸易账户功能,拓宽企业跨境投融资渠道。开展投贷联动、产业链金融、并购贷款、无形资产质押贷款等融资服务模式创新,推动金融机构与制造业企业发起设立金融租赁公司,鼓励符合条件的民营企业发起设立金融租赁公司。发挥产业转型升级、集成电路等产业基金作用,引导和鼓励社会资本设立若干个百亿级产业投资基金。发挥中小企业政策性融资担保基金功能,为企业融资提供信用增进服务。建立产融信息对接合作平台,推进信用信息共建共享。

提升土地资源供给保障水平。加强对先进制造业的空间保障,统筹安排用地指标。推进工业用地转型升级,对规划工业用地予以严格管控,为制造业长远发展留足空间。加快城市更新步伐,鼓励符合产业导向及规划要求的优质企业开展技术改造,大力推进存量土地二次开发,积极处置闲置土地、低效利用土地,适时适度转移成长性不足产业,引入增量新兴产业项目,不断提高土地产出效率。

5. 提升产业载体设施水平,打造具有国际竞争力的企业群落

完善产业园区设施体系,打造升级版的现代产业园区。推动园区二次开发,加大对基础设施、公共服务的改造升级,提升园区整体综合发展环境,适应新兴产业发展需求。推动创新创业要素向产业园区集聚,加快建设张江高科技园区、漕河泾开发区等"世界一流的综合性高科技园区"。加快产业园区管理主体转型,推动产业园区管理主体从"土地开发商"向"创新服务商""产业投资商"转变。

超前规划和布局新一代信息基础设施,建设高速、移动、泛在的城市信息基础设施网络,加强集成型智能应用的推广,推动大规模城市级的智能应用。改善交通基础设施,发展安全、便捷、高效、低碳的可持续交通系统,推进无人驾驶、辅助驾驶、智能导航、自动监测通报和应变等智能交通技术的广泛运用。

加快建设和储备一批引领性强、成长性好、带动性大的产业项目,瞄准国际战略和产业发展制高点,加快推进集成电路、大飞机、智能制造、先进传感器及物联网等领域重大项目组织实施,加快培育卓越的引擎企业、"独角兽"企业,形成以引擎企业为核心的产业价值网络。依托各区产业基础和资源禀赋,谋划布局一批具备国际竞争力的先进机器人、新能源汽车、民用航空、生物医药、智能制造等创新产业集群。加大创新型中小企业支持力度,创新科技型中小企业金融服务体系,开拓扩大中小企业的市场空间,努力发挥中小企业产业创新生力军的作用。

全球城市的文化魅力

第6章

文化是体现城市影响力和软实力的关键因素，在全球城市竞争力塑造中的作用愈发突出，是打造全球城市魅力和创新力、挖掘和延展城市底蕴的有效载体，文化软实力更是已经成为全球城市话语权的重要标志之一。伦敦、纽约、巴黎、东京等全球城市均具有强大的文化影响力，是享誉全球的文化中心和全球知名国际文化交流活动的汇集地。上海要紧紧围绕国际文化大都市建设的战略目标，对标领先全球城市，重视对城市文化品牌形象的塑造，打响"上海文化"品牌，大力发展文化创意产业，提升公共文化设施效能，加强城市历史文化遗产保护，打造包容的多元文化与一流的文化软实力，成为更富魅力的幸福人文之城。

6.1 全球城市的文化发展特征

文化发展是人类文明发展的重要内容，城市文化软实力是城市凝聚、社会向心力的纽带和汇聚全球目光的名片，对全球城市的蓬勃发展发挥了重要作用。

6.1.1 文化软实力与全球城市的关系

全球城市不仅是全球经济金融体系的枢纽，也是文化的发电站。从古代雅典、文艺复兴时期的佛罗伦萨、伊丽莎白一世时代的伦敦、再到现代的纽约，城市一直是文化发展和前进的地方。文化赋予全球城市独特的吸引力，对城市的繁荣昌盛至关重要。

1. 文化软实力的内涵和构成要素

根据联合国教科文组织在《2001年文化多样性世界公告》中的说明，"文化应当被认为是某一社会或社会群体所持有的一套独特的精神、物质、智力和感情特征。除了艺术和文学，它还包括生活方式、群居方式、价值体系、传统和信仰"。从这个定义看，文化包含三种不同但相互关联的内涵：作为审美样式和实践，作为生活方式，及作为支持人类发展的资源。

"文化软实力"是由哈佛大学教授约瑟夫·奈在1989年提出的。他认为文化软实力是一种文化吸引力，通过吸引而非强制，使得别人自愿跟随或遵循，仿效生活方式，认同思想观念，是一个国家或民族文化所具有的创新力、凝聚力和传播力以及由此而产生的感召力和影响力。当前越来越多的全球城市重视文化要素所形成的综合竞争力，促使自身成为具有全球影响力的国际文化大都市。

文化软实力包含以下几大要素：一是文化供应规模。文化规模是指文化产品和服务的供应规模和质量，包括创意产业、企业、机构，以及城市文化遗产、基础设施等支撑。二是文化活力和氛围，包括各类文化活动、节庆、演出等。三是文化消费参与和多样性，包括城市文化供给的受众规模、特性和价值等。国际文化大都市表明，一流的文化设施、一流的文化演出、一流的文化艺术人才、一流的文化环境和一流的文化机构是吸引国际文化资源的条件和基础。这些一流的文化资源有助于提升国际文化吸引力，构成国际文化的影响力和辐射力。

2. 文化软实力在全球城市发展中的作用和地位

文化软实力代表着全球城市独特的吸引力，对全球城市的繁荣昌盛起着至关重要的作用。

首先，文化软实力是全球城市保持其独特性和竞争优势的核心资源。在全球化背景下，全球城市在城市形态、制度规范、市民行为等方面日趋雷同，只有文化上的区别显得尤为重要、更有价值，每个城市的文化特征和文化品质为城市在竞争中创新发展、脱颖而出提供了土壤和资源。

其次，文化软实力支持全球城市经济成就。历史上做出重大文化贡献的城市都将文化视为它们经济实力的重要组成部分。在过去30年，文化日益被视为经济增长的驱动力。随着知识经济的发展，作为文化的商业形式的创意产业在大城市的经济中占比很大且不断增长，成为就业、出口、税收的一大重要来源。根据联合国贸易与发展会议的报告，文化产品和服务在全球贸易和国内生产总值中的比重日益扩大，在一些国家里，它们的增长率已经超过其他的经济部门。

第三，文化软实力是帮助全球城市聚人才、聚企业的核心力量。受过良好教育的劳动力需要富有创造性和包容的环境让个体创造力勃发。丰富而充满活力的文化可以吸引受过高等教育的人才、进而吸引那些试图雇佣他们的企业,从而持续为全球城市带来新的理念和可持续发展。全球城市已充分意识到了文化软实力在自己城市吸引人才方面的作用,致力于打造全球城市魅力和创新力、挖掘和延展城市底蕴来吸引更多优秀人才和团队。

第四,全球城市都是具有较强文化软实力的国际文化大都市。根据《2012 年世界城市文化报告》,几乎所有全球城市都提供音乐、电影和节庆活动,都有音乐厅和画廊,都有大量、数量不断增加的非正式文化场景与城市文化互动并更新城市文化。伦敦、纽约、巴黎、东京等全球城市均具有强大的文化影响力,是享誉全球的文化中心和全球知名国际文化交流活动的汇集地。文化软实力在全球城市竞争力塑造中的作用愈发突出,也已经成为全球城市话语权的重要标志之一。

此外,全球城市也对文化发展也起了重要作用。全球城市凭借其规模、活力、多样化成为最有能力支持最广泛文化活动的城市。大量的市民、游客等文化观众及各类创意企业使得全球城市能够支持各类高品质文化基础设施的建设;全球城市自身的多样性则使其可以支持多种不同的艺术形式;不断变化的人口和国际联系使得全球城市成为新的文化理念和知识的枢纽,并在各种理念交融时创造出混合艺术形式的伟大中心。

6.1.2　全球城市文化发展的特征

全球城市文化发展具有许多共性特征,包括具有鲜明独特的文化品牌形象、较为发达的文化创意产业、能级一流的文化基础设施、丰富的节庆活动、较强的多元性和包容性等。

1. 全球城市一般具有鲜明独特的文化品牌形象

全球城市普遍具有鲜明独特的文化品牌形象。比如,纽约依托其人口多样化,形成了多元开放的城市文化背景。纽约自建城起保持了其与生俱来的文化多元化传统,注重在包容多元文化基础上提升纽约文化发展的国际化水平。此外,纽约还依托其自由市场经济优势,协调发展商业与文化,以文化发展促进城市繁荣发展,以此保持其世界文化之都地位。伦敦依托其国际留学生众多和高等教育

发达的优势,将伦敦打造成为国际文化创意之都,以此维系其作为文化大都市的国际地位和形象。巴黎则依托其丰厚的历史文化遗产,在保护老城区原貌和建设新城区时寻找传统文化与现代化之间的平衡点,举办世界时装节、时装季、时装周等国际文化活动,使巴黎成为了世界时装之都,引领着世界时尚潮流。东京则注重流行文化发展,找准文化市场需求,满足青少年群体对新型文化发展需求,重点发展动漫艺术,打造世界级的动漫之都。

在文化软实力的提升过程中,全球城市都将自身城市的文化个性放在重要位置,在分析研究城市的历史与现实的基础上,充分考虑拓展自身城市的文化个性。如纽约注重移民性都市多元文化的个性,拥有具有世界影响的媒体、软件、娱乐等产业,被认为是辐射全球的媒体和娱乐产业中心;巴黎注重艺术之都时尚之都的个性,是世界时尚产业的国际引领者;伦敦注重在其历史文化的传统中建设世界文化之都的个性,在扶持音乐、媒体、广告、娱乐、影视、设计等产业的成效令人瞩目,被认为是最具全球文化多样性的城市;东京注重在回顾历史中建设创造性的文化都市的个性,是亚洲乃至世界最集中的出版、印刷、动漫、游戏产业中心,被认为是世界设计中心之一。

在文化输出时,全球城市也特别注重自身的文化形象和品牌塑造,确保其输出的文化具有国际影响力。例如,纽约是多种族和多宗教的移民城市,其国际文化大都市的内涵是多元文化的包容性和多样性。百老汇的歌舞剧、苏荷区的独立艺术家、大都会博物馆、《纽约时报》、时代华纳公司等逐渐发展成为纽约的文化品牌。这些文化形象和文化品牌结合在一起,对世界其他国家的文化产生了巨大的影响,形成了一种强势文化的输出效应。伦敦的文化也是建立在多种族和多宗教移民的多元文化基础上,从莎士比亚文学作品到朋克风尚,从传统建筑到最新潮的设计和创意产业,这些都汇聚成伦敦特有的文化形象和品牌,通过这些品牌,伦敦向其他国家输出了英国文化。巴黎是欧洲文化启蒙运动的发源地之一,通过各种各样的文化产品和无形的文化传播,向其他国家输出其文化影响,特别是社会人文科学、精神和时尚。

表 6.1　全球城市文化品牌与文化特色

城市	国际性文化品牌	文化吸引	文化活动特色
纽约	世界级的影视、媒体品牌	世界级媒体企业聚集地	"百老汇"为代表的戏剧文化繁荣
伦敦	丰富的国际文化创新品牌	国际留学生最多	丰富的节庆、艺术表演
巴黎	全球顶级奢侈品牌	国际游客、国际组织聚集地	巴黎时装周为代表的国际性展会
东京	世界级的出版媒体品牌	世界500强跨国公司总部最多	国际性游戏、动漫展会

2. 文化是全球城市公共政策的重要组成

全球城市为加强各自文化软实力建设，普遍制定了文化发展战略，明确文化在城市发展中的战略定位，勾画出各自的文化发展蓝图。2006年纽约制订《纽约2030》，提出文化发展战略是以市场为导向，政府引导、管理、支援城市文化发展，区分文化实体性质来配置文化资源，并形成了"文化可持续繁荣、文化促进经济"的文化战略。2017年7月，纽约第一份文化规划"CreateNYC"问世。规划在明确纽约自身文化特色和优势的基础上，明确了纽约文化发展战略。重点对文化均等和包容、文化资源配置、文化参与体验、文化空间布局、文化从业者等方面进行了明确规划。伦敦在2004年发布了首份文化战略《伦敦：文化之都》，2008年发布第二份文化战略草案《文化大都市——伦敦市长2009—2012年的文化重点》，2010年又发布《文化大都市：市长文化战略——2012年及以后》，明确了"世界卓越的文化创意中心"文化战略，该战略包括六大方面27项具体政策，力求保持伦敦的世界文化之都地位。伦敦是最早提出城市文化创新的全球城市，并高度重视文化教育、技术开放、文化创意上的资源配置。巴黎于2007年发布《大巴黎计划》，其中明确的文化战略是"保持民族艺术、国际艺术之都地位"，提出恪守历史文化于民族特色的传承，重视历史文化遗产的保护与发展，紧抓艺术文化配置资源。与此同时，巴黎通过推动世界文化制度来获取全球城市的有利地位与话语权。为将文化资源与创新性活动相结合，东京认为其文化软实力的构建在于传统与现代的并存。2007年东京制定了《东京都文化振兴方针》，将其文化战略明确为"充满创造性的文化都市"，并纳入国家"酷日本"文化战略范畴，提出要建设具有文化创造底蕴的都市，通过创新人才激励、文化平台搭建、社会结构调整等政策落实城市文化个性化的创新发展。这些全球城市还在文化战略中明确了自身文化定位，比如，纽约将城市文化定位为"世界媒体娱乐之都"；伦敦是"世界文化创意之都"；巴黎为"世界文化浪漫之都"；东京明确将"世界游戏动

表 6.2　全球城市文化战略与文化政策措施

城市	文化战略	文化政策措施
纽约	文化可持续繁荣、文化促经济	文化发展与经济效益挂钩；区分文化公益事业与盈利事业；确定文化投入与管理；以市场为载体
伦敦	世界卓越的文化创意中心	拓宽文化道路；文化教育、技术开发；文化基础设施；政府与各文化机构、组织的协调
巴黎	保护民族艺术、保持艺术之都地位	颁布保护文化遗产的法律法规；利用文化遗存拓展城市文化空间；推动建立世界文化公约提高巴黎国际地位
东京	充满创造性的文化都市	搭建文化展示平台；人才激励机制；特色资源开发；推进支援文化的社会结构

资料来源：上海财经大学，《上海建设全球城市的文化资源配置力分析、预测及其对策研究》课题报告。

漫之都"作为其城市文化定位。

此外,全球城市的文化政策普遍和其他都市政策交错。全球城市的决策者们将文化视为实现城市治理的优先事项和战略中心。文化被嵌于更广阔的经济、政治、社会关系中,文化除了可以带来娱乐和审美,还可以创造和保持身份,构建社会凝聚力,培育社区发展和公民参与,增进社会福祉并产生经济价值。纽约把文化列为所有领域的"第二战略",以其拥有 300 多种不同语言的社区为荣,并以各种各样的社区节日反映其多样性,并在设立公共资助和消费性开支的同时提供高水平的慈善性文化资助;伦敦视文化活动为正规教育的重要部分;巴黎视文化为促进经济发展而要优先发展的领域;东京强调城市的各种文化活动不是仅由一个政府部门或大型企业赞助,而是由众多不同的公共文化组织所支持;悉尼把对当地土著居民的文化富有意义的认同作为一个主要目标;约翰内斯堡把文化作为健康和社会发展的一部分,用作改变以往被边缘化的市民生活的关键。

3. 文化创意产业在全球城市经济体系中的地位突出

伦敦、纽约、东京等全球城市普遍是文化包容性强、创意产业发达、文化产业人才集聚性强的全球创意之都,拥有发达的文化基础设施和蓬勃的广告、策划等创意子产业。近些年,文化创意产业更成为这些全球城市经济发展的突出贡献者。

伦敦的文化创意产业包括建筑,广告和营销,手工艺,设计(产品设计、图形设计和时尚设计),电影、电视、录像、广播和摄影,IT、软件和计算机服务,出版,音乐,表演和可视艺术,博物馆、美术馆与图书馆九大类。自 2009 年以来,伦敦文化创意产业的年复合增长率高于伦敦总体经济年复合增长率一个百分点。2015 年伦敦文化创意产业已占伦敦国民生产总值的 11%,占英国文化创意产业的近一半。其中,IT、软件和计算机服务占近四成,电影、电视、录像、广播和摄影占近二成,出版业占超过一成。此外,伦敦拥有英国 40% 的艺术基础设施、2/3 的电影制作岗位、70% 的电视制作公司、3/4 的广告业岗位,贡献了英国设计业总产值的 50%、音乐业总产值的 70%、出版业总产值的 40%。伦敦创意

产业已经成为伦敦乃至英国经济的突出贡献者。

纽约的文化创意产业包括广告、出版、电影和电视、广播、建筑、表演艺术、视觉艺术、设计、音乐九大类,其优势在于广告、出版和影视业。2013 年,纽约创意产业员工占总员工比重达 8%。2003—2013 年的十年间,纽约的创意产业工作者增长 13%,超过城市平均就业增长 1 个百分点,其中,影视业员工增长超过 50%,建筑业增长超过 30%,表演艺术、广告和设计领域的增长则在 20% 左右。纽约的创意产业对经济的贡献已经超过了金融和法律等传统领军服务行业。2013 年,以百老汇音乐剧为核心的时报广场经济圈年度营业总额逾 1 100 亿美元,占全市年总产值 18%。同年,纽约市政府在文化方面总投资为 1.5 亿美元,居全美第一。

东京对文化创意产业的认定包括媒体、动画影视业等内容产业、时尚、本地饮食饮料旅游等产业。2013 年,东京创意产业员工占总员工比重达 11%。其发展重点在于拓展本土创意产业的国际市场,并制定了到 2020 年要实现国际市场规模在 2009 年的基础上翻番,达到 932 万亿日元的目标。创意产业已经成为日本解决国内需求不足、提振经济的重点发展领域。

4. 全球城市具有规模庞大、能级一流的文化基础设施

全球城市普遍具有规模庞大、能级一流的文化基础设施。这些世界级的文化基础设施既是满足本地居民精神文化需求的载体,也是世界文化交融、创新与展示的重要平台。全球城市的文化基础设施主要有两大类:一是文化遗产和阅读文化类基础设施,主要是博物馆、美术馆、画廊、档案馆、文化遗产所在地、图书馆、书店等。二是电影、游戏和表演艺术类基础设施,主要是电影院、电子游戏厅、剧院、音乐厅、现场艺术表演场地、酒吧、舞厅以及文化艺术学校等。全球城市纽约和伦敦在世界一流的文化基础设施供给上表现突出,特别是伦敦在近 15 年间相继建成或整修完毕的一批重要场馆,如大英博物馆的大中庭、皇家歌剧院、泰特现代美术馆、国王广场、白教堂美术馆、英国电影学院、圆屋剧场、霍克斯顿的马戏空间等,这些拥有全球知名度的文化设施每年吸引着大量的游客和居民。

专栏 6.1 "酷日本"整合推广日本文化产业

"Cool Japan(酷日本)"是日本政府2011年启动的文化产业战略,其主旨是向海外介绍日本时装、设计、漫画、电影等文化商品。实质是国家走至前台,将既有创意资源整合到麾下,打造国家软实力的坚强支柱。日本经济产业省统计,全球文化产业的市场规模将于2020年达到900万亿日元。日本计划通过推动文化产业出口,获得8到11万亿日元的市场份额。"酷日本"分为三个阶段,第一阶段是向海外传达日本的魅力;第二阶段是让本国企业通过在海外开发动漫、时尚等关联产业的商品而获利;第三阶段是吸引更多的海外游客来日本观光消费。

根据日本动画协会历年发布的《动画产业报告》,2011年日本动画市场规模为13 393亿日元;2014年的规模为16 296亿日元。2015年,规模达到18 253亿的历史新高。东京聚集了92.1%的日本动漫公司总部,生产了世界上近60%的动漫产品。在"酷日本"战略的指导下,日本推进文化产业发展的主要做法是通过大办动漫节庆来助推动漫产业。2006年,在东京政府颁布的《十年后的东京——东京在变化》中提出大力发展动漫文化和动漫产业。2011年,东京推出的《〈十年后东京〉2011行动计划》指出要将动漫文化和其相关的节庆、会展、观光、旅游等行业作为提升东京的文化魅力和产业能力。东京动漫节庆可以划分为展销性、综合型和专项综合型三种。展销型动漫节庆,以东京国际动漫节为主。东京国际动漫节是东京市政府和相关企业共同发起并主办的活动,侧重产业内部的对话,参与对话方是动漫产品内容提供商和版权购买方。综合型动漫节庆,以大众市场的培育为导向,会举行规模宏大的动漫文化娱乐活动。专项综合型动漫节庆,以动漫产业链上的某部分或环节单独作为节庆内容,涉及游戏、玩具等衍生品,组织者以行业协会和企业为主。

东京动漫节庆产业的作用体现在几个方面:一是延续与挖掘城市传统文化。动漫文化就是东京乃至是日本的传统文化之一,是一种具有全民性质的文化。动漫节庆产业也促进了动漫产品内容对传统历史文化的利用。二是推动城市特色文化产业发展。动漫行业或企业以节庆的方式实现动漫产业经济效益。同时,动漫节庆产业又对旅游、休闲娱乐、餐饮、住宿、交通、零售等产业发挥联动效应,为东京提供了富有特色的文化娱乐生活。三是建设特色文化城市。动漫节庆作为一种品牌文化,成了"酷日本"战略提升东京城市文化形象、打造特色文化城市的重要内容和途径。

资料来源:上海市文化创意产业推进领导小组办公室信息发布平台,http://www.shccio.com。

5. 国际机构集聚,节庆活动丰富,富有城市文化活力

全球城市的活力和魅力,相当部分得益于城市文化的活力。全球城市非常注重发挥文化的媒介和载体作用,进行多元交融与创新,从而释放出文化的强大活力,成为文化新理念、新内涵、新形式的诞生集聚地。比如,纽约在文化形式上拥有经典文化、流行文化、时尚文化、嘻哈文化等多种样式,在文化来源上包容全球,甚至像中国京剧、捷克木偶剧以及邦巴舞等小众文化也有其相应位置。由于提供的文化产品和服务非常丰富,城市的文化活力得到巨大彰显。纽约还是一个庞大的艺术创意产业的商业市场,从包罗万象的艺术品拍卖到世界水准的时尚、设计和广告一应俱全。纽约活力四射的文化生活成就了这座城市的功能,也奠定了纽约作为顶级全球城市的地位。

全球城市普遍集聚了大量国际机构。随着外交机构、国际友好城市、国际组织、国际商业机构等一系列国际机构集聚,城市的文化影响力不断加深。比如,巴黎充分发挥了总部设在巴黎的联合国

表6.3　主要国际机构在一些城市的分布情况

城　　市	数　　量	城　　市	数　　量
伦　　敦	57	纽　　约	21
巴　　黎	208	东　　京	16

资料来源：张茅主编，《北京建设国际交往中的研究》，中国旅游出版社 2001 年。

教科文组织、经济合作与发展组织、国际汽车联合会等的作用。这些国际组织传播和弘扬了巴黎文化传统和价值观，不仅促进了全球城市的国际交往水平而且增进了成员国或会员组织与所在城市的文化交流，成为巴黎传播全球城市文化艺术的重要平台。

此外，全球城市的交流、节庆活动丰富，深具文化氛围。全球城市还积极申请举办国际交流活动，举办大型国际会议、体育赛事、国际文化节，采取各种措施促进跨国人员流动性。比如，巴黎每年举办174 场大型国际会议，有力地促进了其文化的国际化发展。

6. 全球城市文化具有很强的多样化和包容性

文化多样性是全球城市活力的源泉，也是城市创新的重要来源。因此，全球城市普遍采取鼓励文化多样性和包容不同文化群体的政策，甚至对有些全球城市来说，承认自身文化的多样性是其文化政策的一个主要目标。这不仅反映在节日和庆典中，也反映在各种外文报纸、书籍和电影中，更反映在各种文化活动和文化服务之中。伦敦是文化多样性最为广泛的城市之一，全英国将近一半的非洲裔人、亚洲人、少数民族的人居住在伦敦，伦敦的社区中有 300 多种不同语言，伦敦已成为典型的高度开放、容忍的多元文化并存的世界性大都市。而纽约的文化复杂性更甚于伦敦，其对于多元文化的交融、包容性发展更有心得，各种文化载体都可以在纽约找到属于自己的舞台，可以在纽约实现多元化的文化融合。从喜剧俱乐部和酒吧，到突然冒出的画廊和街头艺术，再到来自世界各地的特色小众文化，几乎所有的全球城市都能将这些不断增长的文化样态发挥得淋漓尽致。美国人口调查局在 2010 年统计纽约人口为 8 175 133，其中，纽约市的人口占到全纽约州的 40％。另外，纽约人口 44％为白人（33.3％非拉丁裔白人），25.5％为非洲裔人（23％非拉丁裔），0.7％为美洲原住民，12.7％为亚裔。东京的国际化程度名列亚洲前茅，走在东京的街道上可以遇到来自世界各地的人。在东京登记的外国居民数为 32.7 万人，占东京总人口的 2.5％，这个数字是 10 年前的 1.3 倍。

7. 高度重视历史文化遗产保护

历史文化资源是推动城市文明长足发展和繁荣的基础性要素，全球城市把历史文化遗产保护开

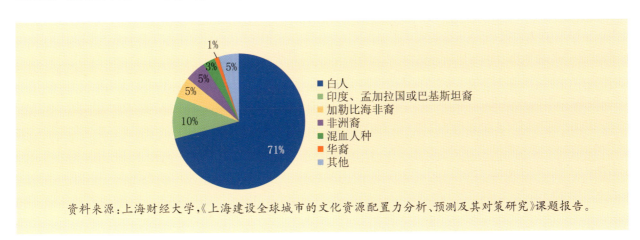

资料来源：上海财经大学，《上海建设全球城市的文化资源配置力分析、预测及其对策研究》课题报告。

图 6.1　伦敦城市人口组成

表6.4　法国历史遗迹保护法规一览表

时　　间	法律名称	主要方法及成果
1913年12月31日	历史建筑保护法	明确历史建筑的概念 分"列级"和"登录"保护两者类型
1930年5月2日	场地及自然景观保护法	扩展保护范围 分"列级"和"登录"保护两者类型
1943年2月23日	历史建筑及周边环境保护法	将历史建筑与周围风景视为一体,确定以历史建筑为中心,半径500米为保护范围
1962年8月4日	历史保护区保护法	增强了整体的历史建筑保护概念,制定历史保护区的保护和利用规划(PSMV)
1993年1月8日	建筑、城市与风景历史遗留保护区与保护法	调整"1943年法律",在保护区域内取消500米半径保护和登录保护的场地及自然景观

资料来源:邹耀勇,《巴黎城市发展与保护史论》,华东师范大学硕士毕业论文,2007。

发看作是直接影响城市的整体形象和话语权的软实力。为推动历史文化遗产保护工作向内涵化和规模化方向发展,纽约、伦敦、巴黎、东京等全球城市在历史文化保护开发上的立法化和规范化日益深入,纳入保护的建筑实体数量不断增加,为其他大城市提供了很好的示范作用。在界定文化遗产内容、划分类型、确立保护范围和建立保护名录等方面,这些全球城市也都做了细致而持久的工作。规范化和立法化实现城市民众在历史文化遗产保护开发上的参与程度日趋深入。

全球城市大都在城市规划或者城市文化发展计划制定中长期坚持对文化遗产的保护。例如,巴黎既是一座现代化都市,也是一座以"博物馆城市"著称的历史文化名城。这种双重特色的完美结合得益于巴黎市政府在城市规划中长期坚持文化遗产保护原则。巴黎政府出台了保护文化和历史遗产的各项制度,如《大规划》《土地利用规则》《巴黎大区总体规划》等,成立了"老巴黎保护委员会"。为了保护古迹集中的市中心,巴黎市内仅安排一些与文化相关的产业,如出版、印刷、服装等,主要工业区则分布在郊外;在城市规划中,巴黎政府对沿街建筑的样式、新建楼房的高度都有极严格的规定,将保护城市自然人文环境、城市和景观之间的和谐列为优先考虑的问题。巴黎文化遗产保护对

象主要有三个方面。一是物质文化遗产的保护。主要是古建筑的修缮、复原和保护。在巴黎,从罗马时代到20世纪,具有历史文化价值的大型古建筑有96处。对古建筑的保护使巴黎成为西欧城市老建筑保存最完整的大都市之一。二是非物质文化遗产的保护。巴黎对非物质文化遗产的保护主要体现在对"法国大餐"习俗礼仪和传统手工业技能的保护上。目前,联合国教科文组织已经将法国的美食传统,包括餐桌礼仪和餐桌布置列为人类非物质文化遗产名录。同时被列入名录的,还有巴黎申报的法国手工行会传统和阿朗松针织花边技艺。三是传统特色街区的保护。传统街区的保护是涵盖有形和无形文化遗产两方面的整体保护,被列为传统街区的城市空间中的所有老建筑和文化习俗、手工艺技能等都被列为保护对象。

英国2009年10月由伦敦市长签署发布的《伦敦计划》,是体现大伦敦政府对伦敦建筑环境构想的重要纲领性文本。该计划中强调,"保护好它(伦敦)的建筑与街道。在拥有最好的现代建筑的同时,最大限度地呈现伦敦的人文遗产环境"。在2010年出台的《伦敦市长文化战略》对"历史遗产"也做了详细阐释,并将"历史特征"及"地方特色"作为衡量伦敦各自治镇发展规划的一项标准。

专栏 6.2　东京文化遗产保护

1950 年日本制定了文化遗产保护法,2004 年进行改订,充实了对文化景观及民俗技术的保护及登记制度。文化遗产是正确理解国家历史与文化的重要物品,同时也是未来文化发展的基础,因此,作为国民财产的文化遗产的适当保护及活用是非常重要的事情。根据文化遗产保护法,选定文化遗产中比较重要的文化遗产,制定关于改变现状、修理及输出等限制,同时对有形文化遗产(美术工艺品、建筑物、民俗文化遗产等)进行保存修理、防灾、收购,对无形文化遗产(艺能、工艺技术、风俗习惯、民俗艺能等)进行传承者培育、记载等帮助,对文化遗产的保存和活用采取了各种措施。

近年来,随着土地开发、生活方式的改变,文化遗产保护的必要性愈加重要,除了指定制度外,还制定了较为缓和的登记制度。所谓登记制度,即除了国家、地方公共团体指定的文化遗产以外,对于特别需要保存及活用的文化遗产,必须向国家登记。在登记制度中,国家对所有者进行指导和建议,由所有者自主实行文化遗产保护。另外,在文化遗产保护中不可缺少的传统技术或技能,则由国家选定。国家对埋藏于土地中的文化遗产的发掘制定了一定的限制,以进行保护。

目前,包括绘画、雕刻、书法(典籍)、工艺品、考古历史资料、建筑在内,东京都拥有国宝级财产 276 件,重要文化遗产 2 424 件,史迹名胜古迹 73 处。

资料来源:李艳丽,《东京二十一世纪以来城市文化发展观测》,《上海文化》2014 年第 10 期。

6.1.3　全球城市建设国际文化大都市、提升文化软实力的经验

全球城市经过多年的发展,在建设国际文化大都市、提升文化软实力方面积累了不少经验。

1. 度身定制符合自身特点的城市文化品牌形象

传媒是软实力的重要组成部分,传媒资源的拥有量决定了一个城市在全球传播体系中的话语权。纽约和伦敦等全球城市都拥有发达的传媒与影视业,这不仅可以全方位地推广塑造城市的正面形象,也使得他们在城市营销中占据了超一流的话语权。布隆伯格就任纽约市长后,成立了纽约市行销发展公司,以充分挖掘城市资源的市场潜力。这个公司的大手笔之一,就是通过一个行销项目来支持"纽约制造"激励计划,以鼓励制片商们在纽约拍电影。纽约历史悠久的电影文化,在新理念和新技术的促动下,成为纽约城市形象和城市经济的创新动力之一。东京则凭借动漫获得国际的高度认可,富有动漫底蕴的东京,在政府的大力扶持下,通过集群化发展和成熟的市场运作机制,成为名副其实的"动漫之都",

动漫产业的成功不仅给东京带来了巨大的经济利益,同时也大大提高了东京的国际认可度。

2. 通过多样化政策推动文化创意产业发展

在资金政策方面,全球城市通过对文化创意活动、项目的直接补贴支持来活跃城市文化氛围,也会通过税收优惠来发展电影等重点产业。比如,伦敦为设计节、时装周提供直接资助;而在英国拍摄制作"英国风"电影的制作公司则最高可以获得高达 25% 的税款抵免。纽约自 21 世纪初出台了电视电影产业的税收优惠计划,包括 10% 的国家税收减免和 5% 的城市税收减免,后来又进一步提高了税收减免比例,使得 2002—2012 年纽约电影产量激增了 6.2%。在人才政策方面,伦敦推出"创意学徒计划",为年轻人提供他们所选创业就业领域的在岗或脱产培训,并通过"伦敦艺术节"等活动为儿童提供接触文化艺术的机会。法国针对盗版猖獗的形势出台了"三振出局"法案来保护版权。根据该法案,当相关机构发现网络用户侵权行为后,对其发出两次警告,如果用户仍不停止侵权,则会受到相应处罚。

专栏6.3 纽约支持创意产业发展的做法

纽约市政府支持创意产业的主要做法是呈金字塔形投资文化,并以旅游业助力演出业。

纽约市政府对文化投资呈金字塔形态:文化产业链顶端的演出或晚会全部由私营机构主办,政府少投资或者不投资;已经成熟的商业化演出不仅不投资,还要征税;有利于推动城市经济多元化发展的社会公益文化活动采取公私合资的方式投资;政府投入最多的是各种"草根"艺术团体、社会公益性基层文艺社团的文化项目。

在"草根"项目中,"公园里的莎士比亚"可作一范例。这是每年夏天在纽约中央公园的免费莎士比亚戏剧演出。美国戏剧名导约瑟夫·帕普20世纪50年代发起这一活动,初衷是让花不起钱的人能看到经典戏剧表演。他率剧组在中央公园草坪免费演出,而园方要他支付草坪维护费,双方诉诸公堂。最后,纽约市政府出资,在公园内搭建一个永久性公共剧场。目前,在"公园里的莎士比亚"的开支中,市政府拨款占7%,其余来自基金会、赞助商与民间捐赠。

此外,政府对于林肯中心、百老汇这两大纽约演艺业招牌的支持程度则完全不同。

林肯中心与其常驻艺术表演机构之间的关系,类似于房东与房客之间的关系。林肯中心及其常驻艺术机构,不追求票房赢利,而追求作品的艺术性、创新性。中心上演的剧目档期大多不超过一星期。有的剧目虽然很受欢迎,持续演出稳赚,但因为演出档期短,也是收不回成本的。2012年,林肯中心总支出1.14亿美元,总收入约1.11亿美元。收入中设备出租占29%,票房占9%,场馆出租占19%,政府拨款占1%,其他杂项收入占6%,捐赠占46%。纽约市政府对林肯中心免除房产税、所得税和销售税。而政府对于其他文化企业,仅所得税就高达35%。

百老汇纯粹按商业模式运营,票房收入占总收入的98%。百老汇演出的特点是通俗易懂、娱乐性强。音乐剧平均收回成本的时间为一年多,少于这个时间,必定赔钱。所以,百老汇的剧目常成年累月上演。与林肯中心相比,政府给百老汇的待遇十分"可怜",百老汇须同一般企业一样交税,只是政府对剧场卖票不收营业税。百老汇在很大程度上依赖旅游业存在。观看百老汇演出,已是到纽约旅游的重要内容。百老汇的票主要卖给了游客。2008年金融危机期间,百老汇票房收入却在增加,主要原因就是旅游者依然大量涌入纽约。2011年,纽约的美国国内游客有4 030万人,国际游客1 060万人。百老汇全年共卖出1 234万张票,其中美国国内游客购买555万张,国际游客购买227万张,纽约本地人买了452万张。

资料来源:上海市文化创意产业推进领导小组办公室信息发布平台 http://www.shccio.com。

3. 在全球范围配置国际文化资源,构建文化高地

对全球资源的控制功能是全球城市不遗余力追求的目标,全球城市善于通过吸引人才,促进文化国际性创造、生产、传播与文化参与从而实现在国际范围配置其文化资源。比如,纽约着力于艺术、影视、出版等文化软件资源配置,这使纽约成为世界公认的媒体娱乐之都。《时代周刊》《福布斯》《财富》等顶尖媒体使其在全球拥有话语权;纽约还通过百老汇戏剧文化吸引着无数的国内外游客,通过完善的知识产权保护制度,整合全球的文化品牌。伦敦则擅长在国际配置文化教育与文化人才资源,强大的人才集聚与文化保障成为支持伦敦文化创意发展的源泉。巴黎则以整合世界服装制作企业资源,打造形成全球顶级奢侈品牌。此外,巴黎时装周每年举办600余场时装发布会、吸引着世界各地的优秀设计师。东京重视基础文化资源配置,拥有世界级的公共文化设施。文化创新方面,东京还因

地制宜地发挥跨国公司聚集优势,大量配置国际性文化会展资源,以提高城市文化的集聚度,构建文化高地。

4. 吸引公众广泛积极参与文化建设

全球城市的文化软实力提升离不开生活在城市中的公众的参与和体验,没有公众的参与投入,城市文化就会失去活力,成为一潭死水。全球城市都致力于把全体居民置于文化建设的服务范围,一方面提供优惠和便利,把部分文化项目向全体居民开放,另一方面,也针对不同民族、阶层、年龄、性别、居住地域的居民,提供各种有特色的文化设施和服务。巴黎在制定城市发展政策时,优先考虑文化的发展,努力使每一个市民,都有机会欣赏、参与并受益于城市组织的文化活动。如为了使人们能够更多地享受文化生活的乐趣而实行的文化生活补贴政策,在特定时期政府以合理的价格吸引市民观看各种演出,每年大约有 50 万巴黎人享受政府补贴去参加这样的活动。伦敦的城市文化更具有广泛的参与性,一半以上的伦敦人去电影院看电影,将近三分之一的人会每年至少去一次剧院或美术馆。62% 的伦敦人至少每月参加一次体育锻炼,每个周六有 50 万年轻人参加俱乐部活动。大英图书馆与数以百计的社区免费图书馆向全体伦敦人开放。伦敦文化设施为大多数人服务,而他们在享受文化服务的同时,也参与了文化建设。伦敦市政府鼓励市民加强对艺术、建筑和都市设计的认识,通过参加公共场所的文化活动和节庆活动,市民与空间共同构成独特的文化景观,在开放的多元文化背景下,以细致入微的文化关怀,来加强城市的凝聚力。

此外,全球城市文化遗产的保护也与广泛的公众参与密不可分。实践中,全球城市普遍形成社会公众自愿性参与和娱乐性参与的历史文化遗产保护机制。自愿性的民众参与如许多城市的大学遗产保护小组中的工作人员和学生在公众文化遗产组织、国家基金会、地方博物馆和从事历史研究的社团中提供大量的时间和专业知识。娱乐性的民众参与则是通过参加各种活动,人们不仅能充分感受各类遗产的文化魅力,也能对城市产生保护意识。例如,纽约市古迹保护委员会下设纽约古迹保护基金会,该基金会成立于 1980 年,属于非营利组织,为文化古迹的保护和修缮、维护提供资助,还负责筹办面向大众的文化历史论坛和公共教育活动。除了纽约市政府下属的纽约市古迹保护委员会之外,纽约州政府下设的"公园、娱乐和历史办公室"也为纽约的文化遗产保护提供了必要的支持。此外,纽约还有很多非政府的文化遗产保护单位和基金。以圣马可古迹基金会为例。该基金会成立于 1979 年,下设"街区保护中心",该中心主要有三方面成员构成,分别为历史街区委员会、格林威治村历史保护学会和圣马可历史古迹基金。世界古迹基金会(WMF)在纽约的文化遗产保护中也做出了贡献:帮助世界上 90 个国家保护了 550 处历史文化遗迹,该基金会资助了纽约 10 处历史文化古迹的保护。

5. 保持历史文化遗产保护、传承和利用的平衡

全球城市将文化遗产保护作为推动城市发展的一个重要因素。文化遗产的保护,是在理解文化的发展历史、发展模式、发展层次和景观主旨等方面的基础上进行开发建设,全面深入地理解城市发展的历史和文化传承有助于规划和设计可持续发展、适宜居住的城市。因此,全球城市坚守在历史文化遗产保护与开发利用之间保持平衡的原则。

伦敦拥有伦敦塔、威斯敏斯特教堂、威斯敏斯特宫、圣玛格丽特教堂四处世界文化遗产,被称为世界遗产之都。伦敦对保护和开发世界遗产遗址以及周围环境提出三个条件:规划的制定,评估开发方案和改造方案的收效。开发世界遗产遗址以及周围环境应当尽可能地通过高品质的建筑提高景致,还要有利于改善公共场所,要促进整体的便利度和氛围,让世界级遗产配得上世界级地位。伦敦在继承古老历史文化遗产的同时,还在不断创造新历史文化遗产。伦敦市政府从奥运会场馆建造时,就开始了建设与遗产保护策略,将这些场馆作为伦敦新标志性建筑而进行长久性传承和开发利用。

巴黎是全世界公认历史遗产保护最好的城市之一,整个城市像一个巨大的天然博物馆和艺术圣殿。受到保护的 3 000 多座建筑至今都在使用,而每一座建筑都是一本生动的历史、一幅油画或一部乐章。巴黎的世界文化遗产涵盖了塞纳河的两岸并包括卢浮宫、埃菲尔铁塔、巴黎圣母院、荣军院和协和广场等地。巴黎保护历史文化名城风貌的原则

专栏6.4　日本城市历史文化遗迹改造中的市民参与

城市改造中的市民参与在城市改造方面丰岛区也同样是在"基本构想"之居民广泛参与的基础上进行的。区政府的规划是将千川小学旧址改造成100张床位的特别护理养老院和能容纳105人的保育所,外加一个3 100平方米的公园。然而当地居民与相关者有自己的想法,2014年5月,就因城市化而废弃的丰岛区最西北边界的千川小学旧址如何使用问题,以当地居民为主的"千川小学校迹地活用思考会"(以下简称"思考会")向区自治体提出了《关于活用千川小学校迹地的建议书》(以下简称《建议书》)。

这个"思考会"的组织形式是由地方居民等推荐或选举产生的,成员构成为:一是旧小学校附近三个町的町自治会代表;二是旧小学校周边商业团体的千川商荣会和千川站前商店会的代表;三是旧小学校遗址正在使用者协议会的代表以及旧小学校对面"狮子会大楼千川站前"大楼管理组合的代表;四是区政府的代表。从委员名单情况来看,除1名副会长是副区长和委员、1名是区设施计划科长以外,1名会长、2名副会长和16名委员都是上述相关部门的代表,官民比是2:19,这个"思考会"的民众参与情况就不言而喻了。

这个"思考会"的工作目标是:为了在结合"区未来战略推进计划2010"所提出的关于千川小学旧址活用规划进行讨论时能与区域代表进行充分的协商;另外,为培育更多的人才和多元的共同体,推进区域建设而加强官民协动。为达成这个目标,"思考会"的工作主要有三个方面:设施改造计划所必需的调查与研究,梳理关于设施改造的基本构想、向区长提交议案,以及为达成本会目标而必须做的其他的事情。

这个"思考会"从2010年开始到提案提出的4年间,就旧址改造召开了29次会议,在工作两年的时候提出了一个中期报告,另就公园建设问题,下设的公园研讨部也召开了6次会议才向"思考会"提出研究报告。"思考会"的讨论会期间还设有一定数量的旁听席,只要在电话申请时说明姓名、住址和电话,在人数许可的情况下就能出席旁听。而且,这些会议情况及中间报告、建议书等都详细地公示在区政府的网站上,因此可以说,所形成的《建议书》是经过了精雕细琢,充分地反映了区域居民的意见,是官民协调互动的产物。

资料来源:俞慰刚,《华东理工大学社会与公共管理学院空间快速扩张时代的城乡竞逐与遗存保护——以日本东京都丰岛区的城市化改造为例》,《上海城市管理》2015年第5期。

是"适度更新",即在保护文化遗产和城市开发建设之间保持平衡。巴黎虽然也在不断地进行城市更新,但却不再进行脱胎换骨的改造,而是"适度"建设,或注重城市功能的更新而不是外观的更新。巴黎采取了一系列措施,例如严格控制城市的"高度",通过赋予历史街区和古老建筑以新生命,来保持城市的新鲜活力等。巴黎文化遗产保护的对象主要集中在老城区,因此将巴黎老城作为法国专门划出的历史文化保护区,为确保文物古迹维持原貌,区内的规划布局、古建筑、街道和环境氛围都受到严格保护和控制。巴黎花了30年时间建了5座卫星城,其新建筑也主要集中在新建的卫星城,而这些新建筑却大多体现了现代化风格,它们耸立在"历史中轴线"的延伸线上,既形成了传统与现代的截然不同的"分",又通过"历史中轴线"将传统与现代对接之"合"。

6.2　上海国际文化大都市建设现状

上海丰富的科教资源和优质的文化设施为国际文化大都市建设提供良好的基础。近年来,上海国际文化大都市建设形势蓬勃,但也存在着一定的不足与差距。

6.2.1 上海国际文化大都市建设的现状

上海文化底蕴深厚，近几年来创意产业发展迅速，各类文化设施初具规模，节庆和品牌文化活动日益增多，历史文化遗产保护较好，具备国际文化大都市建设的良好基础。

1. 文化底蕴深厚丰富

上海作为国家历史文化名城，近现代历史遗存丰富，历史文化沉淀厚重。在全球发展进入互联互通的时代，上海要在全球城市竞争中脱颖而出，建设成为国际文化大都市，必须深入挖掘城市自身的文化内涵，将城市的文化意蕴化成城市的一种无形的力量，成为这个城市的灵魂，通过提升城市的文化内涵，来推动城市的整体、可持续发展。

回顾历史，一千多年前大运河的开启，将富庶的长三角地区与国家的政治中心有机联系起来，极大地促进了南北文化的交流和商业文明的发展，其所孕育形成的江南文化，是中国南北文化交流碰撞的集大成者，也是中国文化融合传承的代表。

上海开埠后，随着江河时代向海洋时代的转变，上海不仅成为传统江南文化的汇集地，更是沟通南北、横贯东西的门户之地，与欧美现代文化的融合而形成的海派文化，引进现代西方城市的管理理念，成就了 20 世纪初上海"东方巴黎"的美称。同

期，马克思主义传入了中国并落地生根，1921 年中国共产党成立于上海，开启中国的伟大变革，形成上海独有的红色革命文化，上海这座城市也成为中国民国史和中国现代史的一个缩影。

改革开放以来，特别是 1990 年上海浦东开发开放后，来自海内外的各类人才集聚上海，创造出更加开放、融合的城市氛围，传承和发展着当下时代的海派文化，塑造着"海纳百川、追求卓越、开明睿智、大气谦和"的城市精神。

由此，可以看到上海在城市的文脉传承方面，一直是"开放文化"与"多元文化"长期发展的产物，有着江南文化、红色文化、海派文化的深厚积淀。

2. 文化创意产业保持快速增长

上海文化创意产业发展形势蓬勃，呈现产业快速增长、产业载体多元化发展、企业集聚和活力不断增强、品牌活动影响扩大、政策引领和保障不断加强的特点。

（1）文化创意产业保持快速增长态势。

自 2011 年开始，上海文化创意产业的增速就超过了 GDP 增幅。2017 年底，上海文化创意产业总产出 10 433 亿元，产业增加值 3 395 亿元，占全市生产总值比重超过 12%，同比增长 8.2%。文化创意产业已成为上海国民经济重要支柱性产业。其中，软件与计算机服务、咨询服务业等重点行业发展领先。

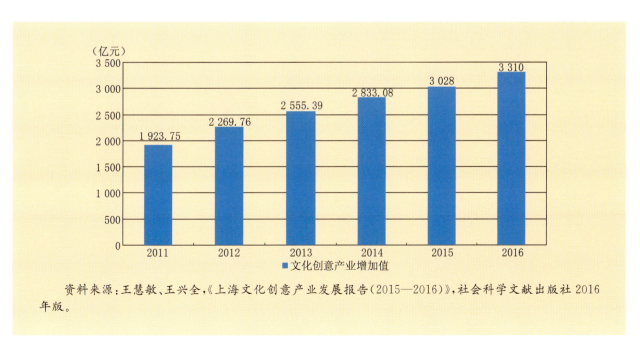

资料来源：王慧敏、王兴全，《上海文化创意产业发展报告（2015—2016）》，社会科学文献出版社 2016 年版。

图 6.2 上海文化创意产业增加值的增长情况（2011—2016）

（2）产业载体多元化发展。

2016年，上海出台《上海市文化创意产业发展三年行动计划（2016—2018年）》，实施"十、百、千"产业载体建设工程，即建设国家对外文化贸易基地、中国工业设计研究院等十余个国家级文化创意产业基地，上海张江文化创意产业园区、8号桥等百余个市级文化创意产业园区，上海国际时尚创意楼宇、方糖小镇等千余个文化创意楼宇和众创空间，构建基地、园区、楼宇、众创空间等互为补充的产业载体布局，提升文创产业集聚发展效应，形成了"一轴、一带、两河、多圈"产城融合发展新态势，国家数字出版基地、国家音乐产业基地、环同济设计创意产业集聚区等示范园区等一批国家级、市级重点项目加快建设，入驻企业数稳步提升。

（3）企业集聚和活力不断加强。

上海有文创产业的良好基础，电影产业、动漫游戏、网络文学等领域具有领先优势。上海动漫游戏、网络视听、网络文学产业总值位于全国第一、占全国总量一半。2016年，上海出品影片总票房增长近3倍，票房过亿影片达到12部，阿里等70多家优质主体落户，上影股份成功上市。报业集团和上海广播电视台实施整体转型，澎湃新闻实施股权多元化改革，上观新闻、看看新闻等影响力逐步扩大。

（4）政策引领和保障不断加强。

2016年，上海市出台《上海市文化创意产业发展三年行动计划（2016—2018年）》，旨在以创新融合为发展主线，以供给侧结构性改革、市场消费需求和品牌建设为抓手，以知识产权保护利用和人力资源开发为保障，提升文化创意产业国际竞争力，进一步发挥文化创意产业在上海经济转型升级中的引领和带动作用。2017年底，上海市出台《关于加快本市文化创意产业创新发展的若干意见》，提出未来五年上海文化创意产业增加值要占全市生产总值比重要达到15%左右，基本建成现代文化创意产业重镇；到2030年，上海文化创意产业增加值要占全市生产总值比重达到18%左右，基本建成具有国际影响力的文化创意产业中心；到2035年，要全面建成具有国际影响力的文化创意产业中心。此外，意见还围绕着力推动文化创意重点领域加快发展、构建现代文化市场体系、引导资源要素向文化创意产业集聚等提出50条具体举措。

3. 各类文化设施初具规模

上海的公共文化设施通过强有力的政府支持和公共投入，在文化设施建设上已初具规模，例如，中华艺术宫、上海当代艺术博物馆、上海世博会博物馆和上海儿童艺术剧场、虹桥国际舞蹈中心等一批新文化设施显著提升了文化基础设施水平。

4. 节庆和品牌活动日渐增多

节庆风俗是体现上海海派文化的又一个重要组成部分。节日期间丰富多彩的习俗风情和人间亲情，是体验传统文化的契机。以豫园城隍庙九曲桥为中心的商业旅游区是上海城区保留最完整的一块风水宝地，比较完整地保存了古老的风貌，鳞次栉比的店铺，摩肩接踵的人群，宛如一幅现代的"清明上河图"长卷。豫园城隍庙大型节庆活动内容

表6.5 上海公共文化设施的情况（2015）

指　标	上海	指　标	上海
每百万人拥有的博物馆数量	5	剧院年均表演数量	66 150
每十万人拥有的公共图书馆数量	1.2	每千万人主要音乐厅数量	1.7
每百万人拥有的电影院数量	9.5	年均音乐演出量	1 362
每百万人拥有的电影银幕数量	31.5	舞蹈表演数量	258
本国电影上映数量	257	每十万人拥有的书店数量	15.7
外国电影上映数量	77	公共绿地（公园和花园）占全市面积百分比	0.028
每百万人剧院数量	8.8		

资料来源：《世界城市文化报告》（2015）。

很丰富,有新年民俗灯会、春季民俗庙会、秋季民俗风情展演会,还有豫园美食节、丝绸节、人参节、茶文化节、酒文化节、扇文化节、书画艺术节、民间艺人节、旅游食品节等依托豫园的历史人文优势,加以开发和利用,展现历史遗产的时代气息。今天的朱家角古镇依然保留着江南水乡的幽雅与恬静。

此外,上海正在通过文化创意产业领域品牌园区、品牌地标、品牌企业、品牌活动、品牌产品、品牌人物等的打造,充实"创意上海"品牌内涵,展示上海全球创意城市的国际形象。过去一段时间,上海国际电影节、上海时装周、上海国际动漫游戏博览会、上海设计之都活动周、上海国际艺术节、上海高级定制周、上海市民文化节等一系列品牌活动成功举办,活动参与人数逐年递增,节庆的品牌影响力和知名度也在不断提高。

5. 历史文化遗产保护卓有成效

大量优秀的近现代历史建筑、保存完好的历史文化风貌区、独具特色的历史文化古镇是上海不可多得的文化财富。2003 年上海确定了中心城区 12 个历史文化风貌区,包括外滩、老城厢、人民广场、衡山路、复兴路、南京西路—愚园路—新华路一线、山阴路—提篮桥—江湾一线、龙华、虹桥路历史文化风貌区,总面积为 2 700 万平方米占上海市老城区的三分之一。2005 年上海又确定了郊区及浦东新区 32 个历史文化风貌区,总面积约 1 400 多万平方米。2016 年还相继发布了 119 处街坊和 23 条道路作为"面"[1]的补充。上海的历史文化底蕴非常丰富,拥有很多特色街道,很多历史名人在上海留下了他们奋斗过的足迹。如,徐汇区的华亭路、黄浦区的愚园路、虹口区的多伦路都是充满特色的街道,每天经过的人们都会领略到它们所散发出来的文化气息。孙中山、宋庆龄、周恩来、鲁迅、瞿秋白、郭沫若等历史名人都与上海有着非常深的渊源,当年他们在上海生活和战斗过的地方都已改建为纪念馆,成为上海的文化地标。

6.2.2 上海国际文化大都市建设与全球城市差距

近年来,虽然上海国际文化大都市建设形势蓬勃,但对标领先的全球城市,也存在着一定的差距。

1. 在文化创意产业发展上存在差距

(1) 与全球城市文化创意产业发展存在差距。

从文化内容看,上海缺乏具有世界级影响力的原创文化项目,海派文化缺少类似京剧脸谱这样为世人所熟悉的载体和符号。上海作为文化旅游城市,至今没有一项世界遗产落户上海。从文化品牌形象看,上海缺乏富有个性的城市品牌宣传和具有国际影响力的公众媒体,在上海举办的全球性高层峰会、国际体育赛事等标志性国际活动数量,还难以支撑上海作为全球城市的品牌形象。从创意人才看,上海文化创意产业的人才集中度低于纽约、伦敦等城市水平。上海市民在展现良好公共文化素养方面尚有不足,普通市民的外语使用水平,对通用规则的熟悉和遵守程度与欧美国家城市相比尚有不足。上海企业经营管理人才和专业技术人才等各支人才队伍中,英语口语处于好或较好水平的比例均不足 30%。

(2) 文化创意产业市场主体创新活力有待进一步提高。

由于市场结构的影响,文化创意产业领域的民企虽然有较强的活力和潜力,但普遍规模较小,难以形成对市场的影响力和核心竞争力。而国有文化创意企业虽然体量大,占有的市场资源多,但受限于国资管理体制,其竞争力和活力仍有待提升,改革升级步伐和创新开放仍有待进一步加快。同样,在文化贸易上,国有企业也处于主导地位。从"2013—2014 年度国家文化出口重点企业"上海入围的 34 家企业来看,国有企业 13 家,民营企业 16 家,合资企业 3 家,外资企业 2 家。非公企业虽然在数量上占据一半之多,但国有企业主导出版业、广播

---

[1] 目前,上海实行的城市历史文化遗产保护制度,已初步形成了点、线、面相结合的保护对象体系。其中,"点"是指优秀历史建筑和文物保护单位,"线"是指风貌保护道路(街巷)与风貌保护河道,"面"是指历史文化风貌区和风貌保护街坊,并在整体保护层级上,加强历史城区—历史城镇—历史村落环境整体保护。

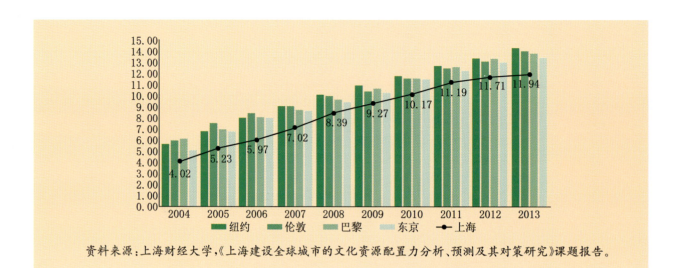

资料来源：上海财经大学，《上海建设全球城市的文化资源配置力分析、预测及其对策研究》课题报告。

图6.3　上海与全球城市文化资源配置力比较(2004—2013)

电视传媒、工艺品制造等传统文化领域，体量大、规模大，是对外文化贸易的主力；民营企业、外资企业引领新兴文化贸易，在网络科技、信息服务、创意设计等领域比较活跃，只是其规模、行业影响、技术水准、品牌塑造等方面还不具备优势。总体来看，上海文化创意产业市场主体活力有待进一步提高。

（3）存在产业管理分散、统计体系不够完善等问题。

目前上海文化创意产业的发展面临多头管理的问题，特别是随着文化创意产业融合发展的深化，涉及部门越来越多，文创办作为总体推进机制在协调相关委办、区县和社会资源方面面临不少困难，而各类与文化创意产业相关的协会等社会组织由于存在对行政资源的依赖，缺乏内在活力，非营利组织功效发挥不明显。另外，虽然上海对文化创意产业的统计分类已有基础，但现有分类存在互相交叉、子行业统计数据缺乏等问题，导致难以了解上海文化创意产业各重点行业的发展特征和趋势，也难以确立具有上海特色的产业门类。

2. 在国际文化资源的配置能力和文化影响力上存在差距

2004—2013年世界主要城市文化资源配置力得分显示，全球城市在城市文化资源配置力上都呈现不同程度的上升趋势，但上海与纽约、伦敦、巴黎

资料来源：BBC news.

图6.4　2011年世界最受欢迎博物馆排名

和东京相比,仍存在不小差距。

(1)国际性文化教育资源配置力不足。

上海在全球 100 名高校、创新指数排名中均落后全球城市。在以知识为基础的文化资源挖掘方面,尚有不足,特别是专业型人力资源与高端文化大师的配置有待提高。

(2)缺乏具有国际影响力的文化品牌。

国际性文化品牌是全球城市的文化特色,比如巴黎的奢侈品牌、纽约的文化传媒品牌、伦敦的创意品牌、东京的报业媒体品牌等。上海虽然一直强调自己的海派文化特色,但缺乏具体、生动的产业载体,至今还没有形成一个全球性知名品牌与文化企业。

(3)缺乏有国际影响力的文化活动配置。

上海近些年积极引入国际文化活动,如上海国际电影节、上海国际艺术节等,但与纽约的电影节、巴黎的时装周等具有全球影响力的文化盛会相比,上海大型文化活动的国际参与度和含金量相差甚远。

(4)文化资源配置缺乏多元魅力体现。

比如文化活力缺乏多元化配置,还没有一个国际总部,由于缺乏一流的世界文化传媒总部,直接影响到上海国际性话语权。

(5)文化吸引力、影响力和传播力有限。

上海博物馆在世界最受欢迎的博物馆排名中不如首尔国家博物馆。在文化国际影响力指数中上海仅为纽约的 36.9%,纽约有 18 个品牌进入世界 100 强、15 家文化产业企业进入国际领军 50 强,而上海一家都没有,纽约国际电影节的参加人数是上海国际电影节的 1.6 倍,大型节庆活动参与人次占总人口的比重更是上海的 15 倍之多。

全球实力城市指数(GPCI)从经济、研究开发、文化互动、宜居、环境和交通便利性六个方面对城市进行综合排名。以此为对标研究数据发现,上海最明显的差距体现在研究开发和文化互动两个方面。

GPCI 的"文化互动"15 项指标在很大程度上体现了城市的文化传播能力。上海在文化传播能力方面与东京相近,与伦敦和纽约有较大差距。2009—2013 年,上海与东京在文化传播能力上的差距由 3.5 分扩大到 5.3 分。

3. 在文化供应规模和效能上的差距和不足

(1)人均公共文化设施数量不足。

与全球城市相比,上海在公共文化设施上虽然取得了一些总量上的优势,公有博物馆数量最多,公共图书馆、书店、电影院、电影屏幕数量排名靠前,但在人均设施数量、标志性文化设施、设施利用率等方面均有明显差距。例如,上海在公共文化设施上虽然取得了一些总量上的优势,公有博物馆数量最多,公共图书馆、书店、电影院、电影屏幕数量排名靠前,但在人均数据的指标上依然弱势明显,除了书店之外,上海在其他公共文化设施的人均指标上并不占优势,特别是博物馆、图书馆、剧院、音乐厅的人均数量和公共绿地占比与全球城市差距较大。

(2)标志性文化设施不多。

与全球城市相比,上海还缺少世界一流水平的音乐厅,缺少国际文化中心城市应当拥有的剧场群、博物馆群、艺术展示群。大型文化设施集聚效应还不明显,文化中心地带(圈)尚未完全形成,在标志性文化设施建设方面上海还需进一步加大力度。

表 6.6 上海与伦敦、纽约、东京的 GPCI 指数评分(2013)

城市	总分	经济	研究开发	文化互动	宜居	环境	交通便利性
伦敦	1 457.9	284.2	152.7	348.0	234.5	186.3	252.2
纽约	1 362.9	319.5	218.9	273.8	197.9	148.5	204.3
东京	1 279.9	335.0	167.2	150.3	243.9	208.9	174.6
上海	975.0	254.5	60.0	123.9	250.3	117.6	168.5

注:GPCI(2013)的评分方法有所改变,为保证 GPCI(2009)、GPCI(2011)和 GPCI(2013)具有可比性,我们对 GPCI(2013)的数据做了必要转换。

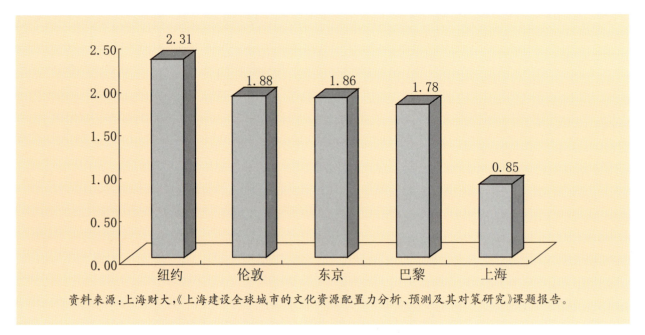

资料来源：上海财大，《上海建设全球城市的文化资源配置力分析、预测及其对策研究》课题报告。

图 6.5　五大城市文化国际影响力得分(2013)

（3）公共文化产品供需不匹配。

政府主导的公益性文化产品数量和质量有待提高，免费或低花费的文化消费产品不够丰富。比如博物馆数量不少，但国内外参观人数相对较少，收藏质量、国际知名度欠缺。部分公共文化设施中提供的文化内容与场馆主题不符，文化场馆的文化

表 6.7　2015 年上海公共文化设施的国际比较

指　　标	上海	伦敦	纽约	巴黎	东京	上海排名
每百万人拥有的博物馆数量	5	25.5	17.5	26.1	12.1	5
每十万人拥有的公共图书馆数量	1.2	4.2	2.7	9.2	2.9	5
每百万人拥有的电影院数量	9.5	18.8	11.6	25.8	5	4
每百万人拥有的电影银幕数量	31.5	102.2	45.7	87.8	23.8	4
本国电影上映数量	257	698	738	343	1 136	5
外国电影上映数量	77	279	—	320	555	4
每百万人剧院数量	8.8	28.6	78.3	40.8	16.2	5
剧院年均表演数量	66 150	32 166	30 576	49 931	28 970	1
每千万人主要音乐厅数量	1.7	11.9	19.6	12.5	8.1	5
年均音乐演出量	1 362	19 710	36 192	34 840	16 699	5
舞蹈表演数量	258	2 578	6 292	1 651	2 445	5
每十万人拥有的书店数量	15.7	4.3	10.3	9.4	12.7	1
公共绿地(公园和花园)占全市面积百分比(%)	0.028	0.33	0.27	0.095	0.075	5

资料来源：《世界城市文化报告》(2015)。

内涵有待提升。例如刘海粟美术馆有一层的楼面，不是展出刘海粟的作品，而是原上海美专历史作品展及上海美术学院学生作品展。上海需要将基础设施与受众参与联系在一起。上海为改善文化基础设施的质量做了重大的努力，尤其是像图书馆这些文化设施可以对提高城市人口的未来技能贡献潜在的价值。为了避免这些文化设施不被充分使用，必须把重点放在参与性上，以保证这些为市民所造的新设施能让他们充分受益。

（4）公共文化产品消费力弱。

上海的公共文化消费动力不足，公众消费公共文化产品的积极性不高。部分文化消费产品价格过高，严重抑制了居民的文化消费需求，比如剧院表演数量多、观剧次数少。

（5）社会力量参与公共文化服务的比例不高。

在建设领域，目前上海社会力量的参与仍处于自发性的起步阶段。以博物馆、图书馆建设主体为例，上海 384 所博物馆和图书馆中，仅有 40 所是由社会力量投资兴建的，仅占总数的 10.4%。而纽约531 所博物馆和图书馆，社会力量投资建设的有 256所，占到总数的 48.2%。东京 664 所博物馆和图书馆，社会力量投资建设占到总数的 32%。在运营领域，社会力量参与公共文化场馆运营的比例还有待提升。上海绝大部分的公共文化场所都是以事业单位管理为主。例如，上海的 154 个博物馆中，事业单位管理的有 114 个，占到总数 74%，社会力量负责运营的占总数 26%。现有政策制约了社会力量成为公共文化服务主体。一是在场馆建设方面，土地使用成本还比较高。按照现有的规定，在非营利文化设施建设上，只对国有部门实施土地使用权划拨，民非等以划拨方式取得土地使用权存在政策障碍。但在实际操作中，社会力量兴建的公共文化设施往往难以享受到相应的土地优惠政策。二是在日常运营方面，公用事业费缴纳标准比较高。部分非营利性质的公共文化场馆在公用事业收费上还没有相应的优惠措施。比如，民非性质的"龙美术馆"低价向公众开放，属于非营利性质，但是水电等公共事业费却按照商业性质征收。三是在多元投入方面，配套激励政策还有待完善。欧美等发达国家的企业很愿意捐赠美术馆、博物馆，因为政府可以通过税收抵扣、遗产税、财政配比等政策撬动，使得社会资本成为非营利文化的主要资金来源。相对而言，国内企业即使有反哺社会的意向，但由于基金会、慈善等制度不健全，社会资本参与公共事业未成风尚。

（6）公共文化发展总体规划较为薄弱。

相对市政、绿化、教育等方面，在上海城市总体规划上，文化的整体规划比较弱。与营造全球文化大都市相适应的人文环境和文化风貌的要求相比，上海对历史文化积淀和历史文化风貌保护区的规划，缺乏开放的高度、长远的规划和具体的强制性实施措施，城市建设和人文环境保护的矛盾尚不能全部妥善解决；各类公共文化设施的整体效应、聚焦效应尚没有完全体现；上海缺乏大型的国际文化产品交易中心场地以及与之相配套的信息系统；政策法规不到位，无法形成按照市场规律进行自我调节和良性循环的文化交流环境和交流渠道。

表 6.8　2015 年上海公共文化消费的国际比较

指　标	上海	伦敦	纽约	巴黎	东京	上海排名
五个最受欢迎的博物馆和美术馆参观人次（百万次）	9.3	25	11.2	26.6	10.5	5
公共图书馆每年人均借阅量	0.06	3.7		2.4	8.5	4
电影院人均入场次数	1.9	5	—	4.6	2	4
剧场每年人均入场次数	0.3	2.6	1.6	0.5	0.8	5
年均国际游客占本地人口百分比（%）	0.4	2	1.4	1.3	0.9	5

资料来源：《世界城市文化报告》（2015）。

专栏 6.5 全球 13 大城市公共文化服务上海整体仍处中下水平

在 2014 年《全球城市公共文化服务发展报告》和《中国公共文化服务发展报告》公布的指数排名中,上海多项人均指标蝉联全国第一;但在公共文化服务投入与产出绩效指数上有一定幅度的下降,说明上海还要进一步提升公共文化服务的效能。

这两份报告是由教育部重点研究基地上海师范大学都市文化研究中心主持的。据具体负责该项目的鲍宗豪教授介绍,《全球城市公共文化服务发展报告》从《中国国际统计年鉴》(2014)、各城市(地区)统计公报(年鉴、摘要)等权威统计资料中选取了 19 个指标,对上海与伦敦、纽约、巴黎、东京等 13 个全球城市的公共文化服务进行比较。报告显示,上海公共文化服务在全球城市中具有一定优势,但整体上仍然处于中下水平。如在"公共图书馆借书数""主要电影节入场""每十万人口书店数""电影院人均票价""剧院文化演出数"等 5 个指标上,上海均排在 13 个全球城市的前三位;其中"每十万人口书店数"排在第一位,为 24.7 个;"剧院文化演出数"也排在第一位,为 8.49 万场。而在"博物馆数量""电影院年度入场(人次)""国际旅游访问人次""美术馆(艺术画廊)数"等 4 个指标上,上海则处于中游位置。

同时发布的 2014 年《中国公共文化服务发展报告》显示:公共文化服务综合指数(总量)排在前三位的分别是:广东 88.47 分、江苏 87.67 分、浙江 84.97 分。公共文化服务综合指数(人均)排在前三位的是:上海 93.05 分、北京 81.89 分、浙江 78.77 分。公共文化享受综合指数(总量)排在前三位的是:江苏 96.77 分、广东 96.16 分、浙江 94.26 分。公共文化享受综合指数(人均)得分排在前三位的是:上海 97.99 分、浙江 95.00 分、江苏 94.21 分。

资料来源:《新民晚报》,http://shanghai.xinmin.cn/msrx/2015/12/07/29061664.html。

4. 在文化活力和文化参与上存在差距

(1)公共文化活动匮乏,公众参与潜力有待挖掘。

文化活动是城市吸引居民和企业的一个越来越重要的驱动力量,其在城市文化建设中的作用也越来越大。如果要让文化成为城市生活中的动力,最终还是要使广大公众能参与文化。虽然近年来上海的公共文化活动日益丰富,但公共文化活动数量还是匮乏、知晓率低,要形成国际一流的文化艺术中心城市地位,举办世界上一流的文化活动、节庆活动,上海目前仍有一定差距。但从数据上看,上海的公共文化参与积极性较高,虽然公共文化活动数量非常少,但是公共文化活动参与人数、参与人数占比两项指标表现均不差,可见公众对上海公共文化活动参与热情高涨。

(2)文化交流和体验有所不足。

在全球实力城市指数(GPCI)中,评价城市文化活力的"文化交流"指标占整体评价的 15%。2014年,在 40 个全球城市中,上海的"文化交流"排名 19位(城市综合排名第 15 位)。其中"国际会议召开的数量"、"影视贸易价值及相关的服务"和"剧院和音乐厅数量"三项分数较低,分别排第 36、31 和 33 位。

根据全球城市指数(GCI)中,评价城市文化活力的指标用"文化体验"指标来替代,占总指标 15%的权重。上海从 2008 年的第 35 名上升至 2014 年的第20 名,排名仍靠后。同时可以看出,北京在"文化体验"的排名一直比上海靠前,2014 年排名第 13 位。

(3)引导消费的文化政策薄弱。

文化政策"重供给、轻消费"特点突出。上海比较重视对文化消费产品供给端的刺激与扶持,而文化消费政策氛围较为薄弱。上海文化消费的机制、模式、结构、平台等均缺乏明确的规划和统筹安排,对文化消费领域相关财税政策的配套激励不够,尚未建立起针对文化产业和文化消费的专项增值税和营业税的税种、征收范围及税收额度。

表 6.9　2015 年上海公共文化活动的国际比较

指　　标	上海	伦敦	纽约	巴黎	东京	上海排名
节日和庆典活动数量	21	271	263	360	89	5
主要嘉年华和节日预计参加人数（百万）	500	150	350	100	184	1
主要嘉年华和节日预计参加人数占总人口百分比	0.2	0.18	0.42	0.08	0.14	2
电影艺术节数量	2	28	57	190	30	5
最受欢迎电影节参加人数占总人口百分比（％）	0.012	0.019	0.057	0.011	0.018	4

资料来源：《世界城市文化报告》（2015）。

表 6.10　全球城市文化创新指标对比

指　　标	上海	纽约	伦敦	东京	巴黎
全球前 100 高校	1	4	5	2	2
全球最适宜学习城市排名（前十）	—	—	3	7	1
每年过夜游客人数（万）	609	1 181	1 869	538	1 557
创新指数排名	35	5	3	22	20

资料来源：《2014/15QS 世界大学排名 100 强》；伦敦知名学院评估机构 Quacquarelli Symonds 正式公布的年度报告；2014 万事达信用卡的全球旅游城市排名，www.phbang.cn/city/144613。

创新指数排名采用国家的创新指数代替城市的创新指数。数据来自世界知识产权组织发布的《2013 全球创新指数报告》，由康奈尔大学（Cornell University）、欧洲工商管理学院（INSEAD）与世界知识产权组织（WIPO）共同撰写。

表 6.11　各大城市 GCI"文化体验"排名（2014）

排　名	城　市	排　名	城　市
1	伦敦	11	马德里
2	巴黎	12	伊斯坦布尔
3	莫斯科	13	北京
4	纽约	14	维也纳
5	柏林	15	阿姆斯特丹
6	东京	16	首尔
7	洛杉矶	17	慕尼黑
8	布宜诺斯艾利斯	18	芝加哥
9	巴塞罗那	19	墨西哥城
10	罗马	20	上海

资料来源：Global Cities Index（2014）。

表6.12　上海文化遗产数量的国际比较(2015)

指　标	上海	伦敦	纽约	巴黎	东京	上海排名
世界文化遗产数量	0	4	1	4	1	5
其他历史遗产	2 049	18 901	1 482	3 792	419	3

资料来源:《世界城市文化报告》(2015)。

(4) 文化体制对文化发展有所制约。

长期实行的以国有文化事业单位为主导、以政府统包统揽为主要特征的文化体制,非营利性文化消费与经营性文化消费被混为一谈,导致本应由政府主导的非营利性文化消费投入长期不足,而应该由市场主导的经营性文化消费却由于长期依附于政府部门,失去了活力和创造力。

5. 在历史文化遗产保护上与全球城市存在差距和不足

(1) 上海在保护数量上仍然落后于其他全球城市。

目前上海城市历史文化遗产的保护、开发与利用的工作重点主要还是放在实体建筑物、历史风貌街区等的范围鉴别和技术保护上。虽然在确认和保护优秀历史建筑、名人故居和历史文化风貌区上,不断增加范围和数量,不断完善保护制度和细则,但与全球城市相比,上海的历史文化品牌不够鲜明、不够突出,究其原因在于上海对历史文化资源的理解没有完全立足于上海文明史的客观进程,没有在历史文化形象塑造中突出自身的优势。目前美国纽约列入保护的历史建筑达2万处,英国伦敦市区纳入保护的历史建筑多达1万处。上海现有13处全国重点文物保护单位、113处市级文物保护单位,并于1989年、1994年、1999年、2005年先后分四批确定了663处共2 154幢,总面积约400万平方米的建筑为优秀历史建筑,但尚无一处世界文化遗产。

(2) 上海对历史文化遗产的保护意识不强、措施有限。

上海历史文脉的连续性、完整性和主线未得到认真的构建,政府缺乏有效的推广和宣传,社会各界缺乏有效的认知。社会所理解的上海"海纳百川"之精神内涵缺乏应有的文化宽度和历史深度。对外宣传的上海形象偏重现代化和物质文化,缺乏历史文化的内容。大家所认知的上海形象偏向于经济发达的大都市,缺少文脉和历史底蕴,这种单薄狭隘的形象不利于上海都市文化的健康发展。历史文化遗产保护措施有限。目前展开的城市历史文化遗产保护,主要还是侧重优秀历史建筑和风貌区的实体保护,对于上海所处江南地域文明有关的非物质文化遗产尚缺乏系统的梳理和有效的传承手段。上海地区的水乡环境在城市化的冲击下快速退化,长期发育而成的水网趋于消失,传统的江南美景难以持续,上海生态环境的独特性正在消亡。

(3) 缺乏对历史文脉的连续性、完整性构建。

对历史文脉缺少认真的构建,政府缺乏有效的推广和宣传,社会各界缺乏有效的认知。上海"海纳百川"的城市精神内涵缺乏应有的文化宽度和历史深度。学术界对上海历史文脉的构建缺乏明确的思想指导,以古代上海文化和地域文化为内容的学术著作偏少,学术界对史前文明、古代文化与现代城市文化的构建尚未做到连贯和一体化。政府对上海文化历史文脉的传承方面的宣传力度有待加大,宣传形式也应多样化。上海的普通市民对上海历史文脉的认知也比较模糊,主要还是局限在近现代时期的中西文化交融精神和经济的快速发展,对近代以前的上海知之甚少。

(4) 历史风貌保护制度有较大局限性。

2003年,上海市委、市政府提出了"建立最严格的历史文化风貌区和优秀历史建筑保护制度"的目标和要求,强调坚持保护与开发并重,弘扬城市的历史文化,但是在实施过程中,尤其是在新的形势下,以"历史风貌保护"为核心的保护理念与制度也逐渐显现出其局限性。一是尽管历史文化风貌区、风貌保护街坊和风貌保护道路的名单在不断扩充,但是同时也加速拆除了风貌区外有特色街区。这个"由点及面"的工作思路缺乏对上海整个城市遗产构成的完整理解以及城市整体保护的战略思考。

二是目前以"历史风貌保护"为核心的制度更多关注的是外部环境,而缺少对街区内部人居环境的改善,人文内涵的挖掘和培育。对非物质文化遗产尚缺乏系统的梳理和有效的传承手段。因此,我们在理念和制度上有必要从"历史风貌保护"向"城市遗产保护"转变,在全社会引导形成全面的上海文化形象。

6.3　上海建设国际文化大都市、打响上海"文化品牌"的对策

　　上海在城市的文脉传承方面,一直是"开放文化"与"多元文化"长期发展的产物,有着江南文化、红色文化、海派文化的深厚积淀。面向未来,在全球城市的战略愿景下,上海不仅要打造具有全球影响力的城市功能,还要打造具有自身鲜明特质的城市文化。上海要打响"上海文化"品牌,用好用足丰富的江南文化、红色文化、海派文化资源,让中国特色、时代特征、上海特点的文化元素充分注入到全球城市的规划、建设和治理之中,让上海这座城市因上海文化而更具全球城市的活力、魅力和软实力。同时,上海要紧紧围绕国际文化大都市建设的战略目标,对标领先全球城市,大力发展文化创意产业,提升公共文化设施效能,加强城市历史文化遗产保护,打造包容的多元文化与一流的文化软实力,成为更富魅力的幸福人文之城。

6.3.1　大力发展文化创意产业

　　全球城市未来产业发展正朝着跨产业领域、跨产业链环节,突出创新创意优势的产业形态和模式发展。上海文化创意产业的体量在全国相对较大,未来要注重"文化+"的跨界融合发展,重点要提升文化创意产业发展品质。

　　1. 构建文化创意产业要素集聚和整合能力,形成文化创意产业链

　　(1) 构建对全球文化资源的市场配置能力。

　　加快建设全球文化资源要素市场,促进文化产业要素和文化产品的线上线下交易,打造具有全球影响力的文化产权交易市场,形成全球文化资源市场配置能力。全面优化上海国际文化创意产业博览会等功能,提升会展在文化资源配置上的作用,整合传统和数字媒体资源,打造一批向全球传播和影响的文化媒体平台。完善文化知识产权保护,拓展版权市场交易。

　　(2) 打造时尚、创意和文化传媒之都。

　　加快文化产业市场细分,挖掘城市文化多样性,打造全球时尚、创意、传媒、设计和会展产业的智慧链、服务链、供应链和品牌链。加强数字传媒、虚拟现实、时尚设计等融合传统和新兴文化产业整合,加快传统媒体与新媒体融合,推进科技创新与文化创新合流。创建若干大型文化传媒集团企业;推动电影、电视等传统传媒产业和传统文化品牌向数字文化传媒转型。建设高水准会议会展场馆,承办全球会展活动。推动文化企业跨界和跨区合作,加强与全球文化产业城市的合作。吸引知名品牌开展首发活动,打造时尚和创意地标,提高时尚、创意和文化传媒产业在国民生产收入的比重。

　　(3) 打造具有引领性的创意经济。

　　加快文化资源产业化市场化,形成文化自主创新能力,鼓励文化机构、企业和个人建立实体或虚拟交流平台,建立科技创新与文化融合的城市发展模式,打造引领全球文化潮流能力。建立城市人群的文化实践机会、实践平台和实践渠道,形成普惠的文化消费体验模式,实现文化消费从规模化向个性化转变。提升公共空间文化品质和时尚度,加快文化与消费的融合,促进文化产业向文艺创作和文化消费领域延伸。融合多元文化元素,形成文化时尚品牌的社会价值,打造文化资本,建设引领全球潮流的文化经济。

　　2. 以"文化+"思维跨界融合,提升文化创意产业发展品质

　　(1) 依靠"文化+科技",大力引导和支持新兴业态发展。

　　要立足"海纳百川,兼收并蓄"的海派文化,发挥科技的引领支撑作用,加快文化形象的创意化、产品化,全面激活城市的文化底蕴。把握互联网技术爆炸式发展的重大契机,着力发展新兴业态。在网络互动娱乐方面,支持社交网络平台开放和商业模式创新,鼓励研发原创动漫产品,提升动漫产业的品牌价值,支持衍生产品的深度开发。在网络视听

方面,促进视频分享、视频点播及视频门户等业态共同发展,鼓励网络视听商业模式创新。在数字出版方面,推动电子书产业链各环节对接,实现全产业链发展;建设开放性的沪版图书、报纸、期刊等综合数字内容平台,实现内容的充分共享和利用最大化。

(2)立足"文化+金融",做强文创企业主体。

建立多元化的投融资体制,运用投资控股、金融信贷、资本市场融资等手段,加快建立和发展文化基金组织、文化投资公司和资本市场融资等多元投资主体,解决文化企业资金不足的问题,推动培育文化企业主体。针对上海在产业投融资机制和产业链高价值环节——编剧管理和后期制作的人才、资源加速流失等方面的问题,建议通过建立专项资金、完善投融资机制、无形资产抵押担保融资模式、发挥张江国家级文化和科技融合示范基地作用等方式,充分依托环上大影视后期制作基地等核心载体,全力扶持影视出版产业创新发展。

(3)"文化+贸易",扩大市场开放。

一是要进一步争取扩大自贸试验区文化市场开放领域,突出上海自贸试验区和具有全球影响力的科创中心"双自联动"制度创新优势,推动对外文化贸易、投资、合作便利化。依托自贸区建设吸引外商投资法律法规许可的文化产业领域,推动文化产业领域有序开放,提升引进外资质量和水平。二是拓宽文化贸易出口渠道,强化渠道控制力。鼓励上海文化企业通过投资、并购、参股、合资等多种方式,在自贸试验区设立分公司、商务代表处、独家代理和代理经销商,或收购国外现有的发行公司,提高文化企业对出口渠道的把控能力。推进文化企业国际参展的常态化,对参展效果明显的文化企业提供协助。大力发展中介市场。加快培育几家有资质、有实力的专业文化代理机构,成为上海文化代理业的标杆,为上海文化企业开拓海外市场提供更好的服务,创造更高的价值。

3. 为文化创意产业的发展营造良好环境

(1)完善文化创意产业支持扶持模式。

依托上海国际金融中心优势和风险投资市场能力,完善文化产业准入和扶持支持制度;建立世界级文化创意、时尚和传媒等文化产业园区、商圈和集市,制定和实施专业园区规划和管理办法,完善综合和专业服务平台和服务功能,集聚和培育世界一流的文化企业和非营利组织。探索文化产业的财政支持和投资融资模式。完善文化产业和文化人才奖励激励体系。完善文化产品和作品的公共采购和个人收藏模式。

(2)加大对复合型文化创意人才的吸引和培育力度。

随着文化与科技、金融、贸易、高端制造业融合不断加深,上海文化创意产业的发展需要一批具有国际视野、有跨界融合能力的复合型文化创意人才。建议加大对以文化科技为代表的复合型人才的培育力度,完善落实资金补贴、产业化奖励、生活配套等政策,加强高层次人才引进;建立和培育世界一流的文化艺术院校,完善国际知名文化产业人才和重点文化领域复合人才的引进和培养制度;依靠项目引导,推动产学研合作,探索新型培养模式,完善大学生科技创业扶持机制,为各类复合型文化创意人才成长创造更好的外部环境。

(3)搭建文化企业对外交流合作的平台。

文化的输出能力不仅取决于独特魅力的文化产品,也取决于先进的传播手段。上海要以打造一流的文化传媒企业为抓手,增强国际文化交流,切实加强文化传播力建设;要通过政策引导、资金扶持等方式,鼓励行业协会、龙头企业组织本市文化企业参加海外重点展会,支持优秀文化产品和服务走向国际主流市场;要鼓励和支持海内外优秀文化产品和服务在上海首发、首演、首映、首展,推进世界著名旅游城市、国际文化交流中心、国际时尚文化中心和创意设计之都建设;要有效加强对外宣传,打造统一鲜明的上海城市形象,深入推广"魅力上海"等海外活动,利用友好交往、旅游交流、民间活动、学术论坛等多种形式,打造对外传播工作体系。

6.3.2 提升公共文化设施效能

1. 构建多层次、均等化的城市公共文化服务设施

一是构建全球顶级文化中心。在市级层面建设一批与全球城市功能相匹配的大型和顶级公共文化设施,从规模、藏品级别、服务质量、硬件设施与环境等方面出发,构建以新科技艺术、全球艺术、中国艺术、上海及江南艺术等为主题的全球顶级博物

馆或文化交流(交易)中心。

二是完善公众日常文化娱乐和消费的城市公共文化设施。在数量、用途、软硬件服务质量、结构与布局、管理上进一步完善城市日常公共文化设施,包括区县级层面的博物馆、文化馆、美术馆和图书馆,社区层面的居民文化娱乐场所。增加公共活动空间数量,并进行精细化的公共活动空间设计。向各阶层市民提供平等的文化娱乐享受机会,高品质文化消费以不同的市场定价面向不同收入人群,均衡发展各社会阶层的文化娱乐及教育培养。

三是创建免费的城市在线公共图书馆、终生职业教育数据库。整合上海所有图书馆资源、全国及全球图书馆资源、高校及社会的职业教育资源,建立具有统一进入路径、向公众免费开放的在线知识信息数据库,包括各大院校科研机构及上海市各区县所属的图书馆资源、私人自愿开放的图书及信息资源、全国及全球知名的知识数据库、在线公开课等。

四是发展市民文化聚集空间。为市民创造多内容、提高用户体验的集聚空间,以带来巨大的文化艺术潜能。可以将公共文化设施(纪念馆、图书馆、博物馆、档案馆等)聚集为一个混合学习体验空间,将艺术、商业、科技、建筑等聚集为一个灵感来源地,进行各种文化艺术活动及创意,如图书馆收藏种类和服务的创意、建筑外观的设计等。

2. 提升公共文化服务内容效能

以公共文化消费需求为导向,精准投放公共文化产品。

一是加强社会调查分析,了解消费者对文化消费的偏好,根据上海各个社区人口结构的独特性,有针对性的提供文化服务产品,科学设置公共文化配送供给"菜单"。公共文化配送的获取采取"订单"服务方式,以品种多样的公共文化产品,满足不同群体的文化需求,"点单"机制切实保障普通市民参与点单决策的权利,让"点单"倒逼"菜单",实现"需求导向供给"。

二是以基层综合性文化服务中心建设为契机,为老年人、未成年人、残疾人、来沪务工人员、生活困难人员和农村留守妇女儿童等群体提供有针对性的"空间"和文化服务项目,定制一批特色服务项目。

三是用更加开放的态度来对待公共文化服务

供给,保基本需求与促文化消费结合,需求引导型和消费引导型结合,更大范围更大力度地引进市场化商业主体供给,实现公共文化服务和市场化文化消费的无缝链接,满足大都市居民对文化生活的特殊要求。将畅销作品、流行作品引入公共文化供给,让市民真正享受到既有"思想"价值又有"消费"价值的文化产品供给。

四是在构建文化活力型社区、文化创造型社区上下大功夫,促进社区居民的文艺创作及文化创造,促生和扩大社区自治型文化供给,最终完成公共文化服务供给侧改革。

3. 利用新媒体提高公众知晓率,加强基层公共文化人才队伍建设

推进新媒体应用,布局新媒体的多元传播平台,重视公共文化服务场所的网站建设和优化,开通、维护微博和微信公众号,利用好"文化上海云"等网络媒体、线上交际工具,加强同群众信息互动,提高公共文化活动的知晓率,提升公共文化服务的社会效益,使线上线下公共文化服务进一步融合得有声有色。

此外,建议加强基层公共文化人才队伍建设。目前,上海基层公共文化服务人才欠缺,普遍存在着年龄偏大、缺少专业知识等问题,青年的成长空间较小,人才难以留住,管理团队的可持续发展能力不强,难以适应未来公共文化服务体系建设的要求。应积极培育大量专业的基层文化人才,建立基层群众文化干部和专业文化人才的培训基地,并进一步加强培训,提升社区文化工作人才的服务意识和工作水平。同时,通过挖掘社区文艺骨干、发挥退休群众参与热情、从相关专业大学生中招募志愿者等形式,充实基层文化人才队伍力量。

6.3.3 提高文化参与度,打造包容的多元文化

上海应培养公共文化艺术的素养和习惯,打造多类型文化活动提升百姓的文化参与度,鼓励社会力量参与公共文化服务,并加大对公共文化消费的政策扶持力度,从而提升人口多样性和文化多元性。

1. 培养公众文化艺术素养和习惯

一是培养和提高大众的艺术审美能力。向大众普及艺术,将高品质艺术带给广大群众。通过举

办区域艺术节、开展社区艺术巡展、设立加强社区参与专项资金等活动,鼓励更多的民众参与艺术活动。鼓励兴办民办艺术教育机构。长期坚持举办公益性高校艺术讲堂,并坚持深入社区和基础文化站点。

二是重视和完善青少年的艺术教育和培养。鼓励青少年参与文化艺术。在上学期间赋予青少年参与艺术的机会,在各级教育中加强艺术、设计、媒体环节。为青少年提供一个可以信赖的平台,让他们在学校以外或离开学校后也可以享受和参与艺术。创建以青年工作为中心的社会合作组织,为拥有创新天赋的青少年开发一系列专门的艺术项目。

三是培养市民的创新、包容、公德等公共文化素养。培养市民包容多元文化的精神,利用城市公共活动宣传和鼓励市民的公德精神。鼓励市民的创新精神并创造宽容创新失败的文化氛围,在物质上为从事科技艺术创新的人士提供最低生活保障。

2. 打造多类型文化活动,提升文化参与度

一是培育国际知名公共文化活动品牌,使上海成为全球文化活动内容最丰富、质量最高和举办最频繁的城市之一,推动上海文化"走出去"。提高上海旅游节、上海国际电影节、上海电视节、中国上海国际艺术节、"上海之春"国际音乐节等重大文化节庆活动水平,扩大社会参与度,提升国际参与度。

二是打造全球顶级艺术品拍卖会。提高公众对艺术品的正确认知程度,进行大众艺术审美与艺术接受培养;培养及引进合格的艺术市场从业者和行业精英,扩大专业评价机构数量;构建一批"专业化、规范化、职业化"的艺术品交易中心。在此基础上打造全球顶级艺术品拍卖会,进行中国优秀艺术品的全球流动。

三是积极引入国际顶级文体赛事,打造国际赛事之都。扩大F1中国大奖赛、上海ATP1000网球大师赛、国际田联钻石联赛、上海国际马拉松赛等影响力,不断丰富旅游文化内涵,促进文体旅深度融合和创新发展。同时,引入全球或区域性文化体育机构。引入包括非营利性的、国际化的、交流的、科研的全球或区域权威文体机构,同时培养在上海的中国文化机构(特别是创新技术支持下的新型文体机构)成为全球或区域性的权威文体机构。

四是充分发挥重大文化会展活动的作用,特别是创意、先锋文化的展示平台,讲好上海故事,展示上海城市精神。办好上海书展、上海"设计之都"活动周、上海双年展、中国国际数码互动娱乐展览会、中国国际动漫游戏博览会、上海时装周等活动。

五是举办各类本地化民俗文化活动。在市区级举办各类民俗文化活动,社区基层举办具有本地化特色的文化活动。以小型、众多、长期的文化事件,增加市民对城市文化的认同感,同时也提升城市文化形象。

3. 鼓励社会力量参与公共文化服务

一是降低社会力量参与重大公共文化设施建设的土地成本。针对社会力量投资建设的体量规模大、社会影响广的公共文化设施,探索以优惠价格或合同约定的方式,降低社会力量参与重大文化设施项目的土地使用门槛。

二是降低社会力量参与公共文化建设的成本与税负。鼓励社会力量参与公共文化服务,在场地租赁、水电使用、活动费用等方面出台配套的补助标准和细则;积极探索企业赞助、慈善捐赠、社会资助等方式,吸引、鼓励社会资本参与非营利公益性文化事业,减免或抵扣捐赠双方的税负,简化办理流程。为文化机构提供低息或者无息贷款,为文化机构购买设备、设施提供补贴等。

三是鼓励社会力量参与文化设施运营与文化服务。一方面,试点探索"公办民营"、"民营公补"的运营新模式,即引入市场竞争机制,通过公开招标、定向委托等政府购买服务的方式,委托社会机构参与政府财力投入的公共文化设施运营管理,实施目标考核、绩效评估、成果奖励,促进政府由"办文化"向政府"前端政策设计、中端监管调控、后端绩效评估"的"管文化"转变。另一方面,积极培育、壮大文化非营利组织,实现文化场馆专业化、标准化、一体化连锁运营管理模式。有计划、有目的地培育一批专业民非组织,鼓励他们参与公共文化设施运营与管理,最大限度地放权给运营主体,把政府从文化的细节管理中真正脱离出来,使原来的"领导"与"被领导"关系,转化为一种契约关系,提高效能,激发活力。此外,梳理并公布民非、社团等具备承担公共文化服务资质的清单,及可参与公共文化活动、项目、服务的目录,探索并完善服务外包、公开竞标、项目

授权、财政补贴等机制,鼓励社会力量参与上海公共文化服务。

四是探索非营利性公共文化服务机制。要正确认识非营利性公共文化服务,区分"纯公共文化产品"和"非营利性公共文化产品",促进非营利性服务机制的形成。开放社区类非营利性社会组织的注册和准入,培育和鼓励公共文化服务领域内的现代非营利性服务主体创生和发展。扶持和发展"公益基金",鼓励民资创建共建公益性文化基金,鼓励民资公益创业,鼓励民资创建社区公益服务企业和低盈利企业。转变政府职能,提升公共文化服务考评效率,建立非营利性文化服务绩效考评机制。

4. 加大对公共文化消费的政策扶持力度

根据上海市统计科学应用研究所的调查[1],影响市民文化消费的主要障碍是文化产品价格偏高(比如,一张演出票动辄三五百元,不能不让人望而却步)。居高不下的文化产品价格限制了市民文化消费的增长。根源之一是上海文化产业不发达,文化市场开放和竞争不充分,政府对市民文化消费鼓励政策不到位。对此,欧美很多国家有"低票价计划",如维也纳金色大厅,无论多么高端的演出,每场总会留出10%的票,价格定在5—10欧元,目的就是培养以学生为主体的潜在受众。政府应鼓励文化机构通过降低票价扩大观众群,让普通市民都能进剧场、入影院、学文艺,这既是丰富人民群众精神文化生活的要求,也是塑造一个城市文化氛围与活力的体现。

加强对文化企业经营者的政策扶持。一是加大对文化消费的资金扶持,刺激文化经营者的积极性。加大对非营利性文化事业和产品的政府采购与补贴,对于文化遗产场馆等文化经营性单位,加大政府的协调补贴力度。加大创新文化原创作品的扶持方式,对上海原创电影等原创文化作品,对有市场影响力、显著社会效益或重大学术贡献的文化产品与作品,实施动态的全过程扶持和事后的追加奖励。二是放宽门槛,积极引导对文化消费的间接投入,促进文化产业企业改善硬件投入、降低经营成本,积极减轻社会资本投入文化产业的税收负

担,鼓励社会资本进入。

逐步降低居民文化消费的价格门槛。一是进一步降低上海网络宽带资费。探索网络资源收费的新机制,满足日益增长的网络文化消费。以政府购买服务或者节目补贴等形式返利给版权方与企业,鼓励实行网络资源收费的差别化模式,在平衡版权方、企业、网民三者利益时,充分考虑网民的经济承受力,鼓励版权方和企业适当让利。二是降低电影和演出的过高票价,推进电影票价总水平下降,积极实行多元化票价结构,规范票务市场。三是试行"上海居民文化消费一卡通工程"。依托"智慧城市"建设,建议实施实名制的"上海居民文化消费卡工程",作为上海市民参与公益性文化消费或准公益性文化消费的身份凭证,在个人储值后可在市各类文化、旅游、体育等场所进行消费支付或享受积点奖励,与政府鼓励文化消费的补贴直接挂钩而享受折扣优惠。

此外,针对国际人口多样性不足的短板,建议结合科创中心建设,配置一批具有鲜明文化特色的国际社区,出台人口引进政策,加大国际人才的引进力度,放宽对国际留学生来沪留学的标准。加强国际旅游目的地城市建设,营造良好的营商环境,加大力度吸引国际组织和更多跨国公司入驻上海,促进上海城市文化在国际文化市场上的影响力和凝聚力。

6.3.4　加强城市历史文化遗产保护

加强历史文化遗产的保护和利用,是城市发展过程中保持文化传承的关键。目前全球城市都普遍注重城市精神的塑造,而具有历史底蕴的优秀建筑和历史街区无疑是承载城市精神,展现城市形象的最佳平台。上海历史文化遗产的悠久程度、综合程度、全面程度都超越了世界上很多国际大都市,上海依托的中华传统文化,为未来的文化大都市建设提供了坚实的基础,如果忽略这一综合优势,仅仅模仿纽约等城市注重建筑物质实体的保护,盲目增加城市历史建筑的数量和规模,可能走入狭窄的误区,不利于长处发挥。我们不能就保护谈保护,而应将城市遗产看作城市发展的重要资源。通过确

[1]　上海市统计科学应用研究所编:《统计应用研究》(第六期),2013年6月24日。

定保护对象、制定保护规划、开展成片保护与整治试点、探索产业遗存再利用、推进居住类历史建筑修缮、强化日常保护管理、建立保护建筑管理档案等方式。根据上海的历史文化资源优势,上海在未来全球城市文化建设中,应构建完整全面的历史文化遗产保护序列,应走出一条历史美与现代美、自然美与人文美、乡村美与城市美综合建设的历史文化遗产保护路子:抓住自身历史文化的层次和主线,塑造完整的历史文脉,突出历史文化的亮点,建立深厚、多元、开放的历史文化形象。充分体现上海城市的地域环境之美和人地和谐之美,尽力打造一个既具有"国际品位",又具有"东方魅力"和"江南特色"的文化上海。

1. 完善历史文化遗产保护长效机制

对上海的历史文化遗产要从脉络、肌理和内涵进行研究,加紧历史文化保护的立法。一是建立由政府、社会和企业等共同参与,跨产权的历史文化遗产开发保护制度,形成有权威的保护管理、咨询和资助体系。二是建立和完善常态化文化遗产资源普查制度、编制和修编保护名录制度,把尚未纳入保护范围的居住、工作以及节庆等历史文化遗产和城市空间纳入法定保护范围。三是实施城市更新项目的城市设计机制,加强历史文化遗址分类保护和更新改造的制度建设,从而凸显文化记忆。同时,要制定差异化规划控制和策略标准以及保护管理技术标准,设立保护专项资金,提高历史文化遗产保护的财政支出。四是建立非物质文化遗产传承人才职业教育体系和生产基地保留制度。

2. 加快建立城市遗产保护区

加强对上海史前远古文化、古代商贸港口和近现代中西交汇的历史文化遗址的树立和保护,在城市风貌保护中反映城市发展和地位演变的脉络。一是建立完整的历史风貌区、优秀历史建筑保护目录,增补里弄、新村、历史校园和公园、工业遗址等。对历史城区、黄浦江、苏州河沿线及其周边风貌采取整体保护,形成开发性保护,加强对近现代城市平民文化、工业文化和革命文化等重要遗址的保护,对外滩建筑群、老城厢和石库门里弄建筑的开发性保护,延续历史街区的文化遗存,反映城市历史文化记忆;对青浦、松江和嘉定等地港汊泖浦生

态环境采取抢救式保护,重建和提升生态文化和风貌。二是重视对民俗、方言、戏曲等非物质文化遗产的保护,把老字号企业和传统技艺,例如非物质文化遗产,通过立法设立城市遗产保护区域和文化保护区,分别覆盖部分有历史风貌的中心城区和水乡风貌的郊区。对江南水乡文明进行非物质文化保护与提升,寻找上海本土文化走向世界的有效途径。确立江南水乡文明的内涵,建立江南水乡文明非物质文化目录,挖掘根文化中独特与典雅的中国古代审美和江南宜居的人文地貌,用世界文化遗产和全球城市治理的标准进行保护与提升,减少商业开发和不恰当利用对文化遗产和文化环境带来的负面影响。积极探索新时代上海及中国具有代表性、引领性的"根文化"。

3. 强化工业文化遗产的开发再利用

上海作为我国最重要的工业城市,工业遗产对于上海城市的历史有着特别重要的意义。大量的工业遗产成为上海文化历史遗产的重要组成部分,因此,要在科学保护与合理利用两方面寻找平衡点,探索对工业遗产的开发再利用模式。以发展的角度,创造独特的文化理念,创建具有时代特点和上海特色的城市文化,为市民提供大量优秀的文化生活设施。要在城市发展过程中对工业遗产加以甄别,保留具有特殊意义和价值的工业遗产,通过严格保护,合理利用可以有助于保持城市特色。工业遗产保护的总体思路,一是坚持保护与利用并举的原则。工业遗产的保护与利用并不矛盾,两者互为前提,利用是为了保护,保护是为了合理的利用。二是坚持因地制宜的原则。工业遗产保护与改造的模式很多,但是没有万能模式,应根据开发人的意愿、所处地块的规划、当地居民的需求和政府的财政能力等各方面的因素,因地制宜采取保护与利用的模式。三是坚持有机更新的原则。工业遗产的再利用是上海城市更新的重要组成部分。工业遗产的改造更新要充分尊重本地区的历史和文化,运用自然、生态、可持续的方法进行有机更新,避免大拆大建,以延续城市的历史文脉。四是坚持分级保护与利用的原则。在全面评判工业遗产价值的基础上,按其价值分级保护和利用,避免工业遗产改造中出现"胡乱利用"和"不敢利用"的现象。

4. 推进世界历史文化遗产的申遗工作

建立世界遗产审议工作机构，加快对城市文化遗址普查和甄别遴选工作，加强对具有重大影响的遗址遴选，选择部分申请世界历史文化遗产，弘扬人类共同价值观，完善"犹太难民区—南市难民区""广富林遗址公园"等文化遗址的研究和展示方式。

5. 构建与现代城市生活融合的历史文化

探索历史文化遗产进入园区、社区的体制机制，建立小规模、分散化、复合性、多样化的历史文化资源开发与城市更新模式，把历史风貌道路网络串连起来，更新历史文化建筑和空间的功能，引入现代文化生产和消费，把历史文化融入当代城市生活，营造人文空间集聚区，把历史资源的保护、展示与城市功能的提升、公共空间的塑造有机结合起来，形成历史文化和现代生活的有机组成，实现过去和现在的交汇。

全球城市是一个开放程度高、参与主体多元、多样性特征突出的复杂系统,城市管理的复杂性也更加突出。上海在建设卓越的全球城市过程中,同时也肩负着率先探索完善和改进城市管理新路子的重要使命。围绕上海建设卓越的全球城市愿景目标,本章从全球城市完善城市管理的内涵特征出发,梳理伦敦、纽约、东京等全球城市在城市管理中的模式和经验,分析现阶段上海城市管理的基础和短板,特别是针对追求卓越的目标愿景和精细化管理的总体要求,提出当前进一步完善和提升上海城市管理水平的对策思路。

7.1　全球城市管理的基本特征

全球城市是城市发展的高级阶段,是世界城市网络体系的核心节点,也是世界经济发展的重要载体。全球城市的开放性和复杂性决定了其城市管理的特殊性,有别于一般城市的管理,面临的压力挑战更加突出,提出了更高要求。

7.1.1　全球城市管理面临的挑战

1. 不确定性高

全球城市的系统构成更加复杂,开放程度更高,城市管理的不确定性明显提高:一是复杂性带来的不确定性。主要体现为经济、社会、人口等方面的多元复杂化,从而在资源、环境、公共安全等一系列领域容易发生超出传统路径的问题。二是开放性带来的不确定性。嵌入整个世界城市网络体系的全球城市,会不断根据网络体系的演化而进行更新和调整,其社会、产业、文化、人口等多方面的协作、冲突或调整难以预测,使得城市管理面临的不确定性要多于一般城市。

2. 流动性大

城市管理涉及投入、产出以及管理效率的根本性问题,进而决定了管理主体的参与程度、深度和广度。全球城市普遍面临人口、各类活动等流动性大带来的严峻挑战。主要体现为两点:一是流动性大加剧公共服务、社会治安、城市安全等管理难题,资源要素的投入受到潮汐式流量要素规模变化的影响,受城市管理和服务的成本影响,做到管理精准化和精细化的难度加大。二是流动性大使得全球城市社会中的"熟人社区"容易被打破,大量"生人社区"会带来城市管理参与积极性不高、主观能动性不强、缺乏认同感等现实问题,对管理工作有效开展带来挑战。

3. 运行风险多

城市运行安全是城市管理工作的第一位要求。全球城市的高密集、高流动会带来城市安全运行风险多发和可控性难度的增加。高层建筑、流动车辆和人口、基础设施、地下管网等容易成为城市管理的"流动性地雷"和"不定时炸弹"。这要求城市管理应当变"被动"为"主动",变"应急"为"预防",全面构筑具有前瞻性的城市风险防控体系,进而对体制机制、创新技术、数据支撑等都提出了全新的要求。

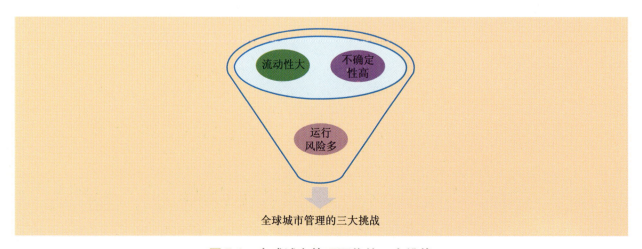

图7.1　全球城市管理面临的三大挑战

7.1.2　全球城市管理的四个核心要素

总体来看,卓越的全球城市不仅具有雄厚的经济实力和强大的全球资源集聚配置能力,还往往通过精细化、高品质的城市管理折射出强大的城市软实力。应对上述挑战,全球城市的城市管理须强调四个核心要素。

1. 细致

细致,主要是相对城市的粗放式管理而言,强调在管理细节上精益求精,对城市管理工作的具体范围、职责、标准和法律责任能够做出详细规定,对城市的资源和对象了然于心、底数清楚,能够实现细致的监督和全面的渗透。全球城市管理需要用更加具体、可操作的量化标准取代传统笼统的要求,通过细微之处充分展示全球城市管理的精髓和魅力。

2. 精准

精准,主要是相对于缺乏标准化和规范化流程的模糊城市管理而言。全球城市的精准管理,强调城市运行维护与管理中作业、控制、核算、分析、考核等全流程的精细化管理,通过制定管理标准和建立标准化体系,从管理目标、服务质量、评价考核等方面对于城市管理行为进行全面规范。

3. 高效

高效,主要是相对于城市管理中的低效、无序管理而言。以往的城市管理往往依靠经验、人力,手段较为单一,管理工作存在反复、低效的情况。全球城市管理的高效,是指通过管理目标量化、管理技

专栏 7.1　纽约城市管理的"三字经":(规则)细、(执法)严、(惩罚)重

纽约虽无"城管"部门,但城市从来不是不管,而是管得更严、管得更细。以街头商贩为例,走在美国纽约街头,无论是在高楼大厦林立的曼哈顿,还是中文招牌遍布的法拉盛,随处可见各式各样的小商贩在销售报纸、热狗、水果、衣物、手包和旧书等,这已经成为纽约市一个颇有代表性的街景。据一家名为"街头商贩工程"的 NGO 介绍,目前纽约市有 2 万多个街头商贩。然而,在纽约想要成为一名街头商贩并非易事。除了必须拿到许可执照外,还面临多种营业限制,稍不留意,警察就有可能开出严厉罚单。

"街头商贩工程"在其官方资料中明确指出:"在公共场所无照销售是一种犯罪行为,如果违犯这条规定,将有可能面临拘捕与没收货物商品的风险"。但要拿到街头贩售执照并不容易。纽约摊贩执照基本包括杂货销售摊位许可证,这也是最难申请的;食品摊位许可;根据美国法律规定,在街头贩售报纸、杂志、书籍、CD、艺术品可以不需要申办执照,但是必须遵守纽约市里的许多限制;纽约公园销售饮料与甜点的摊贩,直接从公园管理处获得营业执照等。摊位摆放则由警察监管,须离开路沿 0.4 米、离十字路口 3.48 米。

在纽约,没有统一建制的"城管"部门,但是,能履行城市管理职责的部门分工清晰。其中,对于街头摊贩,警察局、卫生局、消费者事务局、清洁局、环保局等等,都会参与监管检查。摊贩们清楚地了解,对于管理部门的所有要求都必须严格执行,违规就要被罚,有时甚至一有不慎就会接到罚单,而且罚款挺狠,400 美元、800 美元、1 000 美元的情况都有。

纽约"城管"与商贩间的游戏规则的形成有其历史演进过程,也有其必备的综合社会环境。不管是管理者还是摊贩以及其他,各方的法制观念很重要。通过制定一系列适宜、可行的法律法规并广而告之,树立法律法规的社会权威,以此为依据,管理者与当事人均相互理解与尊重,便能共同维护城市生活中的"街头摊贩景观"。

资料来源:《探究美国纽约"城管":执法客气、罚单狠》,《人民日报》2013 年 8 月 12 日。

专栏7.2 构建城市管理体系的三个维度

1. 时间维度。

从时间维度上,城市管理包括前期规划管理、中期建设管理与后期运行管理三个部分。城市规划、建设、管理三段论中的管理,实际上指的就是运行管理。城市规划、城市建设、城市运行绝非简单的线性关系,三个阶段之间不仅存在互动反馈机制,而且处在不停的动态变化之中。

2. 逻辑维度。

从逻辑维度上,根据城市管理综合集成流程,城市管理涵盖了从明确问题到指标设计、系统建模、系统分析与综合、决策、执行及监督评价等过程。城市管理通过预测、决策、组织、实施、协调、控制等一系列机制,贯穿从明确问题、指标设计、系统建模、系统分析与综合、决策、执行到监督评价整个流程,以及城市规划、建设、运行管理全过程。

3. 知识维度。

知识维度是指为完成上述各阶段、各步骤所必需的理论知识和专门技术。现代城市及其管理是一类开放的复杂巨系统。对现代城市进行管理需要市政基础设施、公用事业、城市交通、环境卫生、市容景观、环境保护等城市管理众多领域的自然科学、工程技术、系统科学、经济学、管理学、法学、社会科学以及人文科学等各类知识。在城市管理三维结构图的知识中,我们按照城市管理的领域(行业)知识进行划分。但这种划分并不意味着各领域之间的割裂,城市之作为一个系统,知识之作为一个连续的整体,各行业的管理互相影响,各领域、各专业的知识互相交融。城市管理必须按照复杂巨系统方法论,依托跨学科、跨行业的科学技术知识和专家队伍,充分利用信息技术,将各种信息和知识、将众人的才智和先人的智慧综合集成,加强城市综合管理,做到科学管理城市。

资料来源:宋刚,《复杂性科学视野下的城市管理三维结构》,《城市发展研究》2007年第14卷第6期。

术创新、管理手段多元化,降低成本提高效率,使城市管理的参与主体处理更高效、运作更协调,推动城市管理由分散、低效、无序向统一、高效、有序转变。

4. 可控

可控,主要是针对风险多发,相对于城市管理中缺乏可预防性和安全防控性而言。传统应急式、经验式的城市危机管理模式已经不适应全球城市治理现代化及城市安全发展的内在要求。全球城市管理中的可控,就是要变事后"救火"为重视事前风险防范,变政府"包揽"为合作治理,变危机管理为危机"治理",依托联动式的组织体系、网格化的管理平台和差别化的管理机制,抓好城市管理的环节控制和细节监控,各环节形成有机闭环,做到正向可推进,逆向可溯源,推动城市管理由被动、应急管理

向风险防控、常态化治理转变。

7.1.3 全球城市管理注重构建平衡协调的有机体系

基于开放性、复杂性的客观要求,全球城市管理通常强调跳出局部看整体,十分注重从规划理念、标准体系、体制机制、创新技术、法律法治、监督激励的相互协同和密切联系,整体推动城市管理的优化提升。

1. 理念规划引领

理念规划是城市管理的核心。全社会一致认同的核心价值体系和核心价值观在城市治理中具有不可替代的重要作用。理念决定思维,理念决定战略,理念决定方法。全球城市管理多以理念规划为引领,建立以人为本、疏堵结合、刚柔相济的管理

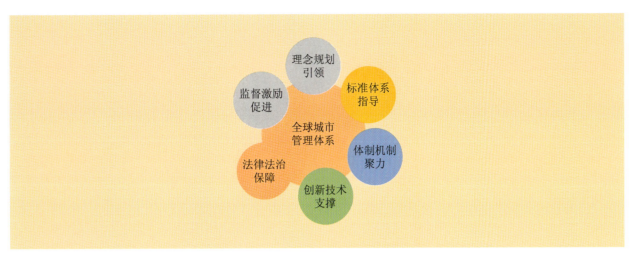

图 7.2　全球城市的城市管理体系

理念,管理宗旨、管理方式和管理结构均以人为尺度,充分回应人的期盼、顺应人的需要,建立"充满温度"的管理模式,通过规划的先行和执行,把城市的每一个局部、单位、要素,放到城市管理的全局、整体、系统中来把握,并将城市愿景与策略通过宣传教育、细则落实等方式,落实到每一个局部和细节的管理。

2. 标准体系指导

管理的细化、标准化是城市管理的精髓。城市管理的标准体系一般涵盖市政设施、市容环境卫生、城市供排水、灯饰照明、城市户外广告、城管执法、智慧城管、环境保护、市政舆情和安全生产等方面,通过对每一项管理内容的目标、流程、分工、职责、奖惩以及信息公开等方面进行标准化,细化责任、精确定位,并以法规形式形成常态长效管理机制。作为一个开放的复杂巨系统,城市管理工作全覆盖涉及领域庞杂。全球城市管理通常都会在垃圾分类、空气污染、交通拥堵、城市更新等居民获得感强烈、问题比较突出的领域,在制定和实施标准方面形成率先突破,并能够因城而异区分自愿性和强制性标准体系[1],为全面推进城市管理各项工作形成示范、创造条件、营造氛围,并在此基础上逐步完善城市综合管理标准体系。

3. 体制机制聚力

行之有效的体制机制和运作模式是实现城市

管理的重要前提。建立有序、高效并符合国际惯例的城市管理体制,构建职责清晰、分工明确的城市管理制度,形成公众参与、多方协作的市场治理机制,能够有效调动多元力量,为完善全球城市管理目标高效聚力。从参与角色上,城市管理的主体包括政府(包括各级政府、各城市管理相关部门)、市场(包括企业等市场经济的各个主体)和社会(包括社区、民间组织、媒体和学术机构等)。全球城市管理通常在明晰责任主体和履责内容的基础上,建立完善建设和管理分离、决策和执行分离的管理体制。明确界定各级政府部门的职能,杜绝机构重叠的低效运行现象。运行机制方面要适应经济、社会发展的新特征,注重引入市场机制,吸引社会公众、多元主体对城市管理的广泛参与、多方式参与、全程参与。

4. 创新技术支撑

创新性技术应用是城市管理的重要基础支撑,也是实现全球城市管理理念和模式创新的有效媒介手段。城市管理的基础是对数以亿计的海量大数据的分析应用,随着物联网、云计算、移动互联和大数据等新兴热点技术的不断成熟,智能化管理涵盖的领域正在逐步扩大,为城市管理理念创新提供了便捷高效的支撑。将创新技术广泛应用于城市管理中,有利于进一步提升管理标准,降低城市管

---

[1]　自愿性标准体系多采取商业化运作模式,强制性标准体系多采用技术法规加以规范,建立不同层次的技术法规体系,并在法律法规等法律形式文件中引用标准,使标准成为法律法规和契约合同的组成部分。

理成本,促进政府信息流程再造及管理体制机制再造,实现城市治理创新。全球城市管理要求做好基础数据库建设,推动政府内、外部信息资源、各种数据的共享,互联互通,如道路状况、导航、治安情况等。建立新的公共政策和福利体制,推动技术先进企业积极主动参与城市治理,促进优秀的科技成果在企业与政府之间的共享。

5. 法律法治保障

依法管理是城市管理的基本方式。"绣花"需"按图施针",城市管理的"图样"就是法律法规。强化法治建设,建立健全覆盖城市管理全领域、全过程的法律法规体系,使管理者有法可依,被管理者有法可循,是城市管理的重要保障。全球城市管理在法治保障方面有着更高要求,一方面要在标准体系的基础上建立完整明确细致完善的法律法规体系,以强制力保障的规范形式来开展城市管理;另一方面要加强执法,在执法中体现疏堵结合、以人为本的管理理念,广泛宣传法律法规,强化执法效果、讲求执法技巧、提高执法效率。

6. 监督激励促进

动态性的监督考核激励机制,有利于促进城市管理的持续进步。全球城市管理真正达到精细化是一项长期、复杂且艰巨的系统工程。有力的监督考核制度是为了确保城市管理落到实处,有效的激励机制则有助于推动各利益相关方形成有效均衡,进而形成动态的良性循环。监督方面,全球城市管理多通过信息技术建立高速的信息采集和传播渠道,及时获取信息和准确呈现,实现高效的城市运行监测与管理;考核方面,全球城市管理通常都会制定相配套的考核体系,明确权责,建立规范、科学的机制,使之与管理机制有效结合;管理资金方面,全球城市管理注重加强管理资金的运作和经营,强化资金保障,提供持续稳定的投入支持。

7.1.4 全球城市管理的主要模式

不同的城市由于历史起源、发展阶段和文化理念不同,其城市管理的内涵、技术、体系有所不同,但同时也存在一些普适性做法和经验。全球城市在法律体系、多元主体、公众参与等方面形成了不少有益经验。但每个城市会根据自身特色不同,侧重

点也会有所不同,形成不同的管理模式和路径选择。比较典型的有:

1. 欧美城市为代表的依法管理模式

欧洲和美国,以伦敦、纽约为代表的城市管理的最主要特点是依法管理城市。基于欧美法系特点以及欧美国家法律体系健全、严格的基础条件,这一模式的最大特点是:在城市管理方面同样建立了比较健全的法律体系,同时各个城市结合自身实际和突出特点,按照这一体系制定了各不相同、详尽细致、易于实践的实施细则。制定法律时,还会根据实际情况,确定明确的执法主体、规定合理高效的执法流程,还对涉事利益相关人员的相应权利和相关义务进行具体规定。对应在城市管理路径上,依托细致完善的法律法规,不断强化执法效果、讲求执法技巧、完善行政执法体制、提高执法效率便成为重要的选择取向,城市管理的主体也是在法律法规框架下以政府执法职能部门、社会组织为主,其弹性化水平、协调能动性等便相对偏弱。

2. 东京为代表的文化驱使模式

城市管理理论起源于美国却在日本发光发热的一个重要原因,是文化的内在驱使。东京的城市管理比较强调制定明确的成文法律法规条文来管理城市,但由于受东方文化和东方传统思想的影响,还比较注重"以和为贵,息事宁人",易于接受和运用通过调解、协商、指导、和解等柔性的方式来解决管理过程中出现的矛盾与争议。东京的城市管理采取的是综合管理的手段。鲜明特点是实行以人为本、疏堵结合、刚柔相济的管理理念。在城市管理过程中,一方面制定大量严格、刚性、近乎严苛的法律,但凡涉及城市管理的部分都作出严厉的规定;另一方面,东京在管理实践中又奉行以人为本、疏堵结合、刚柔相济的理念,突显城市管理在民生保障和行政引导的作用。对应在路径上,城市管理实行政府、市场、社会合作的管理模式。东京在城市管理中主要依靠政府组织、企业组织和社会组织三种基本力量,强调依靠综合多元的力量。

3. 新加坡为代表的综合管理模式

新加坡作为国家型全球城市,城市管理体系和城市有机体系统有着自身的显著特点,即在国家治理现代化和弘扬高效便民价值理念共同作用下,形

成了较为独特的综合管理模式。显著特点有二：一是城市管理的法律体系烙印到社会生活各个角落。从国家的政治体制、经济发展、文化传统、民众生活，到社会安全、公共卫生、公民健康、生活秩序等等，法律都有详细的规定，规范着城市社会的几乎全部。二是充分弘扬高效便民的价值理念。高效价值理念主要表现为对廉洁政府、廉价政府的追求，通过建立反应快捷、行动迅速、实施方便的矛盾纠纷处理协作体系，城市管理中的服务本位理念得以彰显。

4. 香港为代表的平衡管理模式

1970—2000 年前后，香港用 30 年左右的时间，成功治理了一系列随城市发展而衍生的管理问题，成为世界城市管理较为先进的地区之一。受多元文化交汇融合的影响，香港的城市管理充满了辩证法，看似对立矛盾的各种管理要素构成了一种难得的平衡协调关系，使香港城市管理进入了较理想的境界。其中六个方面被看作是香港城市管理的精髓：一是"大"与"小"的均衡组合；二是人与制度的均衡组合；三是短效与长效的均衡组合；四是刚性与软性的均衡组合；五是分工与联动的均衡组合；六是政府与市场的均衡组合。香港城市管理成效来自其城市管理体系中诸多要素的独特组合，这些管理要素张弛有度，彼此之间相互作用，使单个要素均能最大限度地发挥各自的作用，从而源源不断地迸发出使城市管理效益最大化的整体合力。

专栏 7.3　香港城市管理行政执法的基本经验

1. 拥有一整套完善的城市管理法律法规体系。

香港的法制建设经历了一个不断修改完善的较长过程，城市管理方面的法规和标准已比较配套，比较具体。香港在城市管理方面，拥有一整套完备的法律法规，这些法律法规是各权力执法部门执法的依据。香港的法规条文覆盖面宽，内容详细，责任主体比较明晰，执法程序严格规范，切合实际，操作性强。

2. 城市管理行政执法各部门有明确分工和职责。

负责城市管理的各个部门，甚至每名公务人员都有着清晰的分工安排，以食物环境卫生署为例，该署共有一名食物安全专员和两名副署长分别负责食物安全、环卫执法和行政发展三个方面的工作。每个科室以及科室下设的小组都有明确的分工。其具体职责，负责人以及其联系方式都在食物环境署官方网站上公布，供市民了解监督。这样的安排，出现问题后便于问责，更是对政府部门日常工作的鞭策和监督。

3. 城市管理行政执法各部门紧密配合。

香港城市管理行政执法的严格还表现在执法各部门的紧密配合。例如，食物环境卫生署一旦发现相关违法行为，立即向违例人士发出传票，由法院审理和做出裁决，一经裁定，最高罚款达 5 000—2.5 万元不等。从 2002 年实施此项新制度以来，已发出 3 万多张"定额罚款通知书"，而且相关裁决 95％ 以上都能得到执行。

4. 城市管理执法处罚力度大，处罚程序科学。

香港法律以非常严厉的惩罚来警示市民提高遵守法律的自觉性。以香港的《地下铁路条例》为例，上面罗列着各种被检控的行为。其中，在地铁吸烟将被罚款 5 000 元，唱歌跳舞或者演乐器将被罚款 2 000 元。执法人员的行为受其上级主管和廉政公署的双重监督，如发现执法人员枉法徇私，则要对执法人员进行调查和指控。执法者本身不对违例者直接罚款而是发出传票，违例者到指定地点去交款或申辩。

资料来源：《香港城市管理行政执法的经验及启示》，《特区城市管理》，2012 年。

不同模式及其路径选择,会对城市管理的参与主体、管理层次衍生出不同的侧重点,对从时间、逻辑和专业等维度和角度来进一步认识城市管理各个方面的要素,进而构建符合上海自身特点的城市管理体系、模式、突破口和操作路径、协调机制等带来积极影响。

7.1.5 全球城市管理的成功经验和主要做法

全球城市的城市管理是个世界级难题。从规划、建设到管理,一些全球城市已经积累形成了许多共性的做法与成功的经验,尤其是在理念规划、法律法治、体制机制、创新技术、监督激励等方面的成功经验,可以为上海全球城市管理提供参考借鉴。

1. 理念与规划层面

(1)管理理念人性化。

全球城市注重以先进的、和谐的、可持续发展的理念引导和治理城市。城市管理的"初心"在人性化,也是最终的期待目标。自20世纪80年代起,人性化管理模式,进而展示城市的包容性成为全球城市管理的主流方向。城市管理主要通过对城市管理思想文化、价值观念的认可、情感的交流以及良好风气的渲染为主。如东京的城市规划与管理强调体现"生活中心"的文化原理,把城市定位为满足居住者基本生活需求的基础社会。

(2)规划设计精细化。

随着环境形势发生巨变,为应对城市所面临的全新挑战,全球城市往往致力于制定非常详细的远景规划,分门别类提出系统量化的指标,在先进理念的支撑下,建立完善的发展规划构架。纽约市发布的《一个纽约——规划一个强大而公正的城市》面向2040年提出建构更公平公正的社会,对全体市民的健康和幸福更加负责,提升可持续发展能力以及更具有抵抗各种灾害和风险的弹性,提出"90%的居民日常通勤低于45分钟,离家200米以内即可接入免费WiFi,90%的居民能获得满意的医疗服务,城市垃圾总量极低,空气质量在美国大城市中排名第1,85%的居民可以步行到达公园,饮用水安全有保障,25%的居民是志愿者的城市"等细化指标。弹性城市、防灾建设方面内容的加强,则是在最近几年全球各地自然灾害频发的背景下,体现了提前介

入充分准备以应对风险的思考,也回应了人民近期广泛关心和担忧的主题。

2. 法律与法治层面

全球城市管理普遍注重利用法治化的规范性、长久性、强制性特点,来弥补利用经济手段、行政手段管理城市的空白,通过建立健全覆盖城市管理全领域、全过程的法律法规体系,使管理者有法可依,被管理者有法可循,成为城市管理的重要基础。

(1)法规体系完整明确、覆盖面广、操作性强。

伦敦城市管理的特点是法律法规细致完善。大到政府治理、经济发展、社会活动,小到对跳蚤市场、露天市场、占道经营等行为的治理,均有明确的法律规定。新加坡城市管理方法中最根本的也是建立了一整套严格、具体、周密、切合实际、操作性强的法律体系,对城市中建筑物、广告牌、园林绿化等城市管理硬环境的方方面面都作了具体的规定。其特点体现在两个方面:第一,完整性。政府对城市管理的各个方面都进行全面立法,做到了"无事不立法",使执法人员每项工作都有法可依。第二,操作性强。城市管理法规对规定的内容、执行办法以及惩罚都进行了详细而具体的规定,既避免执法随意性又增加了可操作性。

(2)协调配合、高效衔接的管理执法体系。

伦敦的行政执法体制十分顺畅,相关执法部门之间大多能够协调配合和有效衔接,避免因执法衔接过程中出现的管理漏洞,使执法效率得到有效保障。《伦敦市自治法》清楚界定了各级政府部门的职能,有效杜绝了机构重叠的低效运行现象。警察部门权力比较集中,除公共安全外,工作职责还包括酒吧营业执照的审批、工商管理等,既有行政审批职能又有行政执法权力,但警察部门十分注重与市政府其他专业部门之间的协调配合。为确保法律有效实施,纽约城管法律在制定时充分考虑实际情况,明确了执法主体、执法规范和执法流程,并对利益相关者的权利和义务进行了规定。同时,通过电视、报纸、网络等形式,广泛宣传各类法律法规,及时公布和居民息息相关的城市规划、建设方案等信息,引导人们积极参加城市的建设管理。

3. 体制与机制层面

城市管理最重要的是职责清晰,明晰责任主体

专栏7.4　建管分离的新加坡城市管理

　　"建管分离"是新加坡城市管理的一个重要原则。新加坡城市管理工作主要是由国家发展部下的公园及康乐局和市镇理事会以及环境部下的环境卫生局负责。市镇理事会是新加坡城市管理的主体,它负责新加坡城市管理中绝大多数的日常管理工作。其职责类似于城市社区物业管理,主要负责对公共环境进行日常的清洁工作、园林保养、日常与周期性的维修工程、社区改进计划、中期翻新计划、建筑物日常管理与定期维修服务等,而与物业管理不同的是它属于法定机构。各部门之间除了定期进行交流外,一般相互不干涉各自的职权范围,权责明确。

和履责的内容,并靠相关制度和法律法规约束相关责任人的职责意识。

　　(1)以"机构为中心"的政府主导,职能有效分离。

　　东京设立了比较明确的城市管理机构——都市整备局,通过立法明确其具体管理职能,主要管理内容有:关于城市整备的基本事项;关于城市规划;关于住宅与环境整备;关于城市中心区街道的整备;关于建筑方面除去道路、河流及公园绿地和有关土木工程(这些由建设局管理)以外的事项等。香港城市管理实行决策与执行相分离的体制。决策机构只管制定有关城市管理的政策、规定和条例,而不过问城市管理的一般行政事务。执行机构则照章办事,不能有执行偏差。决策者不直接实施,实施者不参与决策,两者分工非常明确。如水质管理和污水处理,宏观的策略出自规划环境地政司属下的环境部;具体的政策、规划及监察条例由环境保护署属下的废物及水质科制订,而政策的执行则由渠务署负责,进行污水收集及处理。

　　(2)多方协作,重心下移。

　　全球城市管理特别要求加强政府与政府之间、政府与企业之间、政府与社会组织之间、政府与城市居民等利益相关者之间的合作治理。东京在城市管理方面的体制采取的是市议会政府模式,大致可分为地方自治政府、企业和社会组织三个系统,这些系统的组织很多直接使用"城市管理"这个名称。地方自治政府方面有城市管理课或都市整备局;企业方面有某某城市管理有限公司等;社会组织的形式比较多样,主要以自治会、行业协会等形式进行活动。

　　(3)引入市场机制,建立公私合作框架。

　　美国政府的机构简单,公务人员少,政府的权力也相对较小。对于城市建设和管理工作,美国政府更多的是和市场合作,吸引企业和社会团体参与。政府的精力主要用于制定法律法规和政策,调动企业的积极性,并监督、规范和协调企业的行为。政府和市场合作的方式主要有政府出资招标企业管理、政府协调企业出资管理等。东京通过建立公私合作制度框架,鼓励社会组织参与到城市管理中来。如为了保证灾害发生时企、事业单位等民间团体参与救援和相互合作,东京采取了灾前合同制的形式。通过与有关的企事业单位、行会、协会签订灾害救援合作协定,形成了法制化的公私灾害救援合作关系。

　　4. 创新与技术层面

　　城市管理模式的不断更新依托于科学技术的发展与进步,科学化、信息化的网络技术为城市管理提供重要的基础保障,成为发达国家城市管理尤其是全球城市管理的有效手段。

　　(1)通过监控系统维持良好的环境秩序。

　　伦敦环境秩序良好,环境秩序问题能够及时发现处置与信息化应用水平高有着密切关系。通过伦敦的闭路电视监控系统,城市管理中出现的任何问题都能第一时间被发现。

　　(2)通过智能应用提高交通管理效率。

　　新加坡是全球第一个实行公路电子收费系统(ERP)的城市;较早实行轻轨无人驾驶;公交站点精准预报公交车的到达时间;手机应用软件方便乘客获取出行的路径和时间等,技术化手段极大改善了城市交通管理的效率。

（3）信息技术支持社会治理创新。

越来越多的全球城市主张充分利用智能手机和信息技术来开展管理。许多城市建议提高信息化水平，更大程度地开放市政机构并提高公开程度来提高创新效率。对于社会管理的大多数领域，欧洲各城市政府承诺支持数字革命。63%的欧洲城市打算直接利用新的信息技术支持政府治理创新；15%的城市通过开放数据方式推动数据民主化，并寻求以大数据方法开辟城市治理新路径；还有城市鼓励市民通过游戏化的创意方式来参与解决"现实"世界的问题，并不断提高认识能力。

（4）大数据应用降低城市管理成本。

大数据为全球城市管理提供了重要手段，而这种手段将不仅仅作用于工作方式领域，它的应用对于政府信息流程再造以及背后的管理体制机制再造都可能起到积极的促动作用。如能有效地将大数据应用在城市交通管理、城市人口管理、城市重大节庆活动管理等，不仅将大幅度降低城市管理成本，更将实质性地高效地提升城市管理水平。

5. 监督与激励层面

（1）考核评价精细化。

全球城市往往重视强化管理效果评估、切实抓好日常检查，做到责任量化、标准精细。建立一套完备的、操作性强的考评体系也是新加坡城市管理的一个有效方法。其考评项目非常体系化，对每项指标都有十分具体的评分标准，这就减少了考评中的人为主观评判程度，硬化了考评工作。其考评项目主要分为城市硬件设施的维护管理和城市的清洁管理两大类，包括建筑物必须每五年粉饰一次、公共电器、卫生、电梯、娱乐设施、开敞空间、公共场所抽烟、吐痰、乱丢垃圾等方面都有严格详细的规定。

专栏7.5　抢先应用新技术，安全教育在身边——新加坡交通管理经验

对城市管理者而言，新技术应用成效显著，交通安全管理就会"如虎添翼"。早在1975年，新加坡就针对交通繁忙的路段和区域征收车辆拥堵费。但限于技术落后，当时只能手工收费。但到了1998年，新加坡应用了新技术，成为全球第一个实行公路电子收费系统ERP（Electric Road Pricing）的城市。具体做法是在私家车上安装车载电子单元，根据时段和路段的不同，以通过车辆和路旁设施的车路通信方式，直接对车主进行收费，来调节道路的负载和减缓交通拥堵。举措一经推出，就使中心区高峰时段交通量下降了45%，乘坐公交出行率增加了近50%。

新加坡也是较早实行轻轨无人驾驶的城市。大家熟知的轻轨（LRT）由系统全自动操纵，连接着大型捷运站与主要居住区和商业区，在降低成本的同时提高了运行效率。从每个轻轨车站到附近的公寓最大步行距离平均不超过400米，大大降低了出行者的总体交通时间。随着交通出行的信息化，新加坡的公共交通系统也在不断跟进。例如公交站点精准预报公交车的到达时间；手机应用软件方便乘客获取出行的路径和时间等。

为了保障交通安全出行，新加坡严规划定了行为底线，日常的教育宣传则潜移默化地影响着人们的观念。一方面，在新加坡，每年会举办各种来自不同行业的专业人士和市民参与的交通安全讨论会，会上定期发布交通安全的年度报告。平时则设立专门进行交通安全宣传的网站向所有市民发布消息。另一方面，安全教育从幼儿园开始。由专门进行交通安全教育的讲师结合孩子们喜闻乐见的动画片传授安全常识。走出校园，路上也到处可见宣传交通安全的公益性广告，公共交通的车厢内部也没有大量的商业广告，而是一些交通安全的警示海报和标语。此外，和海外许多城市一样，新加坡陆路交通管理局建设了免费对外开放的交通博物馆，既能作为少儿的科普场馆，也能让市民们在参观后增强安全和环保的交通出行意识。

资料来源：邱爱军等，《新加坡城市治理和交通管理经验》，《中国经贸导刊》2013年6期。

专栏7.6 欧洲城市管理新经验

越来越多的欧洲城市达成的一个共识是,为了促进经济的繁荣,必须更为高效地管理资源、人才和时间。针对提高管理效能,许多城市建议提高信息化水平,更大程度地开放市政机构并提高公开程度来提高创新效率。其中一些城市鼓励新技术、新应用程序在促成新的创新联盟,在连接欧洲城市各阶层协同创新中发挥更大的作用。

对于社会管理的大多数领域,各城市政府承诺支持数字革命。63%的城市打算直接利用新的信息技术支持政府治理创新;15%的城市通过开放数据方式推动数据民主化,并寻求以大数据方法开辟城市治理新路径;还有城市鼓励市民通过游戏化的创意方式来参与解决"现实"世界的问题,并不断提高认识能力。

充分利用智能手机和信息技术来开展管理,是"欧洲市长挑战"所有获奖方案的一个共同点。例如,通过开展协同设计,开发新型软件来解决居民遇到的各种具体问题,这类建议在全部建议中的比重约占20%。又如,通过运用众筹等方式,使更多的人能够通过智能化、网络化方式来实现支持创新、推动民主的愿望。

资料来源:《城市治理的新思路:欧洲155个城市的经验总结》。

此外,定期开展最清洁组屋区比赛的评比活动,以此考核一段时期内各个市镇理事会城市管理取得的成绩,同时也调动城市管理人员和居民的积极性。每年都会在16个市镇理事会之间进行一次最清洁组屋区比赛,每个市镇理事会提交两个组屋区和两个熟食中心参加比赛,主要考察维修清洁和居民的参与情况。

(2)提高资金运营效率。

城市管理资金无疑是提高城市管理的首要保障。新加坡在进行城市管理过程中十分注重对资金的经营。市镇理事会的主要经费来源是按月收取居民的杂费,占总费用的70%—80%;而政府根据所收取杂费的一定比例(一般为20%—30%)进行补贴。市镇理事会对管理资金的运营合理而高效,大部分直接投入到日常城市管理中,而将其余的一小部分投资商业与服务业,通过市场化运作,使管理资金增值,以增加城市管理的经费。

7.2 上海城市管理的现状

当前,上海城市管理以深化拓展网格化管理为基础,着力推进和完善综合管理的协同机制,城市管理方面取得的进步可圈可点,城市管理和服务功能明显增强。但受发展阶段等客观因素影响,与伦敦、纽约、东京等全球城市相比,上海建设追求卓越的全球城市,在城市应急预防体系、管理体制机制、标准和执法等方面还存在着很多不足,城市管理"细节不到位"和"体系不完善"等导致的"城市病"也应引起高度重视。

7.2.1 上海推动城市管理"精细化"的成绩

基于全球城市的基本定位,以及现代城市管理的系统性和整体性要求,上海抓住和利用信息化时代的契机和红利,积极探索城市综合管理,围绕市民需求和突出问题,把握核心是人、重心在城乡社区、关键是体制机制,积极探索符合超大城市特点和规律的城市管理新路。

1. 逐步形成良好的法治安全环境

通过多年的努力,上海基本形成了科学完备的法律法规体系、依法独立公正行使职权的司法保障体系和高效透明的依法行政体系,建立了保护制度较为完备、服务体系较为健全的知识产权保护体系,遵法守信成为全社会的基本规范和普遍行为。强化了视频安全监管,开展了危险化学品、油漆管线等专项排查整治;扎实推进了全面深化公安改革综合试点,集中整治电信网络诈骗等社会治安突出问题。构建了高标准、广覆盖、全天候的公共安全体系,成为世界上刑事案件和火灾等公共安全事故发生率最低、最安全的大城市之一。

2. 全面推进城市网格化管理建设

上海自2005年开始城市网格化管理探索试点,2013年10月1日正式施行《上海市城市网格化管理办法》。城市网格化管理是指按照统一的工作标准,由区(县)人民政府设立的专门机构委派网格监督员对责任网格内的部件和事件进行巡查,将发现的问题通过特定的城市管理信息系统传送至处置部门予以处置,并对处置情况实施监督和考评的工作模式。

上海的网格化管理运作可以概括为"一支队伍""一张网格""两类对象""三大功能":

(1)"一支队伍"是指由区(县)网格化管理机构按照市建设交通行政管理部门统一要求设立一支网格监督员队伍,并由网格监督员按照全市统一的工作规范和实务操作流程,承担日常巡查任务,履行发现城市管理中问题、传送巡查信息、并进行现场核实等职责。

(2)"一张网格"是指按照标准将城市管理范围划分为边界清晰、大小适当的一个个网格状区域,成为城市网格化管理的地理基本单位,确定网格监督员巡视的责任区域。

(3)"两类对象"是指适用于城市网格化管理、网格监督员应当巡视的、按照标准确定的"部件"和"事件"。

"部件"包括窨井盖、消火栓、电力杆、电话亭、防汛墙、道路护栏、公交站亭、交通信号灯、道路指示牌、垃圾箱、行道树、加油站等与城市运行和管理相关的公共设施、设备,目前已确定了88种。

"事件"是指占道无照经营、毁绿占绿、违法搭建、非法客运、餐饮油烟污染、非法行医、非法食品加工等已经发生或可能发生的影响公共管理秩序的行为,以及暴露垃圾、道路破损、墙面污损等影响市容环境的状态。目前,已确定的适用于城市网格化管理的事件共32类。

(4)"三大功能"是指,城市网格化管理制度设计是在既有行政管理体制及其功能基础上,增加了"发现(问题)、分派(案件)、监督(处置)"三大新功能,以督促既有行政管理的运作更为有效。

发现问题,即指网格监督员在责任网格区域进行日常巡查中发现"部件"和"事件"存在问题时,通过手持通讯设备立即进行拍照、录音或者摄像,并即时将信息传送至区(县)网格化管理机构。

分派案件,即指区(县)网格化管理机构收到"问题"信息后及时立案,并将案件分派给有相关处置职能的行政管理部门或者环卫、燃气、供排水、电力、通信等公共服务单位,依法依规处置。

监督处置,即由网格化管理机构对上述行政管理部门或者公共服务单位处置案件情况巡视检查,定期评价,督促履职,并使评价结果与相应的城市管理目标考核或者行业管理考核相联系。

3. 全力实施城市综合管理大联动

2009年以来,闵行、奉贤、崇明、长宁、杨浦、静安、嘉定、浦东、松江等九个区县实施了城市综合管理大联动。"大联动"以"整合资源抓源头、服务民生谋发展、综合治理保稳定、化解矛盾促和谐"为最终目标,把城市管理和社会管理有机结合,突出社会管理,强调民生服务和社会稳定。"大联动"拓宽了城市管理的空间,将网格化管理下的城市部分区域覆盖扩展到各区县、村镇的全覆盖。同时,"大联动"也深化了城市管理的内涵,把城市日常管理、治安维稳和应急管理统筹考虑,实行城市管理和社会管理融合发展的城市综合管理。相较网络化管理偏重于城市管理的管理模式,"大联动"更加注重民生服务。

上海在"大联动"综合管理下,建立统一和权威的三级管理组织体系,形成城市综合管理的指挥平台,打造"大联动"推进机制;整合各类管理资源和管理力量,构建四级管理网络,形成全区统一的信息共享平台,打造"大联动"支撑机制;同网同责、多方联动、协调共治,形成城市综合管理的工作流转和民生服务平台,打造"大联动"运作机制;建立体制内外共同驱动的城市综合管理考核平台,打造"大联动"考核、监督机制。

4. 构建"1+1+1+X"综合管理体系

2015年以来,上海努力探索与上海经济社会发展水平和全球城市特点相适应的城市综合管理新模式,稳步推进各区县的城管执法体制机制改革工作。目前,已初步形成了"一条热线、一个平台、一支队伍、X 个行政管理部门"的"1＋1＋1＋X"区县城市综合管理工作体系。"一支队伍"即城市管理综合执法队伍,负责对面上综合性城市管理问题进行综合执法。"X 个行政管理部门"即把执法工作移交给城市管理综合执法部门的相关行政管理部门,实现一口执法、多头支撑。另外,还提出单独设立区县城管执法局、主要执法力量下沉街镇、优化城管执法队伍等具体任务和保障措施。

上海自 20 世纪 90 年代后期开展城市管理综合执法以来,区县城管综合执法体制机制历经多次调整,城管综合执法水平不断提升,为加强全球城市管理发挥了重要作用。

7.2.2 上海城市管理需尽快补好的"短板"

对标全球城市管理先进经验,主要短板体现在以下方面:

1. 城市管理体系亟待"顶层设计"和"系统构建"

上海加快建设全球城市,影响城市安全和管理的因素越来越复杂,积累的深层次矛盾问题越来越多。如何避免"头痛医头脚痛医脚",从源头上化解积弊,在重点领域取得突破,必须有"顶层设计"。城市安全体系的"顶层设计"是自上而下的"系统构建":一方面,交通、消防、建设施工、危险化学品、地下空间等领域的安全基础设施的统一规划和建设,

---

专栏 7.7　上海城市管理存在三类短板问题

1. 三大"短板"制约管理效率。

市政协人资环建委主任孙建平认为,上海城市管理存在三类短板问题,简单说就是三个关键词"整洁""秩序""安全"。环境整洁度方面,本市城中村和城乡结合部仍是环境卫生治理的"老大难",老旧小区、集市菜场、轨交站点、医院、学校等"五个周边"脏乱差现象尚未得到完全改善。秩序方面,则体现在违法搭建、无序设摊等城市顽疾治理成果易回潮、久治不愈,大量"断头路",交通拥堵等。城市公共安全方面,大量地下空间、众多超高层建筑的消防隐患,暴雨期间市区"看海"窘境等,仍时有发生。

2. 短板是"城长"的"烦恼"。

短板是伴随着城市发展相应而生的新问题、新挑战,是"城长"中的"烦恼"。市政协人资环建委调研认为,短板同时是被长板反衬出来的,是城市发展过程中管理工作暂时滞后造成的。而人们对城市管理的服务水平有了更高期待,对市容脏乱差、环境污染等现象的容忍度下降,使过去不明显的缺陷变成了新短板。

对短板的成因,孙建平归纳了"城市治理碎片化、管理系统性和综合性不足","法律法规不合时宜,监管执法力度不强"等深层次原因。他说,现在城市系统正在变得更复杂、更严密,一项城市管理工作往往需要多个部门的配合协调。

3. 做到风险可控隐患可除。

针对城市管理短板,市政协人资环建委建议,要改变重末端治理、轻源头管控的管理模式,完善新问题和新短板的发现机制,构建和完善城市管理综合预警系统,如在高危行业、重点工程、重点领域构建完善的风险监测和预警制度,加强监管信息和基础数据的共享共用,做到风险可控、隐患可除,避免"破窗效应",控制治理成本。"需要进一步加强管理的系统性,明确每一项城市管理工作的责任主体、管理依据、标准法规、作业流程、监管考核等内容。"孙建平说,还需进一步加强管理协同度,理顺各部门之间的关系,加强管理常态化,形成常态化长效机制。

资料来源:《上海城市管理存在三类短板问题》,《解放日报》2016 年 5 月 26 日。

专栏 7.8　静安全面推行路长制，进一步提升城区精细化管理水平

　　路长制以"精细化管理"为工作主线，依托区城市网格化综合管理平台和"多渠道发现、分层派单、分类处置、监督考核、联动治理"的运作机制，推行城区道路综合管理"路长制"，一路一长，整合管理资源、推动责任落地，条块结合、形成合力，加大市容环境整治力度，提升市容环境整体水平。

　　根据实施方案，按照分级管理、属地负责的原则，建立区、街道（镇）两级路长组织体系；区政府主要领导担任全区道路总路长；区政府分管领导担任全区副总路长；全区局级领导干部分别担任市、区主要道路的一级路长；设立区"路长制"办公室，办公室设在区城市网格化综合管理中心。街道（镇）办事处主任（镇长）担任辖区道路二级总路长；街道（镇）处级领导分别担任辖区道路二级路长；各街道（镇）对应设立街道（镇）"路长制"办公室。

　　实施方案明确，静安区"路长制"道路管控标准为：一是道路洁净。实行循环式保洁，确保道路"四清二无"（道路清、人行道清、沟底清、绿化带清，无死角、无暴露垃圾）；垃圾箱、沿街废物箱等环卫设施合理设置符合要求，并保持整洁、无破损，垃圾及时清理不满溢。二是环境整洁。门责管理制度落实到位，道路上无乱设摊、跨门营业，无违章搭建、无乱吊挂及乱堆物，无"三乱"（涂写、招贴、刻画）现象；非机动车停放点位设置合理，规范管理无乱停乱放现象；建（构）筑物外立面完好、整洁，顶部无暴露垃圾堆积，遮阳棚、卷帘门等沿街建筑物附属设施设置规范并保持整洁完好。三是设施规范。隔离栏、窨井盖、人行道板、路灯等道路设施完备、整洁。无障碍设施设置规范合理，使用状况良好；路名牌、公共道路引导标志、公交候车亭、电话亭、书报亭、消防栓、架空线以及电杆、电箱、邮筒等各类设施设置规范、完好、整洁。四是景观靓丽。景观灯光、大楼灯光、橱窗透亮等灯光设施完好，开灯正常；街面广告文字规范，节庆广告、灯箱、霓虹灯广告、公益广告内容及时更新；店招店牌完好、整洁，用字规范，无破损、缺字；街边绿地、绿化隔离带等公共绿地养护情况良好，绿化小品设置体现特色，与周边环境相得益彰。

　　资料来源：《静安全面推行路长制　进一步提升城区精细化管理水平》，《静安报》2017 年 6 月 2 日。

健全城市科技备灾、灾情评估、社区综合减灾体系需要政府系统协调；另一方面，做好城市地下空间的开发和应急规划的速度问题需要政府整体把控。由于城市发生重大灾害的时候往往是次生的灾害比较大，政府应该组织专门研究可能发生的次生灾害及其处置措施。

　　2. 城市管理体制机制亟需更深刻的改革创新

　　上海城市管理体制改革一直走在全国其他省市前面，包括 20 世纪 90 年代开始，依照国家的试点要求上海社区建设在"两级政府、三级管理"的城市管理体制改革下开始了创新。"两级政府、三级管理"的体制虽然在短期内对城市的基层管理和社区发展发挥了很大作用，但其本质的体制问题仍然没有解决。从目前的发展情况来看，城市管理体制的改革最大的阻力来自向上的瓶颈和原有的体制，更加深化改革的压力迫在眉睫。

　　3. 法规政策配套滞后掣肘管理模式转型创新

　　一是掣肘城市管理向综合管理新阶段迈进的步伐。当前城市管理已进入综合管理阶段，但涵盖整个城市管理领域的系统性、综合性立法在国家和市级层面还处于空白状态，城市管理体制的改革创新往往面临于法无据的困境。二是掣肘城市管理向网格化、精细化管理模式转变。现有法律法规长期以来都是与城市管理的传统模式相配套，而网格化、精细化管理新模式推行后，实践中部门职能、机构设置、权责关系、绩效评价等方面业已发生了变化，但法规的调整修订尚未充分配套。三是掣肘城市管理的社会化参与。如对城市管理协管人员的激

专栏 7.9 上海出台指导意见鼓励规范共享单车有序发展

2017 年 11 月,市交通委会同市公安局、市城管执法局、市质监局等相关单位起草的《上海市鼓励和规范互联网租赁自行车发展的指导意见(试行)》(简称《指导意见》)正式出台。

《指导意见》明确,以合理配置城市公共资源为主导,以规范企业市场经营活动和维护城市秩序为重点,汇聚政府、社会、企业、用户等多方力量,规范引导互联网租赁自行车有序发展,在发展中规范,在规范中发展。

《指导意见》提出,加强车辆投放引导。企业对于投入运营的互联网租赁自行车,应按公安机关交通管理部门有关要求办理登记上牌,并将相关数据信息同步录入市信息服务平台。企业在投放前,应先向投放所在区主管部门通报投放规模和方案计划;各区应科学把握区域总量,对车辆投放运营进行动态监测、引导和调控。

《指导意见》提出,收取用户押金、预付资金的,企业须在本市开立用户押金、预付资金专用账户,实施专款专用,资金由银行存管,并公示押金与预付资金退还时限,及时退还用户资金。企业实施收购、兼并、重组或者退出市场经营的,应当制定合理方案,确保用户合法权益和资金安全;退出运营前,应当向社会公示,退还用户押金及预付资金,并完成所有投放车辆回收等工作。

共享单车的发展也离不开文明规范的使用。《指导意见》要求,互联网租赁自行车用户应依法守约,自觉遵守道路交通安全、城市管理等法律、法规和规章的规定及服务协议约定,按规骑行,规范停放。

资料来源:《上海出台指导意见鼓励规范共享单车有序发展》,《文汇报》2017 年 11 月 10 日。

励机制和人身财产安全等权益保护缺少立法保障,容易挫伤其工作积极性;如近年来市容环境整治工作中涌现出的弄管会、路管会、片管会等群众自治组织,在其性质定位、工作职责、参与机制、建设发展、经费保障、领导体系等方面尚无专门的政策指导意见。

4. 城市管理资源和要素存在一定程度的错配问题

经过多年发展,上海持续大规模、高强度的城市建设阶段已过去,如今面临着保障大量已建城市设施高效安全运行、加强城市精细化管理等新任务。但受制于现有的财政体系等影响,城市管理面临经费和人员不足的情况。一是财政投入不足,城市管理部门运行经费由地方财政全额拨付,区域城市管理长期处于低投入状态,严重制约了城市管理工作的开展。如长期从事户外工作城市管理人员,虽然承担了大量的路面巡查、执法和市容环境保障等工作,但并没有享受到与之相匹配的待遇。二是

城市管理人才储备过少,财政经费过少导致的一个结果是越来越多的一线城市管理岗位职员流动性大,同时新职员引进远远满足不了城市运行的要求,大多数城市管理人员处于高负荷的工作状态。如城市环卫工人,工资水平偏低,劳动保障和福利待遇也相对较差,造成环卫队伍老年化等问题严重。

5. 管理标准与执法体系亟待健全和完善

由于对集中执法权的范围和管理标准缺乏明确界定,实践中对城管部门执法职责的划转,随意性较大。划转的多为其他部门感觉管理棘手的事项,造成城管部门执法事项多而庞杂,职权配置不合理;有些事项专业性强,需要其他部门的确认或配合才能完成执法,降低了执法效能;有些职权属于部分划转,整合不彻底,执法边界不明晰,各部门依据不同法规,对同一行为均可查处,职能交叉重合,争议问题多;有些职权虽然划归城管,但原来部门的相关职权和队伍仍然保留,或者虽将职权移

转,但未移转相关技术人员、机构和设备等支持力量,增加了执法难度;有些事项的划转将管理职能转移到执法层,以罚代管,导致管理弱化、问题难以根治。

6. 前瞻性和引领性的城市管理理念亟待培育

上海致力于建设追求卓越的全球城市,从现有趋势以及期望来看,更加开放包容的走向是确定无疑,但与此相对应的城市管理离全球城市的要求还尚存一定距离,特别是可以超前性引领其他城市未来管理的理念、技术、创新等尚且缺乏。如在互联网、智能化与城市管理方面步好先手棋,成为在新时代全球城市管理的标杆,成为重要命题。上海始终坚持开放引领创新、开放倒逼改革,顺应全球化、国际化发展趋势,这正是上海这座国际化大都市发展和崛起的秘诀所在,但也正是与其他全球城市的差距所在。全球城市管理不仅需要经济发展的支撑,更重要的是要具备更为开放的管理理念,以及更为包容的态度,变"跟随者"为"引领者"。

7.2.3 上海优化完善城市管理面临的矛盾

1. 城市规模快速增长与城市承载能力有限之间的矛盾

随着上海人口激增,2015年底已达到2 425万,人口老龄化、少子化特征日益明显。尽管上海不断加快交通基础设施、市容绿化、公共服务设施等建设步伐,如轨交营运里程目前在全球城市中最长,但每天超过1 000万人次通过地铁出行,局部性、潮汐式的拥挤现象仍十分突出;机动车交通量持续增长;全市建成区面积3 124平方公里,超过市域陆地面积的45%,已逼近规划规模3 226平方公里等等,城市的承载压力和开发强度远远超过纽约、东京、香港等国际大都市,土地利用结构不够合理、公共设施和绿地的用地比例偏低等矛盾日益凸显。

2. 管理服务需求提升与管理服务水平相对滞后的矛盾

当前,市民对城市管理诉求更加宽泛、更加多元、更加个性化、要求更高,但与之相匹配的管理服务水平相对滞后。基层部门购买社会服务或聘用协管人员加强城市管理,不规范行为时有发生;许多新情况新问题还存在管理盲点,如社会噪声治理

就是体现不同利益群体诉求的一个典型案例。许多市民诉求无法及时得到解决,对政府管理能力提出新的挑战。

3. 传统体制机制与日益多元主体诉求不协调的矛盾

当前,群众对参与城市管理的主动性、自觉性日益高涨,维护自身权益的意识全面觉醒,权利表达愈加强烈,现有诉求表达渠道和利益协调机制逐渐不相适应,亟待拓展和优化。面对群众愈加多元、精细化的公共服务需求和民生诉求,现有基层公共服务供给水平逐渐不相适应,亟待深化和提高。特别是社会组织、群众活动团队、网络团体、新媒体等主体、平台和渠道的蓬勃发展,使得现有党对各类社会主体的领导、动员方式与愈加复杂的社会组织形态逐渐不相适应,亟待加强和改进。

4. 管理执法资源分散与需要整体协同之间的矛盾

城市管理的社会化特征和专业化要求越来越突出,迫切需要齐抓共管综合治理和各司其职精细管理。但市、区、街镇管理职责交叉不清的情况还没有完全消除,推诿扯皮现象存在,有时管理层次过多,扁平化不够。不同管理模式在顶层衔接还有待深入探索,如城市网格化管理和大联勤、大联动平台的融合仍局限于基层探索。涉及城市管理领域的部门之间法规、标准、规范、制度等成体系地进行整合还处于初级阶段。例如,摊、亭、棚、牌、场的设置往往存在历史遗留问题,公共空间统筹管理难度较大。又如无序设摊管理,涉及工商、卫生、食品、文化、交通等多个执法主体,联动管理效果还不明显。

5. 城市安全脆弱与应急保障能力不足之间的矛盾

上海城市基础设施数量巨大,交通车流急剧增加,建设工程仍然很多。全市共有10.5亿平方米房屋建筑,1.7万多公里道路,约12万公里各类地下管线,生活垃圾分类减量难度大,违法建筑拆除困难,各类设施权属复杂,这些都给城市安全运行提出了新要求。但目前城市安全管理机制相对薄弱,建设初期考虑安全不够,风险预测机制和常态下的有效分析评估机制都还不健全,缺乏针对风险预测而储

专栏 7.10 上海综合交通管理存在的突出"短板"

交通问题是特大型城市永恒的主题和难题。一线调研和交通大数据分析显示,当前上海综合交通管理存在五方面突出"短板":

1. 道路拥堵形势严峻,9 个快速路区段、14 个地面区域、43 个交叉口呈现常发性拥堵;

2. 轨道交通高峰拥挤严重,其中 10 条轨道交通线路高峰时段处于超负荷运行状态;

3. 地面公交吸引力低,高峰时段平均运营时速低于每小时 12 公里,换乘不便;

4. 路网局部连通性不高,31 条区区对接道路、27 条区内"断头路"亟需打通;

5. 交通运营秩序不佳,中心城区存在 58 个秩序易乱的交通集散点。

与此同时,数据分析显示,交通违法行为易发多发,是导致本市道路交通秩序混乱的主要问题。

其中,机动车乱停车、乱占道、乱变道、乱鸣号、涉牌违法、路口违法,机动车逆向行驶、非机动车乱骑行、行人乱穿马路、非法客运猖獗等,是最突出的交通违法行为。

资料来源:《上海交通这五方面问题突出　韩正:落实最严厉整治,补好交通管理短板!》,上海发布,2016 年 3 月 20 日。

备的管理政策和应急措施,政府、企业、公众的良性互动还不顺畅等。

6. 功能活力提升与传统服务经济优势弱化的矛盾

目前,上海基本形成了以服务经济为主的产业结构。服务业增加值占全市生产总值的比重达到 67.8%,在比例指标接近世界的同时,服务业的短板也日益显现。面对产业升级的新要求和居民消费升级的新需求,上海养老、健康等生活性服务业有效供给不足,与制造业关系密切的生产性服务业水平能级有待提升。上海不仅在保持传统工业优势面临较大挑战,而且在互联网等新科技和新经济背景下,传统服务经济的发展也面临较大压力,创新经济发展任重道远。

7.3 提升上海城市管理"精细化"水平的对策

上海建设全球城市,城市管理要立足自身实际和特色,对标卓越的全球城市,系统分析城市运行的核心要素、结构及功能,统筹考虑目标、程序、权限等系统问题,以前瞻性的理念规划和高起点的标准体系为引领,以体制机制改革为动力,以创新技术为支撑,以法律法制为保障,以监督激励为促进的系统管理架构,形成城市治理关键环节和控制点有效衔接的有机体系,推动城市管理从单一政府主体为主的传统模式向多元社会主体参与的现代模式进行转变,通过政府、市场与社会的持续互动,不断完善全球城市精细化管理体系和方法,确保城市更有序、更安全、更干净、更文明、更有温度。

7.3.1 转变管理理念,提高管理标准,完善城市综合管理体系

现阶段,上海全面提高城市精细化管理水平,应当首先着眼于为广大人民群众提供精细的城市服务,以人为核心,结合新一轮城市总体规划实施,转变管理理念,提高管理标准,建立以人为本、疏堵结合、刚柔相济的治理理念,管理宗旨、管理方式和管理结构均以人为尺度,关注更多的治理善意,充分回应人的期盼、顺应人的需要,建立充满温度的城市治理模式和系统量化的指标体系,实现人性化、精细化、科学化的城市管理目标。

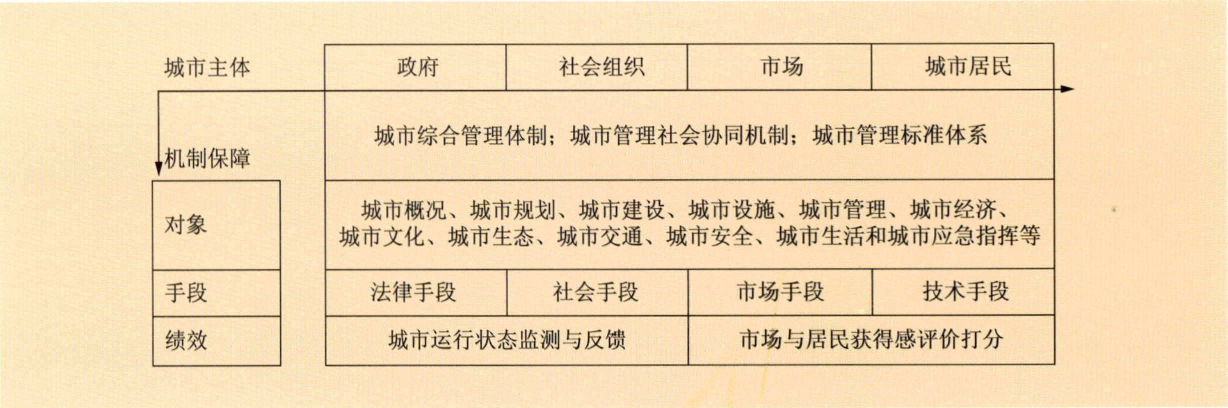

城市主体	政府	社会组织	市场	城市居民
机制保障	城市综合管理体制；城市管理社会协同机制；城市管理标准体系			
对象	城市概况、城市规划、城市建设、城市设施、城市管理、城市经济、城市文化、城市生态、城市交通、城市安全、城市生活和城市应急指挥等			
手段	法律手段	社会手段	市场手段	技术手段
绩效	城市运行状态监测与反馈		市场与居民获得感评价打分	

图7.3　上海城市管理中多元主体共治模式

1. 转变城市管理的理念

为应对当今超大城市在人口、环境、生态、安全等方面所面临的一系列全新挑战和风险，上海的精细化管理要在以人为本的先进理念支撑下，在《上海市城市总体规划（2017—2035年）》的基础上制定涵盖经济繁荣、社会公平、生态和谐、公共安全、可持续发展、风险应对等方面的精细化规划，进一步明确发展目标构架，引领整个城市精细化管理的方向。

一是通过理念引领，使原本为"政府—管理对象"的二元矛盾，转化为多元责任主体之间的利益协调。确定各主体之间的责任，依托扁平化责任网格体系、测评体系和诚信守法失信惩戒体系，实现政府与社区、社会和市民的合作，政府与院校、企业以及社会组织机构的合作，逐步形成"法制、自治、共治"的社会治理模式和有序的相互协商、共同处理的公共事务模式。二是加强宣传教育，吸引市民积极参与城市管理、主动接受城市管理，降低管理的成本、提高管理的效率。通过市民积极参与城市管理，主动了解城市管理法规，自觉遵守城市管理法规；主动接受城市管理，对城市管理部门依法进行的管理，给予充分的理解和支持。

2. 提升城市管理的标准

城市管理的标准体系一般涵盖市政设施、市容环境卫生、城市供排水、灯饰照明、城市户外广告、城管执法、智慧城管、环境保护、市政舆情和安全生产等方面，分为自愿性和强制性两种。对自愿性标准体系应当采取商业化的运作模式，对强制性标准体系要采用技术法规加以规范，建立不同层次的技术法规体系，并在法律法规等法律形式文件中引用标准，使标准成为法律法规和契约合同的组成部分。标准体系通过对每一项管理内容的管理目标、流程、分工、职责、奖惩以及信息公开等方面进行标准化，细化城市管理责任、精确定位管理对象，并以法规形式形成常态长效管理机制，切实地指导上海精细化管理。

上海城市管理真正要做到"像绣花一样精细"，其管理"走线之顺、针脚之密"，正取决于城市管理标准的提高，以及系统量化指标体系的建立。城市是一个开放的复杂巨系统，精细化管理工作全覆盖涉及领域庞杂，可以先选择垃圾分类、空气污染、交通拥堵、城市更新等居民获得感强烈、问题比较突出的领域，在制定和实施标准方面率先突破，为全面推进城市精细化管理各项工作形成示范、创造条件、营造氛围，并在此基础上逐步完善城市综合管理标准体系，针对协调人口、资源和环境发展等方面，每一年或者每几年从标准体系中选择出几个重要的领域、事项或标准进行强制推行，逐步推进城市分类分层管理。标准的实施和监测要善于依托科技手段，系统分析采集各类相关标准信息，以标准为尺度对城市运行状况进行总体态势识别、综合管理评估和决策问题诊断，进一步完善城市运行的数据标准、信息规范、特征识别、预警预报等内容，为城市运行的指挥、控制和沟通工作提供依据。

7.3.2　理顺管理体制，创新运行机制，提升城市综合管理能力

上海精细化管理要在明晰责任主体和履责内容的基础上，建立完善建设和管理分离、决策和执行分离的管理体制。探索成立了城市精细化管理委员会,作为全市精细化管理的决策主体和责任主体,建立健全城市精细化管理框架建设的政策法规和组织机构体系。明确界定各级政府部门的职能,杜绝机构重叠的低效运行现象;注重部门间的协调配合,规避管理漏洞,有效提升执法效率。运行机制方面要适应经济、社会发展的新特征,注重引入市场机制,加强宣传教育,吸引社会公众、多元主体对于城市治理的广泛参与、多方式参与、全程参与。

1. 理顺城市管理体制

一是通过建设和管理分离,决策和执行分离,进一步明确全球城市管理的权利和责任界面,建立完善的城市管理组织模式。严格实施决策与执行相分离的体制,决策者不直接实施,实施者不参与决策。决策机构只管制定有关城市管理的政策、规定和条例,而不过问城市管理的一般行政事务;执行机构则照章办事,减少执行偏差;二是实施公众参与计划、社区参与活动及为特定组别而推行的计划,积极推进政府和社会资本合作,明确细分责任界面,在充分调动公众、社会组织、企业等参与者积极性的同时,做好对参与者的监督、规范和协调,推

专栏 7.11　应勇:城市精细化管理要着力法治化

紧紧围绕让城市更有序、更安全、更干净的目标,牢牢把握核心是人、重心在城乡社区、关键是体制机制创新的原则,抓住着力点,推进专项治理,抓紧出台城市精细化管理的实施方案,不断提高城市治理整体能力。2017 年全国两会上,习近平总书记指出,走出一条符合超大城市特点和规律的社会治理新路子,是关系上海发展的大问题。要持续用力、不断深化,提升社会治理能力,增强社会发展活力。贯彻落实总书记的要求,就要紧紧围绕让城市更有序、更安全、更干净的目标,牢牢把握核心是人、重心在城乡社区、关键是体制机制创新的原则,抓住着力点,推进专项治理,抓紧出台城市精细化管理的实施方案,不断提高城市治理整体能力。

"让城市更有序、更安全、更干净",做起来并不容易。上海的着力点主要是"一全三化",即全覆盖、法治化、智能化、标准化。要实现精细化管理的全覆盖衡量一个城市的精细化管理水平,更主要的是看一般区域、一般项目管得好不好,不能领导关注的、重点项目和重点区域管得不错,而一些一般项目、一般区域精细化管理水平却不高。精细化管理,领域要全覆盖,不论是中心城区还是郊区农村,不论是群众开门碰到的大事还是小事,都要做到精细化管理。精细化管理,过程要全覆盖,要把精细化的要求体现到规划、建设、管理的全过程,实施全生命周期的精细化管理。

法治化,就是要强化依法治理,善于运用法治思维和法治方式解决城市治理顽症难题。目前,城市管理中仍然存在法制不健全、执法不够严的问题。要完善法规,抓紧填补城市管理领域的立法空白,及时修订不符合精细化管理要求的法规规章。要从严执法,重点是加强行业管理和综合执法的衔接,强化多部门联合执法,形成工作合力;用好用足法律资源,切实做到违法必究、执法必严,树立法律权威。

智能化,就是要更多运用信息技术手段,推进城市管理制度创新、模式创新。加强基础数据库建设,摸清家底,建立基础数据库,是强化精细化管理的基本依据。要加强信息技术的广泛应用,改变依靠人海战术的传统做法,更多运用互联网、物联网、大数据、云计算等信息技术,提高城市管理的效率和水平。

标准化,就是要建立健全城市管理标准体系,为精细化管理提供标尺和依据。目前,城市管理领域的标准建设还存在"缺、低、散、虚"等问题。要对标国际标准,城市管理的各个方面都要向世界先进水平看齐,这是一条基本原则。要完善体系,聚焦技术标准、管理标准等领域,没有标准的要尽快制定,偏低的标准要抓紧提高,相互打架的标准要进行梳理,逐步实现城市管理标准的全覆盖、精细化、高水平。

资料来源:《人民日报》,2017 年 07 月 21 日 05 版。

动城市治理成为政府和企业、社会、市民公众多方参与互动的过程，依靠广大群众的智慧和力量，让城市治理创新走上"多点开花"以至"百花齐放"的轨道，激发城市精细化治理的活力之源。完善公众参与的规划实施机制，搭建多方参与规划实施的平台，从规划编制到实施全过程，建立"政府—市场—社会"多方协同的规划实施机制，共同维护规划实施的公平性，共同分享城市发展的收益。以社会需求为导向，鼓励各类社会组织和公众参与城市管理，政府将更大的精力和心思用于制定科学、合理、实用和高效的法律、法规和政策，以调动参与者的积极性，并监督、规范和协调参与者的行为。

2.创新城市运行机制

建立管理资源整合、部门职能互补、工作有机衔接、运转协调、全方位推进的城市管理工作机制。凡需要多部门协同办理的事，均按照各自的职责，依据法例规定的工作程序提出，通过部门联席会议会审，并经上级批准，用合同、协议书等形式规定下来。哪个部门不按条例规定和合同协议执行，就追究哪个部门领导的责任，绝不含糊；建立完善"预防、发现、制止、报告、查处"长效机制。确保违法建设第一时间发现、第一时间查处、第一时间整治；坚持"即管、即清、即整、即建、即美"，美化城市环境，便利居民生活。

专栏7.12　人民日报："推进城市管理现代化"

1. 树立新的城市管理理念。

相当长一个时期，一些地方政府和领导干部对城市管理存在误区，在城市管理中采用了一些粗放方式。改变这种状况，需要管理者抛弃不科学的管理理念。

不可盲目搞建设。一些城市千方百计进行产业投资、房地产开发、基础设施建设，导致了城市摊大饼式发展。但是，一些城市的设施、街道、街区以及公园、社区服务中心并没有与居民的日常生活融合起来，甚至变成了一片片缺乏活力的建筑群。不可随便变更规划。个别地方政府规划缺乏前瞻性、严肃性、强制性和公开性，贪大、媚洋、求怪，特色缺失，给社会带来巨大浪费，给人民群众生活带来巨大不便。不可忽视居民生活品质。生活品质是一个国家或地区提供给居民所能感受和拥有的日常生活中设施、环境、技术、服务等的总和。其中，政府公共服务是生活品质的主体。在此基础上，还包括可能提供服务的社会组织，如社区组织、志愿组织和慈善组织等，后者正成为生活品质越来越重要的提供者。

2. 促进城市管理更加精细化。

动员公众参与。调动各方面的积极性、主动性、创造性，集聚促进城市发展的正能量。这就需要健全利益表达、协调、保护机制，引导城市居民依法行使权利、表达诉求、解决纠纷。增强社区自治功能。努力提升社区居民的满意度，实现政府治理与社会调节、居民自治良性互动。社区实行自我管理、自我服务、自我教育、自我监督，给居民更大空间参与自治，处理好自身事务，让居民对社区形成归属感、认同感。提高依法管理水平。加强城市管理和执法方面的立法工作，完善配套法规和规章。居民要守法守责，管理者要依法把本该属于居民的权利还给居民，指导居民用好法律，在法律框架内自治。改革城市管理体制，理顺各部门职责分工，提高城市管理水平，落实责任主体。优化城市环境。提高城市园林绿化、环卫保洁水平，加强大气、噪声、固体废物、河湖水系等环境管理，改善城市人居环境。利用现代技术手段解决城市问题。加强城市管理数字化平台建设和功能整合，建设综合性城市管理数据库，发展民生服务智慧应用。

资料来源:《人民日报》,2016年05月22日05版。

专栏 7.13　嘉定通过"两个建设"提高城市精细化管理水平

嘉定在创城过程中非常重视"两个建设"——队伍建设和制度建设,通过"两个建设",嘉定创城工作的广度和深度度有了良好的保障,城市精细化管理水平得到提高,嘉定的良好形象得以全面提升。队伍建设:民有所呼必有所应,为居民搭建自治平台。

1. 打破原有部门体系,建立路(段)长工作队伍。

为努力建设"清洁、有序、文明"的城市形象,着力推动"社会治理补短板、新城品质争样板"工程,马陆镇打破原有部门体系,设置"班子领导包网格、条线部门抓督查、属地单位守点位"的路(段)长工作制度。班子领导担任路长,作为城市管理工作的总指挥、总协调、总调度;机关部门、各事业单位、镇直属公司等分别包干一个网格,根据路段多少,分别设置 N 个段长(部门工作人员),作为城市管理工作的"指导员""巡查员"。属地单位则按照路段,分别对应设置包点人,在路(段)长的协助指导下,遵循"条块结合、以块为主"的工作方针。对于路段沿线的小区、商铺、公交站点、集贸市场等区域,同样作为包干区域。普通市民组成的"市民巡访团"也积极发挥作用,每月逢 5 日、15 日、25 日,集中开展"三五巡访"活动,从市民的角度和眼光,及时发现问题,找出问题。

2. 制度建设:突击管理远远不够,流程规范不留死角。

马陆镇网格化管理区域主要包括嘉定新城核心区 17 平方公里,以及马陆集镇区域 5 平方公里,共计约 22 平方公里。为便于管理,明确责任,马陆镇将"主战场"划分为 34 个网格,网格内的相关重点区域也进行了罗列汇总,由镇班子领导每人分别包干一两个网格,下设镇机关、事业单位、直属公司、新城公司等 33 个部门分别对应一个网格,与各个社区(村)基层单位一起,各自守好"阵地",做好环境整治、秩序维护、文明劝导工作,共同承担起城市管理职责。各个社区(村)也按照网格、点位划分,进行内部包干,设立包点人,上下联动,加强巡查整改,及时发现并解决问题。

资料来源:http://www.jiading.gov.cn/zwpd/zwdt/content_416409.

3. 做好城市管理保障

探索合理、高效的城市管理资金投入模式。一是强化资金保障,提供持续稳定的投入支持。建立全球城市管理标准,大力发挥公共财政导向作用,加大对城市精细化管理标准体系建立工作的经费支持,设立城市精细化管理标准体系专项资金。二是通过制定渗透到方方面面的严格罚款制度,增加城市管理资金来源并提高法律法规的威胁力。除了对严重违法人追究其法律责任外,对轻微违法行为,罚款程序明确具体,可操作性强,罚款数额大,足以使受罚者心痛,使受罚者不敢再犯。三是注重城市管理资金的市场化运作和经营。通过市场化运作,使管理资金增值,以增加城市管理的经费。逐步建立城市管理工作社会多元化投入机制。建立资金使用评价体系,开展针对资金使用的绩效考核,规范资金使用方向,提高资金使用效率。

4. 建设城市管理队伍

城市管理中,人和制度同等重要,缺一不可。加强城市管理队伍的培养和专业素质的提升也是当前的迫切命题。一是充分利用上海的优质资源,引进全球城市管理领军队伍。上海城市管理水平的提升要有一定的结构性与阶梯性,既要有基础的标准化人才,又要有专业的管理人才,更要有现代化技术的领军人才。在城市管理各领域中培养专业人才,为其建立清晰的职业规划,提高城市管理工作人员的积极性。二是加强专业培训,不断提升城市管理人员的业务素质。为提高管理队伍的素质,设立市政管理训练学院,专为城市管理人员提供范

表7.1 上海全球城市管理标准化重点领域

优先级	突破重点	领域	涉及类别或事项	标准化工作重点	
				基础保障类（10项）	先进引领类（10项）
一级	城市生命线	市政市容	垃圾与水务	垃圾处理	节水利用
		公共安全	交通、防范、消防与信息	交通运输安全	安防监测
				消防安全	信息安全
		城市交通	基础设施	轨道交通	导向系统
二级	城市名片	城市环境	大气治理（PM2.5）	汽车尾气	油品油质
				清洁能源	电动汽车
				施工扬尘	道路遗散
		应急管理	自然灾害	排洪排涝	应急预案
三级	城市魅力	城市生态	园林绿化	园林绿色养护	湿地保护

围广泛的训练课程。加强基层工作人员的基础知识和概念的培训工作；三是健全城市管理执法队伍体系。通过调整编制、优化结构、招募专业人才等方式，配备正式城市管理和一线执法人员，建立健全"市、区、街、社区"四级城市管理执法队伍。

7.3.3 系统有序推进、重点领域示范，把好城市综合管理节奏

愿景导向下的城市精细管理是一个不断动态演变的有机系统，城市作为一个有机体，城市精细化管理体系的构建和完善也是一个动态过程，随着城市的生长和外部条件变化，不断呈现出新的走向和趋势，城市精细化管理的覆盖领域不断拓展，上海需要在探索精细化管理路径的同时给予充分的关注和考量，优化节奏有序推进，结合市民群众需求，在关注的重点领域形成示范效应，突破现阶段"数据孤岛"等核心瓶颈，尽快通过优化城市管理，让广大市民群众实现更大、更多的获得感。

1. 明确步骤，有序推进

通过创建活动示范带动，以点带面、变点为片，探索建立一套标本兼治、齐抓并管的城市管理长效机制。选择城市发展的关键区域、关键问题作为区域城市管理资源配置、管理重心的依据。建立学习型组织，探索城市管理难题的解决之道。系统推进创新实践，发挥引领示范作用。以标杆管理为目标，促进城市管理经验模式的集成应用；加强对城市管理创新的研究指导，推广基层的城市管理创新实践；

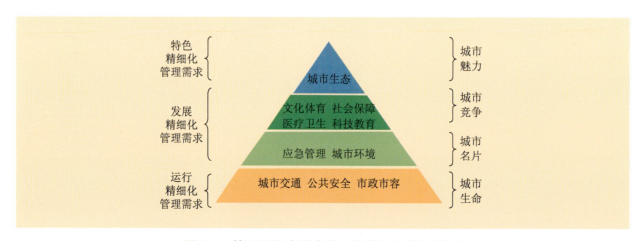

图7.4 基于马斯洛需求的上海精细化管理模式

建立城市管理创新信息交流沟通机制、政策配套研究机制、专业部门和属地管理创新协作支持体系。探索多种激励模式,增强城市管理的动力。完善激励机制,鼓励城市管理力量下基层、到一线,夯实城市管理基础。

2. 重点领域,示范引领

参照其他全球城市管理改革实践经验,结合上海全球城市性质与功能以及愿景目标,按照上海人口、资源、环境协调发展的现实要求,以及当前上海城市管理现状,遴选出城市精细化管理10大领域。并按照各领域不同的本质特征,以及在城市运行和发展中的不同功能和作用,可将其分为三个层次。

通过选择垃圾分类、空气污染、交通拥堵、城市更新等居民获得感强烈、问题比较突出的领域,在细节、模式、技术、服务等方面形成率先突破,为全面推进城市精细化管理各项工作形成示范、创造条件、营造氛围。

3. 问题导向,突破关键

以信息技术手段提高管理效能,解决当前"数据孤岛"的核心问题积极探索数字化城市管理模式,通过平台融合、数据融合、技术融合、人才融合、方式融合和资金融合等措施,全面建立数字化城市管理"数据＋内容服务"的模式,使城市管理和社会治理得到有效结合,推动数字化城市管理和智慧城市建设同步发展,共同服务好社会、服务好城市、服务好民众。

一是以"数字详规"作为精细化规划管理的信息技术手段。将重点地区城市设计与上海市"数字详规"的要求相对接,按照"数字详规"系统的数据格式要求提供重点地区规划范围内的三维电子模型,并纳入数字详规系统,在重点地区规划案件的审批管理中实现三维报建审批。二是建设以网格化为支撑的智慧城市管理服务系统。以社区行政区为分界,将辖区划分为若干个网格单元,由城市网格监督员对所分管的网格进行全时段监控,同时对静态城市部件与动态城市事件进行定位分类管理服务。网格化管理为精细描述管理对象、精确采集管理服务信息、精准处理管理问题提供了技术支撑,可以保证管理服务活动快速灵敏反应。三是在网格化管理的基础上,应将智慧城市理念运用于城市管理。大力发展智能规划、智能建筑、智能交通、智能园区建设,通过信息资源的整合与运用,建立网格化、数字化、智能化和属地化的管理服务模式。

专栏 7.14　智慧城市"打造活力上海"

自 2009 年开始,上海就全面开始建设智慧城市,在政务管理、城市交通与医疗等领域取得了一定效果。

2016 年,上海电信已经启动了"千兆宽带"网络建设工作,计划到 2018 年,将投资超过 30 亿元,实现"千兆宽带"全市覆盖,届时,上海将成为全球首个实现千兆宽带全覆盖的城市,一举确立"百兆起步、千兆主流"的城市光网"新国标"。

在漕河泾开发区,上海电信承担国家发改委双创示范项目的试点推广工作,新一代云网融合服务已投入运行,目前已与 20 余家科创园区签约。仅徐汇区,商家营业收入的一半至 2/3 是通过手机支付的。在交通方面,可以手机缴费的项目也愈来愈多——2017 年 6 月,支付宝与上海虹桥机场合作推出全国首个"无感支付"停车库,用户的车牌绑定支付宝以后,停车缴费将不需要做出任何动作,就可以实现不停车缴费离场,车辆出库时间已从原来的平均 10 秒下降至 2 秒;今年 9 月 12 日,"上海交警"App"扫码缴款"功能正式上线,驾驶人可使用"上海交警"App 扫描处罚决定书二维码,来支付罚款。

资料来源:《新民周刊》,2017 年第 46 期。

7.3.4　拓展技术应用,依法从严治理,夯实城市综合管理基础

1. 依托技术手段,搭建数据共享互动平台

上海城市管理要积极推动政府内、外部信息资源、各种数据的共享,互联互通,在消除"孤岛"现象的同时,例如道路状况、导航、治安情况等,做好基础数据库建设。建立新的公共政策和福利体制,推动技术先进企业积极主动参与城市治理,促进优秀的科技成果在企业与政府之间的共享。按照"一体化平台"的理念设计建立统一的精细化管理空间信息服务平台,逐步实现城市网格化管理与大联动、大联勤、"12345"市民服务热线的融合互动。"统一"或"一体化"的概念是依靠标准化、规范化,实现可共享、可交换和可协同。进一步推广视频检测技术应用,促进良好的环境秩序,做到问题及时发现及时处置。加快构建"智能城",引入"区域能源管理系统(AEMS)",对区域能源使用进行一元化管理,实现节能减排,维持城市空气清洁。建立完善智能交通处理系统,提高交通管理效率。

2. 刚柔并举、宽严共济,推动城市管理落地生根

依法从严管理方面,精细的上海城市管理,一方面要在标准体系的基础上建立完整明确细致完善的法律法规体系,以强制力保障的规范形式来开展城市管理;重视法律实施的高效可行,即制定法律时充分考虑实际情况,广泛征求公众意见,要对利益相关者的权利和义务、以及执法主体的职责和工作流程进行详细的规定。另一方面要加强执法,在执法中体现疏堵结合、以人为本的管理理念,广泛宣传法律法规,系统组织执法人员培训,提升城市执法人员的业务素质,强化执法效果、讲求执法技巧、完善行政执法体制、提高执法效率。

监督激励促进方面,上海城市管理要通过信息技术建立高速的信息采集和传播渠道,对各专业、区县及重点地区的运行状态监控,及时获取信息和准确呈现,实现高效的城市运行监测与管理,提高城市运行管理能力。考核方面,制定相配套的考核体系,明确权责,加大考核力度,完善考核制度,严格考核标准,并利用问责、奖惩、处罚、通报等方法,建立规范、科学的机制,使之与精细化管理机制有效结合。完善罚款制度,明确罚款程序并严格执行,提高违法成本,增强法规的威慑力。提高考核的权威性,切实使发现的问题能够得到及时有效的解决。激励方面,加强城市管理资金的市场化运作和经营,强化资金保障,提供持续稳定的投入支持。按照城市精细化管理标准,核定城市管理专项资金。定期组织形式多样的评比活动,以奖励方式充分调动管理人员的积极性。

全球城市的社会发展 第8章

通常来说,社会发展具体涵盖社会公共服务、社会保障、社会治理等三大领域。国际全球城市发展经验表明,社会发展是全球城市的重要功能支撑,在全球城市建设过程中发挥着不可替代的作用。一方面,社会发展是全球城市和谐、稳定发展的基本支撑;另一方面,社会发展也是全球城市功能塑造与提升的重要支柱。发展具有全球影响力和辐射力的教育、医疗、体育等公共服务功能既可以拓展城市新型功能,提升全球城市的综合竞争力,也可以增强对全球高端人才吸引力,为城市功能提升提供充足的人才支撑。

8.1　全球城市社会发展的特征

放眼世界,纽约、伦敦、东京等全球城市均拥有与之功能地位相匹配、国际一流水准的公共服务和社会事业以及有序、高效并符合国际惯例的社会治理体制。

8.1.1　全球城市社会构成的特点

1. 全球城市的人口构成状况

从世界著名的全球城市来看,其人口构成状况的主要特征是"国际移民众多、种族与族群丰富、宗教和语言多元",充分反映出全球城市的"大熔炉"特质。比如,纽约是一个公认的移民城市,2010 年白人占总人口的 44%,非洲裔占人口总数的 25.5%,亚裔占人口总数的 12.7%,同年居住在纽约的外国出生居民占人口总数的 36.9%,在家不说英语的人数占总数的 48.7%;伦敦 2011 年人口普查数据显示,超过 1/3 的人口为出生在英国以外的海外移民(近 300 万人),与 30 年前相比近乎翻倍。其中,超过三成的人是长期移民,已在英国居住 20 年以上,约半数的移民是 2000 年或以后进入英国的新移民。与广泛的移民来源相对应的是伦敦多元宗教与语言并存。

2. 全球城市的就业阶层状况

伴随着城市产业结构不断升级与转型,全球城市的就业结构与收入结构都发生重大变化,导致全球城市的阶层分化明显、阶层类型复杂、社会两极分化有进一步加深的趋势。比如,从 2012 年调查情况来看,纽约在管理、商业、科学、艺术等职业的就业人口最多,达到就业总人口的 38.04%,其职业收入也是最高,中位数达到了 61 038 美元。收入最低的是一般生活性服务业,中位数收入仅为 22 403 美元,而该行业所占的就业人口比例为 22.68%。伦敦自 20 世纪 80 年代中期以来,从规模生产的制造业向

表 8.1　伦敦人口的分行业就业状况(%)

	1981 年	1991 年	2001 年	2011 年
农、林、渔	0.1	0.2	0.3	0.1
能源、水利	1.7	1.1	0.3	0.6
矿业、制造业	10.1	11.6	7.8	3.4
建筑	6.6	6.5	5.3	6.6
配送、餐饮	19.1	19.1	19.0	19.3
运输、信息、通讯	9.7	8.9	8.1	11.9
银行、金融	13.7	20.4	28.2	26.4
其他服务业	28.9	30.7	30.9	25.4
未说明/在境外	1.1	1.4	—	—
总　计	309 万人	283 万人	332 万人	400 万人

资料来源:"未来 30 年上海迈向全球城市的社会文化发展战略"研究课题。

更灵活的劳动力市场转变带来了若干结构性变化：一方面，基于金融和生产者服务行业的就业机会增多，女性比以往有了更多的就业机会。另一方面，新的劳动力市场中，适合技术体力工人和监督人员的"中间层"就业机会远不如薪酬丰厚的高端职业和要求较低的低端就业机会。

8.1.2 全球城市在公共服务方面的主要经验与做法

公共服务是保护个人最基本的生存权和发展权，为实现人的全面发展所需要的基本社会条件。其中，教育、养老和医疗卫生公共服务是全体社会成员最关心、最迫切的公共服务。同时，各大全球城市的教育、医疗、养老等公共服务不仅满足城市自身居民需求，还发挥着服务全球、引领全球的功能。

1. 在教育公共服务方面，主要全球城市在教育的各个阶段普遍贯彻人文化、终身化、国际化的教育理念

纽约、伦敦、巴黎、东京等全球城市都是世界著名的教育（特别是高等教育）中心，这些全球城市普遍对教育投入大，教育种类、内容形式、技术手段多样，十分注重教育的人文化、终身化和国际化。主要做法如下：

（1）早期教育方面。

各大全球城市从培育儿童综合能力和意识出发，贯彻先进合理的早期儿童教育理念和教学方法。例如：新加坡通过学前教育鉴定框架（SPARK）对早期儿童教育机构进行评估管理，据此促使机构提高教育质量，还实施了诸如"教得更少、学得更多"和"总体课程"方法，倡导以学生为指向。首尔将"创造性的体验式学习活动"纳入课程，提出"早期儿童

教育与发展"倡议，开展儿童教育活动和家长、教师的研讨活动，并向家长和教师传播有关早期教育方面的信息材料。纽约实施"纽约市早期学习方案"，为0—5岁儿童提供融合儿童保育、启蒙教育、一般学前教育等内容的综合性服务，并正争取免去全日制学前教育一年的费用，重视居民尤其是双语学习者的需求，在促进社会情感健康方面，纽约开展员工培训以减少校内的歧视与骚扰事件。东京在高中引入综合研讨会，培养批判思考和问题解决能力，并设置了处理和防止校园欺凌事件的方案。在提升环境意识与全球公民意识方面，东京、伦敦、新加坡均将环境教育纳入学校课程。

（2）高等教育方面。

各大全球城市普遍注重教学质量和高校与社会的链接性。例如：伦敦拥有数量最多的世界一流大学，确保质量的始终如一与教学技术的创新。东京大学采取国际化战略开发全球人才，吸引国际学生和有才华的教师，实施大学一年级新生离校一年计划，采用一年四学期制，使学习规划更具弹性。新加坡扩大大学校区和招生名额，促进大学办学格局的多元化，并强化应用导向、产学联动及教学规模的可承受性。

（3）终身教育方面。

各大全球城市均结合自身实际，积极推动终身教育的策略。具体表现在多个方面：一是社会教育资源建设，东京在国家出台的政策文本的指导下，结合自身优势，充分挖掘诸如公民馆、图书馆等各种公共设施的教育功能，密切关注并主动推动学校、家庭与社区三者的融合，在不断革新传统教育理念的过程中实现终身学习体系的确立。纽约城市丰富的图书馆、博物馆资源也各展所长、各尽其责，

表 8.2　全球城市基础教育生均教育经费占人均 GDP 的比例（％）

	纽　约	伦　敦	巴　黎	东　京
幼儿园	22	—	16	24.7
小　学	22	20	18	27.3
初　中	24	27	28	33.0
高　中	27	41	34	39.7

资料来源："未来30年上海迈向全球城市的社会文化发展战略"研究课题。

针对不同对象的多样化需求更新项目、丰富活动从而最大程度地扩大对居民学习的服务范围。二是在职业教育，新加坡实施有关项目，包括提倡技术教育、职业教育与行业需求紧密联系、改善就业指导体系、增加实习与继续教育机会等。伦敦努力恢复实习制度，提供免费在线服务，将实习生与未来的雇主进行匹配，促进大专院校与企业之间的联系。韩国采用瑞士技术职业教育与培训的经验，加强与产业相关联的现场教育、与韩国主要公司的合作、与大学相关项目的链接等。三是成人教育与继续教育，美国利用正规的大专院校（如社区学院）来实施成人教育和继续教育，开展多样化的终身学习活动，成人职业教育的稳步推进为终身学习发展打下良好开端。欧洲实施具有高度透明性、可比性和机动性的《欧洲资历框架》，它包含了关于终身学习的诸多政策与项目，并建议每个资历级别须通过多种途径来获得，从而帮助劳动者与学习者提高就业能力和机动性，减少正式、非正式、与非正规学习之间的差距。

（4）教育国际化方面。

各大全球城市均高度重视教育的国际性和国际化程度，具体表现在三个方面：一是学生国际化，全球城市的学生来自世界各地，例如纽约大学每年的新生来自120多个国家和地区，自2001年起，该校国际学生招收人数就逐年递增，2015年，国际学生招收比例占到了25%。2014年，牛津大学有来自140多个国家和地区的8 400名国际学生在校学习，占到了牛津大学全部学生的40%。二是课程和教学内容国际化，在"开放共享、全球受益"的理念指导下，以课程内容为代表的教育资源开放共享是全球城市教育资源发展的共同特征。例如，伦敦大学将发展国际化的课程作为重要发展战略写入发展规划之中，并试图在所有学科中提供国际化的教学课程。三是积极开展国际合作和交流。全球城市的大学以建立海外分校、交换实习等方式在全球范围内寻求优质的合作伙伴，开展跨国的合作交流。例如，纽约大学在全球五大洲建立了10个海外校区，先后与所在国合作建立了纽约大学阿布扎比分校、上海纽约大学等；伦敦大学与世界顶尖的大学和研究机构有数以百计的协议或备忘录，涵盖了学生交换、海外实习、与工商业部门的合作等。

2. 在医疗公共服务方面，主要全球城市均致力于推动医疗服务多元供给，拓宽健康服务领域

全球城市往往也是闻名世界的医疗卫生中心，医疗卫生资源非常丰富，医疗机构和服务内容的整体水平引领全球，具有较强的服务全球的医疗卫生功能。这一定程度上得益于全球城市积极推动医疗服务供给主体多元化、服务类型多样化、服务范围扩大化的举措。主要做法如下：

（1）全球城市的医疗服务提供机构既有公立的医疗卫生服务机构，也有大量社会办医机构。

社会办医机构既可以是营利性组织，也可以是非营利性组织。如慈善机构、非营利性组织开办的社区医院、老年护理院等，也有企业等经济实体建立的各类营利性服务设施和机构，政府通过购买服务或提供补贴等形式支持其运行和服务提供。社会办医机构在数量和质量上都毫不逊色于公立的医疗卫生服务机构。例如：英国Nuffield医疗集团设立的社区连锁Fitness & Wellbeing健身房。纽约社会办非营利医院占比达到近70%。

（2）全球城市在提供的医疗服务类型方面，既有面向本地、本国居民的一流基础诊疗服务，又有依托其国际顶级医疗服务机构、面向海外患者的高端医疗服务。

例如，伦敦拥有英国乃至欧洲最大的私立医院——惠灵顿医院、欧洲最大的癌症研究治疗中心——英国皇家马斯登癌症中心、英国最大的心脏病医院——皇家布朗普顿医院等诸多誉满全球，具有世界一流水平的医疗机构。纽约也是纽约长老会医院、纽约大学医学中心、西奈山医疗中心等国际顶尖水平医疗机构的集聚地。这些机构以其医学成就、优势专科产生辐射全球的国际影响力，吸引各国患者前来就医。新加坡积极支持能力强的医生获得国际行医资格，或者吸引国际医生前来行医，打造一流的服务队伍、服务质量和技术水平，如蒙特·伊丽莎白医学中心，所有25个科室的50名专家都具有国际认可的职业证书并在国际领先的医学机构接受过培训。

（3）全球城市普遍大力发展智慧医疗，注重信息系统和数据共享的应用，以提高医疗卫生服务质量和效率，促进实现优质稀缺的医疗资源合理配置。

例如，加拿大公共卫生信息系统能够自动整合

公众免疫、传染病、健康记录等信息,可支持公共卫生提供者的干预、跟踪、随访、病案管理和疾病报告。通过推广电子健康记录和远程健康服务提供等方式,避免重复劳动、缩短病人等待时间;通过倡导数据共享,减少患者重复检查和不合理用药,节约了医疗成本,缓解了医疗保障给公共财政带来的压力。澳大利亚利用电子处方将医生和药房关联起来,记录患者用药情况,跟踪药物使用,为药物政策的制定提供循证决策支持。全科医疗哨点监测研究网基于全科医生哨点临床应用监测系统,通过结合社区实时信息和季节性病毒的地理信息,监视流感的活动状况。在美国较大规模的医疗机构几乎完成了临床检查和药剂部门的信息化覆盖,较多机构已实现了检查图像信息和医院信息系统的无缝对接,支持医疗服务信息共享。韩国 95% 的医院和诊所通过网络链接了国家医疗保险部门进行结算,而且其大多数三级医院已经安装了医嘱录入系统,其中 1/3 安装了图片文件交流系统。美国 52% 的医院已经实施使用了远程健康项目,另外 10% 正在准备实施。

(4)全球城市普遍响应世界卫生组织健康城市概念,把健康作为城市发展的战略目标和主要发展愿景,将健康理念融入城市管理的各个方面。

例如,纽约在其面向 2040 年的规划《一个纽约——规划一个强大而公正的城市》中,提出了在各个年龄层的纽约居民所生活工作学习娱乐的街坊中推广积极健康的生活方式,所有纽约居民可获取所需的身体和精神医疗保健服务,将继续支持交通事故"零死亡愿景"计划等涉及居民健康的发展愿景。纽约市几乎每年都会通过一些涉及健康的法案或者措施,如提高了购买香烟的年龄限制、禁止销售大杯装的碳酸饮料、禁止医院出售垃圾食品、建设都市菜园、减少用盐等。纽约市还设立了"健康委员会",专门协调各个部门推动实施与健康有关的工作。伦敦以市长(鲍里斯)带头,公益广告宣传等方式鼓励 80% 以上的伦敦人加入慢跑、自行车上下班的行列,进一步提倡健康的出行方式。澳大利亚伊拉华拉的社区营养计划对社区居民进行健康饮食教育和培训工作,降低超重和肥胖率,减少可避免的住院治疗次数。纽约为市民提供"个人健康护照",针对纽约市民普遍存在的健康问题而

设计的"个人预防记录"方便使用者记录各项检查的时间和结果,以及医生的建议、个人病史、用药记录等。德国很多医院每月都举办一场糖尿病自我管理学习班,让患者接受系统的糖尿病防治知识培训,包括糖尿病相关知识介绍及血糖测定、胰岛素注射、饮食、运动等实际操作的指导,并为每位患者进行个体化的指导及治疗方案的设计。新加坡教育部针对在校儿童,举办健康与脂肪(trim and fat,TAF)项目,普及相关知识以达到增强学生身体素质,降低肥胖发生率的目的。

(5)全球城市均致力于推动形成医疗全服务链,把医疗公共服务延伸到预防保健、护理、康复各个方面。

例如,伦敦的公共健身场馆的可获得程度高,规模较大且数量较多、健身费用低廉,大学的健身费用仅 140 磅(1 400 元)一年,可以健身游泳打球等。德国工业发达,举办多年的国际健身与健美博览会重点推广最先进的功能训练装备、体况测量工具以及身体机能领域的营养、补剂等产品的同时提供健身爱好者近距离体验和学习交流活动。位于美国休斯顿的安德森癌症中心,拥有医疗服务业所需要的众多类型的医疗机构和研究中心,提供集诊疗、护理、康复于一体的整条服务链:包含休斯顿癌症中心、得州儿童医院、复健研究院、哈礼斯郡精神治疗中心、得州大学休士顿保健医学中心、高尔夫湾域血液中心、A&M 大学佩理孚护理学院、得州女子大学保健医学研究院、休士顿大学药学院等;为提高行政系统与研究机构的配合,政府行政机构就近设立于医学中心,如休士顿卫生福利局、哈礼斯郡医学检察局等。

3.在养老公共服务方面,主要全球城市普遍重视多样化、智能化的养老服务体系建设

(1)大力推行社区养老。

欧美发达城市普遍强调以社区为基础提供养老服务,特别是上门服务来增强老人在家庭里的生活能力。例如:如英国伦敦推行社区照顾的养老模式,由政府、社区甚至市场化的企业等各种非营利和营利的养老服务机构提供专业服务,或者社区内的居民提供的非正式服务,以利于老年人在社区与家庭环境中提高生活质量。英国的社区照顾主要包括物质支援、生活照料、心理支持、整体关怀等方

面。社区配备的老年人健康访问员在医师指导下定期到老人家中探访,根据老人的健康状况提出治疗康复建议。社会工作者为老年人提供日常家政服务、夜间照顾,并开办"托老所"、娱乐中心、午餐食堂等。美国的社区养老模式形式多样,有退休社区、社区会员制养老等模式。退休社区包括退休新镇、退休村、退休营地、集合式老年住房公寓和继续照顾退休社区等形式,这些社区设施齐全,为各类老人提供全方位服务。美国加州现在大约有 7 800 个拥有执照的生活援助社区(PCFEs),可以为超过 17 万人的老年人提供服务。美国波士顿的比肯希尔(Beacon Hill)社区,采取的是社区联盟会员制养老形式,即在社区范围内,老年人缴纳一定的费用成为会员,就能得到社区提供的各种服务和照料。

(2)倡导居家养老。

欧美等发达国家非常提倡居家自助养老,通过养老服务机构、协会、社区和志愿者等多种途径提供居家养老所需的生活照料、医疗护理、精神文化交流等服务。在美国,居家养老是老人们选择的一种普遍的养老方式。为推动居家自助养老,美国实施了"社会服务街区补助计划",在各州力图帮助和支持老年人在家里有能力独立活动,为老人提供较多的服务项目,如家政服务、运输、供给膳食等,所有住在家里的老人都能获得这样的服务。因此,在美国社区中,有专门的机构进行家庭护理服务,如打扫卫生、烹饪食物、照顾老人起居等,费用按照照顾时间或次数进行计算。有的地方政府或企业还专门为老人设计特定的服务计划,提供为老人的专门服务。例如,位于加利福尼亚州的一家生活协会为老人提供的服务包括整理花园、修理栅栏和窗户、递送生活用品及载送老人到银行、陪同散步等。瑞典政府正在大力推行居家养老模式,为了使儿女照顾父母更方便,政府为老年人提供住宅服务,在普通住宅区内建造老年公寓,或在一般住宅建筑中配建便于老人居住的辅助住宅。在瑞典,凡领养老金的老人,都可以领到住宅津贴。

(3)普遍将新技术应用在老年健康监测、疾病诊断、咨询、教育和慢性病管理、长期照护等方面。

例如,美国推广基于射频识别(RFID)传感器的全新监测系统,该系统由一个与互联网连接的电脑、电视界面、电话和一系列传感器组成。这些传感器可放置在社区老年人活动的任意地点,观察老人的生活情况并记录他们的行为;如果遇见突发情况,系统也会自动向家人发出警报。荷兰萨蒂拉区域医疗中心建立了 Zone Flex 的医疗系统。该系统通过 300 多个 WiFi 设备实现社区老人的电子信息管理,从而提升养老看护服务品质。与传统养老模式相比,数字化智能养老模式能提高服务资源共享性,通过连通各个社区网络,整合政府、市场、家庭、个人等多方面的资源。

8.1.3 全球城市在社会保障方面的经验做法

社会保障,作为人类社会长远的保障制度安排,是国家或社会依法建立的、具有经济福利性的、社会化的国民生活保障系统。经济发展与社会保障发展存在着互促与互制的关系,纵观各大全球城市,在繁荣的经济背景下均注重建设与之相适应的社会保障体系,注重社会保障的公平性、可负担性以及多层次的社会救助机制。

1. 全球城市高度重视构建平等包容的社会保障体系

纽约、伦敦、东京等全球城市人口异质性较高,全面平等的社会保障体系是支撑这些城市健康发展的基石。例如,纽约的社会保障较注重平等性,尤其在对待退休老人和伤残人士及其家属的问题上,提供的保障额度较高。在对待外来人口问题上,不论其是在本国出生还是国外移民,也不论其性别、年龄,只要是合法入境者,在纽约拥有工作,并依据当地社会保障法的规定,都可以享受与纽约当地人同等的社会保障待遇。伦敦政策向国民收入倾斜并采取普及性福利分配制度,各种社会保障措施都有明文规定并形成制度,已形成了社会保障内容齐全、结构完整,构成比较完备的保障系统。东京政府颁布了《生活保护法》《儿童福利法》《残疾者福利法》《精神病患者福利法》《老年福利法》和《母子福利法》等一系列法律法规,来保障并满足不同人群的福利需求。

2. 全球城市长期致力于提供可负担的住房

城市住房问题,特别是城市低收入者的住房问题,是与城市化和工业化伴生的必然现象。因此,住房保障是全球城市成熟稳定发展的基础,纽约、伦敦

专栏 8.1　新加坡住房保障经验介绍

新加坡住房保障管理制度始于 20 世纪 60 年代。政府专门成立了单一的机构建屋发展局（管理委员会）来专门运作保障性住房。这一机构享受财政支持,并有强大的融资能力以及全国公积金的支持,在业务管理上强调一体化管理,即房屋建设、分配、管理、维修一体化。

新加坡的住房保障体系相当于由政府人为构建了一个"市场",不同档次的保障性住房在这个"市场"（不同收入层次的保障对象）内进行流转。随着流转次数的增加（房源的老化）,这些房源逐步进入市场,从而使住房保障体系与住房市场得以形成一个在终端由政府控制的整体。

1. 保障性产权房的"一级市场"。

直接从保障机构购买保障性住房的对象仅需满足公民资格、年龄、收入与住房（包括曾经拥有住房）等限制。收入越低的居民可选择的房源范围越小、房屋面积更小、档次更低。

购房前期的申请审核程序都在网上进行,建设供应采用先确定购买数量后进行建设的运作模式。每期的预售信息在网上公布后,居民可在网上评估自己的购买资格,通过后进一步在网上评估自己的信贷限额,然后可提交购买申请。当某一项目的购买申请达到一定比例后,才开始实际建房。同时对符合条件的申请对象摇号、排序,选房、购房。整个保障性产权房的"一次分配"相当于是按需建设、按收入层次分配,是对市场机制的模拟。

2. 保障性产权房的"二级市场"。

居住所购买的保障性产权房满 5 年可以在二级市场出售,出售价格由买卖双方自行确定。能进入二级市场的对象范围受公民资格限制以及房产与住房（包括曾经拥有住房）限制,没有收入限制。由于二级市场的准入对象不仅在范围上远远大于"一级市场",而且他们的收入也高于"一级市场",这就保证了保障性住房房源能够在"二级市场"上得到增值。

另外,只要本人还居住在所购房屋中,个别不用的房间可以转租;当居住满 5 年后,可以整套转租。承租对象必须符合合法居住者的条件,并且承租人数受到限制。居住不满 5 年,若出现中短期出差、外出就学等情况,向保障机构申请后,可以转租。非法转租的,所购房源须收回或者罚款。

这样的制度设计不仅使得保障性房源能惠及更多的对象（甚至收入极低的外来居民）,也使得最初的保障对象能通过"二级市场"获得的增值进入住房市场来改善其住房条件。由于每户居民只能享受两次购房权利,因而避免了保障规模的不断扩张;由于保障房源随着经过两次转手得以进入市场,也避免了政策性房源不断增加从而挤压市场空间。

从而政府的保障性房源与住房市场形成有序连通的机制:随着保障性房源从收入受限的保障对象转到住房受限的保障对象,最终流入市场,一套保障性住房扶持了多户居民,而每户居民通过每次的房源流动都获得了改善住房条件的机会。可以说,新加坡保障性产权房市场与住房市场之间是有机联动的。

3. 直接租赁保障性租赁房。

新加坡由政府直接提供的保障性租赁房十分有限,准入条件也十分严格。选择直接从政府租住保障性住房的,没有房源的选择权,提供两套备选方案,不选的,1 年内不得申请。保障性租赁房源的面积、小区位置和品质都差于保障性产权房,仅提供保障对象基本的住房条件。保障性住房的租金由保障对象的购买力和所租房源面积决定,不同的保障对象租住同样的房源,其租金是不同的。保障性租赁住房的承租人须按租赁合约周期接受严格的资格复审,收入条件改变的,租金水平也自动调整。

资料来源:谢义维,《主要发达国家住房保障制度及中国的实践研究》,2014。

和东京等全球城市都将住房问题的解决作为政府的一项重要职责。例如,伦敦政府自20世纪80年代开始加强政策调控,实行住房制度改革,政府持有的公房开始大规模出售给普通居民和其他私人机构,鼓励居民通过租房、抵押贷款购房等方式解决住房问题。巴黎大力发展保障性住房,并推动商业办公用地转换为住宅用地。到2020年,每年将增加10 000新公寓,其中70%将享受住房补贴。新加坡住房保障管理制度从建立之初,就试图将住房制度与城市整体的长远发展联系起来,提倡公民拥有住房的理念。目前新加坡居民中有80%居住于保障性住房中,其中95%为保障性产权房。全国仅有4%的居民居住于政府直接提供的保障性租赁房中。

3. 实现多元、多方、多维的社会救助

社会救助制度作为反贫困的一项重要举措和制度,对于缓解城市各种矛盾,维护社会正常运营,保证经济稳定发展有着不可替代的作用。全球城市的发展进程中普遍注重对弱势群体的兜底保障,在社会救济的资格审查、待遇标准、救助方式、救助内容、管理模式等切实关系到社会救助作用发挥的制度细节上,进行了细致设计和不断改进。例如,东京积极构建了包含广泛的社会救助体系,其涵盖了包括生活、医疗、教育、住宅、分娩、立业、安葬等七项内容。各项救助包括资金扶持,也包括实物支持和服务支持,全面而又细致入微,确保城市常住居民免于贫困与疾病。此外,还根据各地区经济发达程度和生活水平的不同,分地区、分档次规定最低生活标准,且每年根据实际情况进行相应的调整。德国社会救助的目标为确保每一位需求救济者能够维持体面的生活,其设立了以日常生活救助和特殊情况救助(如丧失劳动能力、生病、年老等)为主的两类救助类型。同时,严格审查受救助资格,实行以心理疏导、职业培训、信息提供等在内的积极救助,并

设立规范的救济退出机制,确保物尽其用、应救必救。

8.1.4 全球城市在社会治理方面的经验做法

一个和谐、稳定、繁荣的全球城市,离不开成熟、高效的社会治理体系的支撑。综观各大全球城市,普遍致力于建立基于法治、多方参与且适应于国内外人口广泛流动的社会治理体系。主要做法包括:

1. 积极培育社会组织

对于庞大而复杂的全球城市,市场和政府在某些领域可能失灵,无法有效地提供公共服务,导致社会的正常运转和长期稳定受到挑战。社会组织以其规模小、效率高、与服务对象(往往是弱势群体)关系紧密等特点,恰好能弥补市场和政府的缺陷,进而保证社会的正常运转和稳定。当前,各大全球城市往往都拥有数量众多的社会组织,每个社会组织关注的议题不一,以多种形式参与公共服务、社会治理、政策制定与议题倡导。特别需要关注的是,全球城市往往拥有具有全球影响力的国际性社会组织,这对于全球城市建立自身的软实力和国际影响力十分关键。例如:东京的社会组织主要包括三类:一是非营利组织(NPO),在社会福利、教育、文化、街区建设、环境等领域为社会发展做贡献。2008年东京都NPO团体数达6 035个,居日本首位。二是非政府组织(NGO),以国际协作为主要活动。东京是日本NGO组织总部的集聚地,目前已注册约217家。三是地缘性社会组织,该组织将所在区域居住或经营的住户、企事业单位组织起来,通过解决各种公共问题,对区域进行共同管理的居民自治。目前东京都已注册或备案的地缘性社会组织约4 405家,占到全日本总数的20%。纽约的民间社会组织同样数量众多,既有针对特定社区的特定群体,提供某一个方面专项服务的小型民间组织;

表8.3 中日最低生活基准比较(元/月)

	人均最低生活基准(A)	人均消费支出(B)	A/B	人均收入(C)	A/C
日本	4 414.4	7 884.7	55.99%	12 844.6	34.37%
上海	505	3 019	16.73%	4 331	11.66%

注:以2011年数据计算,日元按2011年12月平均汇率计算。

资料来源:日本厚生省网站,http://www.mhlw.go.jp/。

专栏 8.2 纽约社区救助与服务

纽约作为一个国际大都市拥有着繁荣的商业经济和繁忙的都市生活,但依旧逃不掉贫困的问题。纽约市社会保障主要以社区为单位开展,并设有专门的社会救助和社区服务机构管理相关救济项目,其主要包括老人服务部、公房建设部、社会服务部、青年服务部、公平就业、无家可归者服务部(收容所、教会服务、侵害治疗服务、临时房屋服务)、劳改局、人事部(家庭临时救济计划、食品券计划、难民移民服务、艾滋病患者服务)、儿童服务部等部门。各部门相互交融、相互合作,共同开展纽约市的社会救助活动,保障城市稳定和市民生活。

1. 无家可归者收容。

1993 年,纽约市成立了"无家可归者服务部",属于市长下属的独立部门,统筹全市的救助工作。2001 年,纽约市共有 3 593 个家庭在收容所过夜,总人数为 18 271 人,平均每晚在收容所过夜 7 187 人。"无家可归者服务中心"不仅提供基本的食宿救济,更是将其工作重心放在恢复人的自立能力上,私营部门不断提供资金支持,为无家可归者提供连续关怀。政府和私人捐助还建造永久性救助中心,受助者可以接受免费的医疗保健、托儿服务,参加生活技能培训,培养自立能力和意识,从而重新回到社会中。

2. 社区住房救助。

纽约市政府积极通过新建住房和低价租赁方式为贫困者提供住房保障,确保"居者有其屋"。20 世纪 60—70 年代,非营利社区发展公司大量为穷人提供住房,其资金来源包括州和地方政府、私人基金会、公司、银行和个人在内的多方支援。纽约市南布朗克斯社区聚居着大约 60 万非洲裔和西班牙裔人,其中有 1/3 人口需要靠政府救济金生活。20 世纪 70 年代,市政府在没有联邦政府和市政府拨款的情况下,进行大规模城市改造试点,将一批社区热心居民组成一个"城市改造协会"的社区发展公司,组织地方上失业的青年和低收入者加入改建工程队,通过专门技能训练,从整修个别住宅开始,逐个推进。建好房子后,参加建设的低收入者家庭以自己的劳动换取房屋部分产权,通过这种方式,社会低收入家庭最终基本住进了改建的房子。

此外,纽约市还为低收入家庭提供廉租公寓,申请廉租公寓的家庭收入必须低于规定的生活标准,申请居民必须通过犯罪记录调查、银行收入调查和家访等许多程序。其入住资格不是永久性的,如果家庭收入提高或孩子长大工作,就必须搬出廉租公寓,使真正有需要的家庭住进去。

3. 社区就业救助。

纽约市为弱势全体(失业者、老年就业者、单身母亲、新移民、残疾人、少数族裔、前科罪犯)提供社区就业救助。如纽约布鲁克林社区服务中心就专门针对残疾人提供就业救助,该社区设立"旧货店"(thrift shop)救济贫困群体,以慈善目的出售二手产品。社区"旧货店"一般由经济发展公司经营,被称为"社会目的企业",通过社区就业维持弱势群体生机,这里的雇员全部是社区就业困难者,工作工资不高,但可以养家糊口。同时也通过锻炼,为将来找到更好的工作打下基础。此外,政府对此类企业给予大力支持,政策明确规定,凡是雇佣残疾人、单亲母亲等弱势群体的企业可以获得政府特别津贴。

资料来源:张暄等,《国外城市社区救助》,2005。

专栏8.3　伦敦社会组织发展亮点与经验

1. 政府部门提供资金支持和社区发展指导。

政府相关职能部门成为伦敦社区建设的最强有力的支持者和资助者,政府的作用主要体现在两个方面,一是直接进行资金资助,政府相关部门通过购买非营利组织和专业机构的服务等方式,吸引社区服务组织参与社区建设,政府部门的资助日益成为社区建设的重要资金来源。二是以政府部门的声望和公信力,吸引社会资金,如企业、基金会和个人等,拓宽资金来源渠道,并以制定税收优惠政策,对社区建设和社会服务进行投资的企业进行税收减免,建立起可持续的社区发展模式。实际上,政府部门在社区建设的发展思路、资金来源、完善机制、评估监督等各个环节均发挥了重要作用,起到了统筹规划、政策支持和协调社会单位等不可替代的作用。

2. 充分发挥社区委员会的"主人翁"角色。

社区委员会是社区建设的权力机构,实际上起到了基层政府作用。其职能主要包括:一是代表社区居民与社会单位和社区单位建立起合作关系,为增进社区居民的利益,提高社区公共服务水平,实现社区成员尤其是弱势群体共同、平等发展的权利而开展工作。二是在基层社区层面践行英国政府和伦敦市政府的执政理念和社区发展思路,在居民教育、医疗服务、社会治安、文化体育等公共服务领域内承担全面责任,在上述领域内与社区内外各单位开展各项活动。在伦敦社区中,社区委员会能否充分发挥职能是决定社区治理水平高低的决定性因素。

3. 实现社区公共服务全覆盖。

作为老牌发达国家,英国的社区公共服务的经验值得借鉴和推广,经历了20世纪80年代的自由思潮的影响之后,英国政府重新将国家在社区公共服务中的角色和重要性提升到了一个新的高度,在已有的工作基础上,迅速形成了完善的社区公共服务体系,使得全英市民充分实现了公共服务基层化和社区化等多层次社区服务体系。伦敦社区公共服务体系内容涵盖范围极广,包括文化体育、医疗卫生、社区保健、儿童看护、社区教育、信息共享等各个方面,社区居民不出社区就能享受到全方位的社区服务;从服务对象来看,除一般的社区居民外,重点包括老年人、残疾人、儿童和有犯罪记录的成年人、低收入人群等,这些人群除了享受完善的基本社区服务外,还能得到专业社会工作机构如专业社会工作事务所等的扶持和帮助。

4. 建立起政府部门、社区和非营利组织(企业)合作共赢的发展模式。

与其他西方国家类似,非营利组织和盈利性企业等社会力量在社区事务中发挥了很大的作用,但与其他国家不同的是,在政府部门、社区和社会力量合作的模式中,伦敦市政府强调社区的独立性和自主性,在各方力量中社区委员会既反映社区居民意愿,又得到伦敦市政府的政策支持,还天然地与社区组织和企业单位建立起密切关系,是这一合作模式的中心。非营利组织和企业是伦敦社会发展和服务的执行者和操作者,政府部门将主要的精力放在制定社区发展政策和监督指导等工作上,而将具体的操作实施工作交给非营利组织和企业来实施,因此,在伦敦市政府资助和支持下的社会服务体系中,非营利组织和企业是承接各项社区服务的重要力量。其中,非营利组织长期以来形成了成熟的工作机制,由策划、事业、社会和执行等部门组织,其成员工资由政府和基金会等劳务开支直接支持,并接收由政府资助的第三方监理组织的监督。数量庞大、门类众多的非营利组织参加政府购买服务项目,将政府的发展理念直接在社区层面进行实施,这些服务项目涵盖社区服务的各个方面。企业也是社区发展的重要参与者,按伦敦市政府的政策规定,以资金支持、组织实施等方式直接参与社区发展的企业在税收、贷款等方面享受优待政策,企业的社会责任和税收、贷款等优惠政策都吸引着各类社会企业以各种方式投身社区发展和社区服务中。

资料来源:李洋,《再论纽约和伦敦社区发展的经验与模式》,2014。

表 8.4　三大全球城市战略规划中的设施供给的包容性导向

城市	城市发展导向	设施相关导向
伦敦	给所有人提供平等的生活机会	伦敦需要更多的、更高质量的社会基础设施去满足人口增长和多样性的需求
纽约	建设一个富强而公正的纽约	使得所有人能够公平、公正地享有资产、服务、资源和机会,包含早期教育、一体化政府及社会服务、健康舒适的社区生活、医疗服务等
东京	建设成为一个福祉先进福利完善的城市	分别针对婴幼儿、老年人、有医疗卫生需求的市民、残疾人配置设施和提供服务

资料来源:根据伦敦、纽约、东京城市规划整理。

也有享誉全球的大型组织机构,如自然历史博物馆、哥伦比亚大学以及 Sloan-Kettering 纪念癌症中心等。这些组织不仅在医疗、艺术、音乐等领域,提供了远超过政府和市场的服务,在扶贫救济等方面也扮演了极为重要的角色,为纽约的生活品质、社会健康发展提供了坚实保障。伦敦的"大伦敦政府"治理模式中,大伦敦市政府更多扮演一个授权者的角色,支持和授权其他社会组织或机构在某些领域代表政府提供公共服务。

2. 高度注重社会包容

全球城市具备高度开放的性质,往往会吸引大批移民流入,使得城市具有种族与族群丰富、宗教和语言多元的鲜明特征。同时,全球城市在产业转型升级的过程中,就业与收入结构都会发生重大变化,导致阶层分化明显、类型复杂,给社会治理带来挑战。因此,全球城市在发展过程中必须要充分促进社会融合,多元包容已成为各大全球城市的发展共识。纽约、伦敦和东京等全球城市均把消除各类制度性歧视,保障所有人生存发展的平等权利,建设对国内外移民、妇女儿童、残障人士更加包容友好的城市作为目标愿景的一部分,并通过有关社会政策予以体现。例如,伦敦不允许企业在

专栏 8.4　全球城市的社会包容治理经验

1. 实施贫民窟再造与改善计划。

移民由于自身特殊的条件和素质,往往在大城市中形成贫民窟的居住形态,联合国人居署发表的报告《贫民窟的挑战》指出,全球约 50% 人口住在城市地区,有 10 亿人居住在条件恶劣的贫民窟,占世界城市人口的 32%。在撒哈拉以南非洲,大约 71% 的城市人口住在贫民窟,在亚洲,这个比例大约为 40%,即使在发达国家,也有 5 400 万人住在类似贫民窟的环境中。世界上某些大的城市,例如孟买、加尔、曼谷等,人口超过 1 000 万,其中 1/3 到 1/2 人口住在贫民窟。对此,20 世纪 90 年代,西方国家掀起了一场社会转型与城市再造运动,一些城市结合经济转型发展,采取积极、包容的政策措施,改良破败的低收入居住社区或贫民窟,帮助移民家庭融入社会、提高素质。其中,巴西里约热内卢成为全球城市再造运动和贫民窟治理的领军者。它们在汲取 20 世纪六七十年代贫民窟清理和转移安置(到高楼大厦)的失败教训后,里约热内卢在 90 年代中后期开始将著名的移民区——贫民区改造为更稳定、有序、卫生和多功能的社区,并且将清理和转移安置降至最少。具体而言,里约热内卢先将该市所有部门(规划部门、公共建设部门与公共服务部门)组成一支团队,让他们深入各个贫民窟调研、设计和规划,接着在社区居民的支持下,建成了新的排水系统、厕所、下水

道、公路、诊所和休闲中心。随后,在 2002 年,他们开始挨家挨户,渐渐给予居民合法权。作为配合,居民们也接受了政府制定的建筑编码。2008 年金融危机以后,为迎接 2014 年世界杯和 2016 年奥运会,巴西政府于 2009 年 12 月启动了贫民窟"平定"政策,专门派驻"警察平定队伍"入驻贫民窟,目前总共派遣 1.2 万名警察负责 100 多个贫民窟的治安,计划到 2016 年实现全覆盖,这一政策使得里约共 10 万贫民窟摆脱了黑帮的控制,当地犯罪率下降了 80%。同时里约热内卢政府为该州贫民窟的升级改造争取了 17 亿美元的联邦政府拨款,改善贫民窟的基础设施,比如平整道路、新修社区医疗、培训中心、美化房屋等,使贫民窟社会环境发生了根本性改观。

2. 实行旨在帮助移民融入当地的社会服务援助计划。

由于语言、心理、能力等方面原因,移民中的部分群众往往会成为城市中的贫困者、流浪者、弱势群体,实施帮助其融入当地的综合服务计划,实现传统的惩戒向救助转变,是发达国家社会包容治理的重要做法和经验。对此,纽约对低收入移民家庭实施的"需求家庭的临时援助计划"和"补充营养计划"具有非常典型的代表性。这两个援助计划主要是针对拥有移民儿童家庭实施的,也就是说,该儿童父母必须是一方或双方都是外国出生的,目前美国有符合这一条件的儿童数量大概有 1 800 万,占 0—17 岁儿童总数的 24%,这些家庭是贫困家庭的主体部分,往往缺乏机会共享当地的公共服务。其中,"需求家庭的临时援助计划"建立于 1997 年,主要是给符合条件的移民家庭提供临时金融援助,旨在帮助父母获得工作岗位,每个家庭可获得援助的最长期限为 60 个月。"补充营养计划"主要是对在美国居住、低收入或没有收入的家庭提供援助,符合居住五年以上,享受残疾援助、有 18 岁以下儿童的移民家庭也是资助对象,在 2014 年财政年度这一计划共花费了 741 亿美元,对大约 4 600 多万人口提供了食品援助。这些计划的实施,使得移民及其家庭共享了城市的人口与社会公共服务,有效帮助了移民更好地融入当地社会。

3. 发挥各类非营利机构或慈善组织力量,为移民提供各类帮助和服务。

除了移入地城市政府采取积极的福利政策和援助计划外,充分发挥各类社会组织的力量,为移民提供帮助,是西方大都市促进移民融入社会的一个重要方法。例如,纽约市有专门为移民提供帮助和服务的全国性志愿组织——纽约移民联盟(New York Immigration Coalition, NYIC),它由 200 多个社会组织成员构成,包括草根社区组织、非营利健康和人类服务组织、宗教和学术组织、工会和法律、社会和经济正义组织等,它是移民群体互动交流、分享经验、互帮互助的大平台,重点为移民提供政策咨询、公众参与、利益表达、集体行动、教育培训、技术支持等服务,促进大都市社会的革新与公平、公正。

4. 制定并实施强调权利和机会平等的就业和教育政策。

城镇化进程中社会治理的诸多困境,从表象上看是经济问题,或者是社会问题,但究其根本,是源自进城农民在社会权利结构中权利贫困与缺失,权利缺失与人格障碍是进城农民与城镇社会融合的断裂点。因此,实施能够切实保障外来移民合法权益的社会公共政策,是推行社会包容治理的有效选择。以纽约为例,尽管近年来由于持续扩大的收入差距,以及长期的种族隔离,使得社会不平等性不断加剧并引发诸多公众抗议性事件,但纽约建立的以个人能力为导向的社会公平竞争机制和社会流动机制,以及制定的许多有利于移民群众公平竞争、共享社会发展成果的政策方案,对促进移民融入和社会包容,仍然发挥着根本性作用。这方面最有影响力的当属少数民族优惠政策(或称平权法案),如少数族群的工作平等与就学方案等,此政策强调平等权利与平等机会,以确保不论何种种族、信仰、肤色或出生国的工作申请者,均有平等受雇机会,且在工作期间获得公平对待。

资料来源:陶希东,《全球城市移民社会的包容治理:经验、教训与启示》,2015。

专栏 8.5　东京社会治理的做法

东京作为日本的首都和政治、经济、文化中心，是重要的"世界城市"之一，其社会治理具有社区管理自治化、居民参与常态化、参与方式组织化、治理手段法治化和治理关系网络化等世界城市社会治理的共性特征。在应对 21 世纪后出现的少子老龄化进程加快、民众公共服务需求日益复杂等问题的过程中，东京因地、因时、因势制宜，在治理主体、治理方式和治理规划上开展了颇具特色的创新实践。

1. 构建"多中心"，强调社会治理主体多元化。

总体来看，东京的社会治理形成了以居民为主角，地方自治体、非营利组织、志愿者团体与企业等积极参与的主体多元化态势。比如，新宿区在《城市建设基本构思与综合计划（2008—2017 年）》中提出，区民是区政的主角，以"为区民的区政"为目标，充分发挥町内会、非营利组织、企业、学校等机构以及当地精英分子的重要作用。涩谷区在《培养和支持下一代行动计划（2010—2014）》中形成了以区役所在内的行政部门，保育园和学校等教育单位，非营利组织和志愿团体等民间组织，以及家庭和企业等多元主体积极合作的局面。可见，东京的社会治理中，多元主体的参与协作越来越重要，社会治理主体多元化已成为东京社会治理的重要特征。

2. 凸显"新公共"，强调社会治理方式协动性。

所谓"新公共"，是指致力于构建"互助和有活力的日本社会"的市民们所共同拥有的"协动"场所。这一理念强调要建设人与人、地区与地区之间的纽带，使市民之间、地区之间更好地协同配合，共同建设富有活力的社会，特别是在教育、治安、防灾、社会福利等领域重视民众的协动。当前，越来越多的日本地方自治体开始关注社会治理领域中的"协动"。东京辖内几乎每一个区都会在其区政经营和社区营造中强调"协动"，为推进当地居民、民间组织与政府共同承担地区治理事务产生积极影响。比如，荒川区在营造"安全安心都市"规划中，强调区民、町内会等地域团体、防灾与防止犯罪相关政府部门以及企业间的协动。葛饰区在其社会治理整体规划中，强调通过居民、政府和企业三方协动，推进文化、环境、交通、卫生、社会保障、学校教育等各项事业，进而全方位推进当地社会的发展。

3. 着眼"地域力"，强调社会治理规划的长期性。

"地域力"泛指一个地域社会所拥有的综合能力，主要包括地域资源蓄积力、地域自治力和民众对地域的关心力。大田区将"地域力"界定为：以每一位区民个体为力量之源，包含自治会与町内会、企业、非营利组织等民间团体的合作，来解决预防犯罪、预防自然灾害、社会福利、儿童保健、教育事业、产业发展、国际交流等地区问题，进而持续创造当地的吸引力。为推进当地"地域力"发展，东京及其辖内各自治体均重视社会治理规划的长期性。杉并区于 2012 年确定了"杉并区基本构想：十年展望"，其中包括建设"抗灾能力强，能安全放心生活的城区""适宜居住，舒适而有力的城区""绿意盎然，环境优美的城区""健康长寿和相互支持的城区"，以及"培养人才，互相紧密联系且心灵丰富的城区"五个目标。基于以上"基本构想"，制定了为期 10 年的"综合计划"和具体的"实施计划"，以此指导各项事业开展。

资料来源：袁倩，《东京社会治理的实践与启示》，2016。

招聘中有种族、性别和年龄歧视,鼓励企业建立多元价值观的人才体系;特别设计了多元化的融合社区以消除社会隔离和歧视,促进不同族群社会的和睦发展;增加对劣势群体的政策倾斜,促进劣势地区经济复兴,保障不同群体尤其是弱势群体的利益需求,使所有伦敦人有机会分享伦敦未来的成功。纽约强调所有人公平公正地享有资源和服务,在许多公共空间、公共设施上提供多种语言服务,建设反映不同人群文化的博物馆等公共设施;推出纽约市民卡,让所有市民、包括没有身份的民众使用公众设施。在城市高度开放的现实环境下,全球城市必须推进对移民更具有包容性的改革制度,切实保障妇女儿童权益,构建包容、亲切、无障碍的城市环境。

3. 大力推进社区自治和多元共治

社区是社会治理的末端和基石。鉴于自身人口构成的多元复杂性,主要全球城市普遍注重"赋权社区",倡导社区在自治原则下开展自我管理、协调各方利益。同时,强调政府部门、居民、社区委员会和非营利组织在社区治理中承担较为合理的角色与分工,共同推动社区健康繁荣发展。例如,纽约政府主要通过制定规范性文件、财政支持、招标等手段,引导、支持社区自治;社区委员会的使命是加强社区与政府之间的沟通,及时向政府反映社区居民的需求和意见,对所提供的社区服务项目实施监督和评估;非营利组织则具体承担和组织实施各种

社区服务项目。三者相互协调、相互合作共同促进社区服务的完善和社区的发展繁荣。伦敦也不断致力于建立居民自治的社区管理体系,2010年5月,英国卡梅伦政府启动"大社会(Big Society)"计划,下放包括教育、医疗、交通、安全、信息技术和环境保护等多个方面公共服务的供给权,进一步赋予地方社区更大的权力,由社区居民组成的各类社会组织自主管理本社区公共事务。

8.2 上海城市社会发展的现状

8.2.1 上海社会发展的基础现状

1. 社会事业整体发展能级较高

经过改革开放30多年的不断投入,上海社会事业发展水平持续提升,基本建成以民生为导向的公共服务体系。在教育方面,上海通过加大教育投入,推进教育综合改革,加快教育国际化进程,各类教育办学水平不断提升。上海参加PISA测试连续数年蝉联全球第一;在医疗卫生方面,医药卫生体制改革得到有力推进,全面推进基本公共卫生服务均等化,积极促进医疗服务业的发展,全市医疗卫生服务能力和质量继续提高;在养老服务方面,养老服务体系进一步完善,"9073"养老服务格局不断优化。养老服务法制化、标准化、信息化、制度化、优质化建设取得成效。

专栏8.6 上海社区养老蓬勃发展

上海着力打造老年宜居社区,社区养老服务设施建设不断推进。2016年底,全市建成老年人日间服务中心488家,全市建成营运的社区老年人助餐点达到633家;打造枢纽式的为老服务综合体,为社区老年人提供生活照料、康复护理、精神慰藉、文化娱乐、紧急援助等方便可及的"一站式"服务,2016年,全市新建成社区综合为老服务中心32家。探索符合特大城市特点的养老服务供给新模式,以需求为导向,在中心城区重点推广社区嵌入式养老服务机构,2016年底全市已建成73家长者照护之家;在郊区,主要发展睦邻互助点,推动农村老人互助式养老,2016年,在奉贤、浦东、金山、崇明已完成100多家社区睦邻点建设。

资料来源:根据《2017/2018上海社会形势分析报告》、上海市民政局相关资料。

专栏 8.7　上海社会保障建设取得新进展

社保制度不断创新。自 2017 年 4 月 1 日起,上海停止执行小城镇社会保险制度,将被征地人员纳入国家基本社会保险制度体系,与国家制度全面接轨。完善职保的养老金计发办法,鼓励参保人员多缴多得、长缴多得。

推进医疗保险异地就医结算,完成与国家结算平台对接,实现跨省异地就医住院费用直接结算。试点职工医保个人账户资金购买商业医疗保险,推进建筑业按项目参加工伤保险工作,启动"工伤预防培训项目"。

救助保障标准稳步提高。建立完善了城乡低保与居民基本生活费用价格指数相协调的动态调整机制,稳步调整低保等救助标准。2017 年 4 月 1 日,上海第 21 次调整了低保标准,城乡低保标准水平提高至 970 元。目前,全市基本生活救助对象约 20.45 万人,实现了应保尽保。

资料来源:《2017/2018 上海社会形势分析报告》。

2. 就业服务和社会保障水平加快提高

上海按照"民生为本、就业优先"原则,不断加强公共就业服务在全市就业体系中的引导与推动作用,积极拓展促进就业服务,加强创业带动就业,大力加强职业培训,就业服务体系进一步完善;更加注重社会保障制度体系的建设,社会保险"去碎片化"提速,社会保障一体化进程加快。多年来持续上调了"城保""镇保""新农保"养老金的待遇标准,提高了失业保险、工伤保险等险种支付水平,进一步提升了城乡低保标准,社会整体保障水平稳步提高;

专栏 8.8　上海社会治理格局不断深化

社会治理基层队伍实力进一步加强。上海强化基层带头人队伍建设,拓展基层领导选拔渠道,选优配强居村书记队伍,严格落实居民区书记"事业岗位、事业待遇"政策。社区工作者队伍进一步壮大,现已扩围至 4.5 万人,平均年龄 38 周岁,大专及以上学历占 82.5%,新招录人员队伍结构进一步优化,职业体系也已初步建立。

社会组织参与社会治理渠道进一步拓展。上海社会组织发展平台建设进一步完善,政府扶持力度进一步加强。上海市和浦东、静安等 13 个区已先后制定出台了政府购买社会组织服务的相关政策。对优秀社会组织实施了诸多扶持举措。在第七届"公益伙伴日"开幕式上,集中发布了一批"承接政府购买服务的社会组织"推荐目录,此次被列入"推荐目录"的社会组织共 189 家,均系发展良性、成长健康的优秀组织,且都有承接政府购买服务的成功记录。这成为上海大力扶持优秀社会组织发展的又一次实质性举措。

城市网格化综合管理进一步深化。全市所有街镇已全部建成网格化管理平台,网格化管理从城镇向村居延伸,全面完成区级网格化系统平台升级改造和 214 个街镇级平台建设,覆盖居村工作站 5 106 个,覆盖率达到 90%。网格化管理内容进一步拓展,基本管理单元建设逐步做实,推进首批 67 个基本管理单元建设,不断提升公共服务可及性和居民参与便捷性。

资料来源:《2017/2018 上海社会形势分析报告》。

持续推进"四位一体"的住房保障举措,不断加大廉租房、共有产权保障房、公共租赁住房和动迁安置房的建设和供应力度,并不断放宽准入门槛,扩大政策覆盖面,受益人群不断扩大。

　　3. 社会治理框架已经基本建立

　　上海围绕构建中国特色社会主义社会治理体系,加快形成党委领导、政府负责、社会协同、公众参与、法治保障的社会治理体制。社会领域党建工作实现全覆盖,区域化党建工作机制不断完善,党委领导的制度不断夯实,党在社会领域的工作方法不断创新,党组织领导基层工作的制度进一步完善;社区共治自治不断加强和完善,按照中央创新社会治理要求,上海在街镇层面和居委会层面,深入推进社区共治自治改革与创新,社区发展活力得到进一步激发;社会组织发展环境持续优化,上海先后出台了一系列支持社会组织发展的指导文件,积极建立并完善社会组织发展的体制机制。

8.2.2　上海社会发展与卓越全球城市的差距

　　1. 基本公共服务能级尚需提高

　　近年来,上海的基本公共服务能力不断增强,基本建成以民生为导向的公共服务体系。在教育方面,上海通过加大教育投入,推进教育综合改革,加快教育国际化进程,各类教育办学水平不断提升。在医疗卫生方面,医药卫生体制改革得到有力推进,全面推进基本公共卫生服务均等化,积极促进医疗服务业的发展,全市医疗卫生服务能力和质量持续提高。在养老服务方面,养老服务体系进一步完善,养老服务法制化、标准化、信息化、制度化、优质化建设取得成效。但是,与世界公认的全球城市纽约、伦敦、东京、巴黎等相比,上海的公共服务资源数量、结构仍有一定差距,尚未能形成国际性的辐射力和影响力,公共服务发展水平难以应对未来外籍人口大量涌入、中高端人口大量集聚的趋势,不仅难以满足未来市民的实际需求,更难以发挥其对城市综合功能的支撑作用,服务能级有待进一步提升。

　　(1)公共服务资源总量存在缺口。

　　以医疗服务资源为例,按常住人口计算,上海每千人口执业(助理)医师2.22人、注册护士2.51人,每千人口医生数显著低于纽约、伦敦等国际标杆城市,每千人口护士数在参照城市中排名末位且差距较大。"家庭医生"数量也十分紧缺,由于激励不足,待遇不高,难以吸引到更多的全科医生来担任"家庭医生",按照常住人口计算,上海每万人仅拥有2.36名全科医生,每位家庭医生分身乏术,服务效果难以保证。

表8.5　上海和部分国外城市每千人医师数和护士数对比

城　市 (地区)	每千人口医师数 (人)	每千人口护士数 (人)
纽　约	3.45(2012)	10.163(纽约州,2010)
伦　敦	2.6(2009) 6.1(全科医师,2011)	6.04(英格兰,2009)
巴　黎	3.96(大区,2013)	7.87(大区,2013)
东　京	3.04(2011)	7.8(2011)
柏　林	约5.7(2014)	17.3(2012)
新加坡	2.83(2013)	9.47(2013)
香　港	1.45	5.85
台　湾	2.6(2013)	6.03(2013)
上　海	2.22	2.51

资料来源:刘宝、陈群民,《上海医疗卫生服务体系与全球城市的差距及发展战略》,2016。

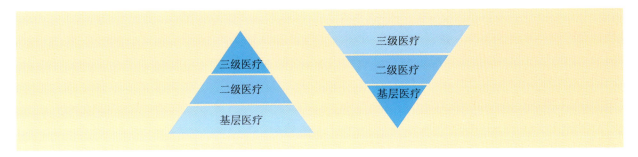

图 8.1　标杆城市医疗资源结构和上海医疗资源结构

（2）公共服务资源布局存在结构错配。

从主要全球城市的情况来看，其医疗服务资源布局结构总体上呈现金字塔形，即基层（社区）医疗机构服务能力较强、资源分布比例最高，二、三级医疗机构占有资源的比例逐渐下降。但上海情况却相反，呈现倒金字塔形，医疗卫生资源相对集中于三级医疗机构，且近年来还不断推动三级医疗机构扩张，甚至在每个郊区都设立三级医院。上海基层医疗机构服务能力较为薄弱，尤其是远郊区村卫生室和社区卫生服务中心的条件更差，导致医疗卫生公共服务均等化程度与全球城市相比严重滞后。

（3）公共服务质量尚待提升。

上海公共服务的水平虽已处于全国领先地位，但同全球城市能级的要求相比，还有不小的差距。以教育服务为例，教育国际化水平以及优质高等教育资源与伦敦、纽约等相比明显不足，与上海全球城市的定位还有差距。在教育设备与技术方面，对全球城市主流的教育手段，如网络教育、开放教育、远程教育、虚拟环境等，利用还不充分。人力资源方面还需加强投入，上海现有中学师生比达到了约 1：15，小学师生比 1：12，距离全球城市 1：4 的水平还有很大差距。在教育理念方面，对学生主动求索知识的能力、创新能力等方面培养不足，被动填鸭式教育模式还需扭转。

（4）社会多元服务供给格局还未形成。

全球城市发展经验表明，积极引入社会力量，构建公共服务供给主体多元化体系，能有效利用各供给主体的比较优势，提升公共服务供给。目前，上海公共服务多元供给格局还未充分形成，社会民间机构竞争力还不强。例如，在教育服务方面，主要全

专栏 8.9　上海幼升小考验家长

5月6日—7日是上海市民办中小学面谈日，各个小学门口人头攒动严阵以待，俨然有一种高考的架势。上海民办小学面谈火热，除了考验孩子，某民办小学还需要家长完成试题和问卷，试题大部分都是类似行测的规律题，另一外国语学校的家长问卷中，甚至需要填写祖父祖母学历、工作单位等信息，引起社会高度关注。

此前，上海市教委明确要求，民办小学和初中在面谈环节中，严禁举行纸笔测试或学科考试，应当注重对学生好奇心、关注度等学习品质和社会适应性的考察。且面谈仅限一轮。有家长解读，两所小学此举是绕开现有政策，改"考家长"。

上海市教委表示两校的相关行为，有违义务教育法和本市招生政策中强调的促进教育公平和维护中小学生教育权益的基本原则。并提出以下处理意见：一是在全市教育系统通报批评；二是责成两区教育局将此事通报学校董事会并对相关负责人追责；三是要求两校公开致歉并核减明年的招生计划；四是要求各区和各民办学校举一反三、吸取教训，进一步端正办学思想和招生理念。

资料来源：《上海幼升小考验家长》，网易新闻，http://news.163.com/17/0508/00/CJSF8E100001899N.html。

球城市的社会民间力量在高等教育的投入、教学水平以及教育产出上占据着重要地位。相比而言,上海目前已有高等院校68所,其中民办高等院校仅有21所,且民办高等院校主要集中于专科教育。高等教育在校生为50.5万人,其中民办高校在校生为8.8万,占比仅为17.4%。再如,在医疗服务方面,上海的社会办医疗机构占机构总数的45%,从比例上看并不低,但按床位数计算则仍以公立医疗机构为主导。社会办医显示出整体规模小、实力弱,以小型诊所和门诊部为主的特点,无法与公立医疗机构形成良性竞争的多元化发展态势。社区健康公共服务的社会力量参与明显不足,服务体系尚不健全,社会资本涉足不多。在社区康复、医疗护理、心理咨询、幼儿健康照护等领域,上述情况尤为明显。

2. 社会保障制度有待完善

全球城市人口结构复杂,外来移民数量庞大,因此全球城市的社会保障体系中,往往特别注重制度设计的包容性,给予较高水准的救助帮扶,充分保障外来人口及各类弱势群体的权益。上海社会保障制度中对外来人口的覆盖略显不足,且救助水平就国际比较而言偏低。

(1)社会保障制度的包容性有待提升。

社会保障体系的包容性主要指社会保障应涵盖各种困难群体。如前所述,主要全球城市人口异质性高,在发展过程中都十分注重社会保障体系的包容性。相对而言,上海现有的社会保障体系对于非上海户籍人口(特别是农村外来务工人员)的针对性还不强,包容性有待进一步提升。以社会救助为例,2010—2013年,在低保家庭中,仅有约14%—25%的非上海户口外来居民获得低保补贴(主要为嫁给上海当地人的外来女性);2014年,上海多个区县为112万个家庭提供暂时性援助,其中仅有25 800个为非上海户口家庭,占全部享受暂时性救助家庭的2.3%。显然上海的社会救助在很大程度上无法覆盖上海庞大的外来人口,对于许多非上海户口家庭,即使他们在上海居住多年,仍无法获得最低生活保障。在住房保障方面,上海推进建设廉租住房、公共租赁住房、共有产权保障住房、征收安置住房"四位一体"、购租并举的住房保障体系取得了一定的成果,但也明显存在覆盖面较低,受益人群有限的问题。

(2)社会救助标准有待提升。

社会救助能够有效减少城市贫困,减少社会不稳定因素,保障经济社会的高效稳定运行。当前,上海的社会救助体系与主要全球城市相比仍然存在不少差距,社会救助体系标准较低。2017年上海最低生活保障标准为每人每月970元,占上年度人均可支配收入的21.4%。而国际上通常认为这一比例在50%—60%之间比较合理。此外还存在社会救助方式单一,救助精准度不够等问题。

3. 社会多元治理格局还未形成

世界著名全球城市均存在着各类活跃主体,积极主动进行社会事务的决策、管理、组织和实施,形成了多元参与的社会治理格局。而上海在政府主导的格局下,社会组织和居民参与社会事务的能力比较薄弱,参与程度不充分,在一定程度上,政府对社会事务的面面俱到的管理会影响公共服务提供的时效性和灵活性。

(1)社会组织发展相对滞后。

截至2014年底,上海户籍人口每万人所拥有的社会组织约为8.6家,从国际上的横向比较来看,发达国家每万人拥有的社会组织数量一般超过50个,发展中国家一般超过10个,上海社会组织明显偏少。社会组织发展滞后的主要原因有三:一是社会组织发展扶持政策尚不健全。上海除在一部分社会组织的从业人员中推行"年金制"等相关福利保障政策和对个别社会组织给予一些资金扶持外,从制度层面上对社会组织还缺乏有力度的政策扶持。尤其是,在税收、信贷、场地使用、职称评定、社会保险等方面还没有形成比较完备、操作性强的政策扶持体系。二是资金筹措渠道不宽。上海社会组织在注册资金方面,目前不足10万元的占总数的78.8%。社会组织对政府存在过度的路径依赖,这种模式常因其缺乏对环境的应变能力和对组织目标的考虑而加剧陷入低效率运行的困境。三是规范社会组织运作的法律法规不健全。当前,涉及社会组织的法律法规条款内容庞杂、透明度低,关于社会组织民事关系的界定不够清晰并且存在明显漏洞。目前,社会组织的分级管理原则、非竞争性原则、限制分支原则等相继突破,但后续的监管发展还没有形成明确思路。同时,社会组织产权界定不明确也是社会组织规范运行中的一大难题。

专栏 8.10 上海社会组织发展状况

截至 2014 年 10 月底,上海经民政部门登记的社会组织数共有 12 191 家,其中市级社会组织 1 859 家,区县级社会组织 10 332 家。

上海社会团体数量的增长比较缓慢。截至 2013 年底,上海社会团体的总数只有 3 789 家,占所有社会组织总数的 32.66%。从其增长情况看,社会团体数量的年增长率低于民办非企业单位和基金会的年增长率。特别是从 2009 年之后,上海注册登记的社会团体总数的增长就开始陷入低谷,增速低位徘徊。

民办非企业单位为特定的社会对象直接提供社会服务,是上海社会组织的最主要组成部分。截至 2013 年底,上海有注册民办非企业总数 7 661 家,比 2006 年底的 4 764 家增长了 60.8%。从类别上看,从事教育服务的民办非企业数最多,占全部民非组织的 37%;其次是从事包括养老、慈幼等在内的民政社会服务类民非组织,它们占全部民非组织的比例也高达 23.2%;法律类民非组织最少,只占 0.5%。最近几年,上海注册登记的民办非企业单位数量保持了良好的增长态势。在经历了 2011 年的相对低速增长后,2012 年、2013 年两年的增长率快速攀升至 6.06%、10.82%。

截至 2013 年底,上海各类基金会的总体数量为 152 家。其中,公募基金会 51 家,非公募基金会 101 家。同期,全国基金会的总数是 3 496 家,上海占全国总数的 4.35%。和全国范围的基金会发展情况相比,上海基金会的增速偏缓慢。如 2009 年全国基金会增长率达到 15.4%,上海同期则只有 8.42%;2010 年全国的增长率接近 20%,上海同期则只有 11.65%;2013 年全国基金会数量的增长率依然保持在 15.4%,上海同期则只有 8.57%。

资料来源:程福财、杨雄,《上海社会组织发展面临的问题与对策选择》,2015。

(2) 社区自治效果有待提升。

目前,上海已初步建立了多元主体协同共治的社区治理机制,但与世界公认的全球城市纽约、伦敦、东京等相比,还存在着明显的差距,治理效果不佳,一些瓶颈问题亟须破解。一是居委会自治缺乏足够代表性。根据《居委会组织法》,居民委员会主任、副主任和委员,由本居住地区全体有选举权的居民或者由每户派代表选举产生。但由于上海人户分离现象严重,加上外来非户籍人口众多,实际居住地与户籍所在地不符,哪怕是在严格实行直接选举的社区,居委会自治组织的代表性也存在相对不足的情况。二是居民主体作用发挥不足。社区居民归属感淡薄,参与治理的主体意识薄弱、积极性不高,且参与者较多地局限于老年人群体、弱势群体、老城厢社区居民,中青年、白领群体等社区中坚力量尚未充分动员,导致居民自治的参与面较窄。

8.3 上海促进社会发展、提升民生获得感的对策

8.3.1 发展目标

当前,党和国家事业发生历史性变革,我国发展站到了新的历史起点上。上海要努力在全国实现更高水平、更高质量的社会发展,以更好保障和改善民生、促进社会公平正义为出发点和落脚点,通过深化社会领域改革,加快完善公共服务和社会保障体系,推进社会治理体系和治理能力现代化,到 2025—2030 年建成公共服务和社会保障的供给水平较高、社会治理的共建共治共享程度较高、既充满活力又和谐有序的社会发展环境,基本形成与"四个中心"和现代化国际大都市相匹配的社会领域基本制度体系,为"卓越的全球城市"建设奠定坚

实社会基础。在此基础上,上海要吸取国际大都市在社会结构演变、社会风险应对、社会阶层融合等方面的经验,紧紧抓住全球城市国际移民集聚、多元文化融合与冲突交织、社会风险集中等特征,到2050年努力形成国际化、多元化的社会氛围,形成政府与社会及市场充分合作的社会治理体系,构建包容、和谐、稳定、有序、创新的全球城市社会架构,成为有中国特色的社会主义国际大都市社会发展典范。

8.3.2 战略思路

1. 构建以"包容、共享、多元、参与"为特征的社会治理框架

合理的社会治理框架是应对城市社会风险、缓解社会阶层冲突、实现城市和谐稳定的关键制度基础。

未来30年,上海首先要以深化体制改革,理顺社会领域中政府、社会、市场三者关系出发,努力构建共建共治共享的社会治理框架。以"政府保基本、社会自我服务与自我治理、市场促效益提高"为导向,进一步理顺社会领域中政府、社会与市场三者关系,厘清各自的职能范围,逐步把社会和市场能做的交还给社会与市场,为社会领域健康发展奠定前提和基础。

其次,要积极培育多元主体,释放多元主体参与社会服务和治理的活力,尤其是要充分发挥社会组织、人民群众等多元主体的作用,加快构建党委领导、政府负责、社会协同、公众参与、法治保障的社会治理体制,提高社会治理社会化、法治化、智能化、专业化水平。

2. 促进以中等收入群体为主体的现代社会结构的形成

形成稳定的中产阶层是推动城市创新发展、维护城市和谐有序的重要举措。根据国际大都市发展经验,未来30年上海中等收入群体的比例至少要达到60%以上,基于此,上海要积极营造中等收入群体发育的社会环境,防止因城市发展而导致社会两极分化。

着力打造培育中等收入群体的经济基础。上海要通过产业结构的升级和收入分配格局的优化,不断增加支撑中等收入群体的就业岗位和收入基础,夯实培育中等收入群体的经济基础。

建立助推中等收入群体发育的教育基础。结合纽约等城市的转型发展经验,现有产业工人和传统服务业工作人员需要在未来的时间里进行有效再学习和再培训。因此,上海要高度重视职业教育和终身教育体系建设,发展有上海特色的职业技能教育和成人继续教育,奠定上海中等收入群体发育的教育基础。

构建防止阶层下滑的制度基础。要积极提升社会防护网的水平,努力构建更加科学、合理的社会保险、社会救助和社会福利体系,防止因经济社会的波动导致部分人群的阶层下滑。

3. 建立健全普惠型、多层次的公共服务体系

高水平的公共服务体系是全球城市发展的重要支撑和核心功能,未来30年,上海需要根据市民日益增长的需求和人群的年龄结构、阶层结构等不断加快公共服务体系建设,确保高水平的公共服务体系成为上海全球城市建设的助力而非短板。

建立全覆盖、高水平的基本公共服务体系。未来上海要建立政府在社会领域的权力清单与责任清单,将政府在基本公共服务和社会治理领域必须承担职责的内容、种类、边界、程度等予以明确化和制度化,彻底消除城乡差距、户籍差距甚至是国籍差距,真正实现基本公共服务的全面均等化,并根据政府财力不断提升公共服务的水平。

在厘清政府责任的基础上,面对市民日益增长而多元的需求,要积极向多元社会主体及市场主体开放,不断提升公共服务的辐射力和影响力。未来上海要积极抓住自贸区建设机遇,以更加开放的心态和高标准的开发服务,加快改革社会服务业的发展体制,形成民资与外资共同发展,营利与非营利机构比翼齐飞的发展格局,努力满足人民群众日益高涨的个性化、高端化、国际化服务需求,甚至要积极加强教育医疗等社会事业的国际辐射能级,打造国际一流的教育与医疗中心。

推动公共服务的国际化发展。围绕有利于外国人在上海便捷工作与生活,进一步加强出入境、人口管理、教育、医疗、语言服务、安全保障等全方位社会基础设施供给与制度安排,大力提升公共服务与社会治理领域的国际化水平。

4. 建立良好的基层自治模式,吸引居民广泛参与

良好的基层治理结构是全球城市获得发展壮大的基础之一,其中最为主要的基础是基层自治。未来 30 年,上海要建立良好的基层自治结构,就需要在政府放权的基础上,通过专业机构的介入,把市场、基层政府、村居自治组织、专业社会组织进行相互整合,以此促进自治组织的自我发育与成长。因此,上海需要加快实现政府职能转变、积极完善社会组织培育监管体系、进一步深化完善村居自治框架和机制,建立从宏观共治框架到微观自治机制的联动机制,营造社区共同体,真正推动居民从"单位人"到"社会人",再到"社区人"的转变。

8.3.3　举措建议

1. 公共服务方面

（1）提供更加优质的教育服务。

一是推动基础教育公平优质科学发展。办好每一所家门口的学校,促进城乡之间、学校之间义务教育优质均衡发展,形成开放、优质、多样的学校发展新局面。全面推进学区化和集团化办学,提升义务教育服务能级。修订中小学课程方案和课程标准,构建基于核心素养的课程体系,健全教育质量综合评价体系。

二是提升高等教育创新人才培养质量。加快世界一流大学和一流学科建设,进一步扩大高校办学自主权,通过科教融合、产教结合、国际合作等多种形式,推进高水平高校和优势学科建设。推动高校建立创新人才培养体系。推动高校不断增加精品课程、教材、实验比例。改革教学内容与方法,提高课程教学质量,开展在线开放课程的建设与运用。实施各类卓越创新人才培养计划,创新人才培养机制,推进协同育人,强化创新创业实践。根据世界科技发展大趋势和国家创新发展、开放发展战略新要求,加强高校基础研究、应用研究的组织引导和超前布局,推动高校自觉服务经济社会发展、服务产业转型升级,构建高水平人才培养、科学研究和社会服务三位一体的协同发展模式。

三是构建完善职业教育体系。优化职业教育布局,完善纵向衔接、横向贯通的现代职业教育体系。推动部分普通本科高校向应用型转变,重点建设一批行业特色鲜明、专业设置与职业岗位联系密切的应用技术型本科高校,培养知识型、发展型的高水平技术技能人才。组建覆盖产业链、跨行业、跨部门、辐射区域发展的职业教育集团,支持行业企业参与办学,推进校企一体化育人,完善多方参与的职业教育联动机制。

四是健全终身教育体系。推动政府、社会、市场、企业等多方协同,形成以需求为导向、共建共享的终身教育供给机制。统筹各类资源,搭建市民终身学习的活动平台,建立学习信息共享机制,扩大面向在职职工、老年人等各类人群的终身教育服务。

（2）提供更加完善的卫生健康服务。

一是完善优质医疗服务资源供给。加快完善基层公共卫生服务体系,优化医疗健康设施空间布局,进一步增强优质医疗资源在人口导入地区和远郊地区的可及性。积极发展各类医疗联合体,完善分级医疗机制,加强公共卫生系统、基层医疗机构与区域中心医疗机构的对接和整合。加强高端优质医疗资源投入,加大高水平医疗人才的培育引进力度,培育一批具有国际影响力的全球顶级医院,发展面向国际的高端医疗服务。深化完善医疗保障制度,建立有效和公平的医疗费用分担机制,加大公共财政投入,切实降低居民就医负担。

二是加强市民健康管理与健康促进。推动健康模式从疾病管理向健康管理转变,推动医疗卫生服务向以健康为中心转变,构建全程健康促进体系。完善全民健身公共服务体系,新建、改建市民健身活动中心、中小型体育场馆、市民多功能运动场、健身步道、体育休闲等设施,广泛开展全民健身运动。实施"社区主动健康计划",加强体质监测,开发应用市民体质监测大数据,制定实施面向老年人、青少年、在职人群、残疾人等群体的体质健康干预计划。推广积极健康的生活方式,使健身理念深入人心,促进市民的终身健康。

三是加快医疗服务市场与大健康产业发展。放松医疗服务市场投资与办医准入限制,进一步鼓励民间资本投入,探索医疗领域混合所有制改革。以基本卫生保健、社区卫生服务、妇儿健康服务、康复医疗等领域为重点,积极发展民营医疗机构。深化医疗机构人事制度改革,促进医疗人力资源的社

会化流动。加快发展药品研发、医用耗材、医疗器械、健康教育、科学膳食、体育锻炼、环境净化等相关产业，推动大健康产业融合。

四是加快发展数字智慧医疗。推动移动设备、可穿戴智能设备、云计算和大数据分析等新技术在医疗中的广泛运用，推动电子病历和电子健康档案的标准化建设。建立统一的居民健康公共服务平台，提供健康咨询、就诊预约、检查检验结果查询等线上健康服务。积极发展远程诊疗，建设云医院，加快构建互联互通、开放共享的全医疗产业链生态闭环，利用大数据精确配置医患资源，使诊疗更加高效、精准。

（3）实现更高质量的新型养老服务。

一是加快构建多样化、多层次的养老服务体系。完善家庭养老和社区居家养老为主、机构养老为辅的养老格局，健全包括养老金融、职业护理、志愿服务在内的多元主体参与的老年服务体系。建设配备小型养老服务设施的新型服务社区，规划新建和改造社区养老院、综合为老服务中心、长者照护之家、日间照料中心、老年活动室、无障碍设施，积极发展小规模、多功能型居家养老服务。加强政策支持，积极拓展社会养老服务产业市场化融资渠道，鼓励社会资金进入老龄产业领域，增加老年服务项目，发展多样化的养老产品与服务。

二是大力发展老年友好医疗护理体系。打造"30分钟养老护理社区"，增强医疗服务机构设施的可及性，为老年人提供有效的就近医疗护理。完善家庭医生制度，推行小规模多功能型居家养老护理和上门护理服务，使居家医疗护理成为社区卫生服务的重要补充。建立覆盖全体老人的长期养老护理保险制度，加强专业护理人才的培养，完善养老护理人员职业体系。加强医疗人员能力建设，增强私营部门在老年医疗服务中的作用。

三是发展智慧养老服务。运用物联网及传感网络通信等手段，打造"智能化、数字化、虚拟化"基于家庭和社区的智慧社区居家养老系统平台，实现健康护理、健康数据管理、健康咨询、紧急救助等的智能响应，联通养老服务的最后一公里，推进全人群覆盖、全方面服务、全过程管理、全天候响应的养老服务信息化。探索医养结合服务模式，将医疗机构、社区、养老院智能互联，提供养老就医一体化服

务。消除信息壁垒，实现社区医疗、养老、康复、护理、健康体检等专业机构间的居民健康档案信息共享。

2. 社会保障方面

（1）促进社会保险制度公平、可持续发展。

扩大社会保障基金筹资渠道，建立健全社会保险基金风险预警机制、储备机制和保值增值机制，确保基金安全和保值增值，促进基金可持续发展。进一步规范社会保险基金征缴，加快发展多层次社会保险体系。

一是完善养老保险制度。逐步完善企业养老金计发办法，稳妥实施机关事业单位和企业基本养老保险关系和职业年金转移接续，规范机关事业单位社会保险缴费，并逐步提高机关事业单位社会保险缴费基数。根据国家顶层设计积极准备实施基础养老金全国统筹，在稳步推进延迟退休年龄政策的基础上，完善养老金增长机制，继续提高各类人员养老金水平。积极推动个人税延型养老保险、住房反向抵押养老保险等试点工作，支持商业保险参与探索针对失独老人、失地农民等人群的养老保障模式。

二是创新医疗保险制度。探索建立长期护理保险制度，逐步缩小各类基本医疗保险制度之间的待遇差距。大力发展商业健康保险等多种形式补充医疗保险。调整扩大基本医保药品目录和支付项目范围，完善药品分类采购，扩大药品带量采购品种范围，积极持续推进异地就医结算工作。

三是完善工伤、失业和生育保险制度。推进工伤保险全覆盖。探索交通运输、铁路、水利等高风险行业按项目参加工伤保险专项政策。研究适应新形态就业人员的工伤保障方式，推进工伤预防和康复。

（2）建立健全"发展导向型"的社会救助体系。

参照全球城市的做法，进一步增强社会救助体系的覆盖范围，针对老年人、单亲家庭、儿童、残疾人、低收入者、外来人口、受灾群众、流浪者与乞讨者等不同群体、个体的特殊需求和特征，设计更有针对性的救助项目与方案。

一是不断完善社会救助标准。根据经济社会发展水平，继续调整最低生活保障及相关社会救助标准。针对受助家庭的规模、结构、收入等影响因

素,完善分级分类、适度差异的救助标准动态调整机制,实现社会救助的精准化。

二是增强社会救助对个人发展的促进功能。在物质援助基础上,进一步加强对于社会救助对象在心理咨询、权益保护、教育促进、社会支持网络等多方面的帮助,实施"积极救助",提升被救助者的自我发展能力,避免其落入贫困陷阱。

三是促进社会救助参与主体的多元化。引导公益慈善组织、社会工作机构等主体参与社会救助,充分发挥社会工作专业力量在需求评估、救助方案设计、资源整合和政策咨询等方面的作用。进一步加强政府与社会合作,鼓励更多部门和个人参与慈善捐赠和社会救助项目开发。

（3）改善基本住房条件与居住环境。

一是深化完善住房保障机制。加大经济适用房、廉租房、公租房等保障性住房的供应力度,通过加强土地、资金、优质公共资源等政策支持,促进住房保障体系逐步覆盖全体常住居民。健全实物和货币相结合的保障方式,着力提高各类保障性住房的利用效率。加强公共租赁住房供应和管理,为上海科创中心建设各类企事业单位解决青年职工、引进人才阶段性住房困难提供支撑保障。多层次、多品种、多渠道发展住房租赁市场,满足不同层次、不同人群住有所居的需求。

二是改善老旧街区居民的居住环境。加快遗留棚户区改造,创新老旧街区和旧住房的改造和再开发机制,切实改善老旧街区居民的居住环境。对老旧街区的基础设施进行动态更新,将其与城区基础设施网络改造相结合。适当增加老旧街区的绿化覆盖和社区景观打造,增加老旧街区的为老服务、道路监控等基础设施。创新方式方法解决老旧小区停车问题,鼓励代建、共建停车设施。打造更富有亲和力的街区公共空间,控制街坊尺度,提高路网密度,提倡小块土地出让,畅通城市毛细血管,提升街道活力,塑造社区以人为本的生活氛围。

3. 社会治理方面

（1）打造平等包容的友好城市。

一是营造对于外来人口更具包容性的制度环境。全面实施居住证制度,降低制度门槛。推进户籍制度改革,使户籍制度与各种公共服务和社会福利逐步脱钩,消除户籍制度对人口合理流动的负面

影响。积极推动基本公共服务向全体常住人口覆盖,逐步使外来人口及其子女在教育、医疗、住房保障等方面拥有与本地居民相同的权利。落实国家有关永久居留证、签证等方面最新制度,实施有利于人员出入境便利化的办事服务措施,完善面向外籍人士的有关生活配套和就业商务环境,促进海外移民集聚。

二是创造面向全体居民的公平就业环境。完善促进就业的体制机制,推进经济增长和扩大就业联动,提升经济发展带动就业的能力。深化劳动就业体制改革,减少与户籍、性别、年龄、家庭背景、身体状况等因素有关的各类就业歧视,推动发展和谐劳动关系。保障全体适龄劳动力参与职业培训的权利,大力推行订单式培训、定岗培训、定向培训等与就业紧密联系的培训方式,提升职业培训的质量和实效。

三是完善面向特定人群的城市无障碍环境。对标主要全球城市的普遍做法,在公共设施规划建设中进一步完善面向残障人士、老年人、孕妇等各类人群的无障碍环境设计,营造包容、亲切、可达的公共空间。在公共交通工具中探索设置女士专用车厢,完善商场、剧院等公共场所的母婴室配置,为孕妇提供更为安全便利的空间和设施,切实保障妇女儿童权益。

（2）强化社会组织培育。

一是营造社会组织发展的良好环境。研究制定鼓励和支持社会组织发展的税收优惠政策和财政扶持政策,加大投入支持服务上海全球城市建设的行业协会商会类、科技类、涉外类社会组织发展,形成一批具有区域影响力的品牌性、龙头型社会组织;吸引国际性非政府组织在沪发展,为国内本土社会组织提升国际影响力创造条件,承担更多全球治理功能。建立和完善政府授权、定向委托、合同管理、评估兑现的运行机制,研究解决社会组织的人才引进、职称评定、资格认证、社会保障等问题。

二是进一步"简政放权",加强管理。降低社会组织的准入门槛,实施四类社会组织直接登记改革,对行业协会商会类、科技类、公益慈善类、城乡社区服务类等社会组织实行直接登记改革;持续加强社会组织事中事后监管。全面加强社会组织年度

检查工作。坚持年检与年报制度并行,在年检中注重线上填报与线下抽查审计、实地检查相结合。完善针对社会组织的信息公开、公众举报、年度检查等制度,积极发挥枢纽型、行业性社会组织的行业自律与自治管理作用。

三是大力推进社会组织参与社会治理。制定《关于进一步推进社会组织参与社会治理的工作方案》,突破政府购买服务等长期制约社会组织发展的瓶颈问题。建立和完善社会组织参与社区治理的平台和机制,加强政府与社会组织的沟通,围绕公共服务内容、质量标准、参与条件、绩效评价等方面内容积极展开协商,塑造和强化社会组织作为政府"助手"和"伙伴"的角色和作用。

(3)推动居民参与基层社会治理。

一是引导居民参与社区治理与家园建设。进一步"赋权社区",社区居民可依据个性化需求,在社区服务中承担设计者、供给者和使用者等不同角色。建立健全社区事务居民征询、居民公约和村规民约等制度,创建常态化的社区民意表达渠道和协商议事平台,推进社区层次的公共事务决策机制建设。搭建具有吸引力、多种形式的社区公共活动平台,激发居民关心和参与社区公共事务,培养居民

的社区认同感与归属感。加强居委会(村委会)阵地建设,理顺居委会与社区其他组织的关系。加强社区基层队伍建设,更多运用社会化方式开展工作。发展依托于社区的各类居民组织,使其成为居民参与治理的重要平台。加强社区规划和社区营造,把社区建设成一个有场所认同感、有人文关怀的精神共同体。

二是提升党组织对社区基层的影响力。加强居民区党组织和党领导下的居委会(村委会)阵地建设,理顺居民区党组织、居委会(村委会)与社区其他组织的关系。减少居委会(村委会)的行政化色彩,支持其运用社会化方式运作。深化区域化党建制度实践,进一步完善社区党组织嵌入社区共治决策平台的机制,提升党组织在基层社会的统筹领导和资源整合能力。鼓励基层党建服务中心发挥枢纽型平台作用,孵化党群专业服务机构。

三是加强信息技术在基层社区治理中的深度运用。依托城市网格化管理平台,探索利用高清摄像、人脸识别、射频技术、物联网等工具手段实现更高精度的社区数据捕获,稳步推进社区数据沉淀、系统融合、模式创新,为管理的全覆盖、全过程、全天候提供支撑,不断提高社区治理精细化水平。

作为一个经济发达、资源集聚的特大型城市，上海在发展过程中面临着资源、人口、生态等多重压力。实现城市的可持续发展，既是建设卓越全球城市的基本特征，也是上海提升城市综合竞争力的内在需求。未来上海要保持城市长久的生命力和竞争力，就必须坚定不移地推动可持续发展战略。

9.1 全球城市可持续发展的内涵

9.1.1 可持续发展概念

1. 可持续概念的提出

1980年，世界自然保护联盟发表了《世界自然保护战略》，强调人类利用生物圈的管理，使生物圈既能满足当代人的最大持续利益，又能保护后代人的需求潜力。1987年，世界与环境发展委员会向联合国提出报告——《我们共同的未来》，提出可持续发展（sustainable development）或永续发展，即指在保护环境的条件下，既满足当代人的需求，又以不损害后代人的需求为前瞻。1989年联合国环境规划署理事会在《关于可持续发展的声明》中进一步给出界定：可持续发展，系指满足当前需要而又不削弱子孙后代满足其需要之能力的发展，而且绝不包含侵犯国家主权的含义。达到可持续发展，意味着需要支援性的国际经济环境，从而导致各国特别是发展中国家持续的经济增长与发展；意味着维护、合理使用并且提高自然资源基础，增强生态抗压力以支撑经济的增长。

2. 可持续发展的内涵深化

可持续是能够保持一定的过程或状态，普遍用于研究生态和社会的关系。可持续发展不简单地等同于生态化或者环境保护，一般认为它由三方面内容构成，分别是环境要素、社会要素和经济要素。其中，环境要素指尽量减少对环境的损害。社会要素指可持续发展仍要满足人类自身的需要，并非要人类回到原始社会，尽管那时候的人类对环境的损害是最小的。经济要素指必须在经济上有利可图，包括两个方面的含义，一是只有经济上有利可图的发展项目才有可能得到推广，才有可能维持其可持续性；二是经济上在亏损的项目必然要从其他盈利的项目上获取补贴才可能收支平衡正常运转，由此就可能造成此地的环保以彼地更严重的环境损害为代价。可持续发展强调三要素协调发展，促进社会的总体进步，避免一方面的受益以牺牲其他方面的发展和社会总体受益为代价。

由于人口和财富的激增，地球自然资源无法满足人类的需求，人与自然的矛盾更加突出，必须建立一个可持续发展的社会。可持续发展的社会具备以下八个特征：不仅实现代际正义，更要实现代内正义，即当代一部分人的发展不应损害另一部分人的利益；经济与社会的发展要符合地球生态系统的动态平衡的法则和资源可持续利用的原则；改变不合理的资源消耗式的消费模式；解决全球的贫穷问题，穷人的生活质量有所提高；地球环境恶化得到抑制并得到根本的改善；在平等公正和尊重国家主权的前提下解决国际争端，以对话代替对抗；依靠科技进一步解决可持续发展中的主要问题；建立资源节约型、环境友好型的社会。

2015年9月，可持续发展首脑会议通过新的联合国2015年后可持续发展议程，基于可持续发展目标，提出"17个目标改变我们的世界"，每个目标设立未来15年的具体任务。其中，建设包容、安全、有抵御灾害能力和可持续的城市和人类住区具体目标为：到2030年，确保人人获得适当、安全和负担得起的住房和基本服务，并改造贫民窟。到2030年，向所有人提供安全、负担得起的、易于利用、可持续的交通运输系统，改善道路安全，特别是扩大公共交通，要特别关注处境脆弱者、妇女、儿童、残疾人和老年人的需要。到2030年，在所有国家加强包容和可持续的城市建设，加强参与性、综合性、可持续的人类住区规划和管理能力，进一步努力保护和捍卫世界文化和自然遗产。到2030年，大幅减少包括水灾在内的各种灾害造成的死亡人数和受灾人数，大幅减少上述灾害造成的与全球国内生产总值有关的直接经济损失，重点保护穷人和处境脆弱群体。到2030年，减少城市的人均负面环境影响，特别要关注空气质量，以及城市废物管理等。到2030年，向所有人，特别是妇女、儿童、老年人和残疾人，普遍提供安全、包容、无障碍、绿色的公共空间。通过

表 9.1　联合国可持续发展目标(2015)

1	无贫穷	7	经济适用的清洁能源	13	气候行动
2	零饥饿	8	体面工作和经济增长	14	水下生物
3	良好健康与福祉	9	产业、创新和基础设施	15	陆地生物
4	优质教育	10	减少不平等	16	和平、正义与强大的机构
5	性别平等	11	可持续城市和社区	17	促进目标实现的伙伴关系
6	清洁饮水和卫生设施	12	负责任的消费和生产		

资料来源：http://www.un.org/sustainabledevelopment/zh/sustainable-development-goals/.

加强国家和区域发展规划，支持在城市、近郊和农村地区之间建立积极的经济、社会和环境联系。到2030年，大幅增加采取和实施综合政策和计划以构建包容、资源使用效率高、减缓和适应气候变化、具有抵御灾害能力的城市和人类住区数量，并根据《2015—2030年仙台减少灾害风险框架》在各级建立和实施全面的灾害风险管理。通过财政和技术援助等方式，支持最不发达国家就地取材，建造可持续的、有抵御灾害能力的建筑。

9.1.2　全球城市与一般性城市的可持续发展

1. 一般性城市的可持续发展

一般性城市的可持续发展具有一些共同点。首先，城市可持续发展是一个集合的发展，可以视作一个复杂系统，在这个系统中，生态、资源、环境等多个要素的综合性决定了其多层次的特性。其次，城市的多样性导致城市可持续发展具有差异性，不同城市的可持续发展所具备的各种要素（如地理位置、自然资源、生态环境、传统文化和经济社会发展水平等）不同，构成城市可持续发展的各子系统间（如结构、功能等）也存在差异。第三，城市的存在和发展不是孤立的，城市可持续发展必须依靠其所处的区域支持才可以实现。第四，城市可持续发展按照一定的方式演进，其结构和功能处于不断变化之中，可持续发展是一个动态发展的过程。第五，由于具有目的性和主动性的人类活动的参与，城市可持续发展除表现出自然系统的特征外，还表现出人工系统的特征，也即，城市可持续发展过程实质上是个自组织与组织合作的过程，具有内在性和自生性。从应对挑战来看，一般性城市的可持续发展还体现在以下方面：

（1）避免城市衰退。

按照系统科学的观点，城市是开放的复杂巨系统，组成这个巨系统的众多子系统包含生态系统、资源系统、环境系统等。这些系统之间的关系十分密切，错综复杂，只有当系统内部诸因素以及系统同外界环境之间协调一致时，系统才能保持良好状态，城市本身才会充满活力，繁荣兴旺。可见，城市可持续发展是指在一定的时空尺度上，通过长期持续的城市增长及其结构进化，实现高度发展的城市

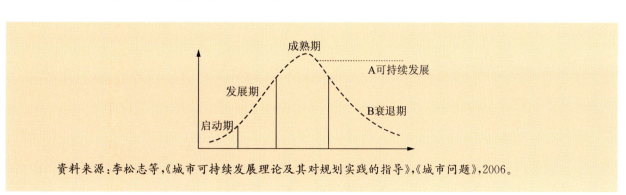

资料来源：李松志等，《城市可持续发展理论及其对规划实践的指导》，《城市问题》，2006。

图 9.1　城市生命周期示意图

化和现代化,从而使城市发展既满足当代现实需要,又满足未来发展需求的发展模式,以避免城市衰退。

(2)着眼单个城市体。

大多数城市可持续发展较多着眼于城市内部诸元素之间的结构状态,围绕生态、资源和环境等界定及阐述城市可持续发展的基本内涵及其核心问题。更多关注的是城市自身的属性,较少考察城市之间的关联,即城市可持续发展过程中所牵涉到的外部因素特别是城市与外部的连通性。因此,一般性城市在提升城市可持续发展能力时,往往也是基于单个城市体,认为城市可持续发展是在城市内部功能基础上形成的。

(3)减少社会不公平。

加强区域发展规划,引导商业设施合理布局,缩小不同社会阶层在购物方面的不公平性,增强低收入人口获取健康食品的能力。扩张城市用地规模,缓解城市居民的居住不公平,缩小城市人口住房购买力的差距,缓解城市中的居住隔离现象。

(4)增强资源环境承载力。

可持续发展要求城市居民放弃传统的消费观念,推崇清洁能源、循环利用、低碳消费等新的生活方式,保障资源在代内和代际间的公平分配。制定有效的公共政策,约束城市居民的个体行为,促进

城市可持续发展。针对城市在不同发展阶段(起飞、膨胀、顶峰、下降、低谷)面临的不同环境问题制定环境政策,通过环境规划和土地规划控制城市资源环境恶化。

2. 全球城市的可持续发展

全球城市具有超大规模、深度卷入全球化和信息化等特点。与一般性城市相比,可持续发展的理念标准、涉及层面、复杂程度、协同要求等存在很大不同。

(1)应对大城市病。

应对人口膨胀。以产业结构优化带动城市人口规模、素质、布局的优化。二战后,东京都政府制定东京圈基本规划,实施《工业控制法》等,大批劳动力密集型企业和一些重化工业相继迁出,现代城市型工业聚集。伦敦制定系列规划,大力发展文化创意产业,实现产业空间置换。建设城市副中心和新城,分散中心城区压力。东京于1958年、1982年和1987年分步骤分阶段实施"副中心"战略,使副中心和中心城区一起承担起东京的城市功能,形成"中心区—副中心—周边新城—邻县中心"的多中心多圈层的城市格局。应对资源紧张。国际大都市的城市规模呈螺旋式膨胀趋势,城市规模扩大、人口增加,造成一系列资源短缺问题,如土地供应紧张、房价趋高、工业用水与居民用水供应不足、人均公共基础

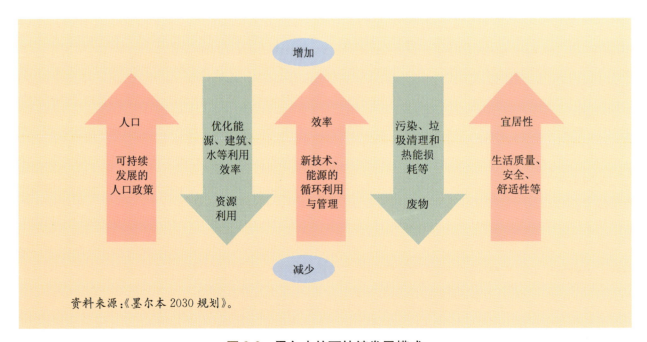

资料来源:《墨尔本2030规划》。

图9.2　墨尔本的可持续发展模式

设施严重不足等。为此,全球城市积极采取应对举措:建立紧凑城市空间格局;完善资源保护立法,强制资源再循环;加强生活节水,纽约在夏天干旱时采取强制性节水措施,建立城市分级干旱状态制度,呼吁市民节约用水等;依托技术创新全面推广使用清洁能源;通过征收燃油税、过桥过路费、高额停车费来限制私家车的出行等。应对交通拥堵。扩充以公交为核心的短途公共交通运输,采取不同区域分级征收过桥过路费、交通拥挤税、高额停车费,限制私家车进入中心城区,实行分等级的停车收费系统等。应对环境恶化。伦敦、纽约等严格控制污染源,将污染企业进行搬迁。针对汽车尾气污染,建立"空气质量管理区",并根据排放情况实施不同的限制举措。优化城市产业结构,大力推动绿色低碳产业发展。

(2)创建现代生态文明。

推崇"生态化、近自然化"理念。人与自然和谐共生,平等地善待自然,与自然为邻,与自然为友,在发展人类自身的同时,充分尊重自然的客观规律,一切以自然的需要为主,而不是把人类的主观愿望强加于自然;自然资源保护意识强烈,在不得不使用自然资源的同时,充分发挥科技文明的优势,并基于精神文明的伦理道德观念,力求合理地使用自然资源,使之不至于在短时间内消耗殆尽;环境保护意识觉醒,平等善待自然界的一草一木和动物物种。制定系统、完整、严格的法律、规章、制度,辅以舆论引导、技术开发等,有效保护生态环境。创新生态保护手段。全球城市通过战略性开发生态资源,满足城市人口对生态资源的需要。加强对城市绿化用地、湿地、林业和农业用地、自然保护地等生态基础设施建设,提高自然景观和腹地对城市的持久支持能力,提高城市居民的福利。关注运用网络生态廊道、绿色通道、环境廊道、生态网络等与生态基础设施相关的理念,将景观生态学应用于城市生态网络规划,保留自然景观的同时,实现城市土地的可持续利用和城市物理结构、生态系统的平衡。此外,全球城市利用城市核心功能促进生态优化,通过绿色金融助推城市低碳、绿色发展,通过智慧环境建设构建生态"慧眼",从科技层面支撑生态可持续发展等。

(3)引领时代标准。

制定高水平环境保护标准。全球城市将城市置身于整个生态系统格局之中,而非将生态建设补充到城市的开发建设之中,从源头上控制城市建设规模的扩张、保障城市生态空间,从而在环境质量(水环境、空气环境、声环境)、污染控制(工业废气处理率、污水处理率、工业固体废弃物回收利用率、垃圾粪便无害化处理率、环境噪声控制达标面积)、环境建设(集中供热率、燃料气化率、城市污水处理能力、基础设施投资)、城市生态(人均公共绿地面积、建成区绿区覆盖率、自然保护区覆盖率)等生态环境建设方面形成标准引领。形成可持续发展新模式。东京以广域、综合性整理方式兴建废弃物处理、资源回收等设施,建构21世纪资源循环都市,缓解资源瓶颈约束。东京还建构防灾安全都市,改善以防灾公园为核心的大型防灾据点及避难路径,强化防灾构架。纽约在岸线和滨水空间、城市基础设施、建筑以及邻里社区等方面,提升城市抵御气象灾害,建设有韧性城市。

(4)创新治理模式。

生态治理大众化。增强民众参与城市生态治理意识,推动社会组织、社会工作者队伍、企业等全面参与生态治理,形成起多元共治、良性互动的生态治理格局,推动生态环境治理精细化、科学化。构建广域协同治理。全球城市可持续发展必须依靠其所处的区域支持才可以实现。在进行城市规划和定位时,准确认识自身在区域中的地位,综合考虑与周围地区的关系,从空间结构、时间过程、组织演变、整体效应以及协同互补等方面寻求整体优化和区域协调发展。推进全球性合作。在以环境和可持续发展为主题的全球城市合作网络中,政府相关机构、环境管理部门、城市管理者、研究机构、金融机构、企业和民间组织、国际组织之间广泛对话交流与合作;利用环境友好型技术平台,在空气质量、水污染、固体废物、节能减排等领域开展研发合作和技术转移,寻求可持续发展的国际方案。提升国际影响力。全球城市通过自身生态环境保护以及与全球城市网络中节点城市的合作协同,实现引领全球低碳发展、清洁发展、绿色发展乃至生态文明,并将自身发展成效扩散和辐射至全球城市网络,从而影响、引领乃至支配全球生态环境核心要素流动与配置,切实促进全人类的生态文明进化。

专栏9.1 可持续发展应成为上海全球城市核心理念

2015年12月举行的中央城市工作会议科学地界定了城市可持续发展的基调——创新是实现城市可持续发展的基础,协调是实现城市可持续发展的手段,绿色是实现城市可持续发展的要求,开放和共享则是将发展成果惠及全民的有效方式。

同济大学建筑与城市规划学院城乡规划系主任唐子来表示,城市可持续发展离不开改革的支撑。当前我国强调由传统城镇化向新型城镇化转变的一个重要原因,是传统城镇化是不可持续的。而传统城镇化不可持续的根本表现,是经济增长导向的城镇化没有支付应该支付的社会成本和环境成本。因此,未来必须要通过改革来支撑城市的可持续发展,不改革、不进行制度变革,外部成本就难以真正的内部化,产能就会依然过剩,城市发展就难言可持续。

上海大学副校长李友梅认为,应当重视与城市可持续发展相匹配的制度安排。目前,从社会类型来看,工业社会和后工业社会的社会形态在上海并存。但工业社会与后工业社会的要素构成和制度安排有显著差异。工业社会的市场遵循的是"商务逻辑",其本质是规模经济;后工业社会的市场遵循的是"服务逻辑",其本质是制造差异、参与发展和战略战术的变化、关系风格合作机制的再生产等。因此,城市转型和改革的推动者,必须对社会秩序、社会关系和社会认同的原有基础的可能变化,进行认真而深刻的判断,并提出响应的治理能力建设的设计。

资料来源:《城市可持续发展与全球城市建设》,《文汇报》2016年2月17日。

9.1.3 上海卓越的全球城市对可持续发展的要求

1. 一般性要求

20世纪90年代以来,可持续发展理念对全球范围内的城市化议题产生了复杂而深远的影响。上海作为一座特大型城市,可持续发展首先必须解决好面临的一系列突出问题,为天蓝、地绿、水清的优美自然环境与良好生态系统奠定基础。

（1）应对生态脆弱。

城市建设中良好的自然生态环境包括水、陆、空,即优质的水资源、清新的空气及良好的绿化。由于全球城市资源消耗总量、污染物排放总量和单位土地排放强度高于一般城市,通过末端治理的减排潜力已十分有限,必须梳理生态发展底线思维,锚固自然生态格局和基底,严格管控城市增长边界,形成不突破生态底线的可持续发展模式。为此,需要加强沿海滩涂湿地生态系统保护,建立时间上的生态红线,控制滩涂围垦强度,为滩涂自然发育提

供充足的时间;沟通内陆河网水系,改善水动力条件,提高自净能力,提升生态服务功能。

（2）促进增长模式转型。

绿色经济代表着生态文明时代的城市经济发展方向,是一种既保护气候、符合环境要求,又有利于提高经济效率、促进发展的新经济模式。经济发展不能以破坏环境为代价,必须符合环境保护和资源可持续利用的要求。资源环境保护要促进经济发展,使得绿色经济成为新的城市经济增长点。低碳城市是低碳经济发展的重要载体,按照低碳经济发展的核心思想,目前低碳城市建设路径的核心内容包括低碳建筑、低碳交通、低碳产业、低碳能源、低碳消费、碳捕获与封存、低碳管理与制度等七个方面内容,这对城市全寿命周期管理、节能环保技术的研发和应用、降低资源和能源的消耗、减少废弃物的产生和生态环境的破坏等提出了新要求。

（3）提升危机感知和响应。

因地制宜,既对全域空间进行定期监测预警,

也对超载区域开展加密实时监测预警;注重软硬结合,既要建设好数据库和信息技术平台等"硬件"基础,也要健全管理机制、管控措施等"软件"配套;强化激励约束,既要让资源环境超载区域受到惩处,也要让资源环境改善区域得到鼓励;注重形成合力,既要发挥政府主导作用,又要调动社会各方面力量的积极性主动性,共同开展监测预警。

(4)促进区域协同。

系统性、协调性推动生态治理,建立完善的区域联动应急管理体系和响应预案,共同解决区域环境与发展、水质与安全之间的问题。积极应对未来水源地风险,完善各水源地之间的互备体系,同时战略性地考虑中长期策略,形成预备方案。强化多源协同控制的大气污染防治体系,加强流动源污染监管,推进清洁能源替代,加大污染源减排力度,进一步完善长三角及泛长三角地区的联防联控机制。

2. 引领性要求

上海建设的卓越的全球城市不是普通意义上的全球城市,而是比肩纽约、伦敦,居于世界城市体系塔尖、具备全球影响力、控制力、感召力的顶尖全球城市,核心目标之一是在生态方面打造人类文明进化新典范,成为令人向往的生态之城。推进城市的可持续发展,既要满足超大型城市的一般性要求,也要紧跟时代实现引领发展。

(1)彰显智慧理念。

上海建设卓越的全球城市首先需要确立资源环境的核心地位,用生态伦理和东方天人合一智慧再造生态优先的主体意识,明确生态文明建设的主体地位,全方位强化遵从自然规律、崇尚生态环境和推崇绿色发展的新理念,牢固确立绿色发展的引导机制,从根本上纠正发展的方向,转换发展的轨迹,创造并形成引领全球城市的生态建设道路和绿色发展模式。

专栏 9.2　更可持续发展:一座生态之城

面对全球气候变化和环境资源约束带来的发展瓶颈,上海致力于建设成为拥有较强适应能力和更具韧性的生态城市,并通过空间领域和基础设施方面的示范,成为引领国际绿色低碳趋势的可持续发展标杆。

1. 开展气候变化的积极应对。

(1)可再生能源占一次能源供应的比重达到 20%;

(2)碳排放总量较峰值下降 15%左右;

2. 营造绿色集约的生态网络。

(1)生态用地占陆域面积的比重不低于 60%;

(2)森林覆盖率达到 25%以上;

(3)人均公共绿地面积力争达到 15 平方米。

3. 建设科学全面的环保治理体系。

(1)PM2.5 年均浓度控制在 20 微克/立方米左右;

(2)水功能区达标率达到 100%。

4. 形成稳定高效的综合防灾能力。

(1)中心城应急避难场所人均有效避难面积达到 2.0—3.0 平方米;

(2)主城区与新城的医疗急救中心 3 公里范围内可达,郊区的医疗急救中心 10 公里范围内可达。

资料来源:《上海市城市总体规划(2017—2035 年)》。

（2）创新先进科技。

上海卓越全球城市建设必须建立在资源得到高效循环利用、生态环境受到严格保护的基础上，倡导节约优先、保护优先、自然恢复，在资源开发与节约、环境保护与发展中不断强化科技创新引领作用，为生态文明建设注入强大动力，促进形成勤俭节约、绿色低碳、文明健康的生活方式和消费模式。

（3）充实全球标准。

发挥制度优势，形成科学系统的生态文明建设战略思想，提升全球话语权。推进资源全面节约和循环利用，降低能耗、物耗，实现生产系统和生活系统循环链接。发挥制度和法治的引导、规制功能，规范各类开发、利用、保护活动。构建产权清晰、多元参与、激励约束并重、系统完整的生态文明制度体系，建立有效约束开发行为和促进绿色循环低碳发展的生态文明法律体系。

（4）融入全球合作。

在解决上海城市内部环境问题的同时，积极参与全球城市网络各节点城市的环境治理，积极履行全球环境公约。大力推进绿色全球城市网络建设，开展全球城市环境合作，建立全球城市网络生态环保大数据服务平台，推动成为全球城市网络中绿色发展的重要节点城市，与网络中的节点城市分享环境保护的经验，推动上海绿色技术和绿色标准"走出去"。

总之，在满足以上两方面要求基础上，上海要力争成为生态和谐城市，形成更加平衡、更高水平的聚居环境，基本消除环境污染，有效保护和高效利用自然资源，构建稳定可靠的生态安全保障体系；成为生态休闲城市，提供健康优质的水资源，环境空气质量持续改善，土壤环境得到有效保护，噪声与光污染达到可控状态，提供更多的绿化空间，保证优质生态文化服务的充足供给；成为生态经济城市，提高经济发展过程中的资源生产率，注重发展低能耗的新型绿色产业，保持绿色技术的研发优势，提供绿色就业岗位和绿色市场，使用低碳能源与永续资源，在促进经济社会发展的同时减少化石能源消耗以及相应的二氧化碳排放，从以减少负面危害为特征的被动性保护转向以创造正面收益为特征的更有意义的绿色经济，真正走出可持续发展新路。

9.2 上海城市可持续发展的现状

9.2.1 上海推动城市可持续发展的成效

1. 人口膨胀势头得到遏制

2010年"六普"资料显示，上海常住人口为2 301.92万人，同2000年"五普"相比，十年增加661.15万人，增长40.3％，高于同期全国人口5.8％的增长水平。应对人口膨胀，上海"十二五"期间加大人口控制力度，外来人口快速增长势头得到有效遏制。至2015年末，全市常住人口总数为2 415.27万人，其中户籍常住人口1 433.62万人，外来常住人口981.65万人，同比下降1.5％，上海外来常住人口首次出现回落。近两年来，在"五违四必"的要求下，上海各区县深入推进环境综合整治，大力拆除违法建筑，全力取缔违法经营，低附加值产业人口进一步得到有效疏导。

2. 土地管理制度不断完善

上海工业用地经历第一阶段（1998—2002）宽松管理期、第二阶段（2002—2005）收紧微调期、第三阶段（2005至今）精明调整期后，工业用地采用分类管理，收储、转型升级、自主开发及整体转型等方式相结合，实行弹性管理与控制。经过近十年的盘整优化，上海市工业用地结构规模及产出效率不断提升。2014年，上海市规划和国土资源管理局、中国（上海）自由贸易试验区管理委员会联合发布《关于中国（上海）自由贸易试验区综合用地规划和土地管理的试点意见》，提出鼓励地块用途兼容，明确提出综合用地概念，存量用地可补差价转综合用地，综合用地按照主导用途实行差别化的供地方式。为配合工业用地的调整，盘活存量工业用地，2016年出台《本市盘活存量工业用地的实施办法》，对低效用地的盘活提出了具体的管理办法与对策措施。

3. 交通整治取得阶段成效

上海紧扣依法严管、宣传发动、共建共治、常态长效等关键环节，全力推进交通大整治，取得了阶段性成效。突出违法行为显著减少。自实施交通大整治以来，机动车乱停车、乱占道、乱变道、乱鸣号、滞留路口、非机动车乱骑行、行人乱穿马路等常见多发交通违法行为明显减少。事故数量大幅下降。自实施交通大整治以来，全市道路交通事故数、死亡人数、受伤人数同比分别下降 24.27%、13.62%、46.69%，其中机动车违反交通信号、超速行驶引发的事故数分别下降 70.73%、65.08%，非机动车未按规定让行、违法占道骑行引发的事故数分别下降 65.22%、42.5%。道路通行能力显著改观。自实施交通大整治以来，市区主干高架路、核心商圈拥堵时间日均减少 1 小时以上，高峰时段公交专用道普遍提速 1 倍以上，"滴滴出行"将上海的拥堵排名从去年的第 8 名降为当前的第 18 名。道路交通基础设施显著优化。为配合交通大整治，梳理了全市道路交通标志、标线，设置了上海重点路段禁止临时停车标志标线，外环以内各条主、次干道和支路静态交通执法"电子警察"全覆盖建设取得显著进展。

4. 生态环境保护持续强化

依托环保协调推进机制和环保三年行动计划、清洁空气行动计划、污染减排等工作平台，按照率先引领和底线思维的要求，以大气、水污染治理为重点，系统推进环境保护和生态建设，生态环境保护取得明显成效，与国际化大都市相适应的环境基础设施体系和生态格局初步形成。具体表现为：生态资源保育持续推进，水源管理加强，林业建设稳步推进，湿地保护和恢复力度加大，"环、楔、廊、园、林"绿化系统格局初步形成，农业生态环境体系得到优化；环境保护治理成效明显，主要污染物减排显著，突出环境问题得到缓解，环境风险防控强化；生态基础工作不断完善，生态环境统计监测工作有序开展，生态建设相关规划颁布实施，生态补偿制度不断完善，生态环境文化得到倡导。2015 年，全市绿林地面积不断增加，人均公园绿地面积达到 7.6 平方米，森林覆盖率达到 15.03%。饮用水水源地水质达标率较 2010 年提高 10.0%，水环境考核断面化学需氧量、氨氮浓度比 2010 年分别下降 9%、19%，劣 V 类水体比例减少 7.8%。大气环境主要指标呈改善趋势，二氧化硫、二氧化氮、可吸入颗粒物浓度分别比 2010 年下降 41.4%、8.0% 和 12.7%，PM2.5 浓度较 2013 年下降 14.5%。"一主多点"的生活垃圾无害化处置体系基本形成，运行、生活垃圾（含餐厨垃圾）末端处理能力大幅提升。

9.2.2 全球城市可持续发展的经验

1. 创新混合利用土地方式

（1）鼓励综合开发。

1995 年，新加坡市区重建局出台"白色用地"规划，有效推进了存量低效用地开发利用。探索土地混合利用和建筑复合使用的综合用地新模式。加强控详规划在用地指标、混合用途、容积率、建筑密度等方面的刚性约束，划定综合功能区域、明确地块允许混合的附属用途清单。发挥市场在资源配置中的决定性作用。在符合控制性详细规划的前提下，鼓励存量用地按规划开发建设为综合用地。鼓励园区开发主体、大型企业和原土地使用权人参与综合用地开发，建立合理的土地增值收益分配体系，激励市场资本投入存量用地治理和开发。实施全生命周期用地绩效评价机制。将项目建设、功能实现、运营管理等纳入土地出让合同，实现项目开竣工、土地利用综合评估、土地使用权转让退出等全生命周期管理。同时，允许综合用地在规划弹性管控范围内，自行调整功能，并制定综合用地专项全生命周期管理办法。

（2）探索混合用地模式。

产业主导模式。新加坡纬壹科技城依托便捷的交通条件发展医药、信息、媒体等产业，并配以商务区和生活区，满足了工作、学习、生活、消费等各方面需求，形成了产业主导模式，促进了职住平衡。轨道交通场站综合开发模式。香港轨道交通上盖形成了物业成熟的开发盈利模式。以九龙站为例，该项目占地 13.54 公顷，容积率约 8.0，集住宅、写字楼、商场、休闲和酒店设施为一体。其主要做法：分组、分层立体开发，实施成熟的"地铁＋物业"综合开发流程。垂直花园模式。日本东京六本木新城项目采用疏密结合的空间布局，以占整个地块 5.4% 的土地面积创造出 50% 的建筑面积，实现了空间、时间、功能、安全和环境"五项倍增"目标。主要做法：不同城市功能有机整合，立体连续交通组织方式，立体复合农业公共生态空间。

专栏9.3　新加坡"白色用地"的理念与做法

"白色用地"的提出和实施,目的是通过预留当时功能无法确定的用地,为将来提供更多灵活的建设发展空间。一是土地预留。在区位条件优越、周边环境成熟、发展潜力巨大的区域内,因短期无法明确最优用途而划定的功能留白地块,待条件成熟后向高附加值用途转换。二是混合利用。土地用途分类规定了"白色用地"的主导用途、附属用途、允许混合的各类功能,及其占总建筑面积的比例,体现"工作、生活、娱乐"一体的空间开发理念。三是用途转换。政府通过招标技术文件,将地段位置、用地面积、混合用途建议清单、许可的最大总建筑面积和总容积率上限、建筑高度上限、租赁期限共六项重要指标固化。

开发商在"白色用地"租赁使用期间,可以在招标合同规定范围内,视市场环境需要,自由变更使用性质和功能比例,且无需缴纳土地溢价。随着新加坡城市规划多轮修编,"白色用地"的模式由"白色地块"向"白色成分"转变,其用途和开发方式也随之向多元化、立体化发展。

资料来源:陶纪明、徐珺等,《国内外产业用地管理的经验》,2014。

---

(3)创新土地复合利用激励政策。

美国可视情况放宽有关建筑密度、建筑高度或容积率等规划限制,并配以特殊区域、特殊用途减免税费等财政激励政策。新加坡允许开发商在招标技术文件规定的用地面积、用途清单、建筑面积上限、容积率上限和建筑限高等规划条件范围内,按市场条件自行调整"白地"的功能用途及其结构比例,且无需缴纳土地溢价。中国香港对于符合规划用途正面清单的用途调整项目,简化行政审批手续;对于配建综合交通、社区福利等公共设施的项目,还可视条件减免公共设施部分的容积率。

2. 完善生态环境保护机制

(1)大量使用市场机制。

发达国家市场经济体系较为完备,在生态环保过程中大量运用市场机制,包括市场的形成机制、准入机制、交易机制和退出机制四大类。形成机制注重法律约束形成市场、技术升级推动市场和多种渠道利用市场。各国普遍通过立法明确"污染者治理"的基本原则,美国和欧盟主管部门不定期地更新污染治理技术清单BAT(最佳实用技术),英国在水处理市场推广PPP(公私合营)模式,美国推行循环基金模式。准入机制注重鼓励节能和环境友好的

表9.2　新加坡土地利用分类(含"白色成分"部分)

用地类型	主导用途		附属用途	
Business 1-White (一类商业白地) Business 2-White (二类商业白地)	凡"商业用地"允许的相关用途均可准入,"白色成分"作为混合用途开发	附属用途类型及"白色成分"比例视评估而定	最高占总建筑面积的40%	
Business Park-White (商业园白地,相当于研发总部类用地)	"白色成分"占建筑总面积比例一般为15%,具体视项目区位评估而定			
	高新技术产业、实验室、研发测试、产品设计、数据最新、软件开发、工业培训、配送最新、一类电子商务、出版业	最低为剩余85%的60%	附属办公、休闲设施、托儿所、诊所、附属商店、安全设施、展示厅、员工餐厅、存储空间、二类电子商务、独立的媒体支持服务	最高为剩余85%的40%

资料来源:范华等,《新加坡"白色用地"规划土地政策研究》,《上海土地》2016年第4期。

表 9.3　六本木业态配比

	酒店	办公	居住	商业、娱乐			
				百货	餐饮	影院	文化娱乐
功能比例	11%	33%	13%	29%	3%	2%	9%
建筑面积（万平方米）	8	25	10	22	2	1.5	6.5

资料来源：胡国俊、范华，《创新方式　完善机制　深入推进土地复合利用》，《专家反映》2015 年第 57 期。

企业及产品进入市场，如欧盟的生态标签、A＋能效标志、美国的能源之星计划等，以及欧盟和美国的政府绿色采购。交易机制涉及排污权交易、税费政策和押金返还，比较有特色的是北欧国家率先推出的押金返还制度，目前在韩国（仪器和饮料包装、电池、轮胎、润滑剂等）和中国台湾（轮胎、铝罐、废纸等 12 种固体废物）建立了押金—返还机制。退出机制并不一味地强制关停，而是帮助企业寻找出路，如美国对衰退产业的企业退出强调用法律手段援助退出企业中的劳动力转移及人力资源再开发，政府对退出企业的资助以技术创新为主，利用市场秩序管制来保护退出产业。

（2）构建区域合作机制。

国外针对区域性的环境问题，常建立环境合作机制来应对。CCAC（气候与清洁空气联盟）成立于 2012 年，由美国与加拿大、墨西哥、瑞典、加纳、孟加拉国以及联合国环境规划署联合发起，目前已有 75 个成员（34 个国家及地区型合作伙伴、8 个政府组织和 33 个非政府组织）。该组织推进了组织构架与伙伴关系的建立，多途径平台效用的释放，以及关键技术的应用推广。

（3）形成细致引导民众参与机制。

引导公众达成共识。在政府的牵头组织下，以各类专题报告形式帮助社会公众认知城市发展所面临的能源、环境、生态问题及其影响，确定城市管理相关问题的重点指标及实施目标、方案措施重点。普及各领域的细化行动方案和实施指南。日本政府先后发布《关于企业社会责任的宣传册》《基于 CSR（企业社会责任）视角的绿色物流推进企业手册》《为了推动工作和生活相协调的行动方针》等多个行动指南，宣教科学践行。搭建多样化公共参与平台。伦敦政府广泛征求社会各界和广大公众的

建议和意见，在政府官网站上开设"畅谈伦敦（Talk London）"的开放式交流平台，组织伦敦志愿队（Team London）为广大市民积极参与伦敦城市绿色转型提供便利的实践平台。纽约为了实现 2030 年减碳 30% 的目标，推行绿色纽约（GreeNYC）项目，从家庭、工作场所、出行、生活方式等方面，细致引导市民减少能源消费、优化生活方式以及从身边小事做起，减少城市的碳足迹。

（4）创新生态岛建设机制。

强化规划控制。2010 年，美国纽约《长岛可持续发展战略 2035》提出到 2035 年以"可持续发展"作为立岛路线，强调"平衡经济发展和环境管理是长岛的当务之急"。2012 年，韩国政府发布《济州宣言》，要把济州打造成"世界环境首都"，着力平衡经济开发和生态保育之间的关系，明确提出不发展第二产业、海洋养殖等产业。推进新科技新技术示范应用。罗得岛、长岛、济州岛等均建有或在建风力发电场，鼓励清洁能源的替代和倡导"热电联产"。长岛建立沿高速公路电动汽车充电站项目以及绿色家园长岛全覆盖项目。为实现"2030 年济州零碳岛"目标，济州岛力争 2030 年成为电动车产业先导城市，还要求政府机关和企业在建设时将 5% 以上的建筑投资用于安装新能源和可再生能源设施。注重复合功能导入。各生态岛十分注重构建复合产业体系，推进"生态＋"科技，培育"生态＋"文化，向复合型绿色经济区转变。如济州岛自提出"国际自由城市"开发定位之后，逐步由单一旅游业向旅游、教育、医疗、绿色农业以及尖端产业（互联网、研发）为主的"4＋1"产业体系进行转型。构建多元共治的治理体系。长岛拥有大量从事环保工作的非政府组织，其中较为知名的是成立于 1967 年的环境保护基金（EDF）。爱德华王子岛在颁布制定环保相

关法规前,均广泛征求当地居民的意见,还通过优惠的税收政策鼓励企业的环保行为。

3. 制定生态创新融合政策

(1) 加强资金支持。

设立创新资金。为推动生态创新产品研发和绿色企业发展,各国提供各种各样的资金支持。例如,丹麦由政府赞助的投资基金为小型创新企业提供种子资金资助,希腊为企业提高环境表现提供持续补助,并为测试、认证、咨询服务及与环境领域相关的流程改进等"软"行动提供经费支持。资助技术研发。法国资助生态技术和可持续发展(PRECODD)研究项目,德国实施"可再生资源"资助项目,日本实施"凉爽地球——创新能源技术"项目等。

(2) 促进商业化。

丹麦发起能源技术发展和示范项目,支持生物燃料、风能、太阳能、燃料电池、氢等高效能源技术的发展和应用示范。法国建立示范基金,支持有前景的交通运输、能源和住房环境技术开展示范。英国环境改革基金特别关注将低碳和能源效率技术引入市场;瑞典出台研究创新法案,将创新政策重点从补助金转移到技术发展和建立相关技术市场上。美国能源部技术商业化基金(TCF)补充天使投资,推动面临"商业化死亡之谷"的新技术应用。日本经济贸易产业省强烈关注低碳排放、自然资源的限制使用及健康生活,通过构建"先锋社会体系"来打造安全低碳的社会。

(3) 推动教育培训。

教育培训可为生态创新提供人力资本,为"绿色职业"创造潜在劳动力。丹麦建立独立的知识团体技术服务机构,为企业传送知识,并开展气候变化等职业培训。美国能源独立和安全法案授权建立能源效率和可再生能源工作者培训项目,着力培训"绿领"职位。加拿大政府出资成立非营利性教育和就业组织ECO,着力为公共和私营部门提供具备相应技能和知识的环境人力资源。

(4) 支持网络合作。

英国技术战略委员会(TSB)建立创新平台、知识传递网络(KTNs),为来自企业、大学、研究、金融和技术组织的人员传授资源效率、燃料电池等专业知识。希腊为促进工业、企业、学术界和研究中心的合作,联合欧盟和基金会成立了五个区域性的"创新联盟"。瑞典建立可持续城市代表团,以支持地方当局和商业部门的可持续城市建设。美国环境保护局与商务部合作建立绿色供应商网络,帮助中小型制造商保持盈利性,同时降低对环境的影响。

(5) 创新信息服务。

丹麦技术组织门户网站提供生物技术、生态学、环境化学、能源、材料和食品方面的最新信息。法国环境与能源管理署为中小型企业提供环境管理信息服务,包括生态审计、获得ISO14001或EMAS认证等。"德国清洁生产"门户网站提供关于环境技术和服务表现方面的全面信息。英国拥有遍及整座城市的咨询中心网络,提供免费信息和建议,帮助企业和消费者采取节能行动。

(6) 完善基础设施。

日本经济贸易产业省发起绿色信息技术计划,以中长期的观点来发展创新ICTs,重点发展远程办公、智能交通系统(ITS)、家庭能源管理系统(HEMS)和能源管理系统(BEMS),以便在能源供给、交通运输和城镇发展中建立"零排放基础设施"。

(7) 扩大公共采购。

德国建立门户网站,帮助决策者进行绿色采购。法国推出绿色财政措施,对装修保温房屋提供零利息贷款,对重型货车征收"生态费",对使用太阳能电力的农场免收财产税。日本制定了绿色采购法律,强制所有政府机构实施,并鼓励地方当局和私营企业也同样实施绿色采购。

(8) 支持技术转移。

瑞典政府建立出口平台,在世界市场上出售瑞典的绿色技术和可持续建设成果。美国环境保护局支持清洁、高效的能源技术出口到印度、中国和其他发展中国家,并为此提供配套措施支持。

4. 提升废弃物回收利用率

(1) 实施严格细致的分类标准。

日本对生活垃圾的分类有着十分严格而细致的规定,把垃圾分成资源、可燃、不燃、粗大、有害等几大类,每一类的"终点"都有着明晰的路径。

(2) 形成严格的居民生活垃圾收集机制。

日本取消街头垃圾桶,外出产生的垃圾需随身携带,这促使很多日本人习惯随身携带盛放垃圾的小口袋,真正做到"路不遗脏"。同时,实施严格的《废弃处置法》,违背者将处以 3 万—5 万日元(约合人民币 1 980—3 250 元)的罚款。该机制效果良好,使得城市生活垃圾大大减少,目前日本人年均垃圾

产量只有 410 公斤,为全世界最低。

(3)制定高标准焚烧处理措施。

日本并没有通行的环境标准,各地因地制宜拟定环保标准,但总体标准都较高。日本的垃圾焚烧厂,不仅关注二恶英的排放,而且关注与二恶英生成

专栏 9.4　弗莱堡垃圾处理规划——变废为宝

1. 惊人的回收利用率。

弗莱堡在历史上一直是一座洁净而美丽的城市。两百多年前,约翰·彼德·赫伯尔(Johann Peter Hebel)曾经作诗赞美。弗莱堡市在垃圾分类方面所做的努力是巨大的。它的直接效果也很明显,弗莱堡市人均仅制造 90 公斤另类垃圾,远远低于本州的平均值 122 公斤。这里 69% 的垃圾可以得到回收利用,如此高回收利用率与该市有一套一流的、细致入微的垃圾收集系统密不可分。一大举措就是,该市很久以前就在全市范围内投入使用收集有机垃圾的垃圾筒。

2. 垃圾处理规划及垃圾处理意识的培养。

25 年来,弗莱堡市的垃圾量虽有增长,但该市却制定出了全方位的垃圾处理规划来应对这一问题。此垃圾规划中的口号是:"把控制垃圾量视为首要任务,垃圾回收利用次之,最后才是垃圾焚烧。"此规划不仅是弗莱堡市垃圾处理行业发展的真实写照,同时它还包括一系列具体措施,比如其中就积极强调垃圾处理意识的培养。从 1994 年起,弗莱堡城市清洁服务公司(ASF)与学校和相关机构共同开设课程及参观活动,组织表演"垃圾"戏剧,举办各类竞赛活动,以培养少儿的垃圾处理意识。

3. 减少垃圾的产生。

不仅市政府发挥示范作用,几乎所有市政用纸都来自回收加工纸,并且反对使用一次性纸杯,而且那些像弗莱堡足球队等私人活动组织者也积极响应号召。自 1991 年起,弗莱堡市推行新规定,所有在公共空间举办的活动中应使用可循环物品,弗莱堡足球俱乐部已加入其中。城市采取各种经济刺激手段控制垃圾量,比如,垃圾回收桶的型号不同、垃圾回收的频率不同,则缴纳的垃圾处理费也不同;通过集体合用垃圾回收桶,居民们可以降低垃圾处理费;使用环保"尿不湿"会有补贴;自制垃圾堆肥会有补助。

4. 另类垃圾处理。

弗莱堡南边的布莱斯部开发区内有一座另类垃圾处理暨能源生产中心(TREA),从 2005 年起,不可避免也不可作为原料利用的垃圾运至此地集中处理。TREA 遵守很高的环保标准,保证垃圾处理的安全性。另类垃圾(Restabfall)会被焚烧,以此来获取电力和余热。如今该垃圾处理站可给 2.8 万户居民供电。自 2013 年年初,TREA 还为与其相邻的生物质生产单位年均供热 80 亿瓦时。该单位以园林修整时产生的树木枝桠为原料制造高能木屑,此种木屑可作为燃烧木料的发电机的燃料,同时它还给一座沼气站年均供热 3 500 兆瓦时。与此同时,自 2016 年中旬起,总计产生 12 200 兆瓦时的供热合同,其中 8 000 兆瓦时供给相邻的生物质能源中心,1 000 兆瓦时供给巴登诺瓦能源公司的一座沼气站,其余 3 200 兆瓦时供给其他需要远程供热的、以小型企业为主的客户。

资料来源:www.freiburg.de/greencity。

紧密相关的氮氧化物的指标。中国氮氧化物的排放限值一般是 400 毫克/标立方,而日本的控制值都在 100 毫克以下。

（4）高度重视废弃物循环利用。

2001 年起,日本就开始实施《家用电器再利用法》,要求消费者必须承担旧家电收集、搬运及"再商品化(循环再利用)"费用。法律还规定,消费者如随意弃置旧家电,会被处以高额罚款。如随意扔一台旧电视或旧冰箱,将面临近 3 000 日元的罚款,而支付一台旧电视或旧冰箱的回收再商品化费用则只需 2 000 多日元。事实上,日本企业承担的家电回收再利用的社会责任,要远远大于普通消费者。根据日本《家电回收再利用法》和关于电脑的《资源有效利用促进法》规定,原则上由市政部门或家电制造厂商自主回收。正是由于对发展循环经济的重视,日本厂家在废家电中"拆解再利用"得到的铁、铜,塑料等再生材料的"再商品化率"超出法定标准,其中显像管电视达 86%(法定标准为 50%),液晶、等离子电视达 74%;洗衣机、干衣机达 85%;空调达 88%;冰箱、冷柜则达 70%(法定标准为 60%)。德国弗莱堡市在垃圾分类方面所做的努力是巨大的,直接效果也很明显:人均仅制造 90 公斤垃圾,远远低于本州平均值 122 公斤,69%的垃圾得到回收利用。如此高回收利用率,与其建设一流的、细致入微的垃圾收集系统密不可分。

9.2.3　上海城市可持续发展面临的问题及原因

1. 上海城市可持续发展面临的问题

根据麦肯锡公司携手清华大学公共管理学院和哥伦比亚大学全球中心发布的城市可持续发展指数(USI),上海城市可持续发展取得了一定成效,但也面临突出问题。在城市人口密度方面,上海处于处于中等位置;在公共交通使用情况方面,东京使用效率指数最高 1 051.202,上海最低 121.49;空气质量合格天数伦敦和东京的合格率都为 0.95,巴黎最差 0.65,上海处于较高水平 0.92;废水处理率巴黎纽约伦敦都是 100%,上海最低 84%;生活垃圾处理率东京和纽约处理率最高为 100%,香港最低 50%,上海市的数据偏低 61%;能源消耗量东京最低 0.014,其他城市的能源消耗量也相对较低,上海

的能源消耗量最高是 6.18,约是东京的 450 倍。

（1）土地集约利用水平偏低。

尽管上海持续创新建设用地管理,土地集约利用取得了不小进展,但也要看到,长期以来,上海一直注重土地的节约集约利用,取得了不小成效,但城市人口的超大规模以及老龄化等结构性问题对建设用地需求依然很大,人多地少的矛盾持续存在。同时,上海不仅存在已批用地空置等土地资源浪费现象,中心城区还因产业结构调整保留有大量工业用地性质的老厂房、老仓库等闲置土地,这些都是可以进一步利用的土地资源。与人口密度相当甚至更高的国外全球城市相比,上海提高土地集约利用水平还存在很大空间。比如,东京约为 1.45 万人/平方公里,每平方公里 GDP 产出为 10.42 亿美元,上海只有 1.88 亿美元,东京是上海的 5.5 倍。

（2）生态环境保护尚需加强。

尽管上海生态环境保护取得很大成效,但环境质量总体与国家标准和市民需求仍有较大差距。以细颗粒物(PM2.5)、臭氧为代表的复合型大气污染问题突出,主要水体氮、磷普遍超标,部分郊区中小河道污染严重,城乡环境差异明显,城市生态功能不足,与现代化国际大都市的定位和市民日益提高的环境要求存在较大差距。污染物排放总量大、强度高,污染预防和治理能力仍显不足。尽管实施多轮环保三年行动计划的大规模投入,全市环境治理能力和水平已上了很大台阶,但仍不足以完全消化人口经济快速发展带来的增量。上海大气污染指标普遍高于全球城市水平。以 PM2.5 为代表的复合型空气污染问题突出。上海大气污染年平均浓度高于 36 个公认的全球城市。以可获得的 2006 年数据为例,东京大气污染年平均浓度为 5 微克/立方米,伦敦为 125 微克/立方米,纽约为 27 微克/立方米,而上海 2012 年是 62 微克/立方米,分别是东京、伦敦和纽约的 12.4、5.0 和 2.3 倍。可吸入颗粒物方面,伦敦为 27 微克/立方米,纽约为 82 微克/立方米,上海是 71 微克/立方米,上海分别是上述世界城市的 2.63 和 0.81 倍。PM10 指标方面,上海的指标分别约是伦敦和纽约的 3.9 倍,东京的 2.05 倍。城市绿化指标方面,上海人均公共绿地等指标低于纽约、伦敦、巴黎等城市。上海的公园面积数量少,人均城市公园面积指标分别是东京的 1/4、巴黎的 1/18 和伦敦的 1/25。

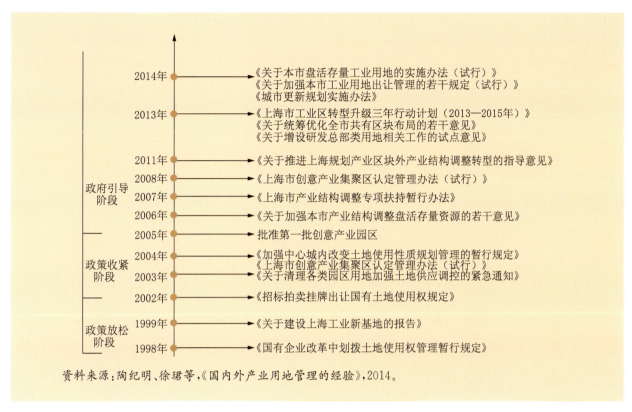

图 9.3　上海工业用地管理的阶段划分

（3）绿色低碳发展处于较低阶段。

在产业结构优化、节能环保、绿色交通、循环经济等方面，上海尽管采取了一系列举措，但目前上海绿色低碳发展仍处于较低阶段。与国外全球城市相比，资源消耗和垃圾排放均过大，资源节约型、环境友好型社会建设存在显著差距。比如，上海的人均物资消耗高于新加坡、香港、首尔、台北等亚洲城市，人均碳排放最高，单位 GDP 能耗、人均垃圾、人均日用水量均高于亚洲其他国际大都市。由于存在能源结构以煤为主、产业结构较重、建设用地比例过高等短期内难以根本解决的结构性问题，上海减排空间受限。除继续加大末端治理力度外，必须在调结构、转方式等源头防控上下大决心、花大力气、下狠功夫，加快产业升级和发展动力转换，加速绿色低碳转型。

2. 制约上海城市可持续发展的主要因素

（1）受制于历史欠账多。

上海存在水质性缺水和水源安全风险，曾被列为全国 36 个水质性缺水城市之一，更是联合国预测

表 9.4　上海与三大全球城市土地利用效益比较

地　　区	土地面积（平方公里）	GDP（亿元）	地均土地利用效益（万元/平方公里）
上海（2013）	6 340.5	23 560.94	37 159.44
纽约（2013）	789	37 881.55	480 121.06
大伦敦（2011）	1 594.7	30 582.41	191 775.33
东京都（2012）	2 189	67 138.53	306 708.69

资料来源：吴冠岑，《上海城市土地空间资源潜力、再开发及城市更新研究》，上海大学，2015。

表9.5　上海与主要全球城市大气污染与绿化比较

城　市	纽约	伦敦	东京	上海
大气污染年平均浓度(2006)	27	125	5	62
可吸入颗粒(2006)	82	27	—	71
PM10(2004)	21	21	40	82
二氧化硫(2005)	26	25	18	23
二氧化氮(2005)	79	77	67	46
生态用地比率(%)(2012)	—	63	58	30
森林覆盖率(%)(2012)	24	34.8	33	13
绿化覆盖率(%)(2012)	—	42	64.5	38
人均公共绿地(m²)(2012)	19.2	24.6	4.5	12

资料来源:《上海未来30年生态城市建设愿景目标及其实施路径》,上海市政府决策咨询重点课题,2014。

21世纪饮用水缺乏的六大城市之一。2011年全市仅有20%的淡水可供使用,人均水资源拥有量不足200立方米,远低于国际公认的1750立方米用水紧张线,属于典型的水质型缺水城市。这种水质性缺水现象主要表现在历史欠账与人口扩张双重压力大、污水处理标准偏低、城市面源污染严重、污水处理设施能力不足、受上游水质影响大等方面。

（2）受制于区域合作不完善。

上海自身生态系统较为脆弱、自我服务功能很低,是典型的寄生性城市生态系统,这意味着上海市的生态环境严重依赖于区域生态系统。因此,上海亟须联合周边省市共同防治大气环境污染和保护河流、海域及其周边生态系统。

（3）受制于绿色低碳转型水平低。

以末端控制为主导的生态环境保护制度效果越来越有限,生态环境的根治基于预防性和激励性制度,这需通过转变经济发展、调整能源结构和优化产业布局等方式实现绿色低碳转型,从源头上加以消除。

此外,还与体制机制不完善、发展观念滞后有关。比如,土地复合利用需综合考虑产业、交通、消防和环保等要求,涉及面广,但目前缺少政府各部门协同创新机制和支持政策。尽管小区设立不同颜色的垃圾桶实施分类收集,物业公司、居委会、业委会和志愿者以不同程度力量介入其中,但居民仍是配合的少,乱扔的多,生活垃圾可资源化利用缺乏有效的协同体制机制,已有的社区模式也仅限于样板阶段,很难大面积推广。现行的循环利用技术政策对"高新技术"、"尖端技术"、"国际一流"、"科技含量高"有着强烈的偏好,但高、新、尖技术并不都是实用的和低成本的。在发达国家,尽管各类循环型技术包含了很多高新技术,但以市场化、低成本为导

表9.6　上海人均物质消耗与全球城市比较

	平均	新加坡	东京	香港	首尔	台北	上海	北京
人均CO₂(吨/人)	4.6	7.4	4.8	5.4	3.7	4.2	9.7	8.2
单位GDP能耗(百万焦耳/美元)	6.0	2.9	1.2	1.5	3.2	1.5	14.8	12.3
人均垃圾(公斤/年)	375.2	306.6	375.1	434.3	955.6	304.0	369.5	394.7
人均日用水量(公升/日)	277.6	308.5	320.2	371.2	311.0	342.0	411.1	218.1
日二氧化硫浓度(PPM)	22.5	9.0	5.7	14.0	17.2	8.6	35.0	34.0

资料来源:周振华、徐珺等,《上海战略研究(2050):资源、环境、驱动力》,格致出版社、上海人民出版社2016年版。

向的集成化则是其首选,上海现行的技术政策有待完善。

9.3　提升上海全球城市可持续发展能力的对策

9.3.1　积极应对大城市病

人口膨胀、用地紧张、交通拥挤、环境恶化等是大城市可持续发展面临的重大挑战。作为特大型城市,上海继续优化人口结构,集约利用资源,维护生态容量,提升环境质量,以更好应对大城市病。

1. 优化人口结构

(1) 坚持"以地控人",通过建设用地调控优化人口结构。

实施建设用地"控增逼存",控制人口总量和低附加值产业、人口数量。严控新增建设用地规模,并将增量规模适度与建设用地减量化、存量用地盘活挂钩。鼓励存量用地的盘活和更新,调整业态和结构,优化人口。加强低效建设用地减量,降低低附加值劳动用工需求。通过违法用地拆除处置、城中村和棚户改造和群租房监管,减少劳动力人口聚居。

(2) 坚持"以业控人",通过产业用地引导人口结构和布局优化。

加强产业用地规划引导,促进人口转移。构建与全球城市发展定位相匹配的产业用地结构,疏解中心城区及周边地区非核心功能及相应就业岗位。提高项目引进和就业门槛,优化产业人口层次。制订与规划相适应的产业最低地均产值、人均产值门槛标准,项目立项或用地审批阶段把提供高层次人口就业岗位数作为重要衡量指标。关注职住平衡,优化产业用地布局,减少人口钟摆式流动。通过产业基地、产业城区(社区)和零星工业点三种模式的产业用地布局引导就业人口居住。加强表演艺术和影视等文化创意产业集聚。吸引并承载多元化,具有一定集聚度的旅游休闲活动和创新创意人才,为地区带来发展活力,支撑区域地产的发展。

(3) 坚持以"以房管人",规范管理满足多层次人员需求。

增加中小套型商品房和公租房、保障房供应,满足年轻人和低收入人口居住。可考虑政府统一收租存量租赁房用于公共租赁。鼓励轨道交通站点周边 TOD 模式小面积可支付住宅,方便生活和就业。鼓励有条件的单位使用存量土地改建住宅或进行集资建房,用于引进人才或鼓励职工就近居住。规范住房租赁制度,优化调控人口。整顿城中村、群租房和不符合市容市貌的小百货、小食杂店,规范住房租赁制度和标准,改善外来人口居住环境,避免安全隐患,达到调控优化人口结构目的。

2. 集约利用土地

(1) 支持土地混合使用。

加强建设用地多元化复合利用。以加强城市治理为目标,以城市更新为抓手,深化推进建设用地的多元化复合利用。鼓励经营性物业之间、公益性设施之间以及经营性物业与公益性设施之间的立体开发、集中设置和综合开发,完善区域功能,提升环境品质,提高用地综合效益。探索试点农用地多功能复合利用。空间复合叠加功能,加强农—林、林—水、农—水等复合利用的规划引导。时间复合拓展功能,加强复合经营和管理。创新完善"大类管住、小类放开"的农用地用途管制制度,探索农用地生产、生态、文化、休憩等多功能复合利用。出台事前、事中、事后全过程的支持政策。实施土地复合利用项目全生命周期管理,全程跟踪评估项目的开工建设、功能实现、运营管理、节能环保和社会贡献等情况。探索公共设施的市场化合作开发模式。借鉴港铁经验,依托轨道交通场站综合开发试点工作,深入探索轨道交通建设主体和知名开发企业的合作开发模式,厘清开发权责、收益分配、反哺方式和风险控制等底线条件,制定地上地下统筹规划方案以及分期、分割开发计划等,在先行先试中落实完善相关实施细则和操作路径。完善管理制度。土地收储方面,政府牵头协调土地权属机构,统一收储用地,通过地籍的重新梳理,形成合适的混合使用开发单元再进行出让。土地出让方面,设定评估程序确定混合使用用地块的整体出让年限,以混合其他用途的比例及出让年限等因素综合修正确定"招、拍、挂"出让基准地价。

（2）细化容积率激励。

细化公共要素清单。细化增加公共要素清单的类型，拓展到城市功能、公共服务配套设施、历史风貌、生态环境、慢行系统、公共开放空间、基础设施城市安全等方面。在规划评估的基础上，确定上海不同地区近期紧迫需要的公共要素，如公共空间、公共通道、公共设施等，试行分地段差异化的公共要素评估；对以分时、协议等多种方式提供公共要素的，提出针对性的奖励；同时，增加对公共要素的品质和后期管理的要求。协调土地开发强度。调整现有《实施办法细则》中的建筑容量奖励，在提供公共要素的前提下，根据实际情况可以叠加各种容积率奖励和转移，不局限于200%的奖励。对于地区特别急需的、难度大的公共要素，给予较高的容积率奖励。同时，在《实施办法细则》中增加容积率转移条例。差异化管理。划分各控制单元容积率的强度等级，核算出相应用地类型容积率的最佳值与极限值。对不同地块的容积率设置不同的管控力度，将城市副中心、历史文化保护片区、旧城更新改造片区等划定为重点地块，合理释放城市建设用地开发强度的弹性。建立基于"强度等级—用地类型—控制强度"的城市建设用地全覆盖的多维管控数据库，以区域背景、地块面积、容积率强度、营造空间舒适的措施等信息形成经验数据库。探索新型模式。混合型管理制度已被大多数城市采用，成为国际趋势。但是，上海现有条件建立完善的激励体系尚不成熟，现阶段比较适合"一事一议"的裁量型管理。下阶段，对于普通公共利益，建议通过试点项目的经验积累，以及相关研究的同步推进，制定一个系统的容积率激励规则体系，开发商只要满足具体要求即可获得奖励；对于特殊公共利益或者重点地段，依然保持裁量型管理，即由相关部门审批决定能否获得奖励以及具体奖励额度。

3. 降低交通拥堵

（1）完善交通集疏运体系。

以快速集约方式为核心，完善地面交通集疏运体系。将浦东机场接入上海铁路网络服务，构建以机场快速为骨干的公共交通系统，加强轨道2号线、磁悬浮、机场巴士和出租车的服务衔接，强化停车价格调整对私人小汽车出行的需求的调节作用，进一步提升公共交通队私人个体机动交通的竞争力。

（2）强化交通科技支撑。

利用信息化技术创新传统管理流程和管理模式。以互联网创新为核心的技术变革将对管理带来变革，通过大数据技术，将交通工具与智能技术整合，掌握个体交通等各类交通出行的特征规律，为更精细化的政策制定提供依据。通过实施跟踪检测区域内交通出行情况，针对突发情况和系统服务水平下降，积极采取措施，保证区域交通高承载能力。利用物联网技术提升交通运行效率。交通运输工具大型化、快速化、智能化升级趋势明显，可以持续提升运力配置能力和环境友好度；通过物联网、无人驾驶、信息技术等新型技术，进一步提升交通运行组织效率，提升道路系统和轨道交通网络的承载能力；通过新能源技术、环境治理技术的发展，提升交通工具的能耗效率和污染物排放强度。

（3）改进交通综合管理。

创新交通协同管理。创新交通协同建管机制和投融资平台，整合多方政府和市场的力量参与。构建高效可持续的综合管理机制。基于连续、综合、协同的3C原则，统筹重大交通基础设施的布局、功能分工和协调管理配合，推动区域交通设施从规划、投资、建设、运营管理的协调、高效的组织。

4. 管控生态空间

（1）划定生态保护红线。

以保障城市生态空间底线为目标，按照"性质不改变、面积不减少、功能不降低、职责不改变"的管控要求，划定生态保护红线区域，实施分级分类管控，配套实施生态补偿等相关制度，提升区域生态服务功能。严格控制城市建设用地比例，有效保障城市生态空间，构建城市生态安全格局。

（2）优化生态空间格局。

基于城市生态安全格局的构建目标，逐步推进"水、林、田、滩"复合生态空间格局优化，初步建成"多层次、成网络、功能复合"的以城市森林为显著特征的生态网络框架体系，提升综合生态服务功能与效益。重点实施生态廊道和城市绿道"两道"建设，构建健康、多元、互通、易达的都市绿色休闲网络，加快实施城市立体绿网和郊区农田林网建设，以系统均衡布局为目标，按照服务半径要求，继续完善"口袋公园—社区公园—地区公园"三级公园绿地建设,完善城市公园体系和郊野公园体系。

5.强化环境保护

(1)加强水环境保护。

全面落实《上海市水污染防治行动计划实施方案》,围绕饮用水安全保障、环境基础设施建设以及黑臭水体综合治理等重点领域,加大水污染防治力度,全面提升水环境质量。重点强化饮用水水源安全保障,即完善水源地布局建设、加强水源地环境监管、严格控制水源地环境风险、全面提升饮用水供水水质。重点推进水环境基础设施建设、城市面源污染治理力度、海绵城市建设。

(2)加强大气环境保护。

全面落实清洁空气行动计划要求,围绕能源、产业、交通、建设等重点领域,进一步深化强化防控措施,继续加大治理力度,加快改善环境空气质量。重点推进燃煤污染控制、工业污染综合治理、流动源污染治理、扬尘污染防治、社会生活源整治等。

(3)加强土壤环境保护。

以保障农产品质量和人居环境安全为出发点,编制实施上海土壤污染防治行动计划实施方案,坚持预防为主、保护优先、风险管控,加快建立资源整合、权责明确的土壤环境管理体系,土壤环境质量总体保持稳定,土壤环境风险得到基本管控。重点推进土壤环境质量监测评估、农用地土壤污染预防与安全利用、场地污染防控和治理等。

9.3.2 有序推进非核心功能疏解

国家"十三五"规划纲要提出:"超大城市和特大城市要加快提高国际化水平,适当疏解中心城区非核心功能。"《长江三角洲城市群发展规划》和《上海市"十三五"规划纲要》也明确提出:"要推动上海城市非核心功能疏解,促进与周边城市协同发展。"推进非核心类功能疏解对于提升城市核心竞争力、破解"城市病"、推进区域协同发展具有重大长远意义,是上海落实国家战略规划、实现城市可持续发展的治本之策。

1.统一非核心功能疏解的思路原则

(1)创新疏解思路。

上海疏解城市非核心功能必须贯彻创新、协调、绿色、开放、共享五大发展理念,按照习近平总书记提出的"研发在上海,生产在外面;头脑在上海,身体在外面;关键制造在上海,一般产业链在周边"的要求,结合控制"四条底线",逐步将不符合上海城市性质和发展方向的功能和产业向周边省市和内地有机疏解,减少经济增长"四个依赖",进一步提升城市核心功能和资源配置效率,优化城市发展环境,增强上海参与国际竞争和合作的能力,带动大上海都市圈和长三角城市群协同发展。

(2)处理好四大关系。

处理好"集聚与疏解"的关系。必须将疏解非核心功能和强化核心功能结合起来,该疏解的疏解,该强化的强化。处理好"功能疏解与稳增长"关系。既要减少存量,更要做好增强,应稳步实施,有序推进,避免经济出现大起大落。处理好"政府与市场"关系。政府引导要符合市场规律和城市发展规律,不能人为割裂功能间与产业间的有机联系。处理好"市域与区域"关系。跳出行政区划,在大都市圈的范围内考虑城市功能和产业链布局,回应国家的要求。

2.确定非核心功能分阶段疏解重点

一是近期从问题导向出发,结合控制"四条底线",重点疏解"四高两低"产业、一般加工贸易、大量集聚外来人口的批发市场、区域性物流仓储和部分为周边地区服务的医疗教育产业等五大类产业。

二是长远从目标导向出发,按照"两头在沪、中间在外"的要求,引导制造业中除核心制造环节外的其他不具备比较优势的制造环节、不具有国际连通性特征的一般生产性服务业、部分对区位和人才要求不高的研发中试和产业化基地逐步外移,将部分市场化养老产业外移,引导上海市民异地养老。

3.完善非核心功能多维度疏解路径

(1)优化调整产业结构。

通过"强化一批""淘汰一批"和"控制一批",推动非核心功能疏解。"强化一批"主要是强化支撑城市核心功能的相关产业,重点强化金融服务、航运服务、科技服务、会计咨询等专业服务、文化创意等生产性服务业,国际医疗、国际教育、国际旅游等生活性服务业,以及生物医药、海洋科技、新能源新材料、智能制造等高端制造产业,大力发展总部经济和大流量、高附加值产业。"淘汰一批"主要是淘汰不符合控制"四条底线"要求的"四高两低"产业、批发市场和一般加工贸易。"控制一批"主要是控制暂时还不能疏解的非核心功能产业，重点是控制集装箱吞吐量、大卖场和购物中心、物流配送中心、普通医疗和教育机构。

（2）优化市域空间结构，推动城市功能合理布局。

总的方向是：为全球服务的功能应进一步向中心城区集聚，提高中心城区的集聚度；为长三角服务的功能应逐步向郊区新城集聚，强化郊区新城作为长三角综合性节点城市的性质和功能。也即，中心城区要进一步集聚和提升金融、商务等全球城市核心功能，增强密度，成为全球城市核心功能的主要承载区；主城区过度集聚的与核心功能关联度较高的非核心功能有序向郊区新城疏解，包括部分高端服务业的支撑功能、中高端制造生产功能、部分专业技术服务功能、研究与试验功能、教育医疗等公共服务功能；郊区新城依托制造业基础、创新成本较低、生态环境较好等优势，培育和增强科技创新、总部经济、文化创意等核心功能，防止郊区"塌陷"，增强郊区反磁力中心的作用。

（3）加强长三角区域协同，完善区域功能网络。

在大上海都市圈范围内，重点促进与苏州、嘉兴、无锡、南通、宁波、舟山等周边城市同城化发展；在长三角城市群其他范围内，分层次疏解上海城市非核心功能。

（4）扩大对内对外开放，拓展功能疏解新空间。

主要是将一些资源消耗较大产业和饱和产能向中西部能源产地和"一带一路"沿线国家转移。

4. 探索非核心功能分类疏解策略
（1）制定分层次产业筛选目录。

按照上海城市发展的目标，制定支撑全球城市发展的鼓励产业目录（正面清单）、地区性产业能耗与污染排放标准和限制性产业目录（负面清单），强化产业规划引导，并通过"禁、关、控、转、调、提"等措施，推动城市产业向价值链高端位移。

（2）加强区域基础设施一体化建设。

落实《长江三角洲城市群发展规划》，加快建设和完善连接中心城区与郊区新城的轨道交通网络，积极推进地铁向周边城市延伸，尽快启动城际高速铁路建设，积极推动上海大都市圈同城化建设，形成90分钟交通出行圈。通过区域市政基础设施共建共享和交通设施互联互通，促进功能疏解和集聚。

（3）加强政策引导，强化市场作用。

综合采用限制公共配套、环境和安全综合整治、差别化提供公共服务等公共政策，以及差别化税费、财税补贴、最低用工成本、地价等政策工具，引导非核心产业、企业自愿转型升级，倒逼低附加值产业逐步退出，或寻找新的发展空间。对现有招商引资政策进行进一步清理，消除市场价格扭曲，促进资源合理流动和有效配置。

（4）创新区域联动机制。

通过探索建立跨区域规划协作机制、创新和完善长三角产业园区共建机制、支持和推动上海优质教育医疗机构通过合作和共建分校分院等方式向长三角辐射和延伸，加快推进长三角医疗保险结算双向互通，加强与长江经济带和"一带一路"地区的产业合作等措施，促进区域联动发展。

9.3.3 大力提升资源循环利用水平

贯彻资源节约、环境友好可持续发展理念，通过源头减量、全程分类、末端无害化处置和资源化利用，全面推进生活垃圾全程分类，促进生活垃圾分类收运体系和再生资源回收体系"两网融合"，通过治理模式创新补好城市管理短板，为上海生态之城建设探索更多经验。

1. 构建回收处置体系
（1）垃圾分类处置体系。

生活垃圾分类减量体系。完善"全程分类体系"，在干垃圾全面无害化处理和能源回收利用的基础上，扩大生活垃圾分类收集、运输、处理的覆盖区域，不断提高城市生活垃圾可再生资源回收利用效率和湿垃圾资源化利用的标准化、规范化管理水平。制定和完善垃圾分类收运和处理的标准与规范，探索分类后可回收物、湿垃圾处理技术并研究配套政策。完善生活垃圾末端处置体系。推进老港再生能源利用中心二期和郊区末端处置设施建设，完成"一主多点"末端处置设施建设并全量运行，积极推进湿垃圾处理处置及资源化利用设施建设，优化生活垃圾处理方式。建立有序的建筑垃圾中转消纳处置体系。建立建筑垃圾源头分类减量管理体系，落实源头申报制度，鼓励建筑工地建筑垃圾区域内排放自平衡,推进建筑工地垃圾"零排放"。完善转运网络,提升转运能力,强化建筑垃圾流量流向管理。推进消纳场所及资源化设施建设,研究跨区处置补偿机制,推进建筑垃圾消纳设施布局规划方案落地,形成建筑垃圾产生消纳总体平衡的新格局。

(2)工业固废分类处置体系。

完善工业固废分类管理制度。规范工业企业工业固体废物源头分类收集、贮存和处理处置活动。建立一般工业固废管理的"负面清单",实现工业固体废物源头分类与环卫、环保等末端处理处置设施的无缝对接。启动工业固体废物申报信息平台建设,优化整合工业固体废物基础数据信息,探索建立全市统一的工业固体废物申报登记制度,实现工业固体废物全过程动态管理。加快工业固废综合利用与处置体系建设。按照处置利用的合理半径,统一规划建设若干综合利用和循环经济产业园区,推进现有企业的调整提升和聚集。依托本市工业基础设施和循环经济示范基地建设,完成宝钢钢渣返生产加工等项目建设,大力提升工业固废资源化利用水平。加快推进老港一般工业固体废物填埋场二期工程。

(3)废弃电器电子产品回收处置体系。

加快完善多元化回收网络体系。根据国家《废弃电器电子产品处理目录》动态更新要求,结合本市废弃电器电子产品产生处置现状,继续依托有关企业和市场化机制,完善多元化回收渠道,建立社区回收网络、区域回收中心、交易市场等,加快形成多元化废弃电器电子产品回收网络体系。推进废弃电器电子产品深度处理项目建设。针对废弃电器电子产品等拆解过程中产生的固体废物,积极开展深度处理、再制造和再生加工,实现废物资源化和再循环。整合和充分利用现有的再生资源综合利用加工企业,控制废弃电器电子产品简单拆解的新建项目建设,鼓励废物拆解综合化、规模化、专业化的深度加工利用的新改扩建项目。

2. 优化循环经济政策

(1)优化政府引导激励。

循环经济存在着显著的外部收益,大部分的生态和环境效益不能为市场所捕获,当循环投入的经济成本大于经济产出的时候,循环的价值链就会出现断裂。为此,完善政策引导激励,依靠政策和制度的引导激励来修复断裂的循环链。

(2)加大政府绿色采购。

进一步完善购买循环经济产品的名录和法定比例,优先采购具有绿色标志的、通过 ISO14000 体系认证的、非一次性的、包装简化的、用标准化配件生产的产品,引导新兴循环型产业加速构建最初的市场规模。

(3)引导公众消费方向。

完善循环经济产品的标示制度,鼓励公众购买循环经济产品,从而促进循环经济的发展。倡导绿色消费,创造新的消费热点,有效促进绿色生产。

(4)创新财政税费手段。

实施提高资源税率试点,纠正原材料价格扭曲,充分利用税费手段遏制资源滥用。对塑料袋、过度包装物品征收处置费,增加其使用成本,促进其减量化,以及为其替代品的开发研制、市场供给提供可能。

3. 完善配套市场机制

可资源化废弃物的循环再利用必须在市场中实现,依靠市场机制中的价格机制、供求机制和竞争机制实现资源的市场化配置,避免政府大包大揽,加快由"划桨者"向"掌舵者"转变。

(1)完善垃圾收费制度。

实施垃圾级差收费,促进垃圾源头减量控制的实现。激励企业和个人挖掘垃圾回收利用潜力,或延长物品使用周期。完善收费计量标准,确定合理的收费额度,降低管理成本,扩大垃圾收费制度的覆盖面。

(2)完善生产者责任延伸制度。

明晰生产者(销售者)的市场责任,将产品生命周期过程中产生的外部性实现内部化。生产者(销售者)在设计产品和流通渠道时需考虑产品消费后的回收利用,通过市场利益的权衡自主选择成本最低的产品回收处置方式。具体可在包装废弃物、废电池以及塑料袋处置等方面加快实施生产者责任延伸制度,以促进静脉产业链的构建。

(3)健全再生利用交易制度。

针对可资源化利用的生活垃圾,健全发展再生物资市场和二手货交易市场。其中,再生性物资方面主要是完善全市统一的信息平台和网上交易系统,发展大宗废旧物资订单经济。

4. 增强适用技术支撑

(1)调整导向。

经济发展水平不同,可适用的技术不同。在现有的经济与技术发展水平下,着力探讨成本低、能够实现规模经济的实用支撑技术的应用推广,以保持和创造循环利润空间在生活垃圾可资源化利用中,提倡实用的和低成本的技术推广,而不应该过度强调技术的高、新、尖。

(2)加强培育。

通过无息、减息贷款、一次性补贴、减免税收等,扶持"无市场""产业化还未成熟"等天然处于弱势的可资源化废弃物再生利用技术发展,如废电池处置、废塑料、包装废弃物等资源化利用。

(3)拓展支持。

在遵循循环经济适用技术的原则下,加强中小企业、民营企业发展循环经济的技术扶持。比如,从推行生产责任延伸制收取的费用中提取一定比例,建立生活垃圾资源化利用技术创新基金,政府与行业协会协作定期以不同形式扶持此类企业进行技术革新;政府建立产学联合作平台,促进循环经济技术的研发等。

9.3.4 加快实施绿色低碳转型

纽约、伦敦、巴黎、东京、香港等全球城市都无一例外把绿色、生态、低碳作为重要的规划目标,生态、绿色、低碳发展理念成为全球城市发展的努力方

向。加快向绿色低碳转型,是上海建设卓越的全球城市的内在要求和时代使命。

1. 推动能源结构转变

(1)提升可再生能源在城市总耗能中的比例。

通过推动临海风电、太阳能光伏、光热技术、厌氧沼气等非碳可再生清洁能源的利用,从源头替代传统碳基能源,将可再生能源在城市总耗能中的比例提高到一半以上,以降低城市整体碳排放量。

(2)在城市建设和运行管理全过程中贯彻全面节能要求。

注重源头管理。在发展理念、城市空间规划、交通规划、基础设施建设、建筑设计等前道环节贯彻节能要求,并面向未来能源技术发展为能源设施升级预留空间。注重运行管理。运用新的理念和管理方法,提高城市运行和能源系统的效率。注重信息公开。推进能耗和排放信息公开制度,发挥市场主体数据处理能力和节能服务能力的优势,推进节能服务市场。注重社会参与。鼓励社会成员自觉自愿履行社会责任,使节能成为上海城市的核心价值体系和城市精神的重要组成部分。

(3)构建以清洁能源为主体的能源基础设施体系。

升级电网,建立一个清洁的电力系统,支持高效、灵活、可靠和可负担的电力供应,消纳、承受电网中高比重的可再生能源电源。采用"系统思维"开展跨行业整合,以"系统思维"优化电力系统的投资和确保有效管理,加大化石能源的清洁利用,降低化石

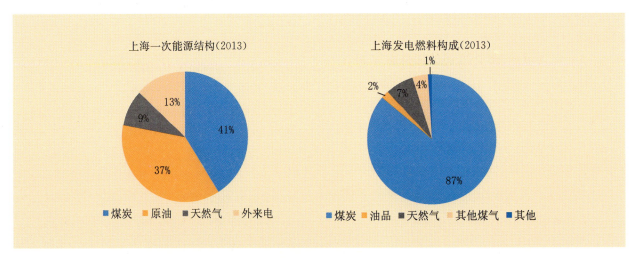

图9.4　上海一次能源消费结构和电力燃料结构(2013)

图 9.5　国际低碳化城区

能源排放(煤电达到天然气发电的排放水平)。加大光伏、风电、生物质、地热能等可再生能源基础设施的建设规模。通过发电、输配电和电力消费环节的技术选择,发展经济高效的一体化电力系统。

2. 倡导绿色交通

(1) 减少总出行量。

从城市规划入手减少出行量,引导城市用地朝通勤短程化和功能混合化方向发展,鼓励近业择居。调整医疗、教育等公共设施建设布局,减少交通产生源。

(2) 提升绿色低碳出行便利度。

综合规划步行、自行车交通系统,打造低能耗、低污染、低排放的交通体系。完善充电基础设施,推动新能源汽车成为民用车中的主体。在固定公交线路、旅游场所上应用电车、混合动力汽车、电动车、超级电容车、氢能源汽车等环保汽车,实施广泛的城镇交通电气化。积极推广车辆共享使用和消费模式,建立随处可租、随处可还的网络共享租车平台。

(3) 严控交通污染物排放。

提高汽车尾气排放标准,完善环境监测体系和交通定位和管理技术,建立上海市城市交通系统的环境监测和预警体系,推动城市交通系统更有效的管理和调整。

3. 构建绿色产业体系

(1) 发展绿色技术。

明确研发重点。构建绿色技术体系。以发展高新技术为基础,以开发经济体系生态链接技术为关键,开发和建立包括环境工程技术、废物资源化技术、清洁生产技术等在内的绿色技术体系。建设全球绿色创新中心。聚焦核电装备技术、风电设备技术和光伏、光热技术等优势潜力领域,加强新能源技术研发。依托国家级技术平台,推动资源循环利用共性技术,关键瓶颈环节的技术攻关。立足节能减排战略,发展能效技术。依托嘉定电动汽车国际示范区,推进新能源汽车技术研发,抢占技术制高点,形成具有全球竞争力的新能源汽车产业。瞄准可再生能源和低碳能源,发展分布式发电系统。加强新型动力电池(组)、高性能电池、燃料电池和热电转换研发,发展高效能量转换与储能技术。

(2) 培育绿色产业。

从能源需求端入手,淘汰高耗能、高污染企业,形成绿色低碳产业结构。以环保技术发展为引导力,集中力量、集中资源、集中政策,加快培育以重大技术突破、重大科技创新、重大市场需求为基础的新能源、新材料、生物技术和新医药、节能环保、新一代信息技术、高端装备等产业。发挥国际金融中心优势,发展绿色信贷、绿色债券、绿色证券、绿色保险等业务。推进碳交易市场建设和绿色 GDP、碳税政策的施行,推动低碳产业发展。

(3) 推动传统产业转型。

提升传统企业自主创新能力,彻底摆脱高耗能的产业发展道路。积极发展高效农业,加强农业向规模化、标准化经营转变,合理控制农药、化肥施用,推动绿色、循环农业、高端农业发展。积极调整能源结构,转变"碳"驱动发展方式,使用清洁能源,促进可再生能源利用,进一步提高工业资源转化率和利用率,严格控制污染排放。

4.建设崇明世界级生态岛

(1)高起点规划。

崇明生态岛建设目标是成为以绿色、人文、智能和可持续为特征的世界级生态岛,成为与上海全球城市地位和功能相匹配的生态地标,具备世界一流的生态环境文化品质、全球竞争力的生态经济能级、全国影响力的生态创新示范效应和全国辐射力的生态引领带动功能。总体定位是"三岛":国际生态示范岛,打造上海全球城市建设的生态地标、以岛域为特征的生态区域创新发展典范和示范标杆;国际休闲度假岛,全面建成全域5A级休闲景区,成为以"休闲"为特征的上海世界著名旅游城市的重要承载地;国际智慧科技岛,集聚创新创意创业要素,加强智能化信息技术运用,构建以生态、智慧、科技为特色的智慧型生态岛。

(2)注重绿色产业体系构筑。

围绕世界级生态岛的功能定位,着力构建以生态、高端、智慧、低碳为特征的"2+3+3"绿色产业体系。其中,"2"是转型发展现代高效农业和休闲旅游业。现代高效农业的重点是打造农业"硅谷",提高现代农业能级,大力发展有机农业,打造都市特色农业;休闲旅游业要定位于度假游和工作休闲游,打造"全域风景",以智能化、小尺度的舒适型田园式生活为特征,发展具有崇明品牌特色的度假休闲产业。第一个"3"是加快发展智能、环保和海洋产业。其中,智能产业包括数据相关产业,机器人产业和基于网络的服务业;发展节能环保业,加快发展风能、太阳能、潮汐能和核电等能源产业,以及资源循环利用产业;发展海洋装备制造业,吸引海洋相关总部落户崇明,推进海洋装备向"智"造转变。第二个"3"是提升发展文化创意、养老服务、体育产业。

(3)强化系统性实施。

崇明世界级生态岛建设聚焦重点、远近结合,稳步推进各项工作。树立正确的生态观和发展观,推进"自然资产稳步增值",让"绿水青山"成为"金山银山"。探索可复制、可推广的生态治理模式。围绕水、土、气、林等重点领域,进行水系治理、土壤修复、加强景观林种植。构建内外通达的基础设施体系。陆面交通规划建设以轨道交通+公路为载体的环岛线路和东西向连接线路,加快推进崇启铁路建

设,加快轨道交通上岛;水路交通规划建设能停靠国际邮轮和千人级长江邮轮的码头,构建通达的水上旅游线路;航空运输规划建设多个公务机场。推动体现田园式生活和上海乡愁的新型城镇化道路。打造"小而美"的特色小镇群落,根据服务半径来配置公共服务资源;高标准建设美丽乡村,探索田园养生、林地休闲、创意乡村、亲子科普和乡愁体验等乡村旅游模式;分级分类配置公共服务资源,推进基本公共服务均等化。构建岛内自给型的清洁能源体系。大力发展风能、太阳能、潮汐能等清洁能源,形成岛内自给型的清洁能源体系。打造以绿色金融为重点的多元投入模式。鼓励崇明创建国家绿色金融试点区,利用好绿色债券、绿色信贷、绿色证券、绿色产业基金和绿色保险等绿色金融工具;着力打造亚通股份等上市公司平台,鼓励市属上市企业以及国际性企业参与崇明岛建设。建立支撑崇明生态岛建设的体制机制。创新崇明生态岛建设和三岛内部联动体制机制,完善规划体系;制定"崇明世界级生态岛"的营销规划,完善对外宣传推广机制,建立联合招商机制。

9.3.5　全面强化城市环境风险防范

按照《上海市城市总体规划(2017—2035年)》建设健康生态之城要求,强化环境风险防范,建设一个能够应对各种风险的、有韧性的、有恢复力的城市。

1.加强危险物实时管控

(1)加强辐射环境安全管理。

以确保辐射环境安全为核心,全面提升辐射环境监测、预警和应急能力,健全完善市区两级辐射安全监管体系,进一步降低辐射环境风险。继续完善辐射安全监管体系,不断提升辐射监测能力,强化辐射应急能力建设。

(2)确保危险废弃物安全处置。

以优化布局、提升能力和确保安全为重点,强化危险废物源头管控和全过程监管,进一步完善危险废物收运和处置体系,提升资源化利用水平。加强危险废物的源头管理,完善危险废物收运体系,大力推进危险废物处置设施建设,提升危险废物资源化利用水平,加强对危险废物处置单位行业监管。

（3）完善安全监测与预警。

建设建筑物自然灾害敏感性大数据库，根据建筑物的年份、质地、位置等客观因素，综合评价其应对火灾、地震、台风、风暴潮的灾害敏感性，确定其敏感因子及灾害阈值。建立交通工具数据库，对其运行年份、保养周期、老化状况等进行实时监督。建设城市人脸识别大数据库，形成专门的操作平台，对视频、报警信息进行存储和数据分析，利用人脸识别技术对于异常现象、特殊面孔进行预警。

（4）加强突发环境事件应急处置。

完善跨区域、跨部门的突发环境事件应急协调机制，健全综合应急救援体系。实施环境应急分级响应，健全突发环境事件现场指挥和指挥协调机制，完善突发环境事件信息报告和公开机制。

2. 预防科技园区污染

（1）完善规划控制。

园区内企业使用有毒有害化学品、具有潜在环境风险的，其布局应满足卫生防护距离要求，企业周边应设置适当宽度的绿化带，防护距离范围内不应有人口密集的居住区，可在符合安全要求的前提下适当设置市政公共设施，通过避开敏感目标，降低企业和园区的环境风险。建立园区危险源动态数据库，加强对区域危险源的动态监控。

（2）加强过程管理。

对于电子类生产企业使用的有毒气体氯气、氨气、氟化氢、磷化氢等，要求其储存须符合规范，检测报警系统配置齐备，并在泄漏时能立即关闭。毒性大物质的储运及安全管理，需委托专业气体公司负责。对于医药化工行业，加强生产车间预处理，通过冷凝吸收等减少甲醇、二氯甲烷、溶剂油、甲苯、丙酮、乙醚、乙酸乙酯、四氢呋喃等有毒废气排放总量。完善固废暂存场所建设，尤其是危废暂存场所的防雨淋、防渗漏、防流失、防腐等措施。完善固废管理，保障台账记录完善，危废产生量、转移量、暂存量、处置量一致。

（3）支持科研投入。

从美国、日本和印度等国的医药制造业产业升级情况来看，科技投入对于减少医药园区污染起到极为关键的作用。在限制企业排放的同时，积极加大企业引进新技术、新工艺和新设备的财政补贴和税收优惠支持，鼓励企业开发、引进和使用新技术，从而提高原料综合利用率，从源头上减少污染排放量。

（4）建立定期环评制度。

建立定期后评估制度，委托资质单位重点调查规划实施、企业入驻、基础设施建设、园区内外居民分布等，分析园区发展产生的环境影响，提出污染物总量控制可行方案。

3. 应对气候变化影响

（1）转变发展理念。

在全球气候和环境变化的大趋势下，上海主要面临海平面上升、环境污染加重、生态安全威胁等挑战。应对日益严峻的气候环境风险压力，上海应及时转变发展理念与方式，摆脱以追求经济增长为首要目标的经济系统发展路径，扭转资源耗竭型和环境污染型消费模式，真正走上清洁发展、绿色发展、低碳发展之路，促进城市经济、社会与环境的共生和谐。

（2）推进海绵城市建设。

加快推进海绵城市建设，最大限度减少城市开发建设对生态环境的影响。老城区结合棚户区改造、老旧小区有机更新等，以解决城市内涝、雨水收集利用、黑臭水体治理为突破口，推进区域整体治理，逐步实现小雨不积水、大雨不内涝、水体不黑臭、热岛有缓解。同时，加大力度推进海绵型建筑和相关基础设施建设、公园绿地建设和自然生态修复。

（3）保护、增强和扩大绿色空间。

为城市降温，防范洪水风险，加快基本生态网络规划落地，千方百计增加绿色休憩空间，系统推进绿地林地建设，全面推动自然生态保护，提升生态示范建设水平，引领生态文明建设新方向。

9.3.6　创新完善生态环境治理

生态治理现代化是城市治理现代化的重要内容，也是坚定走生产发展、生活富裕、生态良好的文明发展道路的必然选择。

1. 创新循环型社会建设实践

（1）支持社会组织发展。

鼓励市内外生态环保类社会组织对涉及生态环

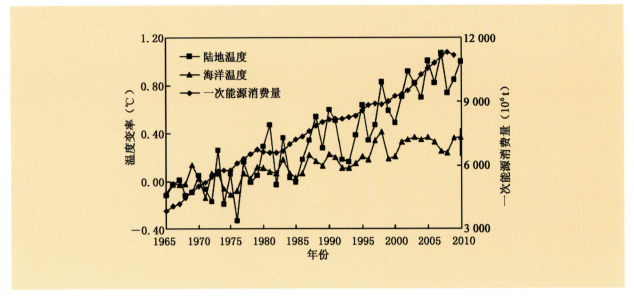

图 9.6　世界一次能源消费量变化与世界海陆温度变化对比

保的有关政策制度提出建议。推动学校与各类生态环境类社会组织合作,开展各类生态环保类社会实践和志愿服务活动。促进社会组织从第三方角度提供公共服务,参与公共管理,充分发挥社会组织的监督作用。

(2) 推动污染第三方治理。

按照社会化、专业化、市场化要求,形成第三方治理推进方案,建立制度规范,加强市场培育和管理,推进公用事业特许经营体制机制改革,积极推行多种模式的第三方治理,在电厂脱硫脱硝除尘、污水处理厂运行、餐饮油烟治理、工业(区)污染治理、污染源自动监控等领域加快试点,提高治污效率和水平。

(3) 完善公众参与。

保障公众参与生态环境保护的合法权利,从事后参与转向事前参与,通过主动的信息公开打开公众参与空间。探索多样化的社会治理机制,落实建设项目环评审批全程公开,推进落实污染源自行监测和监管信息公开,完善环境有奖举报制度,推行重点企业环境信用评价制度,建立社会生活噪声防治社规民约机制。推进城管综合执法体制改革试点,进一步整合城市管理领域执法资源,研究扩大生态环境领域纳入执法的事项范围,形成区县城管综合执法试点方案。推动生态环境保护大数据公

专栏 9.5　海绵城市

2015 年 10 月,国务院办公厅印发《关于推进海绵城市建设的指导意见》(国办发〔2015〕75 号),部署推进我国海绵城市建设工作。该指导意见指出,海绵城市是指通过加强城市规划建设管理,充分发挥建筑、道路和绿地、水系等生态系统对雨水的吸纳、蓄渗和缓释作用,有效控制雨水径流,实现自然积存、自然渗透、自然净化的城市发展方法。该指导意见明确,通过海绵城市建设,综合采取"渗、滞、蓄、净、用、排"等措施,最大限度地减少城市开发建设对生态环境的影响,将 70% 的降雨就地消纳和利用。到 2020 年,城市建成区 20% 以上的面积达到目标要求;到 2030 年,城市建成区 80% 以上的面积达到目标要求。

资料来源:国务院办公厅印发《关于推进海绵城市建设的指导意见》,新华网,2015 年 10 月 16 日。

开,制定生态环保数据公开办法,在上位法框架内,原则上公开所有能够公开的生态环保数据,鼓励社会化机构挖掘数据信息,提高数据管理和应用水平。

(4) 推广节能生活方式。

尽管建立了全世界规模最大的资源储备,日本依然在各方面追求节能的极致。在文化上注入节能理念,日本取得了很大成功,节约资源已渗透到每个日本人的血液。借鉴日本经验,上海应将节能理念融入人们生活的内核,让城市居民对节能文化产生共鸣和认同,全面践行节能理念。

2. 完善国际国内合作机制

(1) 建设跨区域生态环境监测网络。

完成长三角区域空气质量预测预报系统建设,形成功能完备的复合型大气污染监测预警体系。构建以省界来水、水源地和区级断面为主的上海市地表水环境预警监测与评估体系,完善自动监测站点布设,实现水质、水文数据实时共享。建立跨区域的、专门的重大环境问题应急调查和预警指挥系统,形成环境质量检测和污染防治预警机制。

(2) 构建跨区域污染防治联动机制。

建立区域空气质量预测预报、空气重污染应急联动和污染防治技术协作机制,探索构建机动车船等流动污染源统一协同监管机制。建立长三角区域水污染防治协作机制,持续推进太湖流域水环境综合治理。配合完成长三角地区战略环评,完善区域环评会商机制。

(3) 完善跨区域环境污染事故处理机制。

健全区域环境应急联动机制,提高突发环境事件应急协作水平。重大环境污染事件发生后,各级地方政府、有关部门及社会组织要迅速做出反应,共同合作将可能造成的不利影响或损失降低到最小。通过建立和完善跨区域环境污染突发事件预警联动机制,加强各地方政府应急协作联系,在第一时间发布消息,共同应对跨区域环境污染突发事件,最大程度地减少损失,维护共同利益、整体利益。

(4) 构建长江经济带环境合作协作交流机制。

积极实施长江经济带生态环境大治理、大保护,强化立法、规划、标准、政策、执法等领域的协同与对接。

(5) 探索国际合作有效机制。

以总部在上海的国际组织为依托,构建多层次的国际合作网络。在节能减排、新能源技术、生态环境治理与保护、碳捕捉、碳储存、清洁发展机制等方面,与国际社会开展环境科技、人才多边或双边交流,共同探索整体碳排放的减少。

全球城市的区域协调发展 第10章

城市的发展是一个不断的功能跃升与空间重组的过程。随着经济、社会融合形式和程度的深刻变化,加之全球化等外部力量的推动,城市化正在营造一种新空间秩序,城市之间的联系更加紧密,多极、多层次的全球城市网络的形成是必然趋势。不同于纽约、伦敦等全球城市,上海建设"卓越的全球城市"具有两个区域层次:一是在上海的行政区划下,由上海中心城、新城和新市镇共同组成了一个"微型全球城市区域";二是以经济联系为基础,由上海及腹地内经济实力较为雄厚的二级大中城市扩展联合而形成的复合型空间结构。上海未来应当充分顺应和把握两个层次全球城市区域的发展特征,强化全球城市功能,实施合理的空间安排,突出上海在长三角世界级城市群中的核心城市作用,发挥长江经济带先导城市的链接和辐射作用,促进区域协调发展和互补联动,共同形成合力参与国际竞争。

10.1　全球城市区域发展的特征

放眼世界,全球的城市化进程使更多的人获得了更美好的生活。但是高密度的城市生活方式,也引发了不同程度的空间冲突、区域发展不平衡、文化摩擦、交通拥堵、安全隐患、环境污染、贫富分化等问题。从伦敦、纽约、东京等全球城市来看,现有的城市单中心空间结构、依靠单一城市独立崛起的全球城市发展模式已难以复制,全球城市的形成需要以全球城市区域为地域空间基础。

10.1.1　全球城市的区域发展规律与趋势

1. "全球城市区域"成为参与全球竞争的新地理单元

一方面,随着全球化的深入推进,资本控制和供应链日益在少数城市高度集聚的全球城市中,逐

表 10.1　"美国2050"初步识别的十大巨型区域

巨型区域	主　要　城　市	占美国人口比重（%）	预计2025年人口	预计2025年GDP比重（%）
亚利桑那阳光带	凤凰城、图森	2	7 362 613	2
卡斯卡底	波特兰、西雅图、温哥华	3	10 209 826	3
佛罗里达	迈阿密、奥兰多、坦帕、杰克逊维尔	5	21 358 829	5
山前地带	阿尔布开克、圣菲、科罗拉多州、丹佛	5	6 817 462	2
五大湖地区	芝加哥、底特律、匹兹堡、克利夫兰、明尼阿波利斯、圣路易斯、印第安纳波利斯	19	62 894 147	17
东北地区	波士顿、纽约、费城、巴尔的摩、华盛顿特区	18	58 124 740	21
北加州	奥克兰、里诺、萨克拉门托、圣何塞、旧金山	5	17 290 363	5
大西洋皮埃蒙特	亚特兰大、伯明翰、罗利—达勒姆、夏洛特	5	20 505 381	4
南加州	洛杉矶、圣迭哥、阿纳海姆、长滩、拉斯维加斯	8	28 692 923	7
德州三角	奥斯汀、达拉斯、沃斯堡、休斯顿、圣安东尼奥	6	23 586 856	7

资料来源:上海发展战略研究所,《建设巨型区域:21世纪美国全球竞争力的规划》,2014。

步产生超级的影响力和控制力,在世界经济中占据举足轻重的地位;另一方面,区域合作是当今世界地区发展一大趋势,已经成为经济社会发展的重要推动力。由于城市之间的联系更加紧密,生产环节及与制造关联的产业不断转移到更具成本竞争力的区域。以经济联系为基础,全球城市的城市空间形态将突破城市边界,内部经济、社会和政治事务都将以错综复杂的方式,加强同周边地区的跨界联系,逐步形成"全球城市区域(Global-region)或巨型城市区域(Mega-region)"。

近几年在美国出现的"巨型区域"与欧洲流行的"多中心巨型城市区域(MCR)"均是这一趋势的现实表现形式。根据美国发布的《巨型区域:全球竞争力的规划》系列报告,"巨型区域"具有共享的资源与生态系统、一体化的基础设施系统、密切的经济联系、相似的居住方式和土地利用模式,以及共同的文化和历史联接而成的网络系统,全美国已经形成 10 个巨型区域。同样,目前欧洲也存在 8 个关系紧密、要素流动、商品和服务异质互补、功能分工协作的 MCR

地区,形成大城市带动欠发达城市的发展格局。

由此,纽约、伦敦、巴黎等超级全球城市,积极促进同周边地区的资本、信息以及劳动力的交流与合作,把同毗邻周边城市的强大联系,全部整合在全球经济体系之中。从而通过合理的空间规划手段,缓解全球化深入趋势下城市内部、城市间的发展不平衡,推动实现区域均衡发展。可见,国家间的竞争愈加依赖区域和城市间的竞争,众多的巨型城市区域共同组成扁平化的全球网络,全球城市和全球城市区域对未来世界经济的带动作用将更加明显。

2.市域空间形态向多中心、极轴式、网络化结构发展

(1)单中心空间结构与全球城市发展的需求不适应。

传统的城市规划和城市空间结构,是将城市承担的为生活、生产、文化、教育、政治服务的多种功能高度地集中在有限的城市空间内,形成明显的城市功能中心,即中心城,并以此单核心为基础不断向外

资料来源:课题组自行绘制。

图 10.1　欧洲的八个 MCR 地区

空间拓展。长期以来,这种单核心模式是城市空间结构演化的主流。典型代表是1944年的大伦敦规划模式,即城市结构由中心区环状放射式的道路、封闭绿带加卫星城组成。全球城市无论是从发展规律和发展速度来看,单中心的城市结构都无法适应城市功能的转变。从发展规模来看,全球城市通常形成了众多人口和广大市域范围,有的甚至已成为超大型大城市。城市形成较大规模后,这种单核心块聚式的空间布局形态开始不适应城市发展,不断向外层"摊大饼式"的发展势必导致人口过密、交通拥堵、城市环境恶化等一系列严重弊病。从发展速度看,全球城市往往进入了超常规发展阶段。全球城市功能的快速叠加和要素的快速集聚使单中心的圈层拓展或轴向延伸结构无法在短时间内适应。这种超常的发展规模和发展速度,决定了全球城市需要适应性更强的城市空间结构来满足其发展的需要。

(2)多中心、极轴式、网络化的城市空间结构能够适应全球城市处于高速成长阶段的辐射与扩张要求。

全球城市的重要特征是城市经济与世界经济具有广泛高度的融合,是协调、控制和指挥全球或区域经济活动的中枢和重要节点。由于全球城市直接受到科学技术新突破、新兴服务部门逐渐取代传统工业成为支柱产业、基于现代信息技术的全球城市网络体系形成等因素的影响,处于网络主要节点的特定功能决定了全球城市必须与多中心、极轴式、网络化的城市空间结构相匹配。在这种结构中,中心城与郊区不再是简单的"核心—外围"的关系,而是"核心—次核心"的关系,即中心城与郊区若干新城构成"点射状网络"的布局结构。从单中心城市到多核心的城市区域,是世界特大城市空间结构形态演化的客观规律。伦敦、巴黎、东京等国际化大都市大多完成了从"单中心"向"多中心"结构的转变。

(3)多中心、极轴式、网络化空间结构满足全球城市空间整合、功能优化和区域协作的要求。

伦敦、巴黎、东京等全球城市的发展经验表明,如同经济增长总是伴随着经济结构升级,城市空间扩张通常伴随着空间结构的优化和调整。城市空间的多中心、极轴式和网络化的结构,有利于促进中心城市向外疏散职能,外围区域实现集中开发,避免无序蔓延,有效降低集聚不经济,优化城市职能分工协作,在城市区域内形成基于产业价值链的空间分工。并通过在更大空间尺度上、区域层面上的再集中,获得整合效应,实现城市的可持续发展和竞争力提升。

专栏10.1　全球城市区域与巨型城市区域

全球城市区域与巨型城市区域是对同一对象的两种不同角度的表述。前者更倾向于城市空间及城市经济联系角度的阐述,而后者更偏重于城市建设及城市战略角度的探讨。

全球城市区域概念侧重于理论。全球城市区域的形成,不仅仅是城市化进程的产物,更是高度发展的经济全球化的直接结果。英国学者霍尔(Peter Hall)曾提及,如果全球城市的定义建立在其与外部信息交换的基础上,则全球城市区域的定义应当建立在区域内部内在联系的基础上。

巨型城市区域理念更侧重于实践,基于美国2050战略研究发布的《巨型区域:全球竞争力的规划》等系列报告,其通过科学的量化指标对巨型区域进行概念界定,确定10个巨型区域作为国家战略规划实体,分别制定面向未来的发展战略。内容不局限于城市经济协作,还涉及基础设施建设,生态文化保护、土地利用模式以及居住方式等等具体城市建设方面。

资料来源:上海市人民政府发展研究中心,《卓越的全球城市》,格致出版社、上海人民出版社2017年版。

3. 城乡关系从城乡综合体、郊区新城化向城乡融合发展

目前,大多数国际性大都市已进入了城乡发展的高级阶段。回顾城乡关系的演变,可以看出其经历了城乡综合体、郊区新城建设、城乡融合发展的不同阶段,发展理念也经历了由城市偏向论向城乡等值化均衡发展论的转变。纵观国际大都市城乡关系的演变,主要有四种模式:

(1)"大都市区带动"的美国模式。

美国城乡发展的过程,是以大都市区的发展带动乡村发展、实现城乡均衡协调发展。1920 年以前,美国处于城市集聚的阶段,1920 年以后,美国出现了"逆城市化"现象,很多城市居民开始把居住地选在郊区,而仍然在城市上班。这种情况的出现,一方面是因为城市人口过度膨胀、交通严重拥堵、环境恶化等,另一方面是因为美国交通网络的完善,郊区与城市的空间距离缩短,而且郊区环境比城市好。美国"逆城市化"进程的出现,导致大量城市居民向郊区移居,从而形成大都市区。大都市区成为连接美国农村和城市发展的中间地带,既缓解了城市的压力,又带动了农村经济的发展,最终促进了城乡融合发展。在这一过程中,美国非常关注分散式居民点的建设和管理,采取了多项措施保障乡村居民点的发展。一是注重乡村环境的保护与建设。美国高度重视对乡村的保护与建设,乡村的大量土地被用作一种战略资源储备进行农作物种植,而不是建设开发。乡村居民点建设非常注重人居环境安全,如每个乡村居民点都配置由地方政府委托的污水处理、消防安全、医疗卫生等设施,乡村道路可按照村民的自愿进行改造,而不是统一的乡村道路建设标准。二是注重规划对居民点建设的管理。美国的乡村建设受到相关规划的指引,比如《清洁空气法》《分区规划》《清洁水法》和《濒危物种法》等。美国乡村居民点的土地使用受《分区规划》控制,减少单元宅基地规模,要求乡村住宅围绕道路进行布局,尽量降低道路宽度,建设适合步行的道路系统,加强开放空间规划建设等。由于美国乡村的土地私有制,因此在利用分区规划进行相关建设管理时,积极鼓励公众参与,充分考虑原住民意见。

(2)"城乡均衡持续发展"的德国模式。

德国城市化起步较晚,但速度快、水平高、分布均衡,既看不到非常繁华、过度拥挤的城市中心,也看不到特别落后的农村。德国在城乡融合发展的过程中比较注重:第一,坚持均衡持续发展的理念和政策导向。在所有地区形成平等的生活环境,各地区发展差异较小,坚持可持续发展。第二,降低城乡人口流动的障碍。德国建立了健全的社会保障体系,在宪法上规定了人的基本权利,即享有选举、工作、就业、社会保障的平等权利。农民与市民没有城乡差别,享有市民享有的一切权利。第三,构建便

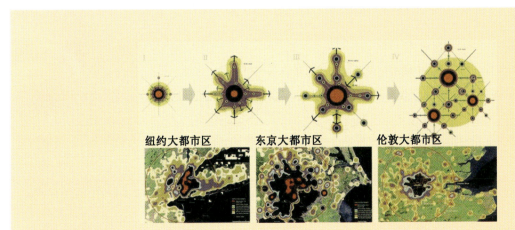

资料来源:霍尔·彼得、佩恩·凯西,《多中心大都市:来自欧洲巨型城市区域的经验》,中国建筑工业出版社 2010 年版。

图 10.2　单中心城市向多中心城市空间发展示意图

利的交通网络。德国目前仍然还有许多有轨电车,具有大运量、无污染、安全快速的优点,将全国的市镇连接起来,使人们活动半径变得很大,他们可以在城市工作而在小镇居住。

(3)"以建立新镇为引导"的英国模式。

第二次世界大战后,英国面临城市过度拥挤、城市过密的严重问题,为解决城乡发展失衡问题,英国开始建立新镇,引导城市和农村协调发展。新镇的大量建设,带动了乡村地区的经济发展,促进了城乡均衡。首先,城市村庄成为联系城乡统筹建设的纽带。英国比较重视在大都市周边的郊区发展规模适宜、形式紧凑、密度合理的"城市村庄",作为联系城乡的纽带。"城市村庄"强调在土地、空间和建筑物混合利用的基础上,提供便利的服务设施和优美的乡村环境,让不同阶层的居民更好地生活在一起,成为一种具有传统乡村特色的环境特征,实现经济、社会、环境的可持续发展模式。其次,发展多样化的乡村经济。英国政府非常关注乡村劳动力的就业问题,选择环境和区位优良的小城镇作为带动乡村经济发展的着力点。通过"市镇"为大量的农村腹地农业产业结构的调整提供机会,让乡村人口获得更多的就业机会,让农产品通过市镇交通枢纽获得进入市场的机会。1996年起,英国政府开始研究市镇建设的标准,围绕乡村零售业发展中心目标,强调市镇对乡村的引导作用,主张从新鲜的地方食品市场、零售和服务中心、公共交通枢纽、保持历史文化特色等方面进行规划建设。

(4)"城乡综合规划"的日本模式。

二战后,日本的经济发展主要集中在几个大城市,农村发展相当落后,城乡发展严重失衡。为了改善这种局面,日本政府前前后后进行了四次"国土综合规划",疏散大城市的过密人口,在较落后的乡村培育新增长极,建设大量小城镇。随着这些小城镇的不断发展壮大,其与大城市的差距越来越小,同时带动了周边的农村发展,最终实现了城乡一体化发展。首先,大力支持农村、农业、农民发展。日本政府出台了一系列法律法规,如《过疏地区活跃法特别措施法》《半岛振兴法》《山区振兴法》等,都有利于农村发展,用法律手段促进城乡协调发展。政府加大对农村的投入,政府相当重视对农村的投资,政府给农民提供补助金和低息长期贷款。日本实行"交互地方税"制度,即经济发达的地方交纳更多的税收,而欠发达的地方则获得更多的税收补贴。其次,通过"造村运动"促进农村经济发展。最为突出的是"一村一品"运动,即一个地方一个特色,各地根据自身的资源禀赋和优势,发展特色产业,带动当地经济发展。

4. 城市轴在全球城市网络中地位不断提升、边界逐步拓展

2016年,联合国第三次人居大会通过了"新城市议程",指出"城市连通着地区,国家甚至连接着全球网络",是"更平衡的地域开发的枢纽"。随着经济全球化的继续发展,资本和信息在全球尺度下更快流动,以大城市为核心的巨型城市区已经成为一种具有全球意义的城市—区域发展模式与空间组合形式。各城市间的关系逐渐由辐射与被辐射转变为互相合作和依存,从垂直体系转化为网络体系。在此背景下,全球性巨型城市区域呈现一种从中心沿特定轴线向外扩散的空间形态,联系距离可能超过几百公里,由若干高度关联的全球城市及附属城市组成的"城市发展轴"将成为全球经济增长的重心。如美国东北部城市群主要沿着全面电气化铁路线、高速公路网络等基础基础设施密布空间拓展;日本城市群沿"新干线"轴向发展;伦敦都市圈以伦敦—利物浦为轴线,范围覆盖至大伦敦地区、伯明翰、利物浦、曼彻斯特和谢菲尔德等大城市和众多中小城镇。

"城市发展轴"已经成为一个中观尺度的经济地理组织,即国际城市走廊。典型的如欧洲主要经济增长轴,依托中心城市节点从西北向东南横跨欧洲核心区域,绝大多数欧洲发达地区和国际城市都位于或靠近这条轴线。又如美国—墨西哥边境地带,由一连串城镇和沿线制造业园区组成的城市走廊,规模偏小但独具特色。随着我国提出"一带一路"倡议、长江经济带建设国家战略,基于沿线经济走廊等地缘政治和经济发展需求,沿线城市和城市群的区域发展联系将更加紧密和融合。

表 10.2　"一带一路"经济走廊和节点城市

经济走廊名称	沿途主要国家	主要节点城市
中蒙俄	中国、蒙古、俄罗斯	北京、天津、呼和浩特、乌兰巴托、大连、沈阳、长春、赤塔等
中国—中亚—西亚	中国、哈萨克斯坦、乌兹别克斯坦、伊朗、沙特、埃及等	乌鲁木齐、阿拉木图、塔什干、德黑兰、伊斯坦布尔、安卡拉等
新亚欧大陆桥	中国、哈萨克斯坦、俄罗斯、白俄罗斯、波兰、德国、荷兰等	连云港、西安、兰州、乌鲁木齐、列特、华沙、柏林、鹿特丹等
中巴	中国、巴基斯坦	喀什、卡拉奇、拉合尔、伊斯兰堡、白沙瓦、瓜达尔港等
孟中印缅	中国、印度、孟加拉国、缅甸	昆明、仰光、内比都、曼德勒、达卡、加尔各答和新德里
中国—中南半岛	中国、越南、新加坡	南宁、凭祥、河内、仰光、曼谷、新加坡

资料来源：上海社会科学院，《国际城市发展动态》2017 年第 2 期。

10.1.2　全球城市的区域发展特征

1. 区域内各级城市分工更趋扁平化

全球城市区域发展强调功能上的多中心化，具体有市域多中心和城市区域多中心两种类型。与传统城市相比，全球城市市域的多个中心均具有完善的设施和相对独立的功能，形成了居住与就业平衡。城市区域内不再是单一核心的全球城市所在的区域，而是若干个全球城市扩展联合的空间区域，在跨国公司主导的经济全球化影响下，不同级别城市都与全球发生直接联系，城市之间分工不再是传统的垂直分工，而是网络化的扁平分工。

2. 功能组团更趋网络化、特色化

全球城市在推进城市建设过程中，往往摒弃以往"城市蔓延"式的空间增长模式，更关注的是分区特质，根据空间的资源禀赋差异化的配置资源，旨在形成区域特性明显、空间多维开发、功能网络联动的城市和城镇功能网络。注重区内城市提供的高级生产型服务功能、区内各城镇以及各乡村发挥各自的功能；注重这些城市间密集的实体和信息流动形成的紧密联系；注重区域内城市和城镇在全球城市网络中共同承担节点功能的作用。

3. 核心城市的作用更趋重要

核心城市承载着高等级的产业，发挥全球层面的管理控制功能，其连接区域与外部世界的门户节点地位愈发重要。跨区域的联系越来越多地依托核心城市的媒介。在全球城市区域间，就体现为顶级全球城市作为区域代言人参与全球层面的对话，成为全球人流、物流、资金流、信息流、创意流汇集的节点。如纽约、伦敦和东京作为世界最高等级的全球城市，其强大的经济实力、先进的生产者服务业发展水平和活跃的国际国内经济联系，是其所在的城市区域成为世界最繁荣、最具活力的经济区域不可或缺的基础条件。与此同时，依托信息通信技术和快速交通网络的发展，核心城市得以在更大空间范围内进行生产活动的组织和管理，使区域内不同城镇均能在全球生产体系价值链的不同位置获利。

4. 区域互动协作更趋多领域、多层次

顶级全球城市既是区域发展的龙头引擎，又是事务协调中心，能够积极参与国际、区域事务并且具有较强的影响力，是解决国际和区域经贸、卫生、安全等全球性问题的协商场所。其参与区域联系主要有两种形式：一是经济联系，即城市间因产业关联而相互往来，形成具有强大竞争力的区域，突出表现为城市群和经济带区域。二是联合结盟关系，如城市因某种特殊事务处理的需要联合结盟，合作处理相关事务。随着全球治理体系的变化，全球城市作为国家之外的重要国际行为体，通过城市联盟（友好城市)、跨国企业、国际组织等三种形式,其承担的国际事务协调功能将进一步强化,与国际的联系日益增多。如纽约,包括联合国总部在内的国际组织每年在纽约举办的国际会议达百场之多,每年来自世界各国的外交家、政治家们都在这些国际会议上做出关于世界经济、政治和安全的种种决策。

5. 区域通达性更趋增强

随着区域协作形式的频繁多样、核心城市作用的发挥、城市建功能联系的加强,要求形成现代化的便捷交通网络,从而为区域内的就业、生产、生活等活动顺利进行提供坚实保障。因此,纽约、伦敦等全球城市对高速公路和快速铁路的投资越来越被重视。如纽约不断完善其通勤铁路系统来增强都市圈内的交通效率,未来5条通勤铁路系统(大都会北方铁路,长岛铁路,新泽西通勤铁路,新增通勤铁路,东区通道)将基本覆盖纽约大都市区。伦敦提出未来将利用市郊铁路系统覆盖大伦敦都市区所有城镇,使得通勤就业范围进一步扩大,并提出增加50%以上的就业机会在45分钟内可达范围内。

10.2 上海城市区域发展的现状

上海的城市形态具有空间规模巨大、空间结构复杂的特点。在圈层拓展和轴向延伸的发展过程中,与周边区域以及城镇的关系越来越紧密,呈现出"城市—区域"的都市区化特征。但对标大纽约地区、大伦敦区等全球城市区域,上海仍有短板需要弥补。

专栏 10.2 上海的友好城市网络

上海是国内仅次于北京,友城网络最密集、国际沟通渠道最多的城市。截至2015年6月,上海已与世界上55个国家的79个市(省、州、大区、道、府、县或区)建立了友城关系或友好交流关系,其中33个是沿线国家城市,构成了重要、独特和丰富的外事资源,为国家总体外交、上海对外交往和经济社会发展做出了较大贡献,发挥了较大作用。

上海在"一带一路"沿线国家的友好城市(截至2015年6月)

城　　市	国　　家
丝绸之路经济带沿线国家友好城市	
萨格勒布市	克罗地亚
卡拉奇市	巴基斯坦
滨海省	波　兰
圣彼得堡市	俄罗斯
伊斯坦布尔市	土耳其
塔什干市	乌兹别克斯坦
康斯坦察县	罗马尼亚
布达佩斯市	匈牙利

（续表）

城　　市	国　　家
海上丝绸之路沿路国家友好城市	
符拉迪沃斯托克市	俄罗斯
大马尼拉市	菲律宾
海法市	以色列
胡志明市	越　南
亚丁省	也　门
清迈府	泰　国
迪拜市	阿联酋
科伦坡市	斯里兰卡
东爪哇省	印度尼西亚
金边市	柬埔寨
孟买	印　度
区县沿线沿路国家友好城市	
科瑞阿特·海姆区—虹口区	以色列
八尾市—嘉定区	日　本
枚方市—长宁区	日　本
寝屋川市—黄浦区	日　本
泉佐野市—徐汇区	日　本
奥卡汉贾市—马桥镇	纳米比亚
汉堡中心区—虹口区	德　国
科瑞阿特·海姆区—虹口区	以色列
豪拉基市—嘉定区	新西兰
库奥皮奥市—浦东新区	芬　兰
釜山广域市东莱区—虹口区	韩　国
首尔特别市江西区—长宁区	韩　国
釜山市影岛区——黄浦区	韩　国
巴尔市——虹口区	黑　山

资料来源:上海市人民政府发展研究中心,《调研专报:借助上海友城网络体系,推进"一带一路"战略实施》,2015。

10.2.1 上海城市区域发展的现状

1. 市域空间结构"中心蔓延、轴向延伸"

随着城市社会经济的发展、城市建设重心的逐步转移和郊区"三个集中"战略的持续推进，经过10多年的城镇化发展，上海城镇化率接近90%。郊区功能得到有效提升，一批重大基础设施、重大功能性项目、重大产业基地布局建设在郊区，市域空间结构呈现出"中心蔓延、轴向延伸"的基本特征，中心城与宝山、闵行等周边地区连绵发展面积超过1 250平方公里（现状常住1 500万人）。位于中心城辐射、交通走廊发展影响范围，以及门户区位的新城和新市镇人口和经济发展较快，如嘉定新城、松江新城、枫泾镇、赵巷镇、川沙镇等，逐渐发挥了聚集人口的作用，人口密度最高地区已达1万人/平方公里。

2. 新型工农城乡关系正在逐步形成

近年来，上海始终把推进城乡发展一体化作为建设国际化大都市的重要内容，着力按照"三倾斜一深化"的要求，以加快转变农业农村发展方式为主线，以镇村规划体系为引领和依据，以改革创新为动力，积极建立健全新型的工农城乡关系。全市农业户籍人口从2010年的157万人下降到2015年的136万人。都市现代农业框架逐步形成，城乡规划体系逐步健全，基本完成新一轮城市总体规划编制。城乡基础设施体系不断健全，郊区路网进一步完善，镇村公交基本实现全覆盖，截至2016年底，上海轨道交通运营里程达到617公里（含磁悬浮），并进一步向郊区城镇延伸，农村生活垃圾末端处理设施基本建成，城乡人居面貌显著提升。城乡社会保险体系不断完善，统一了全市城乡户籍职工参加失业保险办法，建立了统一的城乡居民医疗保险制度，实现了城乡户籍居民参保的对象范围、筹资标准、待遇水平、经办服务的四个统一，公共资源配置进一步向郊区倾斜。农村改革持续深化，到2017年6月，上海已累计完成1 624个村的集体经济组织产权制度改革，占全市1 677个总村数的96.8%；镇级改制累计完成32个，占全市122个总镇数（有农村集体资产的镇、街道）的26.2%。

3. 与近沪地区的关系愈加紧密

近沪地区城镇和产业布局呈现"北密南疏"的空间特征。利用断裂点区位分析长三角城市空间关系，可以看出上海—苏州—无锡—南通—嘉兴已经形成了实质的一体化发展态势。综合分析网络关联度、经济发展、人口吸引力和交通联系，可以看出位于长江三角洲西北地区的城镇联系强于西南地区。从现状用地和规划土地利用的拼合图来看，嘉定、昆山和太仓已形成空间上的连绵化，尤其是昆山、太仓和嘉定的规划用地几乎连绵成片。

4. 明确长三角城市群中的核心地位

长三角城市群处于东亚地理中心和西太平洋的东亚航线要冲，是"一带一路"与长江经济带的重要交汇地带。区域内城镇体系完备，上海是唯一的超大城市，南京是特大城市，另有13座大城市、9座中等城市和42座小城市，城镇分布密度达到每万平方公里80多个，是全国平均水平的4倍左右，常住人口城镇化率达到68%。长三角城市群内的城镇联系密切，区域一体化进程较快，省市多层级、宽领域的对话平台和协商沟通比较通畅。

在规划协同方面，上海与长三角各个城市的发展规划已经开始相互对接，大中小城市空间布局形成错位发展、优势互补的基础；在要素配置方面，上海与长三角各城市间的旅游合作、区域信用体系建设、区域人力资源合作、统一市场准入标准、协同创新平台建设等已初见成效；在基础设施建设方面，上海港口、机场，已经融入到长三角现代化江海港口群和机场群中，城市间高速公路网健全，公铁交通干线密度全国领先，现代化立体综合交通网络基本形成。

5. 服务长江经济带取得初步成效

（1）上海自身建设稳步推进。

生态建设与环境综合治理方面，通过全面贯彻生态文明战略，滚动实施环保三年行动计划以及大气、水等专项治理计划和区域生态环境综合治理，环境质量得到明显改善，"环、楔、廊、园、林"生态体系框架初步形成，绿色覆盖率、森林覆盖率、人均公园绿地、城镇污水处理率、环境空气质量指数优良率等指标持续提升。在自贸试验区建设、"创新驱动发展"战略、新型城镇化建设等的带动作用下，上海对外开放程度进一步扩大，产业创新和转型升级不断加速，城市建设和管理水平不断提升。

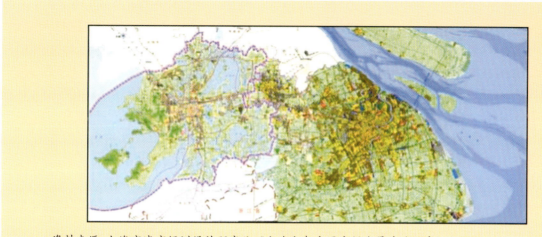

资料来源：上海市城市规划设计研究院，《上海大都市区空间发展战略研究》，2014。

图 10.3　沪苏地区现状用地拼合图

（2）积极探索分工合作机制。

作为长江沿岸中心城市经济协调会轮值主席城市之一，上海牵头召开了 4 次协调会市长联席会议，对区域产业布局、结构调整、经济合作、生产要素调配进行磋商，共同研究区域经济合作的重大课题。区域生态保护与污染防治协作卓有成效，长

三角区域大气污染联防联控已进行了三年实践，与江浙建立水源地跨区域污染预警和应急处置机制。

（3）充分发挥资本与技术优势，引导各类企业参与长江沿岸省市开发建设。

根据《上海市国内合作交流专项资金资助企业

表 10.3　长三角城市群各城市规模等级

规模等级		划分标准（城区常住人口）	城　　　市
超大城市		1 000 万人以上	上海市
特大城市		500 万—1 000 万人	南京市
大城市	Ⅰ型大城市	300 万—500 万人	杭州市、合肥市、苏州市
	Ⅱ型大城市	100 万—300 万人	无锡市、宁波市、南通市、常州市、绍兴市、芜湖市、盐城市、扬州市、泰州市、台州市
中等城市		50 万—100 万人	镇江市、湖州市、嘉兴市、马鞍山市、安庆市、金华市、舟山市、义乌市、慈溪市
小城市	Ⅰ型小城市	20 万—50 万人	铜陵市、滁州市、宣城市、池州市、宜兴市、余姚市、常熟市、昆山市、东阳市、张家港市、江阴市、丹阳市、诸暨市、奉化市、巢湖市、如皋市、东台市、临海市、海门市、嵊州市、温岭市、临安市、泰兴市、兰溪市、桐乡市、太仓市、靖江市、永康市、高邮市、海宁市、启东市、仪征市、兴化市、溧阳市
	Ⅱ型小城市	20 万人以下	天长市、宁国市、桐城市、平湖市、扬中市、句容市、明光市、建德市

资料来源：国家发改委，《长江三角洲城市群发展规划》，2016 年 6 月。

投资项目实施细则》,上海对各类企业到对口支援地区和西部地区投资的有关项目给予资助。据统计,2010年至2014年第一季度,上海企业对长江经济带九省一市新增投资企业33 457户,新增出资额6 689亿元。

(4)积极实施"长江战略",协同推进长江黄金水道建设。

大力推进高等级航道网建设,优化完善流域港口合作模式,加快提升长江航运功能,积极探索业务模式创新和政策创新,创新内河水运运作模式,促进沿江物流周转效率、服务水平和深水航道通航能力的提升。

(5)发挥科技资源优势,智力支持长江经济带建设。

积极开展科技合作与对口帮扶,帮扶项目主要包括"长三角科技联合攻关项目"和"科技合作成果示范应用及产业化项目"。此外,上海市与合作地科技部门每年还开展推进共同支持重点领域的科技示范和成果转化合作项目,并通过"请进来、送过去"等多种方式,加强合作帮扶地区的科技人才培训。

10.2.2 上海城市区域发展的不足

1. 合理的区域分工体系和城市体系尚未形成

(1)中心城区的向心力作用过强。

当前,上海中心城区"一核独大"的态势尚未得到根本改变,造成了中心城区要素过于集聚不经济,而郊区要素过于分散不经济的局面。

一是中心城区人口的疏解动力不足。上海郊区城市的人口规模与上海中心城区相差悬殊,与其他全球城市差距较大。中心城目前住宅用地约180平方公里,常住人口约为1 200万,以全市42%的住宅用地资源承载了近50%的人口。从常住人口密度来看,上海的中心城区常住人口密度达1.86万人/平方公里,其中内环人口密度为2.99万人/平方公里,呈现出高强度、高密度集聚的特征,远超过其他国际大都市中心城区的人口密度。中心城区的过度拥挤,对城市环境、交通和市政基础设施的承载力带来严峻的挑战。

二是中心城区公共职能的疏解动力不足。公共服务配套的不均衡导致中心城区功能疏解效果不够理想。目前,上海文化、教育、体育、卫生、养老等方面公共服务布局尚不能有效支撑城市非核心功能疏解。市域范围内公共服务水平区域差异大,中心城区的文化、体育、医疗等公共服务设施用地总量、职工数和综合服务能力均超过新城和郊区,集中了大部分的优质公共服务资源,导致中心城区人口快速增长,一定程度上影响了郊区新城的发展。

三是郊区的综合配套环境有待提升。郊区的公共交通、公共设施等建设相对滞后,与就业岗位严重脱节。目前,上海新城缺乏与中心城相当的可达性、公共服务和环境质量等方面的居住"空间红利",较难形成对中心城区住宅空间的有效替代,对控制中心城区人口规模的目标导向造成巨大压力。

表10.4 上海市域不同区域人口分布情况

片 区	面 积	六 普			
	(平方公里)	常住人口 (万人)	常住外来人口 (万人)	常住人口密度 (万人/平方公里)	常住外来人口密度 (万人/平方公里)
中心城区	663	1 132	326	1.71	0.49
新 城	858	232	98	0.27	0.11
周边地区	883	443	244	0.50	0.28
其 他	4 383	496	230	0.11	0.05
全市总计	6 787	2 303	898	0.34	0.13

资料来源:上海市城市规划设计研究院,《资源紧约束背景下城市更新和城市土地使用方式研究》,2014。

专栏 10.3   纽约和东京的非核心功能疏解情况

纽　约

纽约及其周边城市根据联系强度和城市定位分为三级空间。纽约市是纽约大都市区的核心,面积约 800 平方公里;纽约都市区是以与纽约经济联系密切程度为依据划分的经济区域,包括纽约州、康涅狄格州以及新泽西州的一部分,面积 3.3 万平方公里;纽约都市圈,包括纽约、费城、波士顿、华盛顿、巴尔的摩等城市,面积约 13.8 万平方公里。纽约的功能疏解主要围绕上述三级空间,按能级对外进行疏解和转移。从纽约都市圈的形成和发展过程来看,纽约市更加关注金融和贸易中心的建立,费城和巴尔的摩则逐渐强调在制造业、商贸和物流方面与纽约市的合作;华盛顿作为美国的政治与金融中心,与纽约市交相呼应;波士顿集中发展教育、建筑、运输服务以及高科技等产业。

东　京

东京都市圈是以东京市区为中心、半径 100 公里范围内的地区,总面积约 3.7 万平方公里,包括东京都、琦玉县、千叶县、神奈川县、茨城县、栃木县、群马县和山梨县等 1 都 7 县。具体分为三级空间结构:中心区即东京都,面积约 2 188 平方公里;中间圈层即狭义的东京都市圈,主要包括琦玉县、千叶县、神奈川县,面积约 1.3 万平方公里。外围圈层主要是茨城县、栃木县、群马县和山梨县,面积约 2.3 万平方公里。从历次规划、功能疏解以及产业转移的情况来看,东京都作为东京都市圈的核心,是日本的政治、经济、文化中心、国际金融中心以及创意产业中心;中间圈层主要承担国际空港、科教、研发、商务以及居住功能,同时具备部分高科技产业的生产功能;外围圈层主要承担居住、大学与科研机构、工业生产、旅游、远郊农业等功能。

资料来源:张学良,《国际大都市疏解城市非核心功能的经验及启示》,《科学发展》2016 年第 11 期。

（2）郊区发展能级和动力不足。

一是郊区新城的发展品质有待提升。目前,上海的各个新城总人口约为 230 万人,人口密度远低于中心城和周边地区,仅约 5 000 人/平方公里。未能充分体现"紧凑型城市"理念。产城融合程度不理想,部分新城的产业功能区与其他功能区互相割裂。不少新城在近年来的规划修编中将本区原有的工业区、产业园区"扩编"进入新城规划范围,力图加强产业功能。但这些原有的工业区或是自成体系,或是和新城的城市功能定位不相契合,与新城缺乏实质性的联动,产业与城市没有很好地融合。部分新城的用地结构对于产业功能的支撑力度不够。已建和在建项目偏向住宅项目,包括大型居住社区、普通商品住房及高档住宅等。因此,新城建设在某种程度上"外显"为住宅房地产开发,造成"有城无产",严重影响了城市功能的形成。部分新城的产业发展思路和重点还不明确。如崇明城桥新城在

发展符合生态岛定位的绿色、低碳产业等方面缺乏抓手。

二是新市镇差异化特色发展不突出。郊区城镇已经成为上海大都市不可分割的组成部分。特别是上海新市镇,作为大都市的基本空间单元,在集聚人口规模、促进产业发展上已取得一定成就,成为上海城镇化健康发展的主要空间载体之一。但上海在新市镇的发展过程中,未重视其差异性特征。在既有的各类规划中,政策的设计和规划的导向更加强调整体步调的一致与规范化的统筹协调,往往忽略了各新市镇因区位、资源等要素影响而呈现出的差异化特征。例如在浦江镇这样的近郊新市镇,作为全市重要的人口导入地区,仍然按照既有的镇级行政架构设置各类行政管理人员,公共资源配置与社会实际发展需求难以匹配,为各类社会矛盾冲突埋下了诱因。新市镇既有的生态环境优势未得到充分挖掘。仍然强调建设用地的快速拓

展,对于生态环境的重视程度不够,生态资源的开发利用水平不高,建设标准、基础设施和管理水平相对不高,环境整治工作仍显薄弱。

三是乡村规划建设不到位。中心村是上海郊区农村的基本居住单元,是城镇体系中最基础的层次,其建设直接关系到上海城乡基本单元能否满足城乡融合发展的要求。但目前,上海的中心村规划实施尚不到位,仍存在两方面的突出问题:一方面,农村人口老龄化严重,居民点空间集聚度偏低。从总量看,目前全市村庄总户籍人口约147万,总常住人口约289万,呈现稳步下降的趋势。从空间看,农村地区常住人口呈现内密外疏的分布特征,近郊村庄外来人口密度较大,其中闵行、宝山人口密度最大。同时,人口老龄化情况严重。崇明、金山、青浦、奉贤等远郊村庄出现了明显的人口空心化现象,部分地区老年人比例超过50%。由于本地就业机会缺乏,远郊地区青壮年劳动力纷纷到城镇寻找就业机会,村里留守大量的老人和小孩,"空心村"现象严重,导致农村居民点用地分散,效率低下。另一方面,村庄的人口、用地、就业和公共服务资源不匹配。从总量看,上海的农用地面积逐步下降。从1980年约36万公顷下降至2008年约29万公顷,下降幅度

达20%。从区域看,闵行区、嘉定区和宝山区等近郊区下降较快,198工业用地散乱,分布缺乏规划引导,较为散乱,住宅、公共服务基础设施闲置状态严重。

（3）长三角城市群存在严重的"简单均衡"现象。

城市群建设有助于促进内部社会经济的发展,通过"城市群经济"缩小区域差距。然而,目前长三角城市群尚未形成合理的城市体系,影响一体化发展。一是从发展效率来看,长三角城市群大中小城市齐全,拥有1座超大城市、1座特大城市、13座大城市、9座中等城市和42座小城市,各具特色的小城镇星罗棋布,城镇分布密度达到每万平方公里80多个,是全国平均水平的4倍左右,常住人口城镇化率达到68%。但各中心城市的辐射半径差异较大,资源浪费和短缺并存。总体上,沿江城镇带发展较好,沿海发展带则较薄弱,除宁波之外的主要沿海节点城市职能均不显著。二是从发展质量来看,城市建设无序蔓延,空间利用效率不高。2013年长三角城市群建设用地总规模达到36 153平方公里,国土开发强度达到17.1%,高于日本太平洋沿岸城市群15%的水平,后续建设空间潜力不足。上海开发

资料来源:陈琳,《新型城镇化背景下上海新市镇发展策略思考》,2013。

图 10.4　上海市域人口超过 20 万的城镇分布

强度高达 36%,远超过法国大巴黎地区的 21%、英国大伦敦地区的 24%。粗放式、无节制的过度开发,新城新区、开发区和工业园区占地过大,导致基本农田和绿色生态空间减少过快过多,严重影响到区域国土空间的整体结构和利用效率,城市群的发展质量面临考验。

2. 区域经济发展的协调性和联动性不强

(1)缺乏中心城区与郊区联动发展的机制。

人口和就业岗位向中心城区及其周边地区集聚的态势仍然显著,中心城区与周边地区呈现建设用地蔓延发展格局,导致生态空间被逐步蚕食,产业用地和居住用地混杂,空间环境品质亟待提升。尤其是产业结构和空间布局不利于非核心功能疏解,制约了上海经济的转型发展:一是工业用地布局分散、空间绩效低,需要加强统筹。规划 104 工业区块外存在大量的现状工业用地,约占总量的 50% 以上,且主要分布在郊区村镇,工业用地效率偏低。二是工业用地转型更新亟须引导。中心城及周边地区的大量老工业区和老厂房面临转型,如果集中转为生产性服务业和商务办公服务业,将导致全市商务办公用地供应过剩,亟须从整体发展出发进行工业用地转型的统筹和引导。三是商务办公建设尚需统筹优化。目前,全市商务楼宇、商业设施等服务业规模快速增长,但高端商务设施总量不足,中低端商务设施空间集聚度不够,空置率偏高,整体绩效水平与国际大都市相比还存在一定差距,尚需统筹布局与规划引导。

(2)城市间产业体系的共生性和互补性较弱。

上海与长三角城市群其他城市的经济联系较频繁,但产业分工协作不够。由于地域相连、信息相通、机会相近,长三角区域众多城市产业相似,且产业层次普遍处于低价值链区段,制造业附加值不高,高技术和服务经济发展相对滞后。根据上海社会科学院城市与竞争力研究中心报告,近十年,长三角区域的产业结构相似度系数均值水平总体呈上升趋势,2010 年达 0.795,一定程度上出现了产业同质化竞争、产业重复和产业过剩的现象,未形成联动发展格局。

(3)板块割裂导致区域经济发展不平衡。

长三角区域间经济发展不平衡的问题依然严峻。除体制因素影响外,区域经济发展不平衡的主要原因是人才、资本、信息、技术等要素差异。上海、苏南、浙北地区的要素资源比较丰富,苏北和浙南资源相对匮乏,导致长三角发展呈现出"上海—苏南/浙北—苏北/浙南"的梯度差异;要素差异的直接影响是产业差异,要素资源丰富的地区都形成了特色产业和优势产业,而不具备优势产业的地区发展则相对落后和被动,直接导致经济发展水平的不平衡和人民生活水平的差异。生产要素禀赋的区域差异,加之区域间经济发展阶段、发展程度和城市化水平的差距,造成区域经济要素流动空间不均衡,使得经济与资源环境协调发展任务十分艰巨。

表 10.5　长三角城市群与其他世界级城市群比较

	中国长三角城市群	美国东北部大西洋沿岸城市群	北美五大湖城市群	日本太平洋沿岸城市群	欧洲西北部城市群	英国中南部城市群
面积(万平方公里)	21.2	13.8	24.5	3.5	14.5	4.5
人口(万人)	15 033	6 500	5 000	7 000	4 600	3 650
GDP(亿美元)	20 652	40 320	33 600	33 820	21 000	20 186
人均 GDP(美元/人)	13 737	62 030	67 200	48 315	45 652	55 305
地均 GDP(万美元/平方公里)	974	2 920	1 370	9 662	1 448	4 485

资料来源:《长江三角洲城市群发展规划》,2016 年 6 月。

表 10.6 长三角部分城市发展定位

城 市		定 位
上 海		中国的经济、交通、科技、工业、金融、贸易、会展和航运中心，以商贸流通业、金融业、信息产业、房地产业、成套设备制造业、汽车制造业为支柱
江苏省	昆 山	国际知名先进产业基地，毗邻上海新兴大城市、现代化江南水乡城市
	苏 州	上海都市圈的副中心城市，是以高技术产业为主的外向型、现代化工业基地，是历史文化名城和洁净、舒适、宜人的绿色城市
	无 锡	国际先进制造业基地、服务外包与创意设计基地和区域性商贸物流中心、职业教育中心、旅游度假中心
	镇 江	以装备制造、精细化工、新材料、新能源、电子信息为主的先进制造业基地、区域物流中心和旅游文化名城
	常 熟	国家历史文化名城、山水生态城市与文化旅游城市、长江三角洲地区先进制造业基地和商贸中心
	南 通	我国东部沿海江海交汇的现代化国际港口城市，上海北翼的经济中心和门户城市，国内一流的宜居创业城市，历史与现代交相辉映的文化名城
	启 东	长三角北翼重要的现代制造业基地，具有江海特色的生态宜居城市
浙江省	杭 州	生活品质和文化创意之城，省域文化中心；发展高新技术产业和先进制造业，萧山机场将与上海浦东、虹桥机场共同成为洲际客货运枢纽空港
	宁 波	发挥港口和外贸口岸优势，发展先进制造业、海洋高新技术产业和重化产业
	温 州	重点发展先进制造业，强化国际贸易博览、文化娱乐、高等职业教育、海洋经济服务等职能
	金 华	重点发展先进制造业，强化商贸博览、高等职业教育、文化娱乐等职能
安徽省	合 肥	安徽省政治、经济、科教、金融、科技、文化、信息和交通中心，国家综合交通和通信枢纽之一。电子信息、汽车及零部件、家电生产制造、服务外包基地。国家科技创新型试点市，全国科研教育中心城市，全国金融综合中心城市
	芜 湖	安徽省经济、文化、交通、政治次中心城市，国务院批准的沿江重点开放城市。汽车及零部件、材料、电子电器、电线电缆为四大支柱产业
	马鞍山	皖江地区门户城市，长三角地区独具特色的山水文明服务业之城和全国制造业名城。中国十大钢铁基地之一，重要的钢铁流通基地

资料来源：同济大学课题组，《上海和长三角城市群研究》，2015。

表 10.7 2010 年长三角各省市产业结构相似度系数

	上 海	江 苏	浙 江	安 徽
上 海	—	0.9	0.7	
江 苏	0.9	—	0.85	0.8以上
浙 江	0.7	0.85	—	0.8以上
安 徽		0.8以上	0.8以上	—

资料来源：上海社会科学院城市与竞争力研究中心。

表 10.8　大伦敦与上海市域商办建筑总量和贡献率比较

	金融、商务、房地产产出（亿元）	商办建筑面积（万平方米）	单位建筑面积产出（万元/平方米）
大伦敦（2006）	11 016	2 839	3.9
上海市域（2011）	4 209	4 400	1.2

资料来源：伦敦数据来自石忆邵等，《国内外大都市服务业用地发展研究》，2011。

3. 上海的城市功能和辐射带动作用有待提升

（1）全球城市的核心功能和空间品质不高。

一是全球核心功能集聚度不足。纽约、伦敦、东京都是本国经济发展水平最高的城市，而上海人均 GDP 不仅远低于上述城市，甚至低于周边和国内很多城市，根本原因在于资源配置不合理，一些不符合城市发展要求的低附加值产业占用了大量资源，高附加值服务功能集聚度不够。

以金融业为例，2014 年上海整个市域范围的金融业增加值约占市域增加值的 12%，伦敦 5 平方公里的金融城创造了英国 14% 的 GDP，内伦敦 319 平方公里范围内金融业产出占比达到 23.5%。上海金融业从业人员比重最高的区域在浦东内环内，仅为 12.8%，而整个大伦敦地区金融业就业比例高达 33%。上海市中心城内金融、信息、商务服务业等专业技术服务业从业人数合计占就业岗位的 17.2%，而

纽约曼哈顿地区专业技术服务、信息业占比达到 29.6%。公共服务载体的空间匹配度不高。上海中心城区现状商务办公建筑面积已经超过伦敦，但优质商务办公建筑量明显不足。尤其与其他全球城市相比，上海文化、体育等公共服务设施集聚度不高，商业、娱乐、交通等功能综合度不够。全市仅有不足 11% 的文化设施位于各类公共中心和商业中心范围内，一定程度上降低了公共中心的活力和吸引力。

（2）上海"两个扇面"的联系度和辐射能力仍不足。

核心城市向外连接全球网络和向内辐射区域腹地，起着双重扇面的关键作用，如纽约、伦敦、巴黎。但无论是从城市经济总量还是服务功能的规模等级看，上海与纽约、伦敦、东京等世界城市相比仍然存在着较大差距。一是城市国际竞争力和国际化程度不够，落户上海的世界 500 强企业总部仅

资料来源：上海市城市规划设计研究院，《上海大都市区空间发展战略研究》，2014。

图 10.5　上海市中心城与纽约曼哈顿文化设施分布

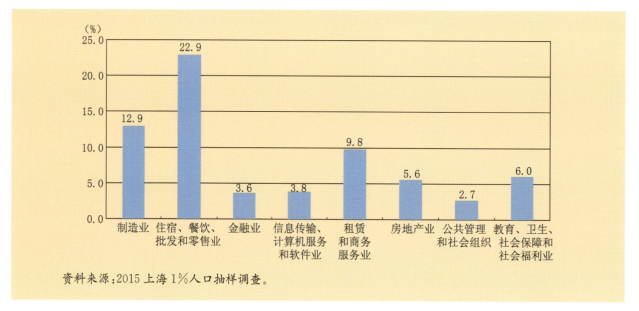

资料来源：2015上海1‰人口抽样调查。

图 10.6 2014 年上海市中心城（外环以内）就业结构

为纽约 10%，外国人口占常住人口比重仅 0.9%。一般性加工制造和服务业比重过高，国际经济、金融、贸易和航运中心功能建设滞后。二是上海在全球城市体系中整体联系度较弱，城市对外辐射能力不强。三是上海对城市群内部的整体首位度还较弱，功能辐射和经济外溢相对不足，难以有力拉动城市群和周边地区的要素集聚、经济增长、科技创新和国际化发展，容易导致区域竞争加剧，空间互补性变差，区域一体化受到一定程度的抑制。

4. 区域内外交通设施的连通性不强

（1）郊区与中心城区交通联系不紧密。

中心城区内外交通资源发展失衡。无论是道路还是公共交通资源，中心城区均呈现出强烈的吸引力，逐渐形成内核集聚的垄断态势。而郊区由于自身发展水平以及相关配套设施的不足，没有能力吸引到足够的公共交通资源，路网密度明显低于中心城区，出行方式较为单一，单纯依靠地面交通出行，区域内道路通行压力极大。资源分布失衡的现

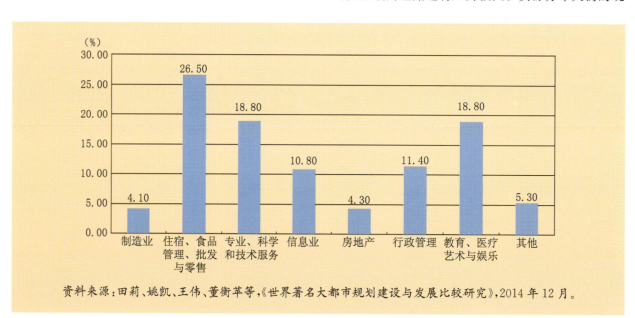

资料来源：田莉、姚凯、王伟、董衡苹等，《世界著名大都市规划建设与发展比较研究》，2014 年 12 月。

图 10.7 2002 年纽约市曼哈顿地区就业结构

专栏 10.4   未来上海应有八大核心功能

1. 资源配置功能,包括资本和资金交易、大宗商品与期货交易、技术交易、人力资源交易等;

2. 科技创新功能,包括研发、孵化、中试、技术成果交易等;

3. 门户枢纽功能。包括亚太航空枢纽、国际航运中心、旅游集散中心等;

4. 投资管理功能,包括总部运营、资产管理、财富管理、投资咨询、海外投资管理等;

5. 专业服务功能。包括会计、审计、咨询、律师、经纪、会展等生产性服务和国际教育、国际医疗等生活型服务业等;

6. 高端制造功能。包括关键设备制造、智能制造、精密制造和高科技含量的都市型工业;

7. 信息集散功能。包括信息收集、信息加工、信息发布、信息交易和通信枢纽等;

8. 文化交流功能。包括国际文化演艺、国际文化交流、国际时尚发布、国际文化产品交易、都市旅游、国际组织集聚等。

这八大核心功能的本质特征是"创新"和"对外连通性"。

资料来源:上海市人民政府发展研究中心,《调研专报:上海城市非核心功能疏解调研报告》,2016 年第 40 号。

象导致中心城区内外连通不顺畅,使得中心城区资源无法高效率地对外输出,同时由于到达中心城区的不经济导致了郊区发展的高门槛。可以说,上海的城市交通发展目前存在明显的交通瓶颈区,造成了郊区与中心城区连通上的不便利。由于轨道交通制式单一,使得新城与中心城之间的联系时间均在 1 小时左右,快速的交通通道还没有建立起来。

（2）上海应对区域一体化发展的交通统筹组织能力较弱。

公路方面,上海对外的主要公路多数为封闭式的收费快速路,一般性的通过功能难以担任郊区与中心城区之间发展通廊的角色。轨道交通方面,城际铁路和高速铁路设施集中于沪宁、沪杭两个传统通道内,并且随着区域衔接上海的需求进一步加大,沪宁、沪杭通道承载力已明显不足,如沪宁通道铁路平均客流密度已超亿人次,高于全网约 6 倍。而从纽约、伦敦轨道交通发展来看,除了在中心城区拥有轨道交通外,在市郊还拥有大量市域铁路,承担了大量新城之间以及新城与中心城之间的交通联系。例如伦敦在 80 公里范围内已经形成 3 000 多公里市郊铁路系统,并且 100％覆盖大伦敦

表 10.9   世界级城市群中心城市中心度水平

城　　市	年份	人口中心度（％）	GDP 中心度（％）	财政收入中心度（％）	教育支出中心度（％）
美国东北部城市群	2010	54.62	—	—	66.5
英国城市群	2010	57.61	72.14	—	—
日本城市群	2010	16.11	27.02	21.86	14.81
长三角城市群	2012	20.41	12.39	32.79	28.52

资料来源:美国国家统计局;英国统计局;日本统计局;中国城市统计年鉴 2013。

表 10.10 2009 年纽约、伦敦、巴黎城市综合集中度

	城市综合集中度		
	2009	2009	2009
人口	全美前五 17.6% 纽约 6.2%	欧盟前五 8.16% 伦敦 2.57%	欧盟前五 8.16% 巴黎 2.57%
	2008	2008	2008
GDP	全美前五 23.1% 纽约 8.9%	欧盟前五 12.1% 伦敦 4.2%	欧盟前五 12.1% 巴黎 3.9%
	2008	2008	2008
跨国总部	全美前五 40.1% 纽约 18.2%	欧盟前五 45.54% 伦敦 9.85%	欧盟前五 57.2% 巴黎 22.5%
	2008	2008	2008
对外贸易集聚度	全美前五 27% 纽约 9.54%	欧盟前五 57.2% 伦敦 19.2%	欧盟前五 18.24% 巴黎 3.81%
	2006	2008	2008
港口对外功能	全美前五 45.54% 纽约 9.85%	欧盟前五 18.24% 伦敦 4.96%	欧盟前五 70.66% 巴黎 14.78%
	2008	2008	2010
空港对外服务	全美前五 64.38% 纽约 30.7%	欧盟前五 70.66% 伦敦 27.92%	欧盟前五 82.95% 巴黎 12.73%
	2010	2010	2009
股票国际交易	全美前五 0% 纽约 100%	欧盟前五 82.95% 伦敦 54.09%	欧盟前五 82.81% 巴黎 12.68%
	2009	2009	2009
国际房地产投资	全美前五 92.76% 纽约 68.08%	欧盟前五 82.81% 伦敦 48.04%	欧盟前五 8.16% 巴黎 2.57%

资料来源：彭震伟课题组，《长三角全球城市区域发展与上海全球城市建设研究》，2014。

都市区，客运量达到 700 万人次/天，占轨道交通总客运量的 70%以上。纽约通勤铁路系统已经达到 1 600 多公里，占轨道总里程的 80%以上。与全球城市相比，上海目前在市郊铁路建设方面的差距明显。

（3）区域设施与全球交通网络未充分衔接。

突出表现为机场的国际化服务水平仍偏低。目前上海的国际旅客中转比例仅占全部旅客的 8%，与纽约机场的 30%以及伦敦机场的 38%仍然相距甚远。从国际航班比例结构来看，上海目前国际航班主要集中在亚洲，以日韩和东南亚为主，占到 80%以上。而伦敦和纽约的航线遍布全球。在机场中转时间方面，上海目前国际—国内、国际—国际以及国内—国内的中转时间均在 2 小时，与纽约伦敦 1 小时左右的中转时间相比差距较大。

表 10.11　纽约、伦敦多层次轨道交通客运量对比

城市	交通方式	运营里程（公里）	占轨道交通总里程比例（%）	客运量（万人/天）	占轨道交通总客运量比例（%）
伦敦	市郊铁路	3 071	88.1	约 700	70
	地铁	415	11.9	约 300	30
纽约	通勤铁路	1 632	81.6	54.3	10.8
	地铁	368	18.4	450	89.2

资料来源：中国城市规划设计研究院,《上海全球城市综合交通体系承载能力与开发研究》,2014。

5. 尚未形成有效的跨区域协调机制

（1）长三角地区缺乏有效的整体协同机制。

长三角目前已形成了协议为主,磋商沟通、中央国家机关直接协调为辅的协调机制。行政协议在目前长三角区域合作中发挥着基础性作用,表现为"宣言""意见（向）书"或"协议",如《共建信用长三角宣言》《长江三角洲地区城市合作（镇江）协议》《关于以筹办"世博会"为契机,加快常见三角洲城市联动发展的意见》《长江三角洲地区城市合作（马鞍山）协议》等。但由于长三角城市间的协调更多的在经济层面,行政分割和制度壁垒仍然显著存在,缺乏跨行政区的执行力和约束力,缺乏流域性生态治理的协调机制,缺乏对要素输出地的补偿机制,缺乏临界地区城镇布局和基础设施的协调机制,邻界矛盾仍然较多。

（2）长江经济带城市协作组织发展缓慢。

当前,长江经济带层面的协作机制主要为 1985 年成立的长江沿岸中心城市经济协调会,经过 30 年的发展,协调会至今已召开了 15 次市长联席会议。但在长江经济带建设过程中,大量问题均是越界协调问题,区域协作项目往往面临建设资金来源、利益分配等问题,缺乏省级层面,能够有效协调全流域行动的机构,制约着长江经济带的建设发展。铁路和大型机场、港口等重大基础设施的统一规划与建设问题难以解决,长江黄金水道跨区联运与经济发展要求相差甚远,多边联合的大型投资项目较少,城市间产业分工难度大,区域生态合作机制尚未形成。

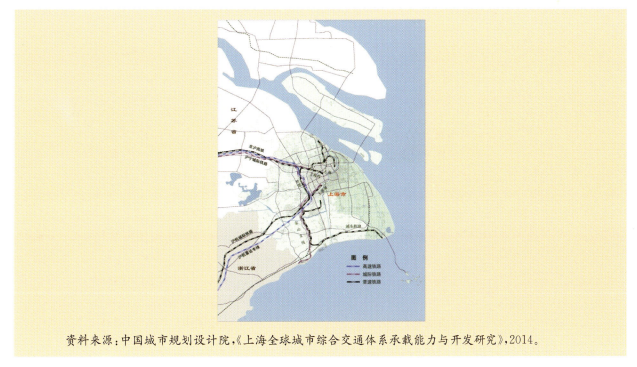

资料来源：中国城市规划设计院,《上海全球城市综合交通体系承载能力与开发研究》,2014。

图 10.8　上海铁路通道现状布局

资料来源:中国城市规划设计研究院,《上海全球城市综合交通体系承载能力与开发研究》,2014。

图 10.9　全球城市航班分布图

10.3　提升上海全球城市区域功能的对策

上海在建设"卓越的全球城市"的过程中,应顺应全球城市区域发展的规律和特征,立足超大城市空间特点,强化作为长三角城市群核心城市作用,利用好"一带一路"倡议和长江经济带国家战略,着力优化市域空间结构,促进市内各功能组团、城乡之间协调发展,引领打造具有全球影响力的世界级城市群,加快形成国际竞争新优势,发挥好先导作用,更好地服务于长江经济带发展。

10.3.1　优化内外部交通的联接性,强化交通对空间布局的引导作用

通过交通方式结构的调整,交通效率的提升来持续挖掘空间潜力,提升区域发展的协调性。

1. 突出交通枢纽对城市功能布局的优化作用

重点构建国际(含国家)、区域、城市三级对外枢纽体系,提升交通枢纽对城市的服务功能,加强对市域空间布局的优化,并引导枢纽地区功能聚集和复合开发。推进浦东、虹桥、洋山等枢纽功能重塑,优化航运服务结构,强化国际(含国家级枢纽)功能,新增铁路东站,实现空港与铁路的紧密衔接,确保东西向均衡发展。完善位于沪宁、沪杭、沿江等交通廊道的区域级枢纽,突出服务跨城市群的长距离客货联系的重要功能。依托区域城际铁路、市域轨道快线等交通线路,设置深入主城区和城镇圈的城市级客运枢纽。结合产业布局优化,逐步将货运枢纽向外调整,沿沪通、沿湾和沪宁、沪杭廊道设置城市级货运枢纽,减少货运对城市内部交通的影响,提升服务效率。

2. 实施多元化的公共交通模式

在既有市域轨道交通和常规公交系统的基础上,构建由铁路、城市轨道、常规公交和辅助公交等

	London 72	New York 58	Shanghai 37
Mass transit coverage	16	25	8
Public transport systems	30	20	16
Traffic congestion	26	13	13

资料来源:中国城市规划设计研究院,《上海全球城市综合交通体系承载能力与开发研究》,2014。

图 10.10　上海与纽约、伦敦城市交通效率比较

构成的多模式公共交通系统,形成城际线、市区线、局域线等三个层次的轨道交通网络,提供因地制宜的公共交通服务。特别是要充分发挥铁路服务城市客运交通的功能,构建轨道交通城际线网络。强化新城和主城区快速联系和对外辐射能力,枢纽之间的轨道交通出行时间进一步缩短。强化外围地区之间的联动发展,利用沪通、沪乍铁路发挥市域铁路功能,在新城、核心镇、中心镇之间形成 10 条左右的联络线。构建 2—3 条联系市级中心、重点功能区、深入中心城内部的轨道快线。注重交通通道功能复合利用和设施资源共享,并通过市域枢纽节点转换和部分区段的跨线直通运行,实现多种模式轨道交通系统之间的互联互通。

10.3.2　强化区域节点功能,培育多层次、多中心功能体系

以提升全球城市能级为目标,结合区域分工,建立"城市主中心—城市副中心—地区中心—社区中心"的多层次、多中心功能体系。

1. 突出城市主中心的全球城市核心功能

城市主中心的中央活动区是全球城市核心功能的重要承载区,也是服务整个市域的城市主中心,包括小陆家嘴、外滩、人民广场、南京路、淮海中路、西藏中路、四川北路、豫园商城、上海不夜城、世博—前滩—徐汇滨江地区、徐家汇、衡山路—复兴路地区、中山公园、苏河湾、北外滩、杨浦滨江(内环以内)张杨路等区域。重点加强城市主中心发展金融服务、总部经济、商务办公、文化娱乐、创新创意、旅游观光等功能。

2. 强化城市副中心的综合服务与特定职能

城市副中心作为面向市域的综合服务中心,要兼顾其强化全球城市的专业功能,包括 9 个主城副中心、5 个新城中心和 2 个核心镇中心。在中心城内继续提升五角场、真如、花木 3 个副中心的功能,并新增金桥、张江 2 个副中心。在虹桥、川沙、宝山、闵行 4 个主城片区内分别设置主城副中心,实现主城区各片区的均衡发展。在嘉定、松江、青浦、奉贤、南汇等 5 个新城内分别设置新城中心,在金山滨海地区和崇明城桥地区设置核心镇中心,强化面向长三角和市域的综合服务功能,承载全球城市部分

功能。

3. 形成"多核心、多轴带"相互交融的产业空间网络

优化高品质商务空间布局,以中央活动区为核心,依托主城区"十"字形发展轴和公共活动中心形成若干商务集聚区,加强楼宇更新改造,提升商务设施品质和集聚度,承载金融、贸易、航运等全球城市核心功能。加强国际金融中心功能的空间网络建设,形成以陆家嘴金融城和外滩金融集聚带为核心、专业型金融服务功能区为辅助、特色金融小镇等金融功能拓展区为支撑的空间网络。加快建设上海张江综合性国家科学中心,依托优秀科研机构和知名大学集聚优势,借助紫竹、漕河泾等高新技术产业园区,形成上海创新中心体系网络。保障高端制造业发展空间,郊区集聚发展先进制造业,主城区优先发展高附加值都市型工业和高端生产性服务业,促进产业空间利用向集聚化、低碳化发展。

10.3.3　推动城市有机更新,建设高品质、多样化的城市公共空间

建设高效可达、网络化、多样化的高品质公共空间,实现城市公共空间生态保护、休闲游憩、景观营造功能的融合,满足市民多样化空间需求。

1. 实行差别化密度管理,提高节点地区开发强度

通过差别化容积率、土地混合利用等方式提高重点办公区域和主要交通节点周边的人口密度、就业密度和经济密度。利用多式联运形成高密度、紧凑型的多中心格局,促进功能集聚,实现经济密度和土地价值的高度关联。放宽密度上限,用价格信号来决定土地使用和容积率。创新合作方式,使政府、开发商和居民能够共享土地成本和收益信息。

2. 打造更具包容性和适应性的空间

倡导人性化设计,利用广场和小型街道把社区与高楼密集区域连通,并对公众开放,增强城市文化遗产的连贯性和可见性,利用临近道路的公园或绿地增加绿色空间。建设更多小规模、高灵活性的社区,鼓励社区开发中采取土地综合利用模式。应

对人口老龄化,建设更紧凑且有多重用途的老龄友好社区,在交通站点周边建设更多的住房、商业设施和公共设施。

10.3.4 疏解非核心功能,提升城市资源配置效率

严守土地、人口、环境和安全"四条底线",逐步将不符合上海城市性质和发展方向的功能和产业向周边省市和内地有机疏解。减少经济增长"四个依赖",进一步提升城市核心功能和资源配置效率,优化城市发展环境,增强上海参与国际竞争和合作的能力,带动上海全球城市区域和长三角城市群协同发展。

1. 近期重点疏解五类产业

从问题导向出发,重点疏解五类产业:一是"四高两低"工业。即高能耗、高污染、高占地、高风险、低技术、低效益产业;二是一般加工贸易,包括技术含量和附加值较低的来料加工、来样加工和低端装配业;三是大量集聚外来人口的批发市场,包括传统的建材市场、轻纺市场、小商品批发市场、水产市场等;四是区域性物流仓储。包括黄浦江沿岸码头和仓储业、中心城区的铁路货运站等;五是部分为周边地区服务的医疗教育产业,包括合作医疗、中低端应用型教育等。通过疏解五类产业,缓解人口压力,减轻土地、资源、环境紧约束的矛盾,有效化解城市风险。

2. 远期强化全球城市核心功能

从目标导向出发,按照全球城市"创新"和"对外连通性"的特征和要求,进一步疏解以下产业和功能:一是按照"两头在沪、中间在外"的要求,引导制造业中除核心制造环节外的其他不具备比较优势的制造环节逐步外移;二是引导不具有国际连通性特征的一般生产性服务业逐步外移,如各种后台服务等;三是将部分对区位和人才要求不高的研发中试和产业化基地逐步外移;四是将部分市场化养老产业外移,引导上海市民异地养老。

3. 完善非核心功能疏解的路径

通过"强化一批""淘汰一批"和"控制一批",推动非核心功能疏解;优化市域空间结构,推动城市功能合理布局,为全球服务的功能应进一步向中心城区集聚,提高中心城区的集聚度;为长三角服务的功能应逐步向郊区新城集聚,强化郊区新城作为长三角综合性节点城市的性质和功能;加强长三角区域协同,完善区域功能网络。促进与苏州、嘉兴、无锡、南通、宁波、舟山等周边城市同城化发展;在长三角城市群范围内,分层次疏解上海城市非核心功能;扩大对内对外开放,拓展功能疏解新空间,将一些资源消耗较大的产业与饱和产能向中西部能源产地和"一带一路"沿线国家转移。

10.3.5 提升新城辐射带动作用,突出综合性节点城市功能

上海郊区新城的建设是上海建设全球城市的需要,是实现创新驱动、转型发展的需要。充分发挥综合性节点城市在优化空间、集聚人口、带动发展中的作用,承载部分全球城市职能,培育区域辐射、服务功能。

1. 因地制宜推进新城发展

根据新城的建设程度、城市功能情况以及发展态势,结合长三角区域发展格局的新变化以及各新城建设情况,区分重点、分类推进上海新城建设。将位于重要区域廊道上、既有基础较好的嘉定新城、松江新城、青浦新城、南桥新城、南汇新城,培育为长三角城市群中具有综合性辐射、服务作用的综合性节点城市,强化枢纽和交通支撑能力,加强其与周边地区的组合、协作发展,提升新城的区域核心功能。其中,依托沪宁、沿江通道,加强嘉定新城与昆山、太仓等地区的联系;依托沪杭、沪渝城际铁路复合通道,加强松江新城、青浦新城与嘉兴、湖州等地区的联系;依托沿海铁路大通道建设,在杭州湾地区建立多方向、多模式的城际交通通道,带动南汇新城和南桥新城的联动发展。在远郊地区,选择适宜城镇建设为功能完善、产城融合、用地集约、生态良好的相对独立的节点城市,提升地方性服务功能,加强对周边城镇和乡村地区的辐射带动作用。

2. 积极打造新城发展增长极

统筹考虑新城建设的推进时序和空间策略,提高新城核心区的开发强度,提升建设用地的集约性。集中力量优先打造新城的核心功能区,避免资源的分散和空间的碎片化。把支撑新城城市功能

的主要项目率先布局在核心功能区,促进核心区先行成熟和完善。在此基础上,充分发挥核心功能区的增长极作用,采用梯度开法的模式,滚动推进周边其他功能区域的建设。

3. 切实促进产城融合发展

根据新城的城市定位特点,将部分公共服务机构、公共文化设施优先安排在重点发展的新城,引导和支持符合新城定位导向和就业容量大的产业项目集聚,提高新城内部工业仓储、商业办公用地以及土地性质兼容的比例,增加商业商务等混合功能的建筑体量。同时,加快推进新城范围内工业区升级改造和二次开发,完善区域公共配套服务,打造社区化的形态空间,合理运用居住证积分管理、户籍落户评分等政策工具,增强新城对于目标人口的吸引力,进一步促进产城融合。

10.3.6 实施强镇发展战略,发挥城乡发展支撑作用

更加突出强镇的关键支撑平台作用,更快提升郊区发展能级,打造疏密有序、特色鲜明的网络化城镇组团体系,增强城乡融合发展载体支撑功能。

1. 分类推进镇域发展,积极发挥强镇枢纽作用

按照人口规模和区域位置,针对不同类型、层次和规模的镇分类施策,着力发挥镇在城乡一体化发展过程中的枢纽和载体作用,通过稳定镇、依托镇、建设镇、管好镇,走出一条带动面广、综合效益高、全市农业转移人口受益多的新型城镇化道路。推进 TOD 发展模式,充分发挥公共交通复合廊道对城镇体系的支撑和引导作用,突出以轨道交通站点为核心的土地复合利用。特别要注重培育新市镇的相对独立服务功能,强化对区域辐射能力和综合服务、特色产业功能。要突出一般镇的现代农业、生态保护等功能,发挥引导农村居民就近集中居住、带动邻近农村地区发展、提高城镇化水平的作用。充分发挥市场作用,因地制宜、突出特色,培育一批产业特色鲜明、文化内涵丰富、绿色生态宜居的特色镇,使之成为上海城乡发展一体化的重要载体。

2. 以特色镇为引领,推进镇域经济差异化发展

充分发挥 9 个国家级特色小镇的示范和引领作

用,推动镇域经济特色化发展。因地制宜发展先进制造业、现代服务业、都市现代农业、科技创新产业、文化创意产业,积极推进有条件的镇承接全球城市功能,大力发展新经济。结合特色镇建设、交通设施完善和大居布局等,市、区应积极推动城市功能、项目、产业向有条件的镇布局,提升镇级产业发展能级,改变目前只做"减法"的产业空心化被动局面。支持乡镇工业区通过"区区合作、品牌联动"等方式,加快转型升级。九亭、新桥、洞泾等镇可以依托 G60 科创走廊增强与嘉兴、平湖等长三角周边城市的联动发展。青西三镇可以依托华为、乐高等项目,以及通用机场、沪苏湖高铁、郊野公园建设等机遇,高起点谋划特色发展。

3. 提升强镇服务与生活品质,吸引人才集聚、激发活力

突出镇在支撑新城、带动农村地区发展中的有效作用,加大轨道交通基础设施建设力度,形成镇与中心城区、新城等的便利交通体系。支持具有人文资源优势的镇积极发展文化创意等现代服务业和"四新经济",打造历史文化名镇。加快布局郊野公园、体育场馆、特色图书馆、特色博物馆等文化设施,强化特色功能、公共服务、环境品质和吸引力,吸引人口、人才集聚,提升郊区发展活力。

10.3.7 稳步实现乡村振兴,推进城乡融合发展

准确把握坚持农业农村优先发展的战略导向,推动加快补齐农业农村短板,以乡村振兴促进城乡经济、社会、文化和环境的协调发展,加快实现城乡融合发展。

1. 推进村庄分类建设和差异化发展

加强村庄分类引导,推进分类建设和差异化发展。近期重点聚焦保护村、保留村的布局和建设,撤并村有序安排农民进城入镇。保留现状规模、区位、产业、历史文化资源等综合评价较高的村庄,对列入中国传统村落、历史文化名村和本市保护村名单的村庄,进一步加强村庄特色风貌保护,合理布局公共服务设施。逐步撤并受环境影响严重、居民点规模小、分布散,以及位于集建区内的村庄,引导农民进城进镇集中居住。

2. 营造充满活力的城乡生活圈

构建乡村社区生活圈网络,完善符合农村生活生产特点的各类服务设施,提升乡村公共服务水平,满足城乡居民对精细化、个性化、多元化公共服务的需求。完善农村基础设施建设机制,推进城乡基础设施互联互通、共建共享,创新农村基础设施和公共服务设施决策、投入、建设、运行管护机制,积极引导社会资本参与农村公益性基础设施建设。构建步行可达、适宜的社区生活圈网络,满足基本文教、医疗、体育、商业等服务功能和公共活动空间。

3. 凸显乡村人与自然和谐宜居功能

加强农村环境治理和绿化建设,彰显都市美丽乡村特色。结合郊野公园建设、耕地、林地、湿地和水源地保护,强化农村环境绿化和生态功能建设,提升郊区生态服务功能,逐步形成"水、林、田、滩"复合生态优化格局,全域推进美丽乡村建设。遵循乡村自身发展规律,充分体现上海农村的地域特征。在农村建筑、景观、风貌传统等方面,制订保护与恢复措施,引入市场机制,促进农村文化的传承与保护。充分发挥"河长制"作用,以水环境为重点加强农村环境治理,提高河道沿线环境质量和农村水系沟通水平。加强农村面源污染治理和垃圾分类管理,提升郊区绿色生态和宜居水平,彰显乡村生态发展优势。

10.3.8 促进功能网络一体化,推动近沪地区同城化发展

发挥上海作为中心城市的辐射带动作用。近期以促进城镇圈跨行政区统筹为基础,推进嘉定安亭—青浦白鹤—江苏昆山花桥、金山枫泾—松江新浜—浙江嘉善—浙江平湖新埭、崇明东平—江苏海门海永—江苏启东启隆等临沪城镇圈进一步加强基础设施对接,共同研究编制规划、建立生态环境共治机制、实现功能布局融合、基础设施统筹、公共服务资源共享。远期重点依托交通运输网络培育形成多级多类发展轴线,推动近沪地区(90分钟通勤范围)及周边同城化地区协同发展。

1. 加强区域交通设施互联互通

推动在主要发展轴线上建立"城市轨道—市郊铁路—城际铁路—高速铁路"的复合轨道交通廊道,着力提升轨道交通对都市圈的导向和支撑作用。推进区域内交通营运管理全面对接,推动高速铁路、郊区铁路和地铁的技术标准统一,提高城际之间换乘的便捷度,探索共建智能交通网络系统,形成低碳集约的区域交通模式,提升区域交通组织力和管理效率。

2. 促进区域市政基础设施共建共管

加强区域基础设施规划衔接,开展区域信息通讯服务协作,重点协调区域内垃圾处理厂、污水处理厂、变电站、危险品仓库等设施布局,实现市政廊道无缝衔接,共同推进基础设施维护。推动构建区域综合防灾体系,完善现代区域防汛保障体系,统筹协调区域救援空间建设及应急保障基础设施布局。构建跨区域的资源调配机制,统筹区域水资源保护和供给,共同制定能源政策,构建跨区域新能源设施,强化土地利用模式、生物多样性保护、适应气候变化等方面的空间统筹力度。

3. 推动跨区域环境景观共保共治

实施生态共享战略,推动近地区内流污染监测和信息共享,建立完善的区域环境联动应急管理体系、响应预案和联防联控机制,建立环境污染利益补偿机制,共同解决区域内大气、水质、土壤等污染问题以及地面沉降问题,改善区域微气候。推动建立跨区域的大型景观环境系统与资源的保护、恢复和管理机制,支持建立一致、共享的大型景观科学数据库,对区域内大型景观动态进行科学评估。加快制定景观保护的政策体系,探索保护多样性大型景观的实践做法,高效传播和分享成功的景观保护经验。

4. 构建近沪地区社会共享体系建设

支持在区域尺度内解决住房问题、创造工作岗位。改进区域交通,扩大就业市场,为劳动力跨区域流动、增强收入流动性提供便利。强化上海与长江三角洲其他城市在医疗、养老、教育等方面的跨区合作力度,鼓励上海教育、养老机构集团化发展和跨省市布局,加快上海与都市圈内城市医疗服务平台互联互通,完善都市圈社保关系跨区域统筹转移制度。逐步探索都市圈内各城市享受基本公共服务方面打破户籍限制,大力缩小各城市间的社会福利差距和公共服务差距。

5. 积极提升区域文化的全球影响力

依托海派文化包容并蓄的底蕴,以深耕风格多彩的区域特色文化资源为中心,以深耕风格多彩的区域特色文化资源为中心,充分发掘和激活都市圈地区传统"江南文化"资源和"小传统文化",并提取成为区域的形象标志。共同促进江南文化以及中国历史文化的传承、再塑和创新,提升区域的国际知名度和影响力。

10.3.9　强化核心城市作用,主动服务长三角世界级城市群建设

提高站位,拓宽视野,不断强化全球城市功能,并着力发挥作为核心城市的引领作用,推动长三角三省一市依托各自优势,在已有良好合作基础上进一步深化提升实现功能耦合,推动重大国家战略和改革联动,带头发展新经济、构筑生态环境新支撑、创造联动发展新模式,不断增强长三角城市群竞争力,共同建设面向全球、辐射亚太、引领全国的世界级城市群。

1. 与长三角城市形成全方位的对接合作关系

上海要进一步解放思想,从"被动接轨"长三角转为"主动服务"长三角。在主动了解长三角城市对接需求的基础上,与三省深入探讨、凝聚共识,围绕长三角协调发展的制度基础和内在规律要求,加强区域发展规划对接。制定上海与长三角城市合作的行动方案和年度计划,明确目标任务和考核办法。实施"服务长三角实事工程"。广泛征询长三角各城市意见,从长三角城市最急需、老百姓最期待的事项出发,每年推动实施若干个"服务长三角实事工程",如打通断头路、交通卡互通、医保联网等,落实人、财、物,从而提升长三角居民的一体化获得感。

2. 打造若干个辐射长三角的区域增长轴

将交通网络与区域经济合作结合起来,强化交通干线对区域经济活动的促进作用,引导资源要素沿交通干线布局,以交通线为"主轴"形成产业带、创新走廊和要素流动通道,打造长三角区域经济的增长轴。要及时总结上海在建设 G60 创新走廊中的经验,继续打造 G50(直通苏州、湖州,连接长江经济带)、G40(直通南通、南京,连接长三角北部区域)等

辐射长三角区域的增长轴,形成以长三角主要城市为节点的"点—轴"发展格局。

3. 推动跨省合作区打造为长三角一体化先行区

在行政区边界区域,推进上海与江、浙的跨省合作区建设,在跨省合作区内先行先试推进体制机制创新等高水平区域合作。从目前看,部分地区已自发推进跨省合作区建设,如浙江嘉善县与上海金山区签订了"共建沪浙毗邻地区一体化发展示范区"战略框架协议,共同推进产业发展、交通网络、旅游资源、社会治理、生态环境等五方面一体化,建立跨省合作区已具备一定的条件和基础。在具体实施上,既可以设立"江、浙、沪的跨省合作区"(位于上海青浦、江苏吴江、浙江嘉善的交界区域);也可以分别设立"沪、浙跨省合作区"或"沪、苏跨省合作区",如太仓与嘉定、嘉善与金山的交界区域。

4. 形成"科技创新＋实体经济"的联动发展格局

依托长三角城市群中大学、科研院所、创新组织及企业集聚等优势,深化与世界顶级科研机构的对接与合作,建立跨区域的技术创新联盟、新兴产业联盟等开放性的合作平台。加强区域创新资源整合,逐步建立和完善区域科技资源配置、重大科技项目布局、重大产业技术联合攻关、科技人才流动管理等机制,瞄准国家急需的重大科技专项加强研究谋划、推动落地落实。深化创新链与产业链融合,加强与长三角产业合作,发挥长三角区域制造业配套基础好、产业链完善之优势,补上海土地空间少、商务成本高之短板,促进区域内创新要素合理流动和产业相互配套,形成"科技创新＋实体经济"联动发展格局。

5. 构建长三角产业生态圈

鼓励上海张江、漕河泾等高科技园区走出去,以科技成果产业化、被孵企业生产基地的转移扩散为主要方向,以"品牌输出、园区共建"为抓手,按照"政府支持、企业运作"模式,创新利益共享机制,形成上海与江、浙、皖创新协同发展态势。注意处理好区域合作中的不平衡发展关系,在南通等长三角北部区域加强园区合作,形成区域联动、协调发展格局,打造长三角世界级产业生态圈。

专栏 10.5　多元区域协调主体的国际经验

纽约大都市区

在开展跨区域的基础设施建设中，所牵涉到的机构包括联邦政府的相关管理机构、纽约大都市区的交通基础设施建设相关权力机构和一系列 MPO（Metropolitan Planning Organization）与地方组织。根据相关法案的规定，MPO 由当地政府官员组成，与州政府共同负责制订城市交通规划和相关计划，并通过交通规划在一定程度上促进区域协调。

MPO 与州和运输系统管理局合作，负责实施交通规划；州当局通过提供由联邦和州拨给的资金来协助发展 MPO 组织开展交通改进计划（TIP）；MPO 则通过长期的交通规划为州提供规划编制依据；MPO 和州长商议交通改善计划和修订案；经过批准的交通改进计划则可以不经修改进入州交通改进计划（STIP）。

欧盟

欧盟区域决策模式的突出特点是多元互动。即由欧洲理事会、欧盟部长理事会、欧盟委员会和欧洲议会都不同程度地参与决策，并以一定程序实现互动。

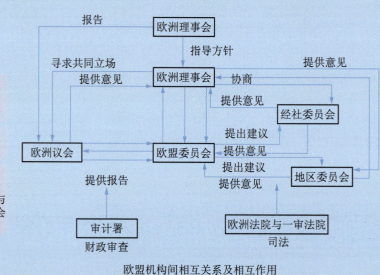

欧盟组织机构示意图　　　　　　欧盟机构间相互关系及相互作用

东京都市圈

以中央政府主导型为主，即依赖中央政府通过完善的区域性规划体系、强有力的项目资金补助等手段，在政策的决策和实施等阶段进行自上而下的宏观调控，以达到区域行政的目的。

随着地方自治和分权的推进，协议会、共同的事务处理机构、事务委托、区域联合组织等形式，逐渐成为处理一些日常性、具体的，如垃圾收集处理、医疗保健等区域性问题的主要方法和途径。

日本的跨区域行政协调制度以政府为主导，但不排斥社会的广泛参与。政府、企业、行业团体、非营利组织和非政府组织甚至个人都能起到一定的作用。

资料来源：彭震伟课题组，《长三角全球城市区域发展与上海全球城市建设研究》，2016。

6. 推动设立长三角城市群一体化发展投资基金

主动加强与长三角城市协商,推动设立长三角城市群一体化发展投资基金。分期确定基金规模,采用直接投资与参股设立子基金相结合的运作模式,鼓励社会资本参与基金设立和运营,重点投向跨区域重大基础设施互联互通、生态环境联防共治、创新体系共建、公共服务和信息系统共享、园区合作等领域。完善基金治理结构,构建基金支出监督和绩效评估机制,确保基金合理高效利用。

7. 加强长三角省市间的改革创新联动

在现有长江三角洲城市协调会的基础上,探索建立城市群联合开发机构,进一步紧密政府间协作,促进各省市探索的先进经验做法率先在长三角复制推广,实现成果共享。建立以资本、产权、人才等要素为核心的区域性共同市场,促进各类要素资源有序流动和合理分布,完善区域要素市场价格形成机制,减少要素错配和低效配置行为,健全完善社会信用体系,做实"信用长江三角洲"合作机制,推动征信体系互联互通,强化市场监管合作和风险联防联控,建立风险联合处置机制。

10.3.10　发挥先导作用,共建长江经济带绿色发展新格局

坚持生态优先、绿色发展,将共抓大保护、不搞大开发的理念融入上海推动长江经济带发展的各方面工作中。积极推动上海与上中下游地区协调发展,以改革激发活力、以创新增强动力、以开放提升竞争力,推动共建横贯东西、辐射南北、通江达海、经济高效、生态良好,具有全球影响力的流域经济带。

1. 将崇明世界级生态岛建成绿色发展的标杆和典范

全面落实城市总体规划,加强生态空间管控,推进划定并严守生态保护红线。进一步厚植生态优势,强化崇明岛生物多样性保护以及崇明岛绿色生态建设与管护,促进水、林、土、气等环境综合整治,建立崇明岛复合型生态廊道。着力发展绿色经济、低碳循环经济,充分发挥生态优势,不断提高规模化农业生产水平,打造一批叫得响的农业品牌,

注重"农林水"融合、"农旅文"融合,加快发展生态旅游。构建绿色生活方式,大力倡导绿色出行,加快新能源汽车推广应用,加快推进农村生活污水处理,努力做到垃圾源头减量、全程分类,进一步提高末端无害化处置和功能化利用能力。促进发挥市属大企业的主力军作用,共同为崇明世界级生态岛建设作出更大贡献。

2. 建立健全最严格的水资源管理和生态环境保护制度

实行最严格的水资源管理制度,推进本市水资源管理地方性法规出台。严格治理工业污染,出台产业结构调整负面清单和能效指南,加快淘汰和改造工业污染企业,持续推进工业集聚区截污纳管,制定更严格的污水排放地方标准,完善雨污水管网维护和破扣排查制度,提高工业集聚区集中防污治污水平。增强港口和船舶污染防治能力,强化水上危险品运输监管,严格处置城镇污水和控制农业污染。协调保护各长江口水源保护区,协调长江清水走廊,合理布局排水口与取水口,统筹区域水资源分配,研究流域跨境引水方案,实现长江流域的水资源的合理利用。实施流域河道综合整治,完善排水除涝体系,建立健全地面沉降防护体系,推进海绵城市建设,有序利用岸线,严格防治大气污染,切实保护土壤环境,在各城市自愿协商的基础上,推动形成长江流域绿色发展公约。

3. 依托开放优势促进长江经济带与"一带一路"战略联动

以"自由贸易港"为突破口,持续推进自贸试验区制度创新,深化长江大通关体制改革,充分发挥上海国际金融中心和国际贸易中心的服务功能,深化长江经济带金融合作和推进跨境电商等新型贸易方式加快发展。深化国际合作交流,引领长江经济带与"一带一路"联动发展,增强连接"一带一路"的集疏运通道,全面深化国际贸易投资合作与交流,依托长江流域强大的制造业基础、建立上中下游一体化的生产链条和产业集群,帮助"一带一路"沿线国家完善产业结构,带动长江经济带产业走出去,推动优势互补、分工协作、共同发展。

4. 以科技创新、绿色产业为引领打造高质量现代产业走廊

加快推进上海具有全球影响力科创中心建设

进程，推动共建长江经济带科技协同创新网络，加快推动上海的创新成果向长江流域转移、扩散，加大科技与产业的渗透融合，大力推进沿江产业创新发展、转型提升。建立优势产业绿色产品的评价机制，推动节能、节水、环保、低碳等产品建立统一的绿色产品标准、认证体系和标识，引导沿江产业绿色转型和绿色产品开发。加强土地节约集约利用水平，推动沿江省市基础设施共建共享，加快推动园区能源系统规划和园区绿色能源应用，大力创建绿色产业园区。推动构建绿色供应链，立足长江经济带，实行产业链招商、补链招商，建设和引进产业链接或延伸的关键项目，推动企业建立以资源节约、环境友好为导向的采购、生产、营销、回收及物流体系。

5. 积极参与长江经济带综合立体交通走廊建设

加快推进上海国际航运中心建设，着力优化港口布局，推进港口货物联程联运，做大做强现代航运服务业，提升发展航运金融、法律等高端航运服务水平，打造航运信息服务体系。依托和提升长江黄金水道功能，加快推进航道网路建设和提升航运管理水平，大力推进以江海联运为主的水路集疏运体系建设。大力发展国际海空枢纽和提升区域公铁协调功能，优化航空枢纽功能布局和提高航空枢纽运输效率和保障能力，加快沿江沿海铁路通道建设，建设和完善连通重点地区、中心城市、主要港口和重要边境口岸的高速公路网络，构建多种运输方式有效衔接的集疏运综合立体交通网络。

6. 为沿江地区城镇化建设提供资源、服务等支撑

坚持"有机疏散"理念和"多心、多轴"的空间发展策略，发挥核心城市的引领作用，构建世界级城市群空间布局，优化沪宁、沪杭及滨江沿海发展轴线，形成中心城、新城和新市镇融入沿江城镇带一体化发展的空间格局。通过上海中心城区溢出效应的发挥与推进产业的有序转移，为沿江地区的城镇化提供相应的产业和人口支撑。依托全球金融中心建设，通过创新金融服务和产品，为沿江城市的基础设施和市政设施建设提供市场化的融资服务，助力长江经济带城镇化建设。

7. 推动构建各方共同参与的长江经济带协作机制

积极参与长江经济带省际协商及专题合作，开展经验交流。整合政府、企业、社会组织等三方力量，充分发挥各区参与区域合作的积极性，形成"企业为主导、政府为引导、社会为助力"的多方合力互动协作机制。推动建立和完善长江流域市场协作机制，对沿江各省市间实施相互开放政策，着力消除市场壁垒，规范市场秩序，加强市场监管协作及区域标准化协作，促进长江经济带统一市场共同体的形成。完善生态保护治理机制，发挥上海在资源开发与环境保护方面的技术和产业优势，建立由企业、行业组织等市场主体为主导搭建的资源开发与环境保护合作平台，与长江经济带沿线省市共同建立包括生态补偿、技术合作、产业联动、资源交易、应急处理、法律诉讼在内的绿色合作发展机制，完善流域污染防治体系，建立太湖流域和长江中下游流域的联动管理机制，强化节能减排和环境影响评价对转型发展的调控和倒逼机制。

参考文献

［1］鲍宗豪：《国际大都市文化发展政策》，《红旗文稿》2010 年第 8 期。

［2］鲍宗豪：《全球视野下的都市精神文化》，《科学发展》2009 年第 12 期。

［3］曾刚、王秋玉等：《上海建设全球城市的战略框架和战略重点》，《科学发展》2016 年第 3 期。

［4］陈佳丽：《城市规划视角下上海市国际包容性提升策略研究》，《上海城市规划》2017 年第 1 期。

［5］陈阳：《21 世纪伦敦可持续发展路径演变——基于四版〈伦敦规划〉的对比分析》，《城市营造》2017 年
第 2 期。

［6］程福财、杨雄：《上海社会组织发展面临的问题与对策选择》，《上海蓝皮书·社会社会组织发育》，
2015 年版。

［7］党耀国、刘斌：《上海未来 30 年生态城市建设愿景目标及其实施路径》，《科学发展》2015 年第 10 期。

［8］佛罗里达：《创意阶层的崛起》，中信出版社 2010 年版。

［9］格拉顿：《转变：未来社会工作岗位需求变化及应对策略》，电子工业出版社 2012 年版。

［10］葛红兵：《上海公共文化服务供给侧改革对策研究》，《科学发展》2016 年第 12 期。

［11］郭爱军编译：《2030 年的城市发展》，格致出版社、上海人民出版社 2012 年版。

［12］郭丽莉：《上海公共文化服务体系效能评价与对策研究》，《统计应用研究》2016 年第 10 期。

［13］国务院发展研究中心、世界银行：《2030 年的中国：建设现代、和谐、有创造力的社会》，中国财政经济
出版社 2013 年版。

［14］哈瑞尔达·考利、阿肖克·夏尔马、阿尼尔·索德：《2050 年的亚洲》，人民出版社 2012 年版。

［15］荷马·A.尼尔等：《超越斯普尼克——21 世纪美国的科学政策》，北京大学出版社 2017 年版。

［16］贺贤华、毛熙彦、贺灿飞：《乡村规划的国际经验与实践》，《国际城市规划》2017 年第 32 期。

［17］黄亮、盛垒：《基于"世界城市"理论的国际研发城市判定研究》，《经济地理》2015 年第 8 期。

［18］黄松：《墨尔本：保护城市遗产重在公众参与》，《公关世界》2014 年第 6 期。

［19］黄炜乐、肖扬：《全球城市产业发展历程与战略解析及对上海的启示》，《城市建筑》2017 年第 4 期。

［20］黄烨菁：《全球科技发展趋势与上海建设科创中心》，上海社会科学院出版社 2016 年版。

［21］经济学人：《大转变：2050 年的世界》，中华工商联合出版社 2013 年版。

［22］黎晴：《大巴黎 2050 战略规划中的交通理念》，中国城市交通规划 2011 年年会论文集，2011。

［23］李健、屠启宇：《全球创新网络视角下的国际城市创新竞争力地理格局》，《社会科学》2016 年第 9 期。

[24] 李健、屠启宇：《丝路城市走廊打造"一带一路"互联互通主平台》，《国际城市发展动态》2017年第2期。

[25] 李平等：《上海全球科技创新中心建设：经验、启示与路径》，社会科学文献出版2015年版。

[26] 李松志等：《城市可持续发展理论及其对规划实践的指导》，《城市问题》2006年第7期。

[27] 李小建：《经济地理学》（第二版），高等教育出版社2006年版。

[28] 李艳丽：《东京二十一世纪以来城市文化发展观测》《上海文化》2014年第10期。

[29] 刘宝等：《上海医疗卫生服务体系与全球城市的差距及发展战略》，《科学发展》2016年第3期。

[30] 罗伯特·保罗·欧文斯：《世界城市文化报告》，同济大学出版社2013年版。

[31] 骆金龙：《工业生态创新——促进绿色增长》，《智库战略观察》2015年第1期。

[32] 迈克尔：《中国未来30年——重塑梦想与现实之维-Ⅲ》，中央编译出版社2013年。

[33] 美国国家情报委员会：《全球趋势2025：转型的世界》，时事出版社2009年版。

[34] 聂永有、殷凤、尹应凯：《科技引领未来：科技创新中心的国际经验与启示》，上海大学出版社2015年版。

[35] 彭震伟：《长三角全球城市区域发展与上海全球城市建设》，《科学发展》2016年第9期。

[36] 乔根·兰德斯：《2052：未来四十年的中国与世界》，译林出版社2013年版。

[37] 任明：《耀眼的历史遗产与丰富的文化活动——伦敦公共文化一瞥》，《南方论丛》2014年第2期。

[38] 任一鸣：《巴黎公共文化发展及其启示》，《文化艺术研究》2012年第10期。

[39] 任一鸣：《纽约二十一世纪以来城市文化发展观测》，《上海文化》2014年第10期。

[40] 任一鸣：《纽约与上海：国际文化交流比较》，《科学发展》2009年第6期。

[41] 芮明杰等：《上海未来综合性全球城市产业体系战略构想》，《科学发展》2015年第8期。

[42] 上海市科学学研究所：《2017上海科技创新中心指数报告》，2017年9月。

[43] 上海市人民政府：《上海市交通发展白皮书（2013年）》，上海人民出版社2014年版。

[44] 上海市人民政府发展研究中心：《日本垃圾回收处理的做法值得上海借鉴》，《决策参考信息》2011年第11期。

[45] 上海市人民政府发展研究中心：《卓越的全球城市：不确定未来中的战略与治理》，格致出版社、上海人民出版社2017年版。

[46] 上海市统计科学应用研究所编：《统计应用研究》（第六期），2013年6月24日。

[47] 上海图书馆、上海科学技术情报所：《国际大都市政府是如何资助文化的》《创新思维引社会资金滋养文化》，载BOP创意咨询公司《世界城市文化财政报告》，2017年7月。

[48] 上海艺术研究所：《上海创建全球城市的文化战略研究》，载市文广局编《关于上海文化发展的思考调研报告集（2012）》（上册）。

[49] 邵勇：《从"历史风貌保护"到"城市遗产保护"——论上海历史文化名城保护》，《上海城市规划》2016

年第 10 期。

[50] 盛维:《城市实施绿色发展的国际经验》,《战略观察》2014 年第 6 期。

[51] 施媛:《"连锁型"都市再生策略研究——以日本东京大手町开发案为例》,《国际城市规划》2017 年第 4 期。

[52] 石井伸一:《大都市交通的未来》,野村综合研究所报告,2012。

[53] 石崧、王周杨:《上海全球城市功能内涵及产业体系的新思考》《上海城市规划》2015 年第 4 期。

[54] 陶希东:《全球城市移民社会的包容治理:经验、教训与启示》,《南京社会科学》2015 年第 10 期。

[55] 仝德、戴筱頔、李贵才:《打造全球城市——区域的国际经验与借鉴》,《国际城市规划》2014 年第 19 期。

[56] 屠启宇:《建设创新型全球城市》,《科学发展》2016 年第 2 期。

[57] 屠启宇等:《伦敦在建设世界文化之都方面的战略启示》,《国际城市发展动态》总第 236 期。

[58] 王兰等:《纽约的全球城市发展战略与规划》,《国际城市规划》2015 年第 4 期。

[59] 王林生:《动漫节庆产业对城市发展的文化意义——以日本东京为例》,《同济大学学报》(社会科学版)2014 年第 25 期。

[60] 王振:《上海城乡发展一体化的战略目标、瓶颈制约与对策建议》,《上海经济研究》2015 年第 2 期。

[61] 闻瑞东:《国外发达城市文化软实力的提升及启示》,《社科纵横》(新理论版)2011 年第 26 期。

[62] 吴敬琏、俞可平、罗伯特·福格尔:《中国未来 30 年》,中央编译出版社 2011 年版。

[63] 谢辉:《城市交通系统容量模型研究》,同济大学论文,2010。

[64] 谢露露:《外资研发中心对上海全球科创中心建设的影响机理、问题和对策》,《上海经济》2017 年第 4 期。

[65] 谢义维:《主要发达国家住房保障制度及中国的实践研究》,吉林大学论文,2014。

[66] 杨辰、周俭、弗朗索瓦丝·兰德:《巴黎全球城市战略中的文化维度》,《国际城市规划》2015 年第 4 期。

[67] 杨剑龙:《大都市文化发展趋势与上海文化发展坐标、定位问题研究》,《科学发展》2009 年第 7 期。

[68] 杨剑龙:《全球城市视阈中上海跨文化交往能力研究》,《科学发展》2015 年第 2 期。

[69] 杨振山等:《城市可持续发展研究的国际动态评述》,《经济地理》2016 年第 7 期。

[70] 苑焕乔:《保护伦敦文化遗产》,《城市》2007 年第 6 期。

[71] 约翰·奈斯比特、多丽丝·奈斯比特:《大变革:南环经济带将如何重塑我们的世界》,中华工商联合出版社 2015 年版。

[72] 翟桂萍:《关于文化包容性发展的几点思考》,《中国浦东干部学院学报》2013 年第 7 期。

[73] 詹姆斯·坎顿:《极端的未来:超越未来的十大趋势》,上海三联书店 2008 年版。

[74] 张暄:《国外城市社区救助》,中国社会出版社 2014 年版。

[75] 赵巧艳:《文化产业政策与文化包容性发展的协同》,《探索》2012 年第 2 期。

[76] 钟浴曦:《上海"国际大都市"文化构建及其"世界主义"内涵》,《理论观察》2013 年第 3 期。

[77] 周海蓉、刘学华、张虹:《推进文化科技深度融合,提升上海城市软实力》,上海市人民政府发展研究中心《专家反映》2014 年 7 月 22 日。

[78] 周振华、徐珺:《上海战略研究 2050:资源、环境、驱动力》,格致出版社、上海人民出版社 2016 年版。

[79] 周振华:《崛起中的全球城市——理论框架及中国模式研究》,上海人民出版社 2007 年

[80] 周振华:《伦敦、纽约、东京经济转型的经验及其借鉴》,《科学发展》2011 年第 10 期。

[81] 周振华:《全球城市区域:全球城市发展的地域空间基础》,《天津社会科学》2007 年第 1 期。

[82] 周振华:《上海:城市嬗变及展望》(上、中、下卷),格致出版社、上海人民出版社 2010 年版。

[83] 周振华:《上海迈向全球城市:战略与行动》,上海人民出版社 2012 年版。

[84] 周振华:《上海未来 30 年城市发展战略目标取向》,《科学发展》2014 年第 12 期。

[85] AT Kearney, Global Cities 2017.

[86] Bloomberg Philanthropies, World Cities Culture Forum Report, 2015.

[87] Business School University of Navarra, "Cities in Motion", 2017.

[88] Chicago Metropolitan Agency for Planning, "GO TO 2040 Comprehensive Regional Plan", 2010.9.

[89] Deloitte and U.S. Council on Competitiveness, 2013 Global Manufacturing Competitiveness Index, http://www.compete.org/publications.

[90] Eurostat, *Eurostat Regional Yearbook* 2014.

[91] General Assembly, United Nations, "International migration and development: Report of the Secretary-General"(A/65/203), United Nations, 2010.

[92] Globalization and World Cities, Geography Department at Loughborough University, 2016.

[93] Hydrogen, Global Professionals on the move, 2013, www.hydrogengroup.com.

[94] Joerres, J.A.《开启人智时代》, www.manpower.com/humanage, 2012.

[95] Mayor of London, *London Infrastructure Plan* 2050, 2011.

[96] Mayor of London, *Mayor's Transport Strategy 2030*, 2010.

[97] Mori Memorial Foundation, Institute for Urban Strategies, Global Power City Index 2017.

[98] Price Waterhouse Cooper, Talent Mobility, "2020: The next generation of international assignments", 2010, pwc.com/managingpeople2020.

[99] Price Waterhouse Coopers, *Cities of Opportunity*, 2016.

[100] Schwab, Klaus, "The Great Transformation-Shaping New Models", 2012, http://www.weforum.org/content.

[101] The City of New York, *A Greener, greater New York 2030*, 2013.

[102] The City of New York, *A stronger, more resilient New York 2050*, 2011.

[103] Z/YEN, The Global Financial Centres Index, 2008—2017.

图书在版编目(CIP)数据

建设卓越的全球城市:2017-2018年上海发展报告/
上海市人民政府发展研究中心编.—上海:格致出版社:
上海人民出版社,2018.1
ISBN 978-7-5432-2830-6

Ⅰ.①建… Ⅱ.①上… Ⅲ.①区域经济发展-研究报
告-上海-2017-2018 Ⅳ.①F127.51

中国版本图书馆 CIP 数据核字(2017)第 327839 号

责任编辑　忻雁翔
美术编辑　路　静

建设卓越的全球城市
——2017/2018 年上海发展报告

上海市人民政府发展研究中心 编

出　版	世纪出版股份有限公司　格致出版社 世纪出版集团　上海人民出版社 (200001　上海福建中路 193 号　www.ewen.co) 编辑部热线　021-63914988 市场部热线　021-63914081 www.hibooks.cn	印　刷	浙江临安曙光印务有限公司
		开　本	889×1194　1/16
		印　张	20
		字　数	620,000
		版　次	2018 年 1 月第 1 版
		印　次	2018 年 1 月第 1 次印刷
发　行	上海世纪出版股份有限公司发行中心		

ISBN 978-7-5432-2830-6/F·1087　　　　　　　　　　　　　　　定价:128.00 元